信任的科学

[美] 约翰·M. 戈特曼 著
John M. Gottman

王庆诗 译

THE SCIENCE OF TRUST
Emotional Attunement for Couples

天地出版社 | TIANDI PRESS

本书献给我的母亲——莉娜

她真的能够胜任管理一个小国家的工作。她对人性的洞察、她强大的幽默感（有一次她生我的气，骂我"狗娘养的"，停顿了一下，然后立刻大笑起来），她强烈的道德感、她的忠诚、她无条件的伟大的爱以及她的勇气都是我一生的榜样。

本书也献给约翰·蒂博特、哈罗德·凯利和卡里尔·鲁斯布尔特，我们将永远怀念这三位在相互依赖理论领域的先锋人物。

第二章的副标题是吉姆·戴维斯想到的,感谢他好心地允许我使用它。

献给冲突中的爱

🔊

当你们之间的温柔消失

你们不再属于彼此

愿彼此深入的了解能够打消你们的疑虑

当真相不再被述说与聆听

你们相互映照出对彼此的伤害

当沉默也变成刺痛和折磨

愿你们能听到初遇时心动之乐的回声

当交织的迷恋开始散开

怒气开始灼烧你们之间的感情

在阴郁的氛围来临之前

在黑色的痛苦种子生根之前

愿你们的灵魂相互亲吻

此时你们其中一人需要温柔起来

让宽厚超越思考和伤害

伸出坚定的双手

举起爱的酒杯

小心地带它穿过这片无声的废墟

直到这场冬日的朝圣之旅带领你们

来到春天的入口

——约翰·奥多诺休《祝福之书》

CONTENTS 目　录

》　**第一章**
　　为何要写一本关于信任的书

"你以前的屁股多可爱啊" / 003

对于关系，我知道些什么 / 010

"健康关系之屋"缺失元素：信任 / 037

》　**第二章**
　　信任度量：相互依赖宣言

社会资本研究 / 042

信任和背叛话题的流行 / 043

信任的科学 / 044

我如何看待信任 / 048

博弈论和信任 / 049

我的"信任度量"的演变 / 050

关系中的行为博弈论 / 052

博弈的均衡点解决方法 / 055

定义信任 / 057

行为博弈论 / 068

两种形式的夫妻冲突 / 071

信任度量 / 073

总　结 / 079

》 **第三章**
不可信度量和背叛度量

博弈论的秘密历史 / 084

博弈论和冷战 / 090

将博弈论应用于拉波波特冲突辩论 / 104

》 **第四章**
信任和背叛的生理学

恶意互动中不同程度的恶意 / 120

淹没状态和生理唤醒 / 122

如何跳出淹没状态 / 123

生理状态与行为感知的相互作用 / 127

用冲突讨论中的暂停进行安抚 / 128

测量被淹没的程度 / 129

脑生理学和信任 / 130

信任激素 / 131

信任和生死 / 134

因无法信任他人产生的孤独 / 135

信任和血流速度 / 136

零和博弈、疾病和男性早逝 / 138

"战斗或逃跑"状态的共同调节 / 139

父母与孩子之间的信任 / 141

第五章
何时退出一段关系

何时退出 / 163

"我们的故事"的动态记忆 / 167

人们是如何陷入关系地狱的 / 168

第六章
夫妻如何通过调和建立信任

信任中最重要的"陪在身边"问题 / 170

夫妻如何建立信任 / 171

调和技巧的发现 / 172

调和是夫妻间的情绪教导 / 182

情境一：滑动门时刻的调和 / 189

情境二：遗憾事件发生期间的调和 / 194

情境三：冲突期间的调和 / 205

在三种情境中应用调和蓝图 / 205

调和的潜在缓解作用 / 213

冲突期间调和的样子 / 214

失败的冲突讨论调和 / 219

成功的冲突讨论调和 / 231

拉波波特的"相似性假设" / 237

通过"爱的艺术与科学"研讨会建立信任 / 238

》第七章
夫妻如何建立亲密信任

浪漫、激情和私密的性 / 242

亲密对话的艺术 / 247

性治疗产业 / 249

雄性豪猪的智慧 / 252

触摸的力量 / 253

阴茎和阴蒂并不复杂 / 254

和伴侣谈论性 / 254

第八章
在冲突中修复消极情绪的重要性

德赖弗-塔瓦雷斯修复编码系统 / 259

什么决定了修复效果 / 261

修复过程的分析 / 262

修复效果的分析 / 270

新婚夫妇建立信任时的挑战 / 272

信任破碎而未被修复的案例 / 293

第九章
背叛的动态

信任博弈的实验版本 / 308

评估他人的可信度 / 309

卡里尔·鲁斯布尔特遗留的观点 / 310

珍惜与嫌弃，以及感谢与憎恨 / 312

不信任原子和背叛原子 / 314

信任和依恋理论 / 316

背叛不仅仅来自信任的缺失 / 317

婚外情的发生：当低信任与背叛相结合 / 317

什么决定了不利的 CL-ALT/ 320

男性更容易做出不利的 CL-ALT 吗 / 321

背叛伴侣的方式 / 322

女性消极情绪影响力能否让她免遭背叛 / 324

》 **第十章**
从背叛中痊愈

对不可信的愚蠢的原谅 / 328

忠诚和信任的级联反应理论 / 342

消极互动与不利的 CL-ALT 的关系 / 345

什么决定了"背向" / 345

是冲突侵蚀了信任，还是低信任制造了冲突 / 346

如何让原谅的可能性最大化 / 347

从背叛和不信任中恢复的建议 / 348

色情成瘾和性成瘾 / 354

"色情陷阱" / 355

走出性成瘾的旋涡 / 357

》 **第十一章**
关系的数学：权力失衡、信任和背叛

权力的数学 / 361

为何需要用数学理解关系中的权力失衡 / 362

贝塔朗菲的一般系统论 / 364

"动态"到底是什么 / 368

4 年曲折的建模经历 / 368

稳　态 / 372

稳态的稳定性 / 373

相空间到底是什么 / 381

对变化的模拟和真实力场 / 390

突　变 / 392

建模的意义 / 394

女性消极情绪的力量能让她免遭背叛吗 / 397

结　语 / 399

附　录 / 401

致　谢 / 403

第一章
CHAPTER ONE

为何要写一本关于信任的书

本章回顾并更新了我在《婚姻诊所》一书中对关系的研究，解释了为什么对信任、可信度和背叛的定义与理解是发展"健康关系之屋"理论的关键一步。

在马尔科姆·格拉德威尔轰动一时的巨作《眨眼之间》的第一章中,我被描述成一位非常聪明的两性关系专家——一位仅仅通过几秒的观察就能窥见一段关系中的秘密的专家。他称其为冲突关系中的"薄片分析法"。

因为这本畅销书的关系,我突然被推上了国际舞台,结果喜忧参半。很多人随后给我的实验室打来电话,要我评估并用"薄片分析"的方式来观察他们的关系。他们希望我告诉他们,他们的婚姻关系是注定会失败,还是可以继续维持下去。我尝试告诉他们,尽管我们的研究让我们得以预测和理解关系,但是我们的预测仅仅是统计学意义上的预测,我们不可能对每一个案例都做出准确的预测。然而,他们仍然极度渴望我们能给出关于两性关系的建议。

格拉德威尔的书带来的另一个结果是我和我的妻子朱莉·施瓦茨·戈特曼博士受邀给《读者文摘》写了一个系列的文章。在这个项目中,我们会让一些夫妻每月来我的实验室一次,为他们进行"薄片分析"并且进行简单的干预,以帮助他们改善婚姻状况。其中有一对夫妻来到我的实验室检查他们的关系,并且得到了如何改善他们的关系的建议。我想用这个例子作为本书的开篇。

"你以前的屁股多可爱啊"

以下是这对夫妻 15 分钟冲突对话的节选,我将其命名为"你以前的屁股多可爱啊",这是那位丈夫发表的一句评论。两人谈话片段转录稿后面方框中的文字是我所认为的这对夫妻的言下之意。

在他们的谈话结束后,我们确定了这对夫妻可以做的一些简单的事情,以改变他们处理冲突的方式。

她:我们的问题在于我们需要变得更亲密。我感觉和你变得疏远了,自从生了孩子,你就疏远了我。

他认为	她认为
她说的是性。很好,我们的确应该改善我们的性生活了。我现在根本就没有性生活。	我们太疏远了,根本不了解彼此。我终于说出来了。

他:我同意我们应该更亲密一些,性生活频率应该高一些,以增添更多的生活乐趣。就像我们以前约会时那样,就像生孩子之前那样,至少每天做爱一次。我们一起去远足、骑车、锻炼,一起变得更健康。我现在也经常骑车,但你已经不锻炼了。

他认为	她认为
我们现在很难一起去玩了。她胖了,可能挺伤心的。她以前经常锻炼,所以这也是问题产生的部分原因。	他又一次把什么都扯到了性上。他觉得自己被忽视了,我不怪他。我现在对性已经不感兴趣了。

她:你总是自己去骑车。最近你总是独自行动。

他： 我想和你一起骑车。你和我，各骑一辆。我给你买辆自行车吧，这样我俩就都能骑车了，可能一切就会回到从前那样。

她： 我知道我怀孕后你觉得自己被忽视了。

他： 是这样的，你怀孕后我们就没有性生活了。

他认为	她认为
终于说到点子上了。	我觉得很愧疚，但他根本不知道我为了生孩子都经历了什么。他完全消失了。他根本不懂！我太生气了。

她： 实际上，我们一个月做爱两次，除了刚开始恋爱时，我们性生活的频率一直是这样的。但是，你必须得明白，怀孕的时候我感觉自己就像一头奶牛，不停地在产奶，还要工作，独自平衡家里的一切，根本没有时间留给自己。

他： 哦，是这样吗？一个月两次，是吗？我本来想说一次都没有呢。无论如何，一个月两次对我来说根本就不够。我可以一天一次，甚至一天两次，这对我来说才更适合。因为我真的太爱你了，亲爱的。现在我感觉经济上的压力很大，工作突然变得很难。我们公司已经有三个人被解雇了，我现在要做四个人的工作。

他认为	她认为
我们终于要进入正题了。她根本不知道我这份新工作的压力到底有多大。性生活能帮我缓解压力，这是毫无疑问的。	突然又在说他的问题了，现在他更不会听我说了。他现在要谈他的工作压力，我不得不听他说了。

她： 其实事情是这样的，我怀孕时变胖了，这会吓到你的，而且也吓到我了。我一直在产奶，还得工作，没法照顾孩子，我感觉自己就像个土豆。我根本顾不上自己，对性生活也没有需求了。

他：我认为关键问题是你要给自己留出时间,就是你和你自己相处的时间,明白吗?这就是我想说的,给你自己留点儿时间,去健身房,去骑车,去锻炼,去把增加的体重减掉。这就是我的解决方案,这对你是有好处的。你很快就会变美,心情也会变好的,我锻炼时心情就很好。

他认为	她认为
我不敢说她长胖了,那可是雷区。我很高兴她自己说出来了,因为这样我就可以鼓励她减肥了,这可太好了。	他能理解我在变胖后觉得自己很没有吸引力吗?我觉得自己就是一头产奶的大奶牛。

她：所以现在都是我的问题吗?是我的错吗?锻炼对我来说可不是什么解决方案。你根本不懂我在说什么。

他：怎么不管和你说什么,咱们都会吵起来?为什么你不能积极一点儿呢?你如果不开心,那就找个办法让自己开心。你的办法是什么呢?你说说看。

他认为	她认为
看吧!我提出了解决方法,却显得我像个坏人,让她自己解决自己的问题吧。她再说出一句消极的话,我就立刻离开!	现在他开始指责我了,我忍受不了他这样做!

她：我不知道怎么解决了。

他：好了,你先听我说。如果你说"我不知道该怎么办",我想说为什么不试试我的方法呢?至少我们就不会一直兜圈子了啊。我们就可以着手去解决这个问题了,就这么开始吧。你可以留一些时间给自己,试试吧,去做你想做的事,看看书,散散步,见见朋友。这只是个起点,你明白吗?

他认为	她认为
她没有找到解决方法，所以我需要替我们俩进行理性思考，这样一定会有用的。	我放弃了。他难道看不出我不是在说我自己，而是在说我们俩的问题吗？

她：我给自己留出时间，这不能解决我们的问题。你看不出来问题的关键在于"我们"吗？

他：你可以试一试我的方法啊。去锻炼吧，你会感觉更好的，你很快就会高兴起来的。这就是"我们"的解决办法啊。我只是想鼓励你——要知道你以前的屁股很可爱的。

他认为	她认为
我说这话是为了鼓励她。她放弃身材管理之前的屁股的确很可爱，我也很久没有夸过她了。	我要杀了他。

她：真不错，你说得真好呢！你的意思是我现在没有吸引力了，是吧？我的屁股变肥了，是吧？我变胖了，所以你就不喜欢我了，是吧？

他：我喜欢你啊，真的。我只是想夸夸你。只要你稍微锻炼一下，你可爱的屁股很快就会变回来的。我是说真的，我知道你是什么样的人，我相信你的本性，你性感的那一面肯定潜藏在你体内。

她：这就是我们的问题。

他认为	她认为
情况不妙。是时候从整体来看这个问题了，我后退一步吧。	问题就是他疏远了我，而且一直对我评头论足。

他：好吧，我们别争了，我们在工作中陷入僵局时就是这么做的。告诉我，你想要的是什么？什么可以让你开心？告诉我就行，你的目标是什么？

他认为	她认为
我们在工作中陷入僵局时会这么做。我们会思考一下全局——我们的目标和计划分别是什么。	我的目标就是让他赶紧走开,但我又不能那么说,因为现在我们有个孩子要考虑。

她:我真的不知道了。(长叹一口气)

他:(忽视了她的叹气)好吧,要我说,你说"我真的不知道"——这是你自己说的,为什么不试试我的解决方案呢?如果你不留些时间给自己,你是不会开心的。你太累了,要操心太多事了,留些时间给自己,人生才有意义。听着,我也需要自己的时间,我也会编几百万个理由不去健身房。

他认为	她认为
我终于可以说出我的计划,然后解决这个问题了。	我该怎么告诉他,我不想和他做爱,是因为和他做爱的感觉不像以前那么好了?

她:我们做爱的时候,整个过程太短了。我不满意,也许你也不满意。(我终于说出来了。)

他:(我太心急了——我就知道,现在我麻烦大了。)我知道大多数时候过程是很简短,我也承认不够浪漫,但我想说的是,我们性生活的频率太低了。我只是压力很大,所以我很心急。我们可以多进行几次你喜欢的浪漫约会,这是完全可以的。我们就把这个当成我们的目标吧,朝着它努力,这才有意义嘛。我们可以多约会几次,你可以和我去健身房,我们也可以一起骑自行车,这就是我们的解决方法。

他认为	她认为
现在终于步入正轨了,终于能有点儿进展了。	他怎么就只会用逻辑思考呢?他看不出来我感觉很孤独吗?

她： 我不知道，我就是感觉很孤独。（我终于说出来了。）

他： （她又给出了一个消极情绪反应。我要无视这种消极情绪，才能积极地处理我们之间的问题。我若回应她的消极情绪，只会加强她的消极情绪，使她变得更消极。）你看，你又说了"我不知道"。如果浪漫是我们的目标，那么我们只需朝着它努力，进而实现这个目标。一步一步慢慢来，至少我们在积极应对。

她： 问题就在于你永远不理解我的感受。

他： 我没有表现出我的关心吗？

她： 不是关心不关心的问题，是倾听的问题。

他： 好的，我会充满关心地倾听你说的话的。

她： 那就太好了。

他认为	她认为
我必须用完美的方式说出每一句话，不然我就完蛋了。我差不多都准备好离开了。	现在他的防备心没那么重了。

他： 好的，我会试着更加关心你。你告诉我，我做什么会让你感到开心和被关爱，关心也可以是我们的目标。

她： 留出属于我自己的时间并不能解决问题。也许我留出时间和你相处可以稍微解决一点儿问题。关键在于你要在我身边陪着我，而你却没有在我身边。

他： 这是什么意思？你一直说我不在你身边，但我不管是每天下班回家、修剪草坪、和孩子一起玩，还是打扫厨房时，我都在你身边啊。我每天都会回家，就算回不了家也会打电话。我就在你身边，你需要我陪你多久呢？你要知道我现在工作很忙，怎么去正确平衡工作和生活呢？我们要一起做什么呢？

她： 我说的不是待在一起的时间，而是我需要交流时，你在我身边。我太累了，根本骑不动自行车，我也睡不好。

他：但是你看啊，骑自行车或者去健身房锻炼身体会让你的精力更加充沛。

她：绿灯亮了，我们该走了。

他认为	她认为
她竟然敢说我"没有陪在她身边"。我拼命工作，就是为了她和孩子。她究竟是什么意思啊？她太消极了。我觉得戈特曼会告诉她，她的话到底多么没逻辑，我的话多么有逻辑。	我本来以为他会倾听我的心声。我想得太多了。我到底要怎样做才能把我的意思传达给他呢？这个实验会测出他的确没有倾听我的心声，戈特曼会建议我们离婚的。太好了，我到时候会处理好的。

这两个人都对他们之间的冲突感到沮丧和不解。他试着倾听她的心声，就像他在员工会议上听同事讲话一样。他认为自己很会鼓励人、很乐观，希望立刻给他们所有的问题找到合理的解决方案。显然，他根本没有意识到她并不觉得"可爱的屁股"是对她的赞美和对她的鼓励。他也不明白她说的"陪在她身边"是什么意思。她很沮丧，因为他无法倾听她的心声，无法与她的感受共情。

我和我的妻子与这对夫妻谈了谈我们在他们的冲突讨论中看到的僵局。我们总结了他们俩各自的期待和立场，以便他们能更好地倾听对方的心声。我们解释说，在他们解决问题之前，相互倾听和理解是他们亟待解决的关键问题。我们也为他们解释了我们认为他们彼此想要表达的到底是什么。我们特别让她告诉他"陪在我身边"是什么意思，也解释了为什么他们双方都认为对方不感谢自己。我们提出，他们的心率已经超过 100 次/分钟，他们双方都处在高度亢奋的状态，因此很难听到对方在说什么。我们还向他们解释了我们对关系的理解以及他们需要做些什么来改善彼此的关系。之后，他们参加了我们为期两天的"爱的艺术和科学研讨会"项目，在项目结束后，这对夫妻的关系得到了显著的改善。

对于关系,我知道些什么

那么,我对于关系到底知道些什么呢?我又为什么要写这本关于信任的科学的书呢?我将先回顾一下三四十年来在我的实验室和罗伯特·利文森的实验室中进行的研究(以及我们的同事和学生进行的研究),再解释为什么信任在我们之前的研究中是一个缺失的元素。

我们之前是怎样研究关系的

当我还是一名助理教授时,我决定要帮助那些没有朋友的孩子交朋友。一位有名的行为治疗师已经做好了一个类似的项目计划,所以我就给他打电话,询问该项目的初始情况。这位行为治疗师说,他和他的几名研究生坐在他的办公室里,试着回忆各自在4岁时是如何交朋友的。在这个项目中,他们鼓励孩子们走上前去对其他孩子说:"嗨!我叫哈罗德。你叫什么名字呀?今天天气很不错,是不是?我想和你一起玩儿。"

之后,当我去图书馆为我的项目做研究时,我惊讶地发现,发展心理学家那时还不知道儿童是如何交朋友的。所以,我开始用录音带记录儿童们如何交朋友、如何和他们的好朋友聊天。我原以为这个过程会花费一年左右的时间,然后我就可以回去做行为干预了。结果整个大学期间,我一直在研究3岁以上的儿童,并且不得不设计了一种新的观察编码系统。总而言之,我花了13年才弄清楚儿童是如何交朋友的,以及交朋友是如何在成长过程中改变他们的。

当我和我的学生在做基础研究时,问题的答案变得越来越清楚:如果学龄前儿童使用了那位有名的行为治疗师建议的方法来结交朋友,那么结果正好相反,他们会被拒绝。儿童并不会先向陌生人介绍自己,然后和他们一起玩耍。吸引别人的注意会导致被拒绝。我以前的学生、杜克大学的教授玛莎·普特拉兹在儿童融入群体方面做了一些经典研究,证实了这个说法的正确性。

这个故事的要点在于，通过想象有困难的目标人群的需求来设计干预性治疗方案是行不通的，甚至根据一些抽象理论来想象也不行。要想弄清楚对相同问题处理得很好的人是如何做的，对该领域的早期的描述性的观察阶段至关重要。这并不难理解，但社会学家不这样想，因为我们所受的典型训练都是遵循从理论到实践的模式。

然而，我在威斯康星大学做了我的本科毕业研究项目。那里有一个灵长类动物研究中心，灵长类动物学家哈里·哈洛一个很有名的实验就是在这里进行的。在中西部地区，描述是"王道"。在研究中心图书馆外甚至放有一个装满泥土的瓮，上面贴着"中西部风沙侵蚀区实证主义中心"。在这个研究中心还有一位很有才能的研究者，叫吉姆·萨基特。那时候很多猴类研究者都在野外或在可控的实验室中观察灵长类动物。萨基特创造了一种叫作"滞后序列分析"[1]的新方法来探测互动的序列。我最终将这个方法应用到一些夫妻身上，以此来找出与关系失败者不同的关系"大师"的交流模式。

当然，在这个实证方法中有一个暗含的假设，即我们可以通过研究夫妻正常情况下在一段持续且令人满意的关系中的相处情况，发现一些原理，并应用这些原理去帮助改善那些状况不好的关系。这个假设意味着所有的关系都是相同的。换言之，这些在好的关系中行之有效的原理可以应用到不幸福的夫妻身上，修复他们的关系。然而，这可能是错的，也许有好几套原理可以修复不健康的夫妻关系。和整形外科不仅需要知道健康的骨头是怎样的，还需要知道断裂的骨头该如何修复一样，夫妻治疗[2]也许需要一些新的原理来修复破裂的关系。即便这个假设是错误的，这也是一个不错的开始，目前它也算一种有效的方法了。

---

[1] 行为分析法的一种，主要用于检验人们发生一种行为之后另外一种行为出现的概率，及其是否存在统计意义上的显著性。（如无特别说明，本书脚注均为译者注。）

[2] couple therapy，也称婚姻治疗，指在夫妻双方都参与的情况下，就夫妻之间各种婚姻关系方面的问题，通过夫妻治疗技术予以调整而达到夫妻和睦的治疗方式。其理论基础包括精神分析理论、行为主义理论、人本主义理论和交往分析理论等。

现实关系中的幸福与稳定

列夫·托尔斯泰在他的小说《安娜·卡列尼娜》中写道:"幸福的家庭总是相似的,不幸福的家庭各有各的不幸。"然而,事实刚好相反。

杰伊·海利是家庭治疗[①]领域的一位杰出研究者,他的研究显示,氛围阴郁的家庭往往比幸福的家庭更为僵化。在幸福的家庭中,人们拥有多样性和随意性的可能性更大;而不幸福家庭的家庭成员的互动模式会有更多的限制,因此研究者可以通过萨基特的滞后序列分析法检测出更多的序列。

事实证明,不幸福的夫妻大体上有着同样的功能障碍。那么,幸福的家庭和不幸福的家庭有什么不同呢?拥有幸福关系的秘诀是什么呢?我们可以通过观察隐藏在夫妻互动中的序列来寻找答案。

虽然披头士乐队在歌词中唱了"你需要的只是爱",但我们都知道爱情所带来的快乐只是成为幸福之人的一个部分而已。然而,幸福的爱情可能是生活所能提供给我们的幸福的一个重要部分。爱情的确是上千诗歌、小说、歌曲、戏剧和电影的主题。几千年以来,爱情中幸福的秘密一直都还没有被破解。一位研究爱情的科学家能找到好几个世纪以来诗人们一直渴望的答案吗?这个问题仍然悬而未决。

我们从来不是关系大师

问问你自己,为什么要读我的书,这很重要。我在每场公开演讲中都会提出这个问题。我肯定不是一位"爱情大师",相反,我只是给幸福的关系提供了一种科学的视角。我是一名科学家,同时也是一位临床医生,我的科学研究有着独特的目的,即帮助别人。

[①] 以家庭为对象实施的团体心理治疗模式,其目标是协助家庭消除异常、病态情况,以执行健康的家庭功能。

在我和罗伯特·利文森研究关系的最初，我们对这个领域知之甚少。老实说，我们自己和女性的关系也发展得不是很好。她们很有趣，但也让人感到痛苦。因为我们并非天生就拥有经营关系的智慧，所以我们在没有进行假设的情况下就开始了对关系的研究。某天早晨喝咖啡时，罗伯特说："约翰，你要么拥有亲密关系，要么研究亲密关系，我们是研究关系的。"我可以很开心地告诉你们，从那以后我们俩在我们自己的关系上都取得了比之前更大的成功。我认为我们的研究功不可没，或者至少有一点点帮助。

古代天文学家都是从描述恒星和行星的运动开始研究的。和他们一样，我们当时也认为一位好的科学家应该以描述开始自己的研究，所以，我们就从最基本的地方开始着手。我们建造了一个我们觉得很酷的实验室，设计了一个收集数据的范式。过去的几十年，我们一直在用这个范式，只是做了小小的修改。我们在实验室里观察了一对对的夫妻：他们会讲述他们的一天是什么样的、他们真实的冲突，他们也很享受在一个公寓型实验室里一起度过 24 小时的时间。我们会前往一对夫妻的家中去观察他们，并且会采访他们，然后收集各种各样的生理指标，如心率和血流速度，用罗伯特的巨大的 PDP-11 电脑①将这些指标合成到视频时间码中。我们让一对对夫妻观看他们的录影带，并且让他们告诉我们，他们在想什么、感受到了什么，用数字评分转盘给他们自己评分，范围从"非常肯定"（+9）到"非常否定"（-9）。这些评分记录了他们每时每刻对自己的感知在大范围内的数值变化。我们可以以此研究生理现象、行为和感知，并将它们合成到视频时间码中。

在研究开始的前 24 年，我们从未尝试去帮助任何人。实际上，在询问那些参与了我们研究的人是否得到了帮助后，我们发现接受治疗和离婚之间有着相当高的关联性。接受了治疗的夫妻离婚的概率比没有接受治疗的夫妻要高。接

---

① PDP-11 是美国数字设备公司（DEC）于十九世纪七八十年代所销售的一系列 16 位元迷你电脑，有许多创新，是该公司最成功的产品线。

受了夫妻治疗的人是这样，接受了个体治疗的人尤其如此。我们很担心我们会和其他尝试帮助他们的人做得一样糟糕。

之后，我们试着仅仅去描述幸福且稳定的夫妻（我们称他们为关系"大师"）和不幸福的夫妻（我们称他们为关系"失败者"）之间的不同。

在过去的这些年中，我们研究了美国各个主要民族和种族群体的夫妻，研究了已婚和未婚的异性恋伴侣，花了12年研究宣过誓的男同性恋和女同性恋伴侣。我也和现今已故的尼尔·雅各布森用了10年时间一起研究了遭受家庭暴力的丈夫或妻子。

在我和罗伯特的两个实验室中，我们研究了从新婚一直携手到80多岁的夫妻，研究一些老年夫妻的时间也长达20年之久。我和我的学生观察新婚夫妇怀孕生子，观察他们和孩子在一起的样子。我们跟随他们，研究他们的亲子互动，并且发现了一个我称之为"情绪教导"的过程。我们也研究了这些孩子和他们朋友之间的关系。在一些研究中，我观察孩子们如何成长、如何与其他孩子交朋友。

我们研究了经历过从生孩子到退休等人生重大转变的夫妻。我们对他们在实验室互动的每一秒都进行了科学的记录，包括他们的声音、手势、动作、言辞、情绪状态和面部表情。我们对他们如何做出决定、使用幽默和表达喜爱等方面进行了评分，也对他们的录影带进行了评分，将他们在特定访谈中说的话进行了分类。我设计并验证了一套调查问卷，以了解人们在关系中的强项和弱点。

我们很惊讶地发现，仅使用在一对夫妻身上收集到的几小时的信息，我们就能预测这对夫妻之后的生活会发生什么，且准确率相当高。我想起了我生命中一通标志性的电话。罗伯特打电话问我，是否曾得到高度相关的结果（在1990年代时），他告诉我，在后续对我们前3年研究的跟踪研究中，只要控制初始水平，在预测关系的幸福程度时仅仅使用生理数据，我们就已经得到了高度相关的结果。

开始的 20 多年，我们从大学获得的报酬只能用于观察人们的关系是否会恶化。后来，在 1994 年，我开始和我的妻子朱莉·施瓦茨·戈特曼博士合作，一起研究防止关系崩溃的方法，以帮助夫妻和治疗师们将关系失败者转变为关系大师。正是我们的合作成就了"健康关系之屋"理论。

研究证据确实表明，所有关系，无论幸福与否，似乎都要解决在长期关系中的相同"任务"，而这些任务随着年龄的增长会有所改变。例如，我们都知道幸福的夫妻之间和不幸福的夫妻之间问题的严重性是一样的，处在各种关系中的人们本质上都会为同样的事情争吵，甚至幸福稳定的夫妻关系中也会出现离婚的诱因。在幸福的夫妻中也会有不满，只是它们出现的频率更低。因此，所有的关系可能真的有一系列"任务"或者里程碑性质的事情要处理，尤其是在这些关系的早期。我们将会看到，大多数问题都与建立信任有关。

关系中的修复能力

我们研发的治疗方法着重关注修复措施。每对夫妻在日常生活中都会有交流不畅的时候，每段关系都有潜在的"黑暗面"。认为沟通应该成为关系中的常态是一种错误观念，这里最重要的是夫妻在出现问题时拥有修复关系的能力——这个想法最终成为我建立自己理论的基础。在本书中，我将展示由我的学生贾尼丝·德赖弗和安布尔·塔瓦雷斯所收集的新婚夫妇修复关系的数据（见第八章）。

我认为我们需要的是关系如何成功经营以及关系失败的真实理论，这个理论应该来自对真实夫妻如何完成日常"任务"来建立稳定和令人满意的关系的基础研究。虽然这是一个临床领域，我们却做了相反的举措：我们首先创建了一个理论并研究出了一套相应的治疗方法。比如，伯纳德·盖尔尼认为根据卡尔·罗杰斯的"来访者中心疗法"①，父母之间交流的方法应该和治疗师与当事人之间一样，"关系促进疗法"②就是这样来的。

我想表达的是，在我们的研究领域中，尚未出现通过研究人们以各种方式建立良好关系的方法来建立一种理论，即通过数据建立理论。我在本书中的所有想法都是在真实数据和一对对夫妻的日常互动的基础上呈现的。

用这种基本的描述性研究方法来阐述自然变量的一个好处是：我们可以不用再依靠想象高质量的关系是什么样的了。我们花费了长达20年的时间来研究关系，并且我们开始相信所有的关系在本质上都是一样的。

人们对关系"功能障碍"的误解

这一整本书写的都是关系中出现的功能障碍。大部分此类书都没有参考真实的数据，而且很多书得出了完全错误的结论，其中一例就是乔治·巴赫和彼得·怀登所著的《亲密的敌人》。巴赫认为关系中出现问题的原因在于人们压抑了自己的怨恨，他让伴侣们轮流说出自己的怨恨，并用被称为"巴塔克"的泡沫橡胶手套击打对方。我们从上百项研究中了解到，宣泄怒气是没有用的，而且使用巴赫的疗法反而会让夫妻间产生怨恨，卡萝尔·塔弗里斯的巨作《愤怒：被误解的情绪》提到了这一点。然而巴赫的这本书却成为畅销书，并且影响了很多治疗师。

那么夫妻到底应该如何决定在恶化的关系中修复什么呢？这是一个很重要的问题。我们先来看看研究揭示的夫妻的不幸福有什么样的相关性。

---

① client-centered therapy，该理论以人本主义理论为基础，认为如果给来访者提供适当的环境，他就有能力改变对自己、对他人的看法，调整和控制自己的行为，从而进行良好的主观选择和适应。

② relationship enhancement therapy，亦译作"关系增进疗法"，主要是让来访者学习表达积极感情的技巧，学会在表达自己要求和愿望的基础上，听取别人意见，以交流协商的方法解决问题，从而减少人际间的对立和冲突。

关系"功能障碍"的真相

以下是 9 个预测离婚或经历持续痛苦的关系的指标，这些指标是伴侣们试图解决冲突时的关系特征。因此，我们可以用它们来描述关系出现问题时的功能障碍。

1. 消极情绪多于积极情绪。当稳定关系发生冲突时，积极情绪与消极情绪的比例为 5∶1。对于意图离婚的夫妻而言，这个比例则是 0.8∶1，甚至更小。也就是说，消极情绪在关系中是必要的。比如，消极情绪具备排除不起作用的互动模式的潜力，它也可以创造一种情感距离的周期循环以及一种随着时间更新求爱行为的亲密感。不管是治疗师还是夫妻，都不应该向消极情绪宣战。相反，我认为没有消极情绪的关系是人间地狱。在亲密关系中，我们会感受到所有的情绪，而不仅仅是开心的情绪。我同意查尔斯·达尔文的说法：所有的情绪都有适应值。我也同意心理学家海姆·吉诺特的说法：所有的情绪和所有的愿望都是可以被接受的，但不是所有的行为都可以被接受。

然而，正面的评价是建立良好关系的主要方式。你可以想象一个盐罐，但里面装的不是盐，而是各种肯定（比如"说得好""我明白了""是的""你说得很有道理，再多说一点儿""你快要说服我了""我从来没有想到这点""如果这对你来说很重要，那我们想办法去做吧""请告诉我你的感受和需要"，等等）。你若在沟通的过程中用这个盐罐加"盐"，立刻就会成为关系大师。相反，如果这个盐罐里装满了各种否定（比如"太荒谬了""不""太蠢了""你太笨了""你在无理取闹""理性点儿""闭嘴！""你这个浑蛋""你怎么这么木讷？""你从来没有关心过我""你太自私了"，等等），你在交流时一直使用这个盐罐，就会变成一个关系失败者。当然，我们都可能会使用这个装着否定的盐罐，但是关系失败者会使用得更频繁。关系大师会更多地表达积极情绪、温暖、迷恋、彼此的陪伴、兴趣、幽默、理解、幽默和共情。他们在生气、充满敌意、受到侮辱、被嫌弃、受到蔑视和嘲讽，以及经历伤心、失望、被贬低、分歧、情绪回避时会更多地用不同的方式说"是"而不是说"不"。

在关系发生冲突期间，积极情绪和消极情绪的比例至少需要达到5∶1，也就是说，一段关系中的积极情绪必须远多于消极情绪，即便夫妻产生分歧时也该如此。

2. **消极情绪的升级："末日四骑士"**①。指责、辩解、蔑视和竖起心墙是关系中的"末日四骑士"，也是关系发生冲突时的障碍，它们都属于消极情绪的升级。在1970年代，很多治疗师都认为一段关系中的怒气和敌意会导致产生关系功能障碍，但我们发现即使在幸福稳定的关系中，一方也会对生气的另一方做同样方式的回应。消极情绪的升级，尤其是指责、辩解、蔑视和竖起心墙，都在预示着离婚。我们发现，平均而言，关系中冲突升级的夫妻会在结婚5.6年后离婚。

3. **"背向"**。我们发现，在对方寻求情感联结时"背向"对方的"沟通邀请"，与夫妻日常交流中的消极交流模式是相关的。在这种模式中，伴侣中的一方会忽视另一方想要寻求联结或获得对方的注意、兴趣、幽默、爱恋和鼓励等方面的尝试。

4. **对抗：暴躁、情感上的疏离和回避**。这是我们在研究中发现的另一种负面的功能障碍模式。我们一开始研究这些夫妻时，有些夫妻关系的冲突并没有升级，只是在冲突中几乎不存在积极情绪（没有爱恋，不分享情绪，不提问，没有积极的兴趣，没有兴奋、快乐、安慰和共情）。这些夫妻平均在结婚16.2年后会离婚。后续研究也发现这种功能障碍模式与被称为"对抗"的消极互动模式有关，即在伴侣中的一方发出沟通邀请寻求情感联结时，另一方会用一种暴躁的方式来对抗伴侣的情感需求。

5. **修复关系的尝试遭遇失败**。我们的目标不是让一对对夫妻避免争吵，即

---

① 出自《圣经新约》末篇《启示录》第六章，分别指白马骑士瘟疫、红马骑士战争、黑马骑士饥荒和灰马骑士死亡。在这里指让冲突升级的四个因素。

便他们处在痛苦和疏远的关系中；也不是帮助他们去避免相互伤害彼此的感情，或者在对方有情感需求时逃避。相反，我们的目标是帮助他们在应对这些不可避免的争端，在沟通不畅和感情受到伤害时，具有修复这段关系的能力。他们在互动中发生遗憾事件是意料之中的事，而我们的目标是疗愈这些遗憾所造成的情感创伤。

6. **消极诠释**。罗伯特·魏斯给积极诠释和消极诠释下了定义。在消极诠释状态下，一条中立或者积极的信息会被认为是消极的（因此，消极感受凌驾于积极感受之上）。在积极诠释状态下，即便局外人看起来是消极的消息，他们也不会认为它是特别消极的，至少不会认为这是针对他们自己的消极信息。在消极诠释中，消极感知是所有互动的"潜台词"，人们会开始认为他们的伴侣拥有负面性格，比如自私、不敏感、刻薄。鲁宾孙和普赖斯让观察者去调查已婚夫妻的家以寻找积极行为，他们也会培养一对对夫妻观察伴侣的积极情绪。当他们感到快乐时，观察者和他们在双方伴侣积极行为次数方面的意见完全一致；但是当他们不开心时，一方只会看到伴侣中的另一方对他们的 50% 的积极行为（由观察者确定）。

心理学家弗里茨·海德描述了"基本归因错误"——人们将自己的错误最小化，并将其归因于临时的、瞬间的状况，但又会将他人的错误最大化，并将其归因于他们持续的和负面的个性特质或者性格缺陷的一种倾向。这是一种"我是对的，但你有缺陷"的模式，不幸福的夫妻之间的问题就是这样的。我们发现，观察者在伴侣身上看到的这些负面性格也和反复用负面词汇描述他们的关系有关。

在进行婚姻研究之初，作为智商测试的开发者之一，心理学家路易斯·特曼也试图找到一种理想婚姻的性格剖析图，即一种"情商"测试。然而，婚姻中"性格"的研究只在一方被要求描述另一方的性格时才有用：在痛苦的关系中，人们看到的都是伴侣的负面性格；而在幸福的关系中，人们会将伴侣的负面性格最小化，并且认可伴侣的正面特质。

7. 保持警惕和生理唤醒。我们发现，在争吵后，男性比女性更容易在大脑中重复那些让人痛苦的想法，这与弥漫性生理唤醒有关。当心率变快，我们会分泌肾上腺素，这时大脑便不能很好地处理信息，我们也无法运用自己的幽默感或创造力。我们往往会重复那些痛苦的想法，变得激进，我们也会想逃跑。"距离和疏远级联反应"会伴随着这种生理唤醒发生。生理唤醒也会让人对伴侣提出的问题不知所措，但这种情况并不会每次都发生。然而，我们认为，在经历过弥漫性生理唤醒后，人们会出现"淹没状态"，这种状态是由调查问卷来衡量的。淹没状态是一种导致人们想要逃离、变得激进或者进入自我防御的状态。我们发现，当淹没状态来临时，休息和自我安抚是非常重要的。我们现在会使用结构化的休息、放松指导和反映心率变化的生物反馈设备来教授自我安抚的方法。

8. 长期的弥漫性生理唤醒。生理系统的激活会打开我们对危险的"一般警报系统"——这个系统会向我们发出危险信号。弥漫性生理唤醒是生理上的一种自然级联反应，可以自行调整以应对不同的危险，在人类进化中已经发展了数百万年。弥漫性生理唤醒包括心率加速、心脏收缩强度增加、动脉收缩增加、血压升高、血氧浓度降低、肠道和肾脏等处的非必要功能的血液供应减少，从肝脏中调动糖原并将其转化为身体所需的葡萄糖，以获取能量；还包括分泌神经递质、肾上腺素和皮质醇，增加大脑杏仁核激活度以尽早发现危险，减少额叶（控制着计划以及复杂的信息处理过程）激活，以及免疫抑制等。在发生冲突时，弥漫性生理唤醒会对人产生极大的心理影响，降低人们的信息吸收能力（降低听觉和周边视觉，让人难以从防御状态中转移）。它也会加强防御状态和我们称为"自我总结综合征"的状态，后者意味着重申自己的立场，并希望伴侣能够立刻"理解"自己的立场，然后两人再次相爱。它还会削弱人们在解决问题时的创造力，导致人们无法运用幽默感，也感受不到爱恋，倾听和共情的能力也会削弱。这不是任何人的错，只是一种有时不受控制的适应机制。在马尔科姆·格拉德威尔的《眨眼之间》一书中，他描述了一个例子：弥漫性生理唤醒导致士兵们将每个人都视作敌人，吓得"菜鸟"警察朝阿马杜·迪亚洛射出了41颗子弹。迪亚洛十分无辜，他只是伸手去掏自己的身份证，而不是警察认为的"他要去伸手拿枪"。

9. **男性不愿接受来自妻子的影响**。这一点表现为以下两种拒绝模式：（1）男性的情感疏离（最终会变成相互的情感疏离）；（2）男性对妻子低强度消极情绪（如抱怨）的反应升级（如展现出好斗、蔑视和辩解）。关系大师型的丈夫不怎么会拒绝来自妻子的影响，他们往往会说"好的""说得好""你说得很有道理，真的"，抑或是"你就快说服我了"这样的话。这不是顺从，而是一种明智的取和舍。要想在一段关系中变得强大，我们必须能够接受伴侣所期望的影响。

什么在使关系顺畅

以下是幸福稳定的关系的7个特征：

1. **冲突风格的配对**。1974年，哈罗德·劳什出版了一本重要的书《沟通、冲突和婚姻》，这本书描述了第一个关于转变为父母这一过程的纵向观察性研究；这项研究首次分析了互动的序列。劳什将被观察的夫妻们分成三组："和谐组""避免冲突组""吵架组"。他认为两种极端的冲突方式（即避免冲突和吵架）是功能失常的。但是，我们在自己的研究中发现，当夫妻在冲突中积极互动和消极互动的比例大于或等于5∶1时，这三种冲突类型（我们将其分别称为"验证型""回避型""不稳定型"）实际上都是起作用的（稳定和幸福）。冲突风格的错误配对会使夫妻向着离婚发展。这些错误配对源于一方想要改变另一方，而另一方则一直在逃避。心理学家维吉尼亚·萨提亚将其称为"追逐者-远离者"模式。之后，心理学家安迪·克里斯坦森将其称作"要求-撤回"模式。回避型和验证型的配对是我们发现的最常见的错误配对。由于我们没有看到回避型与不稳定型是如何配对的，我们推测这些伴侣从未经历过从求婚到结婚这个阶段。苏珊·约翰逊也将这种错误配对视作造成依恋创伤的基本因素。更确切地说，我们认为人们对情绪感受的错误配对（我们称其为"元情绪错误配对"）是这些冲突模式的核心（我将在之后的章节做出详细的阐述）。

2. **关于永久性问题的对话**。通过在多年中反复研究这些夫妻，询问他们每次发生冲突时未解决的问题是什么，我们了解到夫妻持续存在分歧的主要领域中只有31%是可以解决的问题，而69%的问题属于无法解决的永久性问题。这些永久性问题之所以出现，是因为夫妻间长久的性格差异。所有的夫妻都有性格差异。我们的数据也显示，夫妻的互动随着时间推移会形成巨大的稳定性。有的夫妻会用积极情绪来讨论问题（我将这种情况称为"对话"），而有的夫妻则会以消极情绪来讨论问题（我将其称为"僵局"）。

另外，可解决的问题的有效解决方式有以下几个特点：

- 在健康关系中备受推崇的积极倾听模式，在我们区分幸福和不幸福夫妻的研究中并没有得到证实。我们发现，在冲突中，人们几乎不会很自然地进入积极倾听状态，甚至不能凭借在稳定幸福关系中的积极倾听来预测关系中会出现积极结果。此外，在库尔特·哈尔韦格和迪尔克·瑞文斯托夫的"慕尼黑婚姻研究"中，积极倾听的拓展训练（使用了伯纳德·盖尔尼①的强化方法）基本上是无效的，且效应量低、复发率高。现在我们认为，积极倾听的问题在于，为了产生良好的沟通效果，诉说者需要"降低音量"（这样他就不会处在攻击模式中），但这在冲突中是很少发生的。更多时候，诉说者讲话时会带着敌意和愤怒，研究也显示，很少有人能在这种情况下成为一个很好的倾听者。我们甚至发现在稳定幸福的关系中亦是如此：当冲突带着敌意开始时，防御性行为就会接连出现（虽然幸福稳定的夫妻也会有这些消极行为，

---

① 伯纳德·盖尔尼主持了一个叫作"关系促进"的婚姻咨询项目，主要培养人们学习相互理解、回应对方情感、解决冲突和建立更令人满意的行为模式的技巧。

但其频率更低)。换言之,尽管积极倾听在理论上似乎是个好主意,但在实际中它很少起作用,除非诉说者们于互动一开始就采用了中立情绪,但这种情况极少。由于霍华德·马克曼和斯科特·斯坦利的夫妻"预防和关系增强计划"①心理教学项目的成功,以及他们认为积极倾听是有效的,我们最初对积极倾听的反应也渐渐变得缓和起来。很明显,积极倾听会有一定的积极效果。但我们怀疑,当积极倾听起作用时,诉说者已经调整到更温柔的状态了。在第六章,我将用我称为"戈特曼-拉波波特蓝图"的模式代替积极倾听模式来进行积极的冲突讨论。

● 温柔而非严苛地提出问题。这里,女性在关系中通常有很多挑剔的东西。根据菲利浦·考恩和卡罗琳·考恩在加州大学伯克利分校的研究,在异性恋关系中(在大部分西方文化中),有80%的问题是由女性提出的。同样,研究结果表明以攻击性开启对话导致的"非防御性倾听"②或共情倾听③的可能性更低。一项研究中,在进行冲突讨论之前,夫妻会谈论这一天发生的事情。我和罗伯特·利文森发现,若丈夫在日常谈话中缺乏兴趣或感到烦躁,则可以预测妻子会在冲突讨论中进行严苛的提问。我记得有位妻子兴致勃勃地聊到了他们1岁的孩子专注于一朵花30分钟,而丈夫完全不感兴趣。他一直在看表,看起来对妻子的话感到很无聊,然后妻子失去了热情,最终也不再说话了。此后,丈夫开始激动地聊起这周马上就要收到的卡车水泵,提到他期待能在这个周末修好卡车。她给出的反应也是厌倦,他最终也失去了对这个

---

① 心理学博士霍华德·马克曼、斯科特·斯坦利和苏珊·L.布隆伯格针对夫妻关系、职业关系促进这两大领域,经过28年的研究和实践,完成了"预防和关系增强计划"项目,旨在帮助人们激发潜能、缓解压力、成就成功与幸福的人生。
② 与防御性倾听相反,防御性倾听是指某人将不带感情色彩的评论视为对他们的人身攻击。防御性倾听的关注点是一个人从任何人的简单评论和回答中产生错误的印象。
③ 也叫同理心倾听,是一种结构化的聆听和提问技巧,可在智力和情感上更深入地理解诉说者所传达的内容,从而进一步发展和加强人与人之间的关系。

话题的热情。他们的冲突讨论就是以非常严苛的方式开启的。在另一个案例中，丈夫以一种敌对的姿态对他的妻子说："你为什么不讲讲你今天做了什么？这又不会花你很多时间。"那个时候我们第一次粗略地了解到友好和冲突之间有着很强的关联。我和贾尼丝·德赖弗继续探索后发现，在我们公寓型实验室里的晚餐时间，对伴侣的兴趣和要求做出积极回应、表达兴趣和关注（我们称之为"面向沟通邀请"）都与温柔地提出问题相关，也与在冲突中表达喜爱和分享幽默有关。

- 接受影响而不是"将球击回"。在我和尼尔·雅各布森的研究中，男性性格暴力的一个特征是对妻子的每个要求说"不"。我和吉姆·科恩后来发现，男性不排斥伴侣带给他的影响在新婚的非暴力异性关系中是至关重要的。然而，一项很重要的发现是，以同样的消极方式回应对方（如用怒气回应怒气）通常与夫妻是否会离婚没有任何关系。消极情绪的升级——用指责或蔑视来回应对方的伤心或愤怒——才在离婚方面具有预测性。这是一项很新的发现，在文献中存在诸多争议，因为作者们在如何定义愤怒上存在分歧。在本书中，我们会重新审视消极情绪序列，并探索为什么不幸福的夫妻间有些消极-消极的互动会变成我称为"吸收状态"的一种状态。吸收状态意味着人们容易进入，却难以退出。

- 有效的修复尝试。在一项研究中，我们观察了新婚夫妇在结婚几个月后做出的修复尝试。在婚后6年还维持着婚姻关系的夫妻与那些离婚的夫妻相比，前者能在更低的消极情绪阈值中修复关系（这是通过戈特曼-默里数学模型测算出的结果）。

- 缓解消极情绪。这点通常是由男性完成的，但只存在于低冲突的情况下。通常情况下，当男性开始变得有一点儿消极时，他们似乎会出于社会化本能去平息冲突。然而，一旦消极到达了某个特定的点，男性就会回避（即竖起心墙）。

- 愤怒本身并不是一种危险的情绪，但当与"末日四骑士"和好斗同时出现时，愤怒就会突然变得危险起来。然而，我们确实发现，于情感疏离的夫妻而言，通过关系开始时的愤怒可以预测他们之后的离婚。所以，愤怒如何对关系造成伤害尚无定论。

- 积极情绪。在我们的新婚研究中，这是唯一能预测夫妻关系稳定和幸福感的变量。此外，积极情绪在冲突对话中并不是平均或随意分布的，而是被精确地用于减少冲突。积极情绪和冲突缓解也被用在生理放松服务中，尤其会被用在异性恋关系中为男性提供的服务中。这就是为什么在冲突期间即使通过少量的积极情绪也能预测关系中的积极结果。罗伯特·利文森的实验室也发现，幽默可以有效减少生理唤醒。

- 如前文所述，夫妻间 69% 的冲突被证明是由关系中持续且无法解决的问题引起的，这些永久性问题来自伴侣间一直以来的性格差异。通常，我们在求爱期间发现的伴侣吸引我们的特质在婚后会变得令人气恼，这就为永久性问题埋下了种子。对于这些永久性问题，家庭治疗师萨尔瓦多·米纽庆说出了"所有的婚姻都是错误"这句话。米纽庆补充道："但最重要的是人们怎么处理这些错误。"我们发现最重要的不是解决这些永久性问题，而是讨论它们所产生的影响。幸福夫妻的目标可能是围绕这些永久性问题开始一场"对话"——这场对话包括分享幽默和爱恋、传达对伴侣差异的接受，以及娱乐。这种方式让幸福的夫妻可以积极地应对这些永久性问题，而不是被困在"僵局"中。治疗师安迪·克里斯坦森也强调了接受对方性格的重要性。

3. 幸福的夫妻将问题视作共同的困难，并且将问题限定在一个具体的情境下。不幸福的夫妻会将问题视作伴侣性格中全部缺陷的症状。如前所述，我和罗伯特·利文森发现，通过分析在冲突中积极情绪和消极情绪的占比能够预测关系的走向，但是我们想知道是否所有的消极情绪都会同样地侵蚀关系。研究表明，之前提到的"末日四骑士"（指责、辩解、蔑视和竖起心墙）的确比其他消极行为更有害。处在不幸福关系中的伴侣将帮助对方变得更好视为自己的责任，他们认为关系中之所以出现问题，是因为对方不如自己那么完美。因此，向伴侣指出如何成为更好的人就成了他们的责任。他们认为，对方需要他们来指出错误，并期盼对方感谢他们伟大的智慧。在痛苦的关系中，他们的思维习惯是关注自己的烦躁和失望，并向对方解释他们会如何对这些痛苦的情绪负责。

　　幸福的夫妻恰恰相反，他们会通过谈论自己的感受和需求来提出这些问题，谈论自己消极情绪的方式也非常温柔（处在幸福关系中的女性尤为如此）。对于双方来说，相处的秘诀就是能一起成功地做事。他们的思维习惯和不幸福夫妻的刚好相反：他们不会在意对方的错误，而是关注对方做的正确的事并加以赞赏。这些不同看起来很小，但其影响是巨大的。请看下面这个例子：妻子整个晚饭期间都在谈论她自己，如果我对此有点儿不舒服，我可以说："朱莉，你怎么了？"（对方很少用"我很高兴你这样问，让我想想。哦，我的确有点儿小情绪——你猜对了！"来回答这个问题。）然后我可以继续说："你只关注自己，真是太自私了。你从来不考虑别人，你总是只考虑自己。"或者我可以像个关系大师一样说："亲爱的，这不算什么大事，但我对晚餐时的对话感到有点儿不高兴，我需要你关心一下我今天是怎么过的。"那么她的回答就可能会是："对不起，你今天过得怎么样？"

　　4. 成功的修复尝试。即便是关系大师，他们有时也会和对方发生分歧、变得有戒备心、伤害彼此的感情，但即使在冲突中他们也有能力修复关系（见第八章）。这表明夫妻治疗的目标不应是避免争吵，也不应是避免伤害彼此的感情或试图一直保持亲密。相反，夫妻治疗的目标应该是帮助夫妻充分处理所有关系中都会发生的这些不可避免的遗憾事件，并让他们有能力修复关系。幸福的关系依靠的是双方对消极情绪的充分讨论，我们将在后文详细探讨这个过程。丹·吉本在他的夫妻"元情绪"或"调和"访谈中发现了一种研究这个过程的方法。在本书中我将这个过程称为"情绪调和"，它是夫妻建立信任的主要机制。

5. **在冲突中保持生理平静的能力。**生理唤醒和被消极情绪淹没会让人难以倾听和理解别人，也会让人难以与别人共情。保持平和、自我安抚以及安抚伴侣的能力是造就幸福关系的首要因素。

6. **接受来自伴侣的影响的能力。**如前文所述，这点在男性身上尤为真实。男性接受伴侣影响的能力于异性恋关系的运转良好至关重要，无法接受女性的影响是关系崩溃的确定性诱因。

7. **主动建立友谊、亲密关系和积极情绪系统。**在幸福的关系中，人们会持续地示爱、增强亲密感、培养情谊、寻找乐趣、新鲜事物和好玩的东西。

拥有以上清单就足够了吗

当一段关系出现问题时，以上清单对于辨别哪里出现了问题是很重要的；当一段关系幸福又稳定时，这个清单也可以帮助辨别是什么在起作用。但是，能预测一段关系的结果仅仅是探索科学性知识的开始，预测并不等同于理解。

例如，如果你对不幸福的夫妻说："当你们意见不同时请多运用积极情绪。"或者"下次你说他妈妈时笑一笑就行了。"你得到的回应就只会是："不好意思，他妈妈根本没那么有趣。"在冲突中，一个人如何创造更多的积极情绪呢？要实现这个目标，你需要的不仅仅是预测，还有理解。

理解需要理论支持。我们将最终会成为关系失败者还是关系大师的理论称为"健康关系之屋"理论。这个理论就像一个有着七层楼的房子（见图1.1）。

| 信任的科学

健康关系之屋

- 创造共同意义
  传统、价值观和家庭仪式
- 实现人生梦想
- 冲突管理
  关于永久性问题的对话
  冲突管理的六个技巧
- 积极视角
- "面向"对方
  建立情感账户
- 分享喜爱和赞美
- 绘制爱情地图
  了解彼此

图 1.1 健康关系之屋

"健康关系之屋"理论

"健康关系之屋"理论的前三层描述了夫妻关系中的友谊。科学家的伟大之处在于：你不能仅仅说"友谊在关系中很重要"或者"是的，集合！请大家安静一下，因为我们都知道黄金友谊是多么神圣"，牧师可以这么说，奥普拉博士①可以这么说，菲尔博士②也可以这么说，但是作为科学家，你必须经过可靠的测算，才能给你想陈述的概念下定义，这样就自然而然地提供了成功的秘诀。

因此，以下是"健康关系之屋"理论中"友谊"的意思，即一个人需要做的三件事。

1. **绘制爱情地图**。爱情地图是你在脑中创建的关于伴侣心理世界的路线图，是友谊最基本的层次。它是一种在关系中感到被了解的感觉，你感觉到你的伴侣对了解你充满兴趣，你的伴侣也感觉到你对了解他很感兴趣。你知道你的伴侣此刻的担忧和压力是什么吗？他有着什么样的梦想、价值观和目标？你伴侣关于人生使命的宣言是什么？绘制爱情地图的基本过程是提出问题和记住答案——将答案保存在工作记忆③中。提出的问题应该是开放性问题，而且你想知道它们的答案，而不是像"水管工会来吗"这样的封闭式问题。人们很少提出问题，但当他们提出问题时，与让别人"接受"的陈述刚好相反，提问就成了一种邀请。总结一下，绘制爱情地图包括三点：（1）提出你感兴趣的问题；（2）记住问题的答案；（3）不断提出新的问题。

2. **分享喜爱和赞美**。这与在关系中建立感情和尊重有关。培养表达喜爱和赞美的习惯包括两个部分。第一，和总是寻找伴侣的错误这种批判性思维习惯相反，我们需要一种能够审视与伴侣的关系，寻找伴侣身上值得钦佩、让我们感到骄傲和欣赏的东西的思维习惯。第二，我们需要用言语或非言语的方式将感谢或赞美表达出来，而不能对其三缄其口。当看到伴侣做了一件正确的事时，

---

① 奥普拉·温弗瑞，制作并主持《奥普拉·温弗瑞秀》。该节目选题内容关注儿童虐待、减肥、自信、性等与大众生活息息相关的现实问题，试图通过对典型事例的探讨和分析，给大众提供一些指导性的建议。

② 菲尔·麦格劳，是美国家喻户晓的电视心理学家、脱口秀节目主持人、畅销书作家。他主持了家喻户晓的《菲尔博士脱口秀》，该节目主要向大众提供健康、事业、感情和人际关系等方面的心理咨询。

③ working memory，与对应长时记忆、仅强调储存功能的短时记忆不同，工作记忆系统是人们在认知过程中出现的一种临时储存和加工信息的系统。

我们可以说："谢谢你能这么做。我注意到了，真的很感谢。"这样的回应可以帮助我们积极地建立一种存在感谢和尊重的关系。

3. "面向"（而不是"背向"）对方。刚开始相处时，伴侣们会经常通过言语或非言语的方式让对方知道自己的需求。他们正在为建立情感联结提出"沟通邀请"，这是情感联结的一个基础。他们在渴求对方的关注、兴趣、对话、幽默、喜爱、温暖、共情和支持等。随着时间的推移，这些情感联结的微小瞬间形成了一个随时间逐渐建立起来的情感账户。例如，你的伴侣说："看，一艘很漂亮的船。"如果你不回应，那你就是在"背向"他。"你能安静点儿吗？我在看书！"这种暴躁的回应就是在对抗。相反，"嗯！"就是"面向"对方——虽然不是很好的"面向"，但有时候这已经足够了。更热情的"面向"可以是这样："哇，的确是艘很漂亮的船！宝贝，我们辞职买艘这样的船吧。我们一起远航，怎么样？"这些都会帮助伴侣们建立情感账户。

在研究中，我们发现在结婚6年后离婚的那些夫妻只有33%的时间是在"面向"对方；而结婚6年后婚姻仍然存续的夫妻则有86%的时间在"面向"对方。我们也发现，在发生冲突时，伴侣们用越多时间"面向"对方，他们就会感受到越多的爱意和幽默。

"面向"对方的基本流程包括关注并意识到伴侣如何提出沟通邀请，并能看出一个稍许消极或不甚清楚的要求背后的期望。盖瑞·查普曼把这些要求称为"爱的语言"。

"面向"对方的行为会产生更多的"面向"，因为它形成了一个正反馈循环，"面向"对方的行为会循序渐进，逐渐增多。

检验一个好理论的标准是什么？它应该允许被驳斥；应该有实证上的支持；应该做出出乎意料的新预测，而这个新预测的结果最终被证明是正确的。我们的这个理论带来的出乎意料的结果又是什么呢？

让我们感到惊讶的是，我们发现爱情地图、喜爱或赞美，以及"面向"对方三个要素是在冲突中体会到爱恋和幽默的基础。而且，它们也是浪漫、激情和良好性爱的基础。你为了让自己相信第二个结论，先问问自己："我怎样才能在接下来的两周内让我与伴侣的关系更加浪漫？我能做些什么？"在格利高里·哥戴克的《1001种浪漫》一书中，他推荐道："给你的妻子买一个镶嵌着你的照片的金项链。"但是，假设（1）你10年来都没有向你的妻子提过问题，那么你就无法绘制爱情地图；（2）在最近的一次晚宴上，你的妻子正在讲某个故事，而你说"别讲了，你不会讲故事，我来讲"，那么你就没能表达喜爱和赞美；（3）你从未注意到她提出的沟通邀请，那么你也就没能"面向"对方。现在你重新考虑一下送她金项链这件事——这是浪漫的方法吗？我不这么认为。她很有可能会把金项链扔在地上，还会开车碾压它好几次。爱情地图、分享喜爱和赞美以及"面向"对方比送金项链浪漫得多。

我们进一步发现，当伴侣们之间发生了遗憾事件时，"健康关系之屋"的前三层也是进行有效修复的基础。因为有效修复的基础不在于人们怎样修复，而在于情感账户中有多少"存款"，因为这也预示着修复会如何被人们接受。我们将在第八章探讨这一点。

所以，友谊的这三个组成部分会影响伴侣们产生分歧时的行为和感受。拥有深厚友谊的夫妻更能感受到幽默、爱恋和正能量，从而有可能以更具建设性和创造性的方式与他们之间的分歧共处——这是在赚取和积累"存款"。"健康关系之屋"的这三个层次是在分歧中获得积极情绪的基础。

"健康关系之屋"的第四个层次决定了在冲突中的修复尝试是否有用。我们假设友谊质量和冲突管理之间存在联系。

4. **积极视角**。当友谊不再起作用时会发生什么呢？人们会进行消极诠释。1980年，罗伯特·魏斯提出，伴侣们总处于下面两种状态中的一种：

- 消极诠释。在这种状态下，伴侣之间产生的消极情绪会凌驾于伴侣可能会做的任何积极事务之上。在这种状态中伴侣们对贬低过度警觉，往往不会去注意积极的事。如前文所述，鲁宾孙和普赖斯发现，客观观察者看到的积极事物，不幸福的伴侣连其中的50%都无法看到。伴侣们往往会扭曲视角，将中立甚至是积极的事物解读出消极含义，他们太敏感了。

- 积极诠释。在这种状态下，伴侣之间产生的积极情绪会凌驾于伴侣可能会做的任何消极事务之上。他们认为消极不是针对自己的，只是伴侣很焦虑的表现。他们可能会注意到消极事件，但不会严肃地对待它们。他们往往会朝积极的方向扭曲视角，甚至将消极事件视为中立事件，他们并不是很敏感。

这是这个屋子的一个层次，它是名词，不是动词，我们不能让它"发生"。当友谊不起作用时，人们有充分的理由处于消极情绪中，会将伴侣视为自己的敌人，而不是令人讨厌的朋友。因此，"健康关系之屋"理论没有应用认知行为矫正法[1]来促使人们从消极诠释转向积极诠释。相反，我们认为除非基本的友谊程序起作用，否则这个理论就不会起作用。如果友谊起作用，人们会自然而然进入积极诠释状态；如果友谊不起作用，人们会自然而然进入消极诠释状态，因为人们的友谊是"空中楼阁"。试图简单地将人们从消极诠释转变为积极诠释的研究都失败了，我们认为，除非提升友谊的质量，否则无法让人们的状态实现改变。

5. **冲突管理**。这里，我们说"管理"冲突而非"解决"冲突，是因为关系中发生冲突是很自然的，也存在有用和积极的方面。例如，冲突会帮助我们学习怎样更好地去爱和理解伴侣、如何应对改变、如何让爱随着时间而延续。那么，关系大师是怎么做的呢？

---

[1] cognitive-behavioral modification，是一种主要借助理性行为的心理治疗法，也是一种自我指导、重建认知的治疗方法，重点在于改变当事人的自我心理暗示。

关系大师管理冲突的一个重要方法是对彼此保持温柔。他们通常会温柔地提出问题（包括主动修复），会接受对方的影响、自我安抚，并开始修复关系、缓和气氛、做出妥协。之前提到，巴赫和怀登会要求伴侣们轮流说出对彼此的怨恨，甚至用泡沫橡胶手套互相击打对方。现在这种方法正好相反。当然，这并不意味着我们要把愤怒从情绪列表上删除，正如某些作者所说，我们需要从一开始就让愤怒对关系产生助益。

同样重要的是要记住，关系中的冲突并不是都相同的，永久性问题中的冲突与可解决性问题中的冲突是不同的。如前文所述，我们的研究显示，当伴侣被要求谈论一个持续存在分歧的领域时，他们讨论的69%的问题都是无解的。这些问题都与伴侣间的根本差异有关——个性或需求的差异是他们对自我的核心定义的基础。伴侣们多年来都在试图解决这些问题，但却没有解决方法。他们会继续谈论相同的问题，偶尔取得一些进展，或至少在短时间内改善状况，但是过了一段时间之后，问题又会重新出现。在每个案例中，对问题展开讨论是围绕问题建立对话的一种尝试，而我们必须承认，这些问题不会消失也不会被完全解决。

我们的研究也和丹·怀尔的观点一致，他在《蜜月之后》一书中写道："选择伴侣就是选择了一套问题。"他提出，任何一段关系中都存在问题，一个人不管和谁结婚，都会遇到一套特定的问题。例如：

> 保罗和艾丽斯结婚了，艾丽斯在聚会上很活跃，而保罗是个害羞的人，他不喜欢艾丽斯这样做。但是，如果保罗和苏珊结婚，他们在参加聚会前就会大吵一架，因为保罗做事总是很慢，而苏珊不喜欢等待。她会觉得保罗认为让她等待是理所当然的，她对这点很敏感。保罗会认为苏珊的抱怨是为了控制他，他对这点也很敏感。如果保罗和盖尔结婚，他们根本就不会去参加聚会，因为保罗不肯帮盖尔做家务，他们前一天刚刚因为这事吵过架，两人心情都很差。在家务上得不到

支持，让盖尔感觉自己被抛弃了，她对这点很敏感，而保罗会认为盖尔的抱怨是为了控制他。对艾丽斯来说也一样，她如果和史蒂夫结婚，就会遇到完全相反的问题。因为史蒂夫总会在聚会上喝醉，艾丽斯很生气，他们俩就会为这件事大吵一架。艾丽斯如果和洛乌结婚，在聚会上倒是会很开心，但是回家后他们的问题也会随之而来。因为洛乌想让他们变得更亲密时会想和艾丽斯做爱，而艾丽斯只有在两人已经变得更亲密后才想做爱。

怀尔还写道："……你在选择长期伴侣时，意识到你将不可避免地选择一套特定的无解性问题，在未来10年、20年甚至50年中你将要努力克服这些问题，是极具价值的。"因此，我们认为当你学会和一套永久性问题相处时，亲密关系才会维持下去。

要和永久性问题共存，伴侣们需要将关注的焦点从尝试解决问题转移到学习怎样就他们不同的主观观念建立"对话"，这样才可以避免在永久性问题上出现"僵局"。关系大师似乎能够接受他们与伴侣之间的问题。他们会带着尊重和爱恋，用令人愉悦的方式向伴侣传达出对问题的接受，并同时表达希望能解决问题。然而，伴侣们如果不能建立这种良好对话，就会让冲突陷入僵局，而僵化的冲突最终会导致情感上的分歧。

正如安迪·克里斯坦森所指出的，关系大师在要求伴侣改变时，能够表达对伴侣性格的一个基本的接受态度。他们会弱化改变请求的重要性。以下是关于永久性问题的僵局和良好对话的区别：

- 冲突僵局。从冲突的主题上无法看出该冲突对应的是良好对话还是僵局，持续性冲突的主题可以是任何事。一个问题对局外人来说可能是很小的问题，但对关系中的人而言却可能是个大问题。这种僵局看起来就像两个相对的拳头。在冲突僵局中，他们的基本感觉是伴侣在拒绝自己；在谈论僵局问题时，他们很大程度上会感觉伴侣不喜欢他们。他们会一遍又一遍地进行同样的对话，就好像一直在空转却没有前进的车轮。他们之间不会妥协。随着时间的推移，他们各自的立场会越来越稳固，甚至出现两极分化，关于这个问题的对话会让伴侣感到受挫折和受伤害。当谈论这个问题时，他们很少体会到幽默、趣味、爱恋或赞美，也没有什么积极情绪，而这些则是形成僵局的关键。

僵局如果一直持续，伴侣们就会开始相互贬低。他们开始对伴侣怀有消极想法，尤其是当谈到造成僵局的问题时。研究者发现，在贬低对方时，人们普遍认为伴侣是自私的。这一发现对我们分析"僵局是一种信任的丧失"至关重要。

● 关于永久性问题的良好对话。关于永久性问题的良好对话和僵局在一个主要方面存在不同。在良好对话中有很多积极情绪（乐趣、笑声、爱恋和共情），而在僵局中几乎没有积极情绪。伴侣关于永久性问题的良好对话似乎是为了更好地理解永久性问题，或者达成暂时的妥协。他们秉承着一种"哦，我们又来了"的有趣态度，其中包括大量的接受、责任承担和乐趣，以及认真尝试使事情变得更好并适应他们个性和需求的差异。

伴侣们为什么会陷入僵局？曾有临床研究表明，这些僵持不下的伴侣患有某种心理疾病，他们无法从伴侣的角度看待问题，例如无法移情或存在某种"心智理论"缺陷。也许，很多临床的作者都认为这些陷入僵局的人是自恋的、边缘化的，有人格或性格障碍。

然而，我们的研究却显示，伴侣们有充分的理由不在僵局中妥协。我们曾经将这个理由称为"隐藏议程"，但现在我们从存在的角度理解了隐藏议程。

现在，我们意识到，在每个人僵持的立场背后都有一些深刻而有意义的东西——它事关这个人的信仰体系、需求、经历或性格的核心，可能是人们坚守的价值观或尚未实现的梦想。人们在这些问题上不能屈服和妥协，就像他们不能放弃他们是谁以及他们所珍视的自我的"骨头"一样。妥协就像出卖了自己，这是不可想象的。

但是，当一段关系达到一定水平的安全等级，并且一方很清楚地传达了他想要了解对方立场的深层意义时，另一方最终就会开放自己的内心，告诉对方自己的感受、梦想和需求。彼此说服和解决问题将会被延后，双方目标变成了相互理解对方在该问题的立场背后的梦想。比如，一方可能想为退休存钱，而另一方想要现在花这笔钱去旅游。我们称这种干预为"冲突中的梦想"干预，其基于关系中的冲突不尽相同，不需要同样的一套技巧来应对的一种认知。事实上，与人类存在有关的冲突从根本上就是不同的。

6. 实现人生梦想。在任何一段关系中都有一个关键方面，即营造一种鼓励人们诚实地谈论他的梦想、价值观、信念和抱负，并让人感受到这段关系支持着这些人生梦想的氛围。我们现在回到爱情地图这一层，进行更深入的探索。我最喜欢的电影是《天生爱情狂》。在这部电影中，约翰尼·德普饰演的精神病人认为自己是唐璜，并改变了他的精神科医生杰克（由马龙·白兰度饰演）的生活。杰克即将退休。一天，在德普和他谈论女人之后，杰克与妻子（由费·唐纳薇饰演）在他们的花园里交谈。他问到了妻子的人生梦想。一阵沉默后，她说："我以为你永远不会问。"实现人生梦想就是要提出问题并记住答案。

7. 创造共同意义。在关系中我们也需要共同创建一种存在共同目标和意义的生活。维克多·弗兰克尔曾说，追求幸福是空虚的。他建议我们在追求深层意义的过程中找到幸福。因此，最后我们来到了"健康关系之屋"的"阁楼"上，即创造共同的目标和意义。我相信每个人都是哲学家，都试图从人生这段短暂旅程中找到一些意义。"健康关系之屋"的这一层级聚焦于在关系中创造共同意义。人们会通过很多方式来创造共同意义，包括创造正式和非正式的联结仪式，创建共同目标和人生使命，相互支持彼此在生活中的基本角色，在核心价值观和象征意义（如"家是什么"）上达成一致。我们再次回到了绘制爱情地图上，但是到了更深的层次。所以，屋子的第七层循环回到了第一层。（"健康关系之屋"应该改称为"健康关系面包圈"才对！）

"健康关系之屋"缺失元素：信任

和所有好的理论一样，"健康关系之屋"本质上是一本"食谱"，里面有关于如何建立友谊，如何对伴侣提出沟通邀请以培养情感联结，如何创造浪漫、激情、尊敬和爱恋的实用食谱。它讲述了伴侣们如何进行亲密的对话、谈论情感、让冲突富有建设性、治愈旧伤、修复冲突、培养积极情感系统（玩耍、享受、冒险），以及如何创造共同的意义。

然而，"健康关系之屋"理论的隐含意义是，通过遵循这七项原则，世界上任何两个人都可以建立稳定、幸福的关系。我们对这一点心存疑虑。我们是否真的能将每一次关系的失败都归咎于没有应用"健康关系之屋"的原则？每段稳定、幸福的关系之所以奏效，是因为人们都在应用这七项原则吗？虽然看似如此，但就像我经常被精明的记者问到的一样，我们可以提问："'魔法'呢？'爱'呢？'激情'呢？还有'化学反应'呢？"很多批评这项研究的人都认为，我们的分析显然缺乏一些根本的、玄妙的和基础的因素。这七项原则似乎并没有抓住爱情关系运作的本质，这一切都太机械化了——不够神秘、戏剧化、诗意，艺术性和音乐性也不够。

这些批评的某些方面是对的。当与治疗中的伴侣们相处时，我们发现七项原则的概念中可能确实缺少某些东西。例如，尽管我们列出的建设性地处理冲突的社交技巧在任何关系中都至关重要，但许多伴侣似乎无法或不愿意让他们的冲突具有建设性，一些伴侣很抵抗学习这些社交技巧。他们在治疗过程中没有"练习"过培养亲密关系。这些伴侣到底怎么了？难道是因为有太多的局面无法挽回吗？他们的争吵和背叛是否造成了太多的情感伤害？难道我们的治疗对这些伴侣来说太晚了吗？还是"健康关系之屋"理论中缺少某些东西？

存在"太多的局面无法挽回"的假设似乎有些道理，因为我们的预防性干预措施比我们给陷入困境的伴侣们的干预措施产生了更大的效果，复发率也更低。

还有一种可能是，有些伴侣从一开始就没有"一体"过。他们是否在根本上就是错误的匹配，而我们本该能够在他们关系的早期阶段就识别出来？这些错误的匹配到底是什么？一些伴侣是否缺失了某种神秘的成分？

鉴于此，我开始寻找这些伴侣缺少的成分——这七项原则中缺少的"魔法"。在创建一个关于低收入伴侣备孕的研究项目期间，我找到了答案。我和我的妻子朱莉在全美国的低收入伴侣中建立了焦点小组①，他们代表了美国的社会和种族的多样性。我们发现，所有的伴侣都谈到了"信任"的重要性。当我们采访焦点小组的伴侣，了解他们的情感结构和故事时，很多伴侣告诉我们，他们缺失的核心成分是伴侣之间建立和维持信任的能力。很多痛苦的伴侣会抱怨自己的伴侣不可靠，当他们最需要对方时，对方不能"陪在身边"。他们说，随着时间的推移，因缺乏信任而造成的情感伤害在他们之间形成了巨大的情感鸿沟，最终导致了爱情的无声消亡或背叛。

幸福伴侣之间的信任没有缺失，他们将"信任"的概念描述成一种神秘品质——这种品质以某种方式为双方创造了安全感和开放心态。信任是一种看似无法定义的状态，使他们的关系变得安全，让他们有可能在彼此面前展示脆弱，从而加深他们的爱，并超越最初的激情迷恋和求爱时的幻想。这些伴侣告诉我们，随着爱情成熟，信任也变得成熟，它成了彼此间的相互滋养和共同构建生活的道德责任感。对他们来说，爱与信任交织在一起，使他们共同发展为一种

---

① focus group，社会学研究中常用的质性研究方法。一般由一个经过研究训练的调查者主持，采用半结构方式（即预先设定部分访谈问题的方式），与一组被调查者交谈。小组访谈的主要目的是倾听被调查者对研究问题的看法，其优点是调查者常常可以从自由讨论中得到意想不到的发现。

持久的关系。他们之间的友谊和亲密感逐渐增强，尽管他们之间存在着永久性的性格问题，但他们还是接受了对方。浪漫和性亲密似乎也是组成这种信任的一部分。在几项研究中，我们发现，与性生活质量逐渐恶化的伴侣相比，信任和接受是性生活质量一直很好的伴侣关系的关键特点。

因此，"健康关系之屋"理论中缺失的成分可能就是关于信任和背叛的内容。毕竟一段关系中的信任和安全感是约翰·鲍尔比的依恋理论的支柱，也是苏珊·约翰逊通过创造性的方式有效利用鲍尔比的思想设计出的情绪聚焦夫妻治疗方法的重要组成部分。

因为我的研究涉及信任和背叛的"神秘"和"难以捉摸"的特性，我还发现了如何通过博弈论使用数学方法精确地对其进行定义。我创造了一个"信任度量"，与我以前的研究生丹·吉本通过我们所谓的"情绪调和"发现了建立或侵蚀信任的力。博弈论的数学运算也使定义"背叛度量"成为可能。通过这个度量，我们开始理解背叛源自何处，理解了不幸福的消极情绪的"吸收状态"是什么。通过使用精确而有洞察力的编码来说明伴侣在冲突期间如何修复消极情绪（由我以前的两个研究生贾尼丝·德赖弗和安布尔·塔瓦雷斯研发），我们开始研究修复关系的过程。我们将卡里尔·鲁斯布尔特对蒂博特和凯利的"替代性比较水平"（comparison level for alternatives，简称 CL-ALT）的精彩测量应用到我们对低收入伴侣决策制订的研究和治疗中，开始了解背叛的发展动态，也研究了如何帮助伴侣从背叛中痊愈。这就是这本书的内容。

实际上，"健康关系之屋"理论并不存在什么错误，它的内容都是真实的。这个理论的问题在于没有考虑到：在建立牢固关系之屋的同时，也在建立强大信任的基础。因此，对控制信任和背叛的过程的了解，可以健全"健康关系之屋"理论的层次。

关系的牢固基础现在不再难以捉摸，这些基础是：

（1）信任而非不信任；

（2）忠诚而非背叛；

（3）权力的最佳平衡。

在这本书中，我将讨论什么是信任与背叛；如何定义及如何测量它们；如何建立信任，为"健康关系之屋"奠定坚实基础；背叛的发展动态及如何治愈背叛带来的创伤；权力失衡对信任建立的影响。

第二章

信任度量：相互依赖宣言

本章将解释为什么信任在所有社会关系中都是一个重要概念，以及为什么科学和哲学的许多领域都会研究信任；然后讨论如何用博弈论来对各种互动中的信任进行概念提取和数学测量。之后，我将证明传统博弈论"理性假设"的错误并解释其原因。

社会资本研究

在所谓的"社会资本研究"中,社会学家通常会提出一些调查问题,如"你认为人们可以信任吗",受访者需要以总分为 4 分的评定量表来回答。事实证明,在美国乃至全球都存在高信任度和低信任度区域。例如,美国南部诸州的信任度非常低,而明尼苏达州的信任度很高。在全球范围内,只有 2% 的巴西人信任他人,而挪威人的这一比率则为 65%。为什么这个问题如此重要?

低信任度地区的贫富收入差距往往更大,穷人可获得的健康和社会服务更差,他们的政治参与度也更低(如投票人数所占百分比)。这些地区的社区、社会和慈善团体的志愿服务参与率较低,慈善捐赠水平较低,邻里社区带来的感受也较差。美国的州内较低的社会信任度也与人口整体较差的身心健康、较短的寿命、较高的犯罪率以及儿童在学校和标准化考试中取得的成绩较低有关。此外,干预措施(如减少学校的班级人数)在信任度低的州通常效果不佳。

这个发现是多么惊人啊!

这些结果在一些国际研究中也得到了反映。因此,低信任度对整个世界有巨大的影响。定义该领域的经典书是罗伯特·帕特南的《独自打保龄》。帕特南的目标是证明过去几十年来美国的信任度在急剧下降,社会参与也在减少。他的结论虽然看似无可辩驳，但仍然存在一些争议。其他社会学家声称，在低信任度国家，社会参与并不是导致信任减少的主要因素。他们认为问题在于贫富收入差距越来越大，这表明社会忽视了最需要帮助的人，人们的排外心理更加强烈，向跟他们不同的人提供帮助与捐赠的意愿降低，而宁愿在同质群体中捐赠（如在教会内捐赠）。此外，学者们还想知道许多新的互联网社群，如脸书（Facebook），对这一代人意味着什么。网络社群是意味着更少还是更多的社会参与，或者它们只是不同类型的社群？

这种社会资本研究也拓展到了组织中的工作团队。研究中将一次互动中积极情绪总量与消极情绪总量进行比较，并计算出两者的比率。这项研究表明，拥有高社会资本的工作团队，同时也有更高的积极情绪-消极情绪比率，社会排斥更少，社会密度更大，被孤立程度更低——效率也更高。

自帕特南的经典著作出版以来，已经出现了大量关于信任的作品。这些作品令人兴奋，它们表明信任对社会结构的影响是深远的。如上所述，巴西人对别人的信任度很低，而挪威人对别人的信任度非常高，这对两种文化之间的巨大差异有着深刻影响。

我们能解释这些信任的差异吗？已有实证研究在解释这些差异方面取得了相当大的进展。例如，研究表明，贫富收入差距、合同的法律执行、跨文化的社会相似性（巨大差异与不信任有关），仅仅这三个因素就占据了国家间信任差异的76%。

信任和背叛话题的流行

在此之前有大量关于信任的研究。维基词典（Wiktionary）将"信任"列为第848位最常用的英语单词（"爱"的频率排名第179位，"欲望"的频率排名第563位）。"信任"在Wordcount网站（一个词语数量统计网站）上的86800个单词中排第999位。因此，如果信任的使用频率是一种暗示，那就意味着我们显然倾向于大量思考和谈论信任。在一项研究中，科学家提出了这样一个问题："人们渴望从别人身上得到什么？"他们得出了这样的结论："……在特质重要性不同的衡量标准以及不同的群体和关系中，对相互依赖的人们而言，信任极其重要。"因此，大部分人寻找伴侣时最期望的特征是对方值得信任。

人们也写了很多关于信任和研究信任的文章。在搜索了PsycInfo数据库（一个词语数量统计数据库）后，我找到了30184个关于"信任"的结果。亚马逊上也有95193本关于信任主题的书，这个数据令人震撼（尽管其中一小部分指的是金融信托[①]，而不是我所指的"信任"）。人们创作了无数关于信任和背叛的歌曲，许多戏剧、电影、诗歌和故事也都是关于这两个主题的。

信任的科学

求助于科学来寻找如何建立高信任、低背叛的爱情关系的答案，以及如何从背叛中痊愈是一个较新的想法。好在科学现在对这些重要的问题有了分析。

显然，我不可能对所有关于信任和背叛的著作和科学工作进行全面综述。但是，对这些研究的广泛综述可以让你体会到这个领域的广阔范围，并有助于将我自己的研究方法同伴侣关系中的信任结合起来。

很多领域——社会学、经济学、心理学、政治学和哲学——都有关于信任的文献，在此仅举几例。在每个学科中，"信任"这个词都有多重含义，不同领域的学者经常嫌弃这个词没有达成一致或准确的含义。这些多重含义不一定是一个问题，但它们确实使科学研究难以取得进展，也使测量变得困难。我们来看看其中的几例。

社会学。 根据维基百科，在社会学中，"信任"一词的定义是"对另一方的诚实、公平或仁慈的信念"。这是一种基于认知的观点。詹姆斯·科尔曼认为，

[①] 英语中"信任"和"信托"是同一单词trust。

信任的定义有四个部分。这个定义经常被引用,其中的一个部分涉及信任的功能,即让人们与不完整的信息进行互动。信任的第二个部分是它使"被信任者"的境遇比他不被信任时更好。信任的第三个部分涉及资源的自愿转移(如当一个人将钱交给可信赖的财务顾问时)。信任的第四个部分是,在持续的长期关系中,信任会随着时间延伸。科尔曼的定义提供了信任在行为上的观点,和信任的认知定义相反,这个观点是指对他人的可靠性或依赖性的信念或期望。

社会学研究的核心还涉及对权力的讨论。权力不对称及其与信任的关系是不同社会群体之间权力关系的社会学分析的一部分。本书还将讨论信任及其与权力的关系(第十一章)。

经济学。经济学家已经从个体层面和社会层面对信任做了研究。最初,受到约翰·冯·诺依曼和奥斯卡·摩根斯坦1944年的经典著作《博弈论与经济行为》的影响,经济学家开始研究各种博弈的"解决方案",研究互动和回报(成本和收益)的结构,并寻找"平衡",其中最常见的是冯·诺依曼-摩根斯坦效用函数和纳什均衡[①]。我在本书之后的章节将会探讨博弈论。

在经济学中,信任意味着经济交易中的可靠性,可减少交易中出现的潜在复杂性。信任是经济体良好运转的必要条件。当然,信任商业伙伴与信任华尔街或银行系统是不同的,尤其是考虑到2007年经济衰退的情况。最初,经济学家认为信任是基于一个理性模式,即假设人们在交易中是理性的。然而,随后出现了"行为经济学"或"神经经济学"的新领域。该领域描述了经济交易的系统方式,它是非理性的,并且基于情绪和大脑的功能。

心理学。埃里克·埃里克松认为信任是儿童心理发展非常重要的第一阶段,

---

① Nash equilibrium,完全信息静态博弈解的一般概念。由美国数学家、经济学家纳什于1950~1951年提出。假设有n个人参与博弈,在给定其他参与人策略的条件下,每个人选择自己的最优策略,所有参与人选择的策略一起构成一个策略组合。这时没有任何单个参与人有积极性选择其他策略,从而没有任何人有积极性打破这种均衡。

儿童通常在两岁前建立信任，要么就无法再建立信任。在埃里克松看来，早期无法建立信任的后果对精神病理学的发展有着深远的影响。在生命早期建立信任的想法也是依恋理论家（如约翰·鲍尔比和玛丽·安斯沃思）工作的重要组成部分。哈里·哈洛对恒河猴幼崽的研究表明鲍尔比的理论具有广泛的实验有效性。哈洛证明，恒河猴幼崽应对恐惧的能力和依恋的质量在很大程度上受到所得到的接触性安慰的数量影响，而不是像弗洛伊德所认为的仅仅受到哺乳的影响。最近，这项关于依恋的研究已经开始寻找信任和依恋安全的生物学基础。

在心理学中，信任也被定义为一系列的特征。朱利安·罗特的人际信任量表①引发了大量关于信任和易受骗性的文献的出现。山岸俊男评论道，信任是一种社会智力，并指出有证据表明只有信任别人的人才能够发现他人的不可信之处。这个假说与研究孤独的文献有关。约翰·卡乔波的《孤独是可耻的》一书综述了对孤独的研究，表明孤独的人可能无法信任他人，因此在遇到陌生人时预想的是被拒绝。在本书中，我将讨论由于无法信任他人而导致的孤独。

自罗特的量表问世以来，许多新的信任量表得到了开发和验证。例如，1985年三位调查员定义了关系中信任的三个方面。他们认为：（1）信任会随着一段关系的逐渐成熟而发展；（2）人们会对伴侣进行归因，认为伴侣是可靠、可依赖的，并且可以为自己提供所期待的奖赏；（3）信任暗示着"愿意将自己置于危险之中，包括亲密地袒露自己、依赖他人的承诺、为了未来的收益而牺牲当下的回报等"。

人们也从交易的角度而不是从长期特质的角度——即所谓的"相互依赖理论"——定义过信任。这种对信任的定义聚焦于实际互动和决策中各种行为交换包含的回报和成本。在这里，我们并不是在整个关系的范畴中观察信任，而是局限在一种特定的互动中。相互依赖理论是1959年由约翰·蒂博特和哈罗

---

① Interpersonal Trust Scale，用于测量被试对他人行为、承诺陈述可靠性的估计。

德·凯利提出的，他们写出了经典著作《群体社会心理学》。蒂博特和凯利将博弈论应用到了社会心理学中。他们的工作极具开创性，产生了大量的社会心理学实验和理论文献，这些文献于现如今的研究仍具有重大意义。我将在第九章综述已故的卡里尔·鲁斯布尔特等人的开创性研究。

在相互依赖理论中，信任是承诺、有效依赖、关系投资和关系稳定性的重要组成部分。它也是社会影响力的重要组成部分，即我们更容易影响那些信任我们的人。相互依赖理论领域现在也开始具体地研究人们在关系中做出的重要选择。例如，桑德拉·默里和约翰·霍尔梅斯利用相互依赖理论来研究"如果……就……"选择的适用范围，即要么通过展示脆弱和信任伴侣来增强依赖，要么因为害怕拒绝而采取行动，并追求纯粹自私的目标。

除了相互依赖理论和依恋理论，社会心理学关于创建信任和合作的工作对于我的思考也相当重要。这项工作主要由阿纳托尔·拉波波特的经典著作《战斗、博弈和辩论》牵头，罗伯特·阿克塞尔罗德在《合作的进化》和《合作的复杂性》中继续进行这方面的研究。就像蒂博特和凯利一样，拉波波特和阿克塞尔罗德将博弈论应用到对社会冲突、社会影响、合作与自私，以及社会相互依赖的研究上。他们尤其对国际冲突感兴趣，但我会把他们的想法应用到夫妻身上。拉波波特和阿克塞尔罗德使用了一个叫作"囚徒困境"的博弈模型，在这个模型中最重要的是在自身利益和合作之间做出选择。他们将这种博弈作为团队运作和国际合作的模型。

社会生物学家也写过关于合作和利他主义的发展是社会群体中人类生存的基本的著作。例如，唐纳德·帕夫的《公平交易的神经科学》认为利他主义深深植根于人脑，并促使我们像对待自己一样对待他人，这是一条神经上的黄金法则。在《"我们"的神经生物学》一书中，丹尼尔·西格尔还提出，大脑中的镜像神经元构成了合作和共情的基础，寻求安全型依恋是人类婴儿大脑与生俱来的选择。这些分析试图将合作和信任（或缺乏信任）的社会行为与神经机制联系起来。对所有哺乳动物沿着这些方向进行理论和实证研究整合的最深刻尝试也许是夏克·潘克塞浦的精彩著作《情感神经科学》。情绪是我对信任和背叛动态的思考核心。

政治学和哲学。大量文献论述了信任在组织中、管理领导力和工作团队效率中的作用,也有大量文献阐述了政治制度以及对政府的信任和不信任的研究。

我如何看待信任

我所回顾的所有观点都在影响着我。然而,我主要对关系中单一互动(如冲突、晚餐时间、谈论当天的事件、发生性行为)时的信任的精确测量感兴趣。因此,我主要受到约翰·蒂博特和哈罗德·凯利的相互依赖理论、约翰·鲍尔比和苏珊·约翰逊的依恋理论,以及卡里尔·鲁斯布尔特承诺的投资和信任模型的影响。

我试着在我对信任的研究上结合三个测量领域:(1)社会互动尤其是情绪的行为学编码;(2)夫妻对这种互动的感知;(3)与三个测量领域实时同步的生理学。这样就能使在任何一种互动中测量信任成为可能。

研究和学术写作存在一个问题,"信任"的概念没有在一种互动(如一次冲突讨论)中被精确定义和测量。我认为,缺乏精确性阻碍了我们对信任相关因素的研究,也阻碍了我们对信任度高低影响因素的理论建立。我们应该在什么情景下定义和测量信任?在餐厅的信任和在卧室的信任是一样的吗?不同情景下的信任所涉及的过程是否相同?我们应该怎样帮助人们建立信任?背叛和从背叛中痊愈涉及哪些情况和过程?

我的观点是,在任何特定情景下的互动,没有具体情景和无法精确定义很可能阻碍了可用理论的建立。我认为,要想建立信任和减少背叛,我们需要一个可用的理论。例如,在社会资本研究中,因为信任没有精确的定义,我们就不知道如何在一个国家中建立信任,减少不信任以及帮助社区从背叛中恢复。一个好的理论可能来自更加精确的情景,这些情景对于建立信任是很重要的。

哈罗德·凯利、约翰·霍尔梅斯、诺伯特·克尔、哈里·赖斯、卡里尔·鲁斯布尔特和保罗·范兰格都试图解决精确度的问题，在他们的巨著《人际情境图谱》中，信任研究被置于特定的社交场景中。他们设定的这些场景和对相互依赖理论的评述也许会被证明是有用的。然而，我认为精确定义信任，以及通过夫妻间的互动实证来验证这个理论是有所裨益的。通过这种方式，关系中的综合信任就能够"从下往上"（从特定的互动到整体的互动）而非"从上往下"地建立起来。我所说的情景也是具体的。

博弈论和信任

了解博弈论能让我们理解这种具体性。正如科林·卡默勒所写：

> 由于博弈论的语言丰富而清晰，它可以将社会科学的很多部分相结合。比如，众多社会心理学家、社会学家、哲学家和对经济发展感兴趣的经济学家等都研究过信任。然而，到底什么是信任？这个难以捉摸的概念可以在博弈中被精确地定义：你会借钱给一个不一定非要还钱但可能觉得道义上应该还钱的人吗？如果你会这样做，你就是信任他。如果他将钱还给你，那么他就是可信的。这个定义提供了一种衡量信任的方法，许多实验也使用了这种方法。

利用博弈论的观点，我们可以将对"什么是信任"的清晰讨论扩展到其他情境中。人际情境图谱可以由很多衡量信任的情景、互动的自然情景，以及在关系的整个生命过程中这些情景的发展来提供，可作为另一种选择。这是我概述夫妻关系中信任最重要的情景时的最初想法。那么，信任不仅仅是相信陌生人会偿还借款。在忠诚的、充满爱的关系中，信任代表了一个范围，就像一把打开的折扇，展开的扇面就像在不同的情境下问："你会陪在我身边吗？"

正如我们在新婚夫妇身上看到的一样，这把扇子揭示的关于信任的问题即便是新婚关系也会受到考验，如："我能指望你帮忙做家务吗？""你能准时到吗？""你能为我们家赚钱吗？""你会优先选择我而不是你的朋友吗？""你会优先选择我而不是你的父母吗？""我能指望你在性上对我保持兴趣吗？"这些情境在充满爱恋、长期忠诚的关系中都是很重要的。

我的"信任度量"的演变

在一部很受欢迎的电视剧《数字追凶》的第401集中，数学教授查理·埃佩斯介绍了"信任度量"的概念，并用其解决一桩犯罪事件。他和同事试着在恐怖分子使用致命的沙林毒气发动袭击之前识别并捕获他们的网络。我一直对这部非常成功的电视剧感到着迷，部分原因是它帮助我作为一名数学家"出柜"了。在我去麻省理工学院攻读数学研究生之前，我是一名数学专业本科生，并被随机分配了一个室友威廉·布鲁斯，他碰巧正在学习心理学。我很快从数学转到了心理学，在威斯康星大学攻读博士学位。

我很喜欢电视剧《数字追凶》，因为里面的数学都是正确的。加里·洛登博士是该剧的数学顾问，他写了一本叫《数字缉凶》的书，在书里解释了这些事实。所以，你可以想象我看到信任度量这一集时的兴奋。看完剧后，我在网上搜索了史蒂文·沃尔弗拉姆（该剧的另一位数学顾问，也给其他剧做顾问）的相关信息，希望能找到关于信任度量的更多信息。我很失望地了解到，在这个案子中，这个颇具特色的数学概念并不是真实的。

然而，通过进一步的网上搜索，我发现寻找信任度量不仅仅是电视小说的主题，还因人们对网络安全、身份盗用和隐私侵犯的担忧而产生。不幸的是，这些关于信任度量的想法实际上还不是真正的数学，它们背后也没有真正的衡量标准。

然而，我受到了这些想法的启发。我坐在电脑前看着我的数据，看看我是否可以创建一个真正的信任度量，用于测量信任以及真实人际关系中背叛的可能性。

我在想：我们通常所说的信任究竟是什么意思？我们可以用数学来定义它、精确地测量它吗？我想，这些问题的答案肯定存在于"信任的数学"中，我发现它可以通过数学的一个分支，即"两人博弈理论"来测量。哈罗德·凯利和约翰·蒂博特也是从这个出发点开始他们的研究的。

两人博弈理论

两人博弈理论是一种检验两个人玩游戏（如剪刀石头布）所使用的策略方法，但令人惊讶的是，两人博弈理论的思想可以概括地包含两个人之间的任何一组互动，甚至可以用来描述整个关系。

这怎么可能呢？想象一个包含行和列的"矩阵"表格。一个玩家的所有主要策略都列在矩阵的行中，其对手的策略则列在矩阵的列中。矩阵的单元格代表每人使用这些策略完成的每个交易或选择的行动所带来的"回报"、奖励。

"博弈"可以被视作理性进行的冲突。假设两个人都在寻找最佳策略，以便他们能够赢得比赛，两个人都必须遵守相同的规则或约束。这些限制可能是商定好的"游戏规则"，就像国际象棋或桥牌这样的室内游戏一样；或者是由环境造成的，如日内瓦公约规定的战争规则。这一切都非常合乎逻辑。然而，在关系中，规则可能是隐藏起来、没有明确规定的。在博弈论中，我们通常假设我们的对手希望获胜，这可能意味着对手寻求的是我们的最小化收益、他们的最大化收益。这就是大多数博弈的逻辑。然而，有些博弈是通过改变收益来操纵的，因此相比竞争或取胜，最终结果更有可能是合作。

一个人赢而另一个人输的博弈被称为"零和"博弈。然而，除了一些战争游戏，生活中大多数博弈的目标不是摧毁或消灭"对手"，而是智取对方，其目标通常是使自己一方的收益（回报）最大化、对手一方的收益（回报）最小化。

博弈论已被用于模拟经济和国家之间的竞争和战争。现在我们来看看如何将博弈论应用于个人关系并定义信任度量。

致命的零和博弈

我刚刚已经解释过，一个人赢而另一个人输的博弈被称为零和博弈，但如果对手双方的收益总和是一个常数，即使没有赢家或输家，也可以被认为是零和博弈，因为一个人的收益仍然是另一个人的损失（把它想象成一个跷跷板：一个人上升——即使只是轻微的，另一个人也必然下降）。在零和博弈中，我们一旦知道一个人的收益，就自动会知道另一个人的收益。

在爱情关系的情境下，零和博弈可以被视为背叛或背叛的沃土。在零和博弈中，伴侣双方都认为自身利益是至高无上的，对方的利益根本不重要。信任的概念则与零和博弈的概念完全相反。实际上，我们可以这样来定义信任：在一段令人信任的关系中，伴侣将双方的最大利益放在心上，而不仅仅只关注自身利益。

伴侣不一定要无私才能让我们信任他们，只需要认为双方的共同利益对各自而言很重要就行了。这个想法是用数学定义信任的基础，也是以下三个度量的基础：（1）信任度量；（2）可信度度量；（3）背叛度量。

关系中的行为博弈论

如前文所述，在博弈论中，表格或矩阵用于表示两个参与者及其策略。每个玩家的策略被置于表格的行和列中，表格的单元格代表每个玩家选择组合策略的收益。

表2.1代表了恋爱关系中男性和女性可能采取的策略。已故的社会心理学家哈罗德·凯利曾经召集100对夫妻进行了这项研究。

此表中的数据是真实的，是 100 对夫妻的平均值。哈罗德·凯利要求每位人士评估 4 种可能的选择中每一种的正负得分，这 4 种选择是：（1）只有他打扫公寓；（2）只有她打扫公寓；（3）两人都打扫公寓；（4）两人都不打扫公寓。这些夫妻可能不知道，但他们可能会使用博弈论来决定谁打扫或不打扫公寓。他们本可以评估每人选择这 4 种方案的收益，这些收益不一定非是零和博弈，我们需要通过两个矩阵来充分地描述两人的收益。

表 2.1　夫妻的博弈矩阵

女性的收益

	女性打扫	女性不打扫	行总和
男性打扫	8.3	-2.6	5.7
男性不打扫	0.2	-4.0	-3.8
列总和	8.5	-6.6	1.9

男性的收益

	女性打扫	女性不打扫	行总和
男性打扫	6.8	-1.1	5.7
男性不打扫	0.9	-3.1	-2.2
列总和	7.7	-4.2	3.5

这两个表格展示了当每个玩家都有收益时的两人博弈矩阵。一般而言，假定关系中"收益"（方框中的数字）由数学"效用函数"[①]的某种未知复杂计算确定，效用函数可以确定每个策略组合的收益。效用函数不是唯一的，但它需要

[①] 效用函数通常是用来表示消费者在消费中所获得的效用与所消费的商品组合之间数量关系的函数，以衡量消费者从消费既定的商品组合中所获得满足的程度。

具备反映每个人偏好的一般属性。这就是应用博弈论的主要问题之一——找到一个真正有效的"效用函数"。事实证明，这绝非易事。

我们来看看上面两个表格中的数字，别着急，慢慢看。这些数字不是很复杂，但慢慢看是有好处的。看看两人的收益，相互合作（即两人一起打扫公寓）在两人的决策中得分都最高。对男性而言，与女性相比，两人都不打扫公寓没有那么令人讨厌（他的收益是 -3.1，而她的收益是 -4.0；对两人而言这个选择得分都为负分，但男性的收益比女性高）。男性比女性更容易接受女性打扫而男性不打扫（他的收益是 0.9，而她的是 0.2，所以他比她更赞成这个选择。这是大男子主义吗？）。与男性相比，女性更难接受男性打扫而女性不打扫（他的收益是 -1.1，而她的收益是 -2.6，因此她比他更讨厌这个选择），这很有可能是因为女性的清洁标准比男性要高。

博弈论试图使用像表 2.1 这样的表格来预测冲突中可能出现的结果，也试图弄清楚哪种收益策略可能会促成四种结果中的一种。我们如果分别将男女双方的表格中的行和列加起来，就会发现一些非常有趣的东西。

我们首先来看看女性的收益矩阵。两列分别代表她的两种不同行为选择——打扫或不打扫，可以看出她在行为上从打扫到不打扫的变化（行代表的男性行为也是如此）。请注意，由于女性改变她的行为而产生的收益比男性改变行为产生的收益有更多的可变性。在女性打扫和不打扫的这两列（请看列总和），她的收益从 8.5 变为 -6.6，收益变化是 15.1 分。现在请看行总和，男性改变行为，她的收益从 5.7 变为 -3.8，只有 9.5 分的变化。换言之，于女性而言，她改变行为比男性改变行为更加物超所值。这意味着在打扫方面，她几乎不得不依靠自己来改善她的处境，而不是依靠男性。请记住这个表格的数据是 100 对夫妻的平均数值，因此这个结论可能是所有夫妻在打扫工作方面的真实情况。

我们现在来看看男性的收益矩阵并做相同的计算。请注意，我们再一次看到了女性改变行为方式比男性改变行为的收益变化更大。女性改变她的行为（即列总和）时，男性的收益从 7.7 变成了 -4.2，一共是 11.9 分的变化；而男性改变行为（即行总和）时，他的收益从 5.7 变成了 -2.2，只有 7.9 分的变化。所以他几乎完全依靠她来改善他的处境。通过让她改变行为，他才能得到更多的收益。

这些差异为我用数学方法定义信任提供了最初的线索。我原本认为，如果伴侣的行为改变能给我带来最大收益，也许我就能信任我的伴侣。这在数学上等同于这样一种想法：我们可以相信伴侣会以一种关心我们的方式行事——伴侣正在为我们的最佳利益而努力。伴侣在"支持我们"，或者表现得好像他非常关心我们的结果和收益。相互信任，双方的收益就是对称的。我们可以说伴侣"陪在我身边"，而我们也陪在他们"身边"（我在第六章中更准确地定义了"陪在我身边"的含义）。

我提出定义和使用信任度量的想法虽然有些复杂，但可以直接从博弈论矩阵计算出双方的收益。这些收益是通过检查一个人的收益随着伴侣行为的改变而发生的变化来计算的。

博弈的均衡点解决方法

我们怎样用数学方法来分析博弈论的表格呢？我们试图找出博弈的"最佳"结果，或为每个参与者找出"最佳"策略。有很多种方法可以完成这一分析，我会解释其中两种——冯·诺依曼-摩根斯坦法和纳什法。在分析博弈论表格时，冯·诺依曼和摩根斯坦定义了他们所谓的博弈"鞍点"均衡。他们之所以将其称为"鞍点"，是因为它所在的几何图形就像马鞍一样，从水平方向上看，该点在"马鞍"的最低点；从旋转 90° 的另一方向上看，该点就是最高点。他们通过计算在没有信任的情况下每个参与者采取的最保守策略，从而在博弈论矩阵中找到这个均衡点。简而言之，这就是鞍点。因为这是一个竞争场景，参与者 A 知道参与者 B 只会让他赢得矩阵每一行中的最小值。于是在这个限度内，他希望获得这些最小值中的最大值。这就是参与者 A 的"最小-最大"点。

在上面的矩阵中，男性取他表格中的行总和，他能得到的最好结果是通过自己打扫来赢得5.7分，而他不打扫获得的最小总分是-2.2分。他知道女性不会让他赢得最大的收益，所以他向最小总分妥协。对他来说，这是"最坏中最好"的收益结果。根据冯·诺依曼的观点，他会选择最小值当中的最大值，即最坏中最好的收益结果，因此他会选择不打扫公寓，这就是他的鞍点。同样，女性会计算每列的总和，并愿意取其中的最大值。她所得的最小值是她不打扫的-6.6分，因此她会决定不打扫，选择这个最小值。这就是她的鞍点，或者是参与者B的"最大-最小值"。当他的最小-最大值和她的最大-最小值相同时，这个博弈就有了"鞍点解决方式"。这就是对上面的矩阵的解释——表格中存在鞍点。在上面的矩阵中，两人都不打扫的情况就是冯·诺依曼-摩根斯坦鞍点。请注意，这并不是博弈中最令人满意的结果，但这是博弈的输赢概念中最保守的策略。我们如果假设每个人的目标都是获胜，并且假设他们根本不信任彼此，那么这就是一种合乎逻辑的解决方案。这也是冯·诺依曼-摩根斯坦鞍点让我感兴趣的地方。这个鞍点代表在输赢（不信任）类型的博弈中，每个参与者希望通过最保守的策略组合获得最好结果——这正是冯·诺依曼和摩根斯坦所假设的情况。请注意，鞍点解决方式太保守了，两个参与者可能都不会对它感到满意。这只是博弈论矩阵的一种数学上的"解"，从上面的情况可以看出，它并不是一个令人非常满意的解决方案。该解决方案称为博弈的均衡点。

另外一种替代方案，就是纳什均衡。如果你看过《美丽心灵》这部电影，那你肯定听说过这位有名的普林斯顿大学的数学家约翰·纳什（由罗素·克劳扮演），他一生都在与偏执型精神分裂症做斗争。因为定义博弈论矩阵中的另一个均衡点，即两人博弈的解（后来被称为"纳什均衡"），约翰·纳什获得了诺贝尔奖。当纳什均衡点存在时，那就意味着考虑到对手所做的事情，参与者任何一方都不能做得更好，或者不会后悔，即两个人都不会因为对方的策略而后悔。这个均衡对两个参与者来说可能都不是最好的选择，但它是这种情况下最好的选择。在博弈中并不总是存在鞍点，在博弈矩阵中也并不总是存在纳什均衡。

然而，如果存在的话，在很多情况下，纳什均衡对双方来说都是比冯·诺依曼鞍点好得多的结果。

在上面的凯利打扫公寓的博弈矩阵中，两人都打扫就达到了纳什均衡。考虑一下男性的收益，如果他打扫卫生，不管女性决定怎么做，他的收益都会更高（因为5.7远大于-2.2）。现在再来看看女性的收益，如果她打扫卫生，不管男性做什么，她的收益也更高（因为8.5远大于-6.6）。所以他们采取合作策略（男性打扫，女性打扫），这样他们就会得到一个稳定的纳什均衡，双方都不会为这个选择后悔。有了纳什均衡，他们的策略是实现自己的最大收益，即使这意味着伴侣也获得了最大收益。这与冯·诺依曼将损失最小化的策略刚好相反，后者会假定对手也会做最坏的选择。在某种意义上，我们可以将纳什均衡视为最好的（高信任度）结果，而冯·诺依曼-摩根斯坦均衡则是最差的（低信任度）结果。

定义信任

凯利这项研究的问题在于夫妻不得不想象一种情景，并在里面做出可能的决策，就像打扫或不打扫公寓一样，但现实生活是很复杂的，并不是所有的互动都涉及做决策，因此难以将这种方法推广到一对夫妻的整个现实生活中。然而，我们假如只关注夫妻间发生冲突的情境，就可以开发出心理学家所说的"观察编码系统"。这样的系统可以对每个人在特定情况下可能做的与利益有关的每件事进行分类，例如，它可以描述人们在冲突期间的所有行为方式。然后我们假设人们的实际行为代表了他们在互动"博弈"时选择的"策略"，这就可以为我们提供博弈论表格的行和列，那么我们需要的就只是放入表格的数字了。

为了得到这些数字，我们将伴侣们分开，给他们每人播放一段他们以前进行互动时的录像带。在观看录像带时，他们会转动带有从"非常肯定"到"非常否定"的一组数字的刻度盘。这与《周六夜现场》①曾经上演的一出小品是一样的。在小品中,一组"奥运会"评委为一对好斗的夫妻吃早餐时的零和博弈互动进行评分。一开始,她穿着浴袍睡眼惺忪地出现在厨房里,给自己倒了一杯咖啡。评委给了她 3 分,因为她没有帮他倒咖啡。到这里,他得分 0,她得分 +3。然后,他来到厨房,给自己倒了一杯咖啡。评委给他打了 3 分,因为他没有亲切地问候她。现在两人的比分持平:他得分 +3,她得分 +3。然后他坐下来打开了报纸。一位评委评论道:"丈夫真是迈出了了不起的一步,他完全将妻子拒之门外了。"另外一位评委表示赞成:"给他打 9 分。"最终分数:他得分 +12,她得分 +3。我们的工作并不比这个小品更复杂,不同的只是让伴侣们给对方评分,而不是由评委来打分。

我们如果逐秒地取转盘评分的平均数,就会得到每个人的 900 个数字。我们可以将这些数字绘制在图表上。我们如果在同一张图上将这些数字连成一条线,就可以了解这对夫妻是否利用零和博弈策略进行了互动。零和博弈策略的表现是线条向相反的方向移动,使两条线上的数字加起来是一个常数。换句话说,当她的线上升时,他的线就会下降;当她的线下降时,他的线就会上升。他的收益会造成她的损失,反之亦然。

相反,如果两条线随时间的涨跌模式相同,那么该图就显示了在互动中他们采取了合作的博弈策略:他的收益会带来她的收益,他的损失会带来她的损失。如果两条线没有相关性,我们可以认为他们在互动中采取了"混合式"博弈策略。

在对 40 多岁、60 多岁的夫妻们进行的为期 20 年的研究中,我和利文森将夫妻间的博弈策略细分为三种:50.7% 是合作博弈策略,8.6% 是零和博弈策略,40.7% 是混合博弈策略。我们开始用这种非常粗略的方式关注如何在冲突互动中

---

① *Saturday Night Live*,美国一档于周六深夜时段直播的喜剧小品类综艺节目,节目由一系列讽刺恶搞当下政治和文化的喜剧小品组成。

以数学方式量化信任。第四章会谈到这种分类可能对人们晚年的健康和长寿有巨大的影响。

简而言之，观察编码系统能帮助我们对行为或动作进行分类，这就形成了博弈矩阵中的行和列。收益由转盘评分和他（她）的特定行为组合决定，并被填在矩阵的单元格中。但是，我们如何得知所使用的类别是有效的，又如何确定评分有效与否呢？

我开发的观察编码系统"特定情绪编码系统"（Specific Affect Coding System, 简称SPAFF），多次展现了在预测异性和同性关系发展方面的有效性。SPAFF能够以极高的准确度预测离婚和一段关系的稳定性，还能够预测人们在一起的幸福程度。此外，这种观察编码系统可以仅根据冲突中特定的互动模式来预测这段关系将持续多长时间。因此，在我的实验室和罗伯特·利文森实验室所进行的长达数十年的研究项目中，这些观察编码类别已经证明了其巨大的有效性，随着时间推移也证明了它应用在夫妻关系预测中的可靠性。在我与已故的尼尔·雅各布森一起进行的一项研究中，该系统也被用来区分不快乐的暴力夫妻、不快乐的非暴力夫妻和快乐的非暴力夫妻。转盘上的分数范围为 1～9，1表示非常否定，9表示非常肯定。

令人惊讶的是，评分转盘也产生了一些预测能力显著的数字。尽管是一个简单的设备，评分转盘已经被用于准确预测一段长期关系的成功和失败，甚至可以预测更长的时间段。此外，罗伯特·利文森和他的学生安娜·勒夫使用评分表盘找到了共情的生理基础，这点很让人惊讶。伴侣们被要求给他们自己的收益评分（和往常一样），但随后他们也试着去猜测他们的伴侣给录像带的评分。利文森和勒夫发现，人们可以准确地猜测他们伴侣在评分转盘上的收益，以至于在观看录像带时，他们重温的不是自己的生理现象，而是他们伴侣的生理现象。因此，评分转盘在许多研究中的表现出色，并证明了它能有效地衡量收益。

为了让事情变得更简单，我和程序员塔拉·马蒂斯塔博士将SPAFF简化为三类：消极的、中立的和积极的，我在这里称之为"恶意""中立""善意"。"恶意"代表着 SPAFF 中所有的消极情绪和行为,包括愤怒、好斗、专横、伤心、失望、害怕、抱怨、厌恶和蔑视。"善意"代表着 SPAFF 中所有的积极情绪和行为:感兴趣、愉悦、幽默、欢笑、兴奋、快乐、可靠性确认、共情等。其他的都视作"中立"。这些分类可以反映到如表 2.2[①]所示的矩阵上。

表 2.2　一对夫妻的一般博弈论矩阵

丈夫的收益

	妻子 恶意	妻子 中立	妻子 善意	总计
丈夫 恶意	H_{11}	H_{12}	H_{13}	$H_{1\cdot}$
丈夫 中立	H_{21}	H_{22}	H_{23}	$H_{2\cdot}$
丈夫 善意	H_{31}	H_{32}	H_{33}	$H_{3\cdot}$
总计	$H_{\cdot 1}$	$H_{\cdot 2}$	$H_{\cdot 3}$	$H_{\cdot}$

妻子的收益

	妻子 恶意	妻子 中立	妻子 善意	总计
丈夫 恶意	W_{11}	W_{12}	W_{13}	$W_{1\cdot}$
丈夫 中立	W_{21}	W_{22}	W_{23}	$W_{2\cdot}$
丈夫 善意	W_{31}	W_{32}	W_{33}	$W_{3\cdot}$
总计	$W_{\cdot 1}$	$W_{\cdot 2}$	$W_{\cdot 3}$	$W_{\cdot}$

两个表格的单元格里的字母代表在实验室中可能发生的任何冲突对话中丈夫或妻子可能得到的分数。我们在单元格中输入数字的是 SPAFF 类型的每个组合中评分转盘打出的分数的平均值。比如,假设在 150 个 6 秒的时间段中,其

---

① 丈夫(husband)在单元格中用 H 表示,妻子(wife)则用 W 表示。

中她给双方都持恶意态度的 6 次评分是 1、2、1、1、3 和 2，在妻子的收益表中我们就会填入这些数字的平均值，即 10/6=1.67。我们会期待她对双方都是善意态度的评分更高，因此她可能给他们俩两次都是善意态度的评分分别是 9 和 6。所以她在善意-善意单元格中的分数就是 15/2=7.50。实际上，通过 SPAFF 我们可以计算出这对夫妻任何对话的收益矩阵，如分享一天中发生的事情、准备晚餐或者做爱。表格中的字母代表丈夫或妻子行为组合的收益。例如，W_{11} 代表当他们都采取恶意策略（第一行第一列）时她的收益；W_{12} 是他采取恶意策略而她中立（第一行第二列）时她的收益。对于"总计"，下标中的减号表示我们取了平均值，因此 W_{1-} 代表我们计算了所有列的平均数，以得到她在丈夫采取恶意策略时的平均收益。W_{-1} 则是在她采取恶意策略时，我们计算丈夫行为的平均值后她的平均收益。

我们也计算了第三个矩阵，这个矩阵告诉了我们进行这些互动行为的频率，见表 2.3。

表 2.3 恶意 / 中立 / 善意矩阵

	妻子　恶意	妻子　中立	妻子　善意	总计
丈夫　恶意	F_{11}	F_{12}	F_{13}	F_{1-}
丈夫　中立	F_{21}	F_{22}	F_{23}	F_{2-}
丈夫　善意	F_{31}	F_{32}	F_{33}	F_{3-}
总计	F_{-1}	F_{-2}	F_{-3}	F_{-}

矩阵中的 F 代表着夫妻中每种互动行为发生的频率（frequency）。例如，F_{11} 代表着丈夫恶意-妻子恶意的行为在 6 秒的时间段中发生的频率。我们需要第三个矩阵是因为它可以帮助我们检验一个理性假设，即人们会更频繁地去做能带来最高回报的事情。这样我们就可以将幸福的夫妻和不幸福的夫妻进行比较，

分析他们的收益能否让我们预测每个单元格中他们行为发生的频率。

为什么最后这个矩阵是必要的呢？在蒂博特和凯利关于相互依赖理论的经典著作中，他们写到了行为发生的频率，但是他们反对实际测量行为和计算特定互动行为频率的做法，他们写道：“在本书中，我们仅使用收益-成本矩阵，因为在普通的社会关系中，这两套价值观（可能性和收益）最终趋向于一致。”他们实际上并未验证过这个说法，但这一假设在夫妻治疗文献中已成为被人铭记的基本原则。我们现在终于可以验证这个假设了。

现在，我想告诉你我们的惊人发现。在我们实验室的一项主要研究中，我和我的同事塔拉·马蒂斯塔将这些想法应用到了 100 对夫妻的样本中，也应用到了我和罗伯特·利文森一起做的一项研究中。在他的实验室里，我们对两组（一组 40 多岁，另一组 60 多岁，总共 140 对）夫妻进行了研究。

夫妻冲突是理性的情况

如前文所述，所有博弈论都基于这样一个假设：总是有两个理性的参与者想要让自身利益最大化。这个假设就是我们可以通过博弈矩阵的收益来预测人们行为的基础。作为行为经济学领域发展的一部分，这一假设受到了质疑，但这份质疑尚未得到直接的验证。

我和塔拉现在终于能够验证这个假设了。像往常一样，我们使用衡量关系满意度的方法将夫妻样本分为幸福的夫妻和不幸福的夫妻。理性假设预测人们会落入矩阵中任何一个有最高收益的单元格中。我们能够用矩阵的每个单元格，通过评估幸福和不幸福夫妻的收益与他们行为的匹配程度来验证这一假设是否成立。

1. **积极情绪的交流：矩阵中的善意-善意单元格。** 善意-善意单元格反映的是积极的互动，这很有可能是爱的世界运转的直接动力。它通常被称为"交换条件"，也就是用积极的东西换取积极的东西。在家庭治疗师唐·杰克逊和威廉·莱德弗 1968 年出版的《婚姻的幻影》一书中，他们提出，任何婚姻中都隐含着一个契约，即如果你为伴侣做一些让他高兴的事，那么你就会得到来自伴侣的回报——你的伴侣会做一些让你开心的事来回应你。他们认为这种互惠行为是关系中信任的基础，当这个隐含契约被破坏时，婚姻关系就会恶化。

他们还认为，我们建立关系，期望我们的感情、激情、幽默、关注、兴趣、赞美和兴奋会让我们得到来自爱人的回报。我们寻求快乐、兴趣、安全、信任、感情和爱的回报。

我们来看看博弈矩阵中的单元格是否符合理性假设。诚然，积极情绪的交流在冲突中是很少见的，因而显得不那么重要。然而，很久以前，在对西雅图 130 对新婚夫妇的研究中，我发现冲突中的积极情绪的交流不仅能预测新婚关系在 6 年中的稳定性，也能预测他们的幸福程度。关系预测是一个不小的成就，因为这意味着我们可以区分会离婚的夫妻和会痛苦地在一起的夫妻。大部分研究都无法讲出这两者的区别，因此积极情绪在冲突中是很重要的。

我们也发现新婚夫妇在冲突中的积极情绪并不是无条件地在整个互动过程中随机、自由和均衡地出现。他们会精确地使用积极情绪，就像使用手术刀一样，目的是在生理上安抚伴侣。在另一项研究中，罗伯特·利文森和他的学生一直在研究生理安抚，他们发现积极情绪（比如幽默）在安抚伴侣时很有效。因此积极情绪在冲突中是很重要的。

事实也证明积极情绪的交流是完全理性的行为。在我们对中年和老年夫妻的研究中，幸福的夫妻在这个博弈矩阵的善意-善意单元格中的收益明显高于不幸福的夫妻。此外，在最终的测试中，那些在善意-善意单元格中获得了更高收益的夫妻会比低收益的夫妻更频繁地做出善意-善意的互动行为。这些结果与博弈论的理性假设是一致的。

这非常合乎逻辑，并且产生了巨大影响。例如，我们发现在双方都是善意的或都是中立的行为中收获更多积极收益的夫妻，他们的积极行为是那些不重视这些积极行为的夫妻（即收益更低的夫妻）的两倍。我们观察到在婚姻幸福的男性的非中立情绪中，有35.1%的情绪是积极的，而这个比率在不幸福的男性中只有21.9%。这是一个很大的区别。对女性而言，这个数据更具戏剧性。幸福妻子的非中立情绪中积极情绪占33.9%，而不幸福的妻子只有16.3%。所以，在冲突中要把让伴侣高兴的事做成虽然不容易，但仍然是个好主意。

因此，在博弈论矩阵的这个善意-善意的单元格中，一切都以完全合乎逻辑的方式运作。但是，矩阵的中立-中立单元格情况如何呢？

2. 非情绪交流：矩阵中的中立-中立单元格。事实证明，矩阵的中立单元格也是完全理性的。心理学理论几乎没有谈到过中立的互动，但是我和利文森多年来一直知道中立情绪在冲突中是一件好事。据我们所知，没有一种夫妻疗法赞成或赞美中立的、非情绪化的互动，即使在冲突期间也是如此。共情的确会出现，但它不是情绪。你能想象一位夫妻治疗师会说"我和那对夫妻的治疗过程真令人开心啊！在今天的冲突中他们完全没有表现出任何情绪，我真高兴"吗？

博弈论矩阵的中立-中立单元格是"灰姑娘"单元格，就像那个被忽视的继妹，在任何关于关系和情绪理论中都是被忽视的人。在讨论治疗的过程时，人们通常认为冲突中非情绪的部分是浪费时间，因而会选择回避。

大多数非专业人士，以及治疗师和人际关系研究人员，都认为中立-中立的互动是"无聊的"。它是真人秀节目中最终被剪掉的镜头。从定义上看，它和情绪无关，因此，许多来到我实验室的电视制作人得出的结论是，它肯定缺乏吸引人的地方。他们错了，但他们的观点仍然与外行人、专业人士一致。典型的治疗师认为："让我们花时间来研究和理解恶意-恶意单元格吧，那才是真正的着力点。当我们这么做时，真正的变化才会在治疗中发生，夫妻们会很简单很自然地将恶意-恶意单元格转化为善意-善意单元格。"

他们对中立-中立单元格的看法大错特错！即便我们可以魔法般地理解了从恶意-恶意到善意-善意的转变，夫妻们可能会因此更少地做出恶意的行为，但也仅限于此。要想从恶意-恶意转变到善意-善意，我们可能首先必须乘坐摆渡车前往博弈论矩阵的中立-中立单元格——这个过程有两个步骤。

关于这一点，有个伟大的故事。罗伯特·利文森和他的学生拉赫尔·埃布林做了一个非常巧妙的研究。他们先为10对夫妻（5对最终离婚，5对维持着婚姻）制作了一段冲突讨论前3分钟的录像带。然后，他们让来自各行各业的人们——牧师、研究员和治疗师——来猜测哪对夫妻离婚、哪对夫妻没有离婚。他们的发现显示每个人都猜得不怎么成功——几乎每个人的猜测都是凭运气。我认为几乎每个人都做得如此糟糕的原因之一是他们基本上都低估了冲突期间中立情绪的重要性。中立情绪看似无聊，事实上也的确很无聊。人们更容易对杰瑞·施普林格①式的注定失败的婚姻中充满敌意的时刻以及奥普拉·温弗瑞式的幸福稳定的婚姻留下深刻印象。没有人会想到在冲突发生的情境中，非情绪的状态是一种资产。

但是，想一想你经历过的关系中的吵架，你就很有可能会同意这个观点。你希望伴侣能中立地陈述自己的观点，这是一种巨大的安慰。我们所发现的结果也正是如此，中立-中立的互动在幸福的夫妻中更常见，而且夫妻对这种互动的评分也更高。

当查看这个矩阵中的单元格时，在某种程度上，我们也在问，约翰·冯·诺依曼的用没有情感的计算机做出最佳决策的梦想是否具有合理性。对我来说，这意味着这个单元格应该最有助于区分幸福和不幸福的夫妻。

如果这些中立-中立的交流真的如此重要，那么也许随着时间的推移，它们也应该变得更加频繁，因为长期在一起的夫妻对他们的关系会越来越满意。我们分析了长达20年的纵向数据，发现事实的确如此！在维持婚姻关系的中年夫妻和老年夫妻中，随着时间流逝，他们之间越来越多的互动都从非中立转向了中立。

长期在一起的夫妻在晚年发生冲突时会变得更加中立，他们的行为与评分

---

① 杰拉尔德·诺曼·施普林格，美国知名主持人，因主持节目 *Tabloid Talk Show* 而走红。

转盘的收益一致。这意味着夫妻治疗师应该努力让夫妻在冲突期间减少情绪化的交流，而不仅仅是让他们摆脱矩阵中的恶意-恶意单元格或增加积极情绪的交流。目前，在许多治疗师看来，这个目标违反了他们在大多数夫妻疗法中的训练，因为这种训练方法认为好的关系需要更多的情绪交流，而中立情绪可能意味着让人们压抑消极情绪的表达。

总的来说，博弈矩阵中善意-善意单元格和中立-中立单元格都是理性假设：人们会更多地去做能带来高回报的事情，而更少地去做只能带来低回报的事情。这是完全合乎逻辑的。

但是，矩阵中的恶意-恶意单元格又是什么情况呢？

3. 消极情绪交流：矩阵中的恶意-恶意单元格。事实证明，恶意-恶意单元格并不是理性假设。恶意-恶意行为显然是我们大多数人可能会刻意避免的状态。这是代表着消极互动和冲突升级的单元格。与博弈论矩阵的其他单元格相比，这是治疗师花费大部分精力的地方。他们从这里开始，确定这对夫妻陷入的消极循环。例如，苏珊·约翰逊有效的情绪聚焦式夫妻治疗的第一阶段被称为"确定消极循环"。我们治疗师着迷于消极-消极状态和这些状态中的相互作用模式。

我们一旦确定了夫妻间的恶意-恶意循环模式，通常会尝试"理解"这些模式发生的原因，并希望深入了解这些消极交流到底是怎么回事。我们会问："这些行为是由什么引发的？""这些行为因何而持续？""这些恶意-恶意的交流造成了伤害吗？""你们其中一人有重大过错吗？""如果有，那个人有精神病吗？""这些消极循环造成了情感依恋创伤吗？""建立和维持这些交流的夫妻，两人或其中一人是否患有精神病？""精神病是从其原生家庭遗传的吗？""这些消极且出现功能障碍的模式是在一代又一代的人之间重复发生的吗？""夫妻如何才能察觉这种具有破坏性的循环？""是否涉及投射这样的无意识过程？"我们会一直提出和消极交流相关的问题。

矩阵中的恶意-恶意单元格也是夫妻间的爱和乐趣消失的地方，因此这些单元格可能非常重要。为了理解它，我们可以回到实验室。我们的分析告诉了我们关于这个单元格的什么信息呢？

看到事实后，我们感到非常惊讶，但我和塔拉实际上已经预测到了结果。这个恶意-恶意的数据表明，不幸福的夫妻在这个单元格中的行为是完全不合乎逻辑的。为何如此？事实证明，不幸福的夫妻对这种消极-消极的交流的评分远远低于幸福的夫妻，但他们却比幸福的夫妻更频繁地进行消极情绪交流。根据博弈理论，如果评分很低，那么他们就会更少地去实施这种行为，但实际他们做得却更多！

数据还表明，随着夫妻幸福地在一起的时间越来越长，他们不会再像过去那样被这些恶意-恶意的交流困扰。我们发现，幸福的夫妻不会像不幸福的夫妻那样对这些恶意-恶意的交流感到不安，也许正是因为它们不经常发生。你可能会说这似乎"有点儿"合乎逻辑，但根据博弈论的主要假设，这并不符合逻辑！如果你在这个单元格中的收益很低，理性的博弈论会告诉你不要经常选择这个"策略"。我提供的解释是有道理的，因为你正在填补缺失的"情绪逻辑"，这一点儿也不合乎逻辑。因此，人们虽然不喜欢却还是在进行恶意-恶意的交流的原因，并不能用任何理性的博弈理论来解释。要了解矩阵中这个单元格的结果，我们需要进一步地查看这种状态。数学再一次帮助了我们。

"隐马尔可夫"[①]分析。数学和统计分析可以揭示不幸福的夫妻在矩阵的恶意-恶意单元格中的不合乎逻辑的行为。计算机科学家塔拉·马蒂斯塔在实验中使用了一种叫作"隐马尔可夫模型"的方法做了进一步的数据分析。这些模型在语言研究和 DNA 序列分析中非常流行。它们揭示了数据中潜在的隐藏结构，这些结构乍一看可能并不明显。隐马尔可夫分析表明，这些恶意-恶意互动对于

---

① 隐马尔可夫模型是一种统计模型，用来描述一个含有隐含未知参数的马尔可夫过程。其难点是从可观察的参数中确定该过程的隐含参数，然后利用这些参数来做进一步的分析，例如模式识别。

不幸福的夫妻来说是所谓的"吸收"状态，但对于幸福的夫妻来说则不然。吸收状态是一种进入比离开更容易的状态，就像某品牌捕蟑螂器的广告词："它们登记入住，但它们不退房。"

图 2.1 向我们展示了不幸福的夫妻比幸福的夫妻更容易进入恶意-恶意的状态。同时，幸福的夫妻退出恶意-恶意的状态比进入更容易。不幸福夫妻的虚线退出箭头描述了一个事实，即不幸福的夫妻更容易进入恶意-恶意的状态，却更难退出。不幸福的夫妻一旦进入恶意的互动，就很难脱身，因为在某种意义上他们已经被困住了，就好像踏入了满是流沙的沼泽中；而幸福的夫妻在恶意-恶意的交流中却没有相应的流沙沼泽。

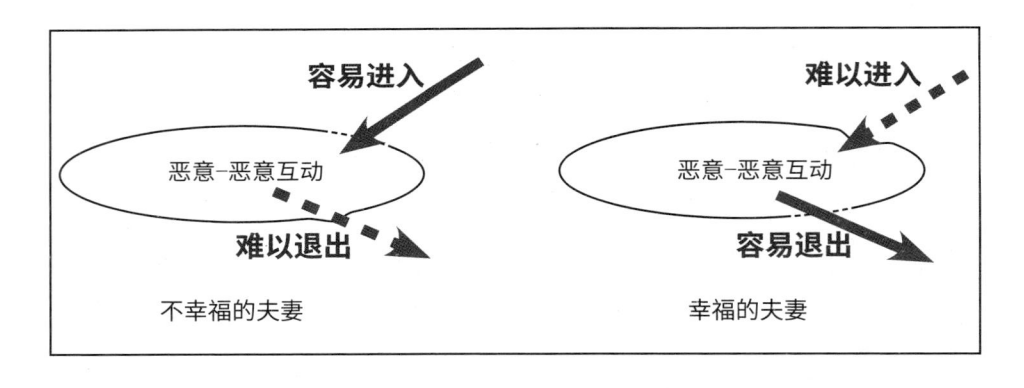

图 2.1 吸收状态 VS 非吸收状态

行为博弈论

一个被称为"行为博弈论"的新领域出现了。这个新领域广泛地承认了真正的行为并不一定是理性的。在《行为博弈》中，科林·卡默勒写道："行为博弈论通过加入情绪、错误、有限的预见力、对他人聪明度的质疑以及学习……来扩充解析型博弈理论。行为博弈论是行为经济学的一个分支，是行为经济学的一种经济学方法，它应用心理学规律提出了弱化理性假设和扩展理论的方法。"这个新领域的指向似乎与我们在夫妻冲突中恶意-恶意互动中发现的理性假设的局限是非常一致的。

卡默勒的书描述了我认为的使用博弈论构建理论的绝妙研究策略。在标准博弈论中选择一种博弈，做出大胆而清晰的预测；或者做出一个模糊的预测，但可以让这个预测变得精确。卡默勒说，简单的博弈也许是最有用的，因为它们的假设很少。如果预测是错误的，我们就能得知哪些原则是有问题的、需要修改，以便改善预测。那么行为博弈论的问题就不再是"博弈论能否准确预测行为"了。即便博弈论预测得不准确，这个失败的预测也可以成为发现实际行为的博弈论规则的机会。当然，选择一个简单的博弈作为复杂过程的模型需要强大的洞察力，但这也是科学乐趣的一部分。

两个例证可以准确地说明为什么这种研究策略如此出色。卡默勒描述了两个简单的博弈。在一个他称为"最后通牒讨价还价"的简单博弈中，一名参与者（提议者）拥有另一名参与者（回应者）想要的东西。卡默勒举了一个摄影师的例子。摄影师在游轮上拍摄了一对夫妻的照片，他以5美元的价格向他们提供一张照片。他们想讨价还价，但摄影师还有其他乘客的照片，如果他降价，他就会面临之后可能没人愿意支付他5美元的价格来购买照片的风险。所以，5美元的价格可能就是他的最后通牒。在这类反复进行的最后通牒博弈中，最终会出现两种可能的结果。其中一种结果是，提议者得到最开始提议的10美元，向回应者提供他们想要的任何东西。平均而言，回应者的报价在4～5美元。在这个结果中，报价较低的人通常会被拒绝。然而，令人惊讶的是，这种博弈的第二种结果是，即使报价很高也会被拒绝。卡默勒写道：

> ……这种令人惊讶的拒绝就是"消极互惠"的证明：回应者通过牺牲大量自身利益（假定不公平的提议者受到比回应者更多的伤害）来报复不公平对待自己的提议者，以此回应不公平的行为。消极互惠还可见于社会其他领域，即便金钱上的赌注很高——由于勾搭别的女

人而被抛弃的男人；花费巨大且闹得不愉快的离婚；因为路人无意冒犯凶徒而引发的街头冲动犯罪；为了某种小事诉诸公堂而拒绝对双方都有更好结果的庭外和解；等等。

这个博弈描述了消极的吸收状态很容易成为简单博弈的潜在结果。因此，简单博弈解释了消极互惠产生的原因。

卡默勒讨论的第二个博弈被称为"分水岭"博弈。这个博弈强调了为什么只有两种应对关系冲突的方式——这是我们通过隐马尔可夫分析发现的。他之所以把这个博弈称为"分水岭"，是因为反复进行这个博弈会得出两种截然不同的结果，就像冲突中幸福和不幸福的夫妻一样。

在美国的阿拉斯加分水岭上，水流被分隔开，一半流入太平洋，另一半流入北冰洋。分水岭博弈是一个7人小组的拔河博弈，博弈的收益取决于选择在哪里进行建造和投资，也取决于与整个小组的选择接近的程度。这个博弈中会出现两种可能的结果，一种是3，另一种是12。卡默勒展示了一个具有特定收益和中位数的博弈示例。他写道：

> ……这个博弈之所以被称为"分水岭"博弈，是因为7以下的中位数是一个收敛于均衡3的"吸引域"（进化博弈论术语）。8以上的中位数是收敛于12的吸引域。7和8之间的分界将博弈分成了两个部分：参与者分别"流"向3和12。

这意味着博弈的参与者并不知道他们将走向的不是一种解决方案，而是两种截然不同的解决方案。然而这仅仅是一个博弈，只有一套收益。行为博弈论因此能解释夫妻在冲突讨论的恶意-恶意交流中怎样渐进地进入到两种状态中的其中一种。一个模式可能导致两种截然不同的结果。

两种形式的夫妻冲突

令人惊讶的是,冲突讨论有两种形式:(1)吸收状态中的恶意-恶意冲突;(2)能够有效修复的冲突。要充分了解这个结果,我们需要解释两点。首先,为什么不幸福的夫妻比幸福的夫妻更难走出恶意-恶意的状态呢?其次,为什么不幸福的夫妻比幸福的夫妻更容易进入恶意-恶意的状态呢?

不幸福的夫妻更容易进入吸收状态,也许因为他们的消极情绪和幸福的夫妻不同;也许不幸福的夫妻出于某些原因(如高水平的生理唤醒)不能修复他们之间的互动,进而走出恶意-恶意的单元格;也许是因为幸福的夫妻更冷静,更有可能成功修复关系。我们现在能够验证这些以及其他关于修复关系的假设了。

实际上,在我们的一项研究中,我们使用了詹姆斯·默里和他的学生建立的数学模型(见第十一章)。这一模型显示,如果妻子能够有效修复互动并且将互动推到一个更加积极的状态,就像通过临界值后的开关一样,矩阵中丈夫在恶意-恶意单元格中的收益就会更高。这个结果在我们对信任度量的研究上给了我们一些提示。在那对夫妻的样本中,妻子有效修复恶意-恶意互动的能力使得他们能够退出恶意-恶意的状态。所以我们发现,不幸福的夫妻无法退出这个状态,是因为他们的修复能力不佳。

要了解更多关于修复的信息,我们需要做很多额外的工作。在本书后面的章节中我将研究哪些修复方法有效、在冲突讨论中何时修复效果最好,以及它们为什么有效。我的学生贾尼丝·德赖弗和安布尔·塔瓦雷斯花了7年的时间对此进行了分析。这项工作我将在第八章中进行阐述。

然而,到目前为止,我们可以感叹:"难怪不开心的夫妻发生冲突时不能走出互动时恶意-恶意的状态,因为他们的行为非常不理性!"我们发现,只有不幸福的夫妻不能有效修复这种状态。不幸福的夫妻被困在恶意-恶意互动的地狱,他们之间的冲突逐渐升级,即便他们在这种交流中的负面收益比幸福的夫妻多，他们也仍会如此。正如我在《什么在预示着离婚？》一书中写到的一样，我也发现婚姻不幸福的夫妻的这种消极状态比幸福的夫妻更普遍，它也会蔓延到更多所谓的非冲突互动中。

现在来回答第二个问题。为什么不幸福的夫妻更难走出恶意-恶意的状态？我们也来试着解释一下这个问题。难不成这些夫妻也陷入了零和博弈中？我们探讨一下这种可能性。为了探索这个假设，我们需要引入罗伯特·魏斯的情绪诠释概念。

积极诠释与消极诠释

如前文所述，1980年，俄勒冈大学的罗伯特·魏斯提出了一个富有启发性的想法，即夫妻中的两人处于两种状态（消极诠释或积极诠释）之一。在消极诠释中，一个人往往会将伴侣的行为视为消极的，即使客观的外部观察者认为该行为是中立的甚至是积极的。在这种状态中，消极感受凌驾于一切积极感受之上。在消极诠释中，人们会"愤愤不平"，并且对伴侣的消极情绪保持高度警惕。有些心理学家称之为"过度敏感"，人们对这段关系和伴侣性格的成本收益的分析都偏向消极。在积极诠释中，人们则有着相反的倾向，在证据不足的情况下，他们预设伴侣的意图通常是积极的，积极感受凌驾于一切消极感受之上。他们不会对伴侣的消极态度过度警惕，相反，他们对这段关系和伴侣性格的成本收益分析都偏向积极。

例如，一名妻子对丈夫说："你不该让微波炉空转。"在消极诠释中，丈夫会认为这句话是恶意的（即使这话被很中立或很礼貌地提出来）——就好像妻子说的是："你这个白痴。你不该让微波炉空转。"相反，在积极诠释中，这句话会被认为是中立的（即使这话中带着一些讨厌的情绪）——就好像妻子说的是："我很抱歉，亲爱的，但我需要告诉你一些小事，也不是很重要。我不是针对你，但我在哪里读到过，当微波炉里没有食物时，你不该让它空转的。好吗，宝贝？"魏斯认为，当处于消极诠释中时，人们很难改变他们的感知。

我对魏斯的观点进行了补充，我认为人们陷入消极诠释有着充分的理由。因为他们关系中友谊的部分是"空中楼阁"，他们感受不到感谢、爱和尊重。他们感受不到伴侣是自己的朋友，反而觉得伴侣是自己的敌人。我认为这就是他们更容易进入矩阵中恶意-恶意状态的原因。人们的关系建立在空中楼阁上，信任就会被侵蚀，他们就会陷入消极诠释。心理学家克利夫·诺塔里乌斯和简·万泽蒂率先通过经验证明了魏斯这个假设的真实性，我们也在实验室中得到了相同的结果。

消极诠释和积极诠释给我们提出的两个问题带来了答案。不幸福的夫妻有一种倾向——他们之所以比幸福的夫妻更容易进入恶意-恶意的状态，是因为他们处在压倒性消极感受中。他们也更有可能将中立甚至积极事件解读为消极事件，而幸福的夫妻——他们处于积极诠释中——更有可能将消极事件解读为中立甚至积极事件。因此，不幸福的夫妻更有可能将在恶意状态下的积极修复尝试也视为另一种消极行为，于是也就更容易被困在恶意-恶意的吸收状态中。魏斯是正确的。也许对于不幸福的夫妻来说，恶意-恶意状态也是一种信任被侵蚀的低信任状态。

信任度量

到这里，我已经准备好用数学来定义信任度量了。

首先，我们用日常语言更精准地定义信任。我们会使用他-她的异性恋关系语言，尽管这种语言无法明确男同性恋和女同性恋的双方，但我并没有不尊重同性关系的意思。

她的信任。"她信任他"的意思是，在不考虑他的收益的情况下，她可以指望他（并且他会做到）通过改变他自己的行为来考虑她的利益，增加她在恶意互动中的回报。

他的信任。"他信任她"的意思是，在不考虑她的收益的情况下，他可以指望她（并且她会做到）通过改变她自己的行为来考虑他的利益，增加他在恶意互动中的回报。

也就是说，信任意味着在特定的互动中，我们可以指望伴侣以让我们收益最大化的方式行事，尤其是在摆脱恶意交流时。这是信任的行为定义，不是认知定义。因此，它不同于先前将信任定义为一种人格特质或一个人对另一个人的看法。我的信任度量事关行动，而不仅仅是思想。此外，我的信任度量的定义适用于各种互动，因此它是互动的特征，不一定是关系或人的特征。它反映了以伴侣的利益为中心的合作，这在任何长期的关系中可能都很重要。

请注意，我没有说对一个人收益的考虑要超过对伴侣收益的考虑。这种观点认为，信任并不需要在冲突中牺牲自身利益来换取伴侣的利益或收益。我只是提出了一种信任的定义，在这个定义中，我们完全可以期望伴侣也为他自己的利益（收益）讨价还价。我认为，信任意味着伴侣在考虑他自己的利益时，也在考虑伴侣的利益。

其次，我们来把这些日常语言翻译成数学语言。我们分两步来进行。第一，根据我们的博弈矩阵，对他来说，我们可以通过测量她的实际行为的变化达到何种程度将他从消极-消极单元格中拉出来，到达更高收益的中立-中立单元格中。第二，于他而言，我们也可以通过测量她的实际行为的变化达到何种程度将他从消极-消极单元格的收益拉出来，到达更高收益的积极-积极单元格中。我们可以将这两步视为逃出恶意互动的两种可能的跳跃（图2.2），用以评估他在多大程度上可以指望她为他的利益改变她自己的行为。

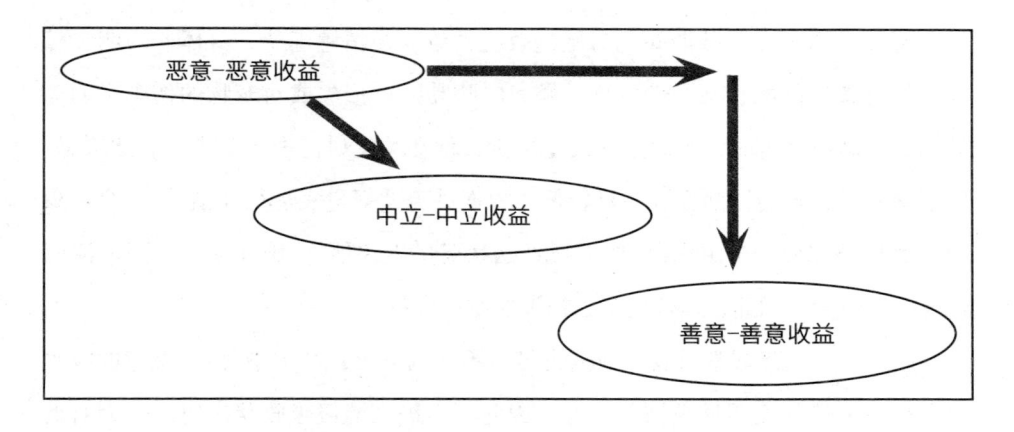

图 2.2 从恶意-恶意收益转移到中立-中立或善意-善意收益

当然,我们也会对她进行相似的计算,这样两个人就会分别得到两个数字,这些数字代表着能从恶意-恶意互动中逃脱的潜在进展。为了降低第一次看信任度量的难度,我将简化数据,把这两个表示潜在进展的跳跃数相乘来得到对信任度量的估算结果。有关以这种方式计算信任度的确切公式,请参见附录。

信任度量的有效性

一旦定义了信任度量,我就完成了任务吗?不,完全没有。即使信任度量有了概念上的意义,我们也要回到实验室。因为信任度量的有效性必须在实验室里通过实证得到验证,否则我们将一无所获。一个可以应用于现实的模型,其好坏取决于实证结果是否符合模型预测的结果。

当在对我们的口述历史访谈做这些计算时,我们发现——于夫妻而言——当他信任她时,她对关系的满意度明显更高,并且会出现以下现象:(1)当夫妻讲述他们关系的故事时,妻子的消极情绪会明显较少;(2)她在讲述时会更加坦率和开放;(3)丈夫的情绪调和行为明显更多;(4)冲突期间丈夫的皮肤电传导明显减少(生理唤醒较少)。我们也了解到,当她信任他时,(通过她的报告可以看出）在争吵期间他对她的攻击性语言、情感虐待、身体暴力明显较少，他落魄潦倒的状态、性虐待、暴力威胁和财产损失或对宠物的伤害也明显较少。当她信任他时，她表达的失望更少，他在冲突讨论中会更少地表达厌恶、轻蔑和专横，她的抑郁程度明显较低（根据贝克抑郁量表进行评估），她会更少地想到离婚和分居（由魏斯-切雷托婚姻状况量表评估），她在冲突期间崩溃的情况明显较少。因此，信任度量已被证明是有效的。

此外——这点非常重要，数据也显示不幸福夫妻在冲突中恶意-恶意的吸收状态是一种信任度明显更低的状态。因此，当进入消极吸收状态时，夫妻对彼此的信任度是很低的。这些有效性的指标预示着信任在预测关系方面很重要，它们告诉我们，我们对信任的推理在实证上是有道理的。这些数据并不表示它们是我们在互动中可以计算的唯一信任度量，只是表示我们已经计算出的信任度量具有实证意义。

这对我来说已经足够了。

信任的好处

在我们当前的文化中，我观察到，夫妻关系中消极情绪和积极情绪的平衡比率有一个基本的动态模式。夫妻一旦在冲突中积极情绪和消极情绪的比率大于或等于5.0，他们就会倾向于在生活中接受更多的挑战。在一段新关系开始的前几年，夫妻们会共同努力，看看他们是否可以在生活的很多方面相互信任。他们建立起安全的关系，为今后的共同生活打下基础。

他们一旦建立起了这种安全感，就会更加努力，要么一起决定重新装修厨房，要么一起决定是否换工作，或者决定是否要孩子。实际上，关于是否要生第一个孩子，正是那些在婚姻中做得更好的新婚夫妇才会做出的决定。

在接受这些新挑战时，夫妻正常的动态平衡不可避免地会遇到新的干扰。由于新的干扰，伴随着动态变化的积极情绪与消极情绪的比率可能会下降。这种变化需要有效的修复，以防止消极情绪变成吸收状态。

是什么因素决定了这对夫妻能否有效修复和恢复以前的平衡点？"健康关系之屋"理论认为，这是由夫妻间友谊的质量决定的，我们发现这个结论也得到了数据的支持。

在我们的文化中，人们的一般人生模式是生活中的复杂性会逐渐增加，直到达到数学家所说的"突变（catastrophe）边缘"的状态。catastrophe 这个词对数学家而言并不意味着"灾难"，反而有着确切的意义[①]。突变状态意味着人们不断缓慢地增加自己生活的复杂性，直到他们面临进入新的定性状态的风险。从数学上来说，突变意味着一旦超过精确的压力阈值，参数（如复杂性或压力）的小幅增加就可能会突然完全改变它们之间关系的定性性质。压死骆驼的最后一根稻草就是突变的典型事例。逐渐增加的参数是骆驼所负荷的重量，骆驼一开始看起来没有什么问题，直到最后一根稻草加到了它的身上，它的背会突然被压垮，状态变得与之前完全不同。突变状态的重要之处在于，我们逐渐改变一个连续变量——比如复杂性——并在我们跨过一个特定的阈值之后，我们的生活可能会发生质的、突然的和巨大的变化。

通常，质变意味着一切分崩离析，熵会增加[②]。我们生活中的混乱越来越多，一件小事可能会突然导致巨大的后果，应对后果的弹性会突然消失。很可能我们每个人都有自己有限的对压力的"承受"能力，且大多数人认为自己可以应对逐渐增加的压力，因为我们的关系在积极和消极的比率上是平衡的。

然而，动态的结果可能是，我们中的许多人几乎无法应对，而且有可能不经意间到达等待着我们的突变边缘。这个模式解释了为什么我们的身份在向父亲母亲转变时，即便是婚姻满意度高的新婚夫妇，在孩子出生的前 3 年，其中 2/3 的人对婚姻的满意度都会急剧下降。

---

① catastrophe 的意思是"灾难"，在数学术语中意为"突变"。
② 熵增过程是一个自发的由有序向无序发展的过程，生活自发地走向混乱的一种趋势。

现在我们可以看出为何信任如此重要。信任度高会让复杂性逐渐增加的动态进程给夫妻带来更多的弹性——也就是说，因为信任，突变边缘状态会有更高的阈值。换言之，生活的复杂性自然地随着时间增加，但信任会增加关系的弹性。除了增加关系弹性，信任还有三个重要的好处：

- 信任允许在信息不完整的情况下采取行动
- 信任减少了所有交易的复杂性
- 信任可以让交易成本最小化

这意味着信任让互动更容易、成本更低。我们不需要不断测试伴侣，看看这次我们能否信任他说实话、信守承诺并考虑我们的利益。我们仅仅假设我们能信任他们，即使有关事实的信息不完整也可以。因此，互动变得更简单，复杂性减少了。与对正统犹太钻石商人社区的研究一样，珠宝和大笔金钱可以完全放心地通过握手交换。社区系统让交易的成本变得更低，完成这些高风险的交易也完全不需要律师。在亲密的个人关系中也有同样的高风险：我们全心全意地信任着这段关系，背叛会让我们心碎。正如我们在讨论信任和背叛的生理学时会看到的那样，这些隐喻包含着很多真相。背叛和无法信任会伤害我们的健康、缩减我们的寿命。

在做决策时，我们需要评估各种备选方案的可能性，并对每个备选方案的风险概率和成功概率进行评估。在数学上，复杂性的差异表示为"无条件"概率和"条件"概率[①]之间的差异。在条件概率中，我们总是必须根据各种先验因素和考虑因素来估计概率。在无条件概率中，我们不需要考虑这些先验因素。信任意味着我们可以用相当少的条件限制来计算每个替代方案的成功概率和风

---

① 条件概率是指事件 A 在另一个事件 B 已经发生的条件下的发生概率，无条件概率则没有限制条件。

险，可以忽略许多与不完全信伴侣的有关因素。而且，信任让改变更简单，我们不必担忧，不必回头看，也不必警惕。

相反，如果伴侣背叛的可能性很高，人们可能就会变成私人调查员或检察官，不断寻找伴侣可能违反信任的证据。人们会变身侦探，经常通过询问伴侣进行测试，以验证他们的不安全感是有现实依据的。例如，一个多疑的丈夫早上离开家时，在妻子的汽车后轮胎和车道上涂上粉笔痕迹。下班回到家后，他发现车子被挪动过，于是质问妻子："你今天去哪儿了？"她忘记了去杂货店办过事，所以她回答："哪儿也没去。"他顿时怒火中烧。不信任会增加怀疑，因此人们会多次使用通常需要收集的信息，以便做出决策。不确定性使人感到极其痛苦，他们因此会变得麻木。朱尔斯·费弗的一部著名漫画就描绘了这种不安全感的痛苦。女人问男人："你爱我吗？"他回答："是的，我爱你。"她又问道："你真的爱我吗？"他回答："是的。"她又问道："你真的、真的爱我吗？"他回答："是的。"然后她接着问："你真的、真的、真的爱我吗？"他回答说："是的，我认为我是爱你的。"她继续问："你真的、真的、真的、真的爱我吗？"他回答："我不知道。"她回复说："我就知道是这样！"

总　结

当我们进入实验室观察真正的人际冲突时，我们发现博弈论中两个逻辑参与者的一些假设得到了验证，但另外的一些假设却被证明不成立。在我与罗伯特·利文森对老年夫妻进行的纵向研究中，我们发现，善意-善意互动的回报最高，而恶意-恶意互动的收益最低。因此，在我们的第一次分析中，我们证实了蒂博特和凯利关于收益的观点。我们还发现，幸福的夫妻对善意-善意互动的评分显著高于不幸福的夫妻，他们也更常进行这种交流。所以，概率与收益相匹配。这一发现也证实了博弈论的理性模型。这一发现还支持了凯利的观点，即人们会自然地以最高的频率做那些能给他们带来最高回报的事情。这种效应在两项研究中都得到了验证。事实上，当我们检查幸福夫妻和不幸福夫妻的矩阵时，我们发现纳什均衡的结果位于矩阵的善意-善意单元格。到目前为止，我们的研究一切顺利。

我们确认了基于理性选择的博弈论，并且很高兴能够扩展凯利关于关系的相互依赖理论。通过对中立-中立互动的对称性的观察，我们再一次证实了理性博弈论模型的成立。除了增加善意-善意互动和减少恶意-恶意互动的频率和影响，一个非常重要的目标是增加冲突期间非情绪交流的互动。这是夫妻治疗的一个新想法，因为整个领域似乎都反对用中立情绪来讨论冲突。但是，和罗伯特·利文森与拉赫尔·埃布林一样，我们发现冲突期间的中立情绪是好的，而且它也遵循博弈论的理性假设。

但是，之后发生了一件很有趣的事。我和塔拉发现了在恶意-恶意单元格中一个很奇怪的效应，这个效应也反复出现在我们的两项研究中。不幸福的夫妻进行恶意-恶意互动的频率远远高于幸福的夫妻，但是他们对恶意的交流的评分却远远低于幸福的夫妻。等一下，这是个非理性模型！如果不幸福的人对恶意-恶意互动评分更低，他们应该更少地做这件事，蒂博特和凯利的假设就是这样的。这到底是怎么回事呢？

其中的原因是，我们已经发现了博弈论的真正局限性，即阿纳托尔·拉波波特所说的冲突的"辩论模式"。在这种模式下，有逻辑的说服是可能的——这就是我们的夫妻冲突讨论。我们发现，在真实的辩论模式中，处在关系冲突中人们的行为并不总是理性的！当发生更强烈的消极情绪交流时，对于不幸福的夫妻来说，收益和概率与理性博弈论模型的预测相反。我们刚刚发现了理性博弈论的局限性！

如何解释恶意-恶意单元格中的这些局限？答案是我将消极情绪视作一种"吸收状态"，对不幸福夫妻来说是虚拟的流沙沼泽，但对幸福的夫妻而言则并非如此。不幸福的夫妻比幸福的夫妻更容易进入恶意-恶意互动状态，也更难走出去。我们还看到，夫妻在受到影响前所提供的积极情绪，以及他们相互影响以达到稳定的积极情绪的方式，使他们对恶意-恶意单元格的评分产生了显著差异。不幸福的夫妻之所以更容易进入恶意-恶意状态，是因为他们处在消极诠释中；他们之所以难以退出这种状态，是因为他们的修复行动更容易失败，而容易失败是因为他们关系中的友谊部分是空中楼阁。恶意-恶意状态对不幸福的夫妻来说是一种吸收状态，它被证明是一种低信任状态——在此状态中消极诠释会操纵人们扭曲对伴侣的感知，这样，任何的修复都像消极情绪的延伸。

正如丹·怀尔对恶意-恶意的吸收状态的流沙沼泽进行雄辩的那样，"这个沼泽代表着对抗循环的自我强化特性：一方因为感觉自己不被另一方倾听而不去倾听另一方；被误解太多而无法理解另一方；被另一方刚刚说的话刺痛了，除了回击，什么都做不了"。因此这个循环会持续下去，也会让伤害升级。

在定义和测量了信任度之后，我们也证明了冲突期间的吸收状态——流沙沼泽——也是一种低信任状态。难怪不幸福的夫妻在冲突期间的恶意-恶意冲突会升级，修复的尝试也会失败！

第三章

不可信度量和背叛度量

　　本章将会回顾一下冷战期间博弈论的秘密历史,以及两个截然不同的人物约翰·冯·诺依曼和阿纳托尔·拉波波特的工作;然后介绍我为了建立各种互动中都有效的不可信度量和背叛度量,在信任度量方面所做的工作;最后通过两对截然不同的老年夫妻的互动来说明这些度量。

好了，我们已经建立了信任度量。我现在想要进一步定义另外两个度量，即不可信度量和背叛度量。要想理解不可信和背叛的基础，我们就需要继续对博弈论进行应用和研究。我们先来看看博弈论的迷人故事，因为在这两个博弈论的伟大思想家的截然不同的生命中，我们会看到不可信和背叛的动态线索。

博弈论的秘密历史

我想向你介绍两个才华横溢且非常成功的人——阿纳托尔·拉波波特和约翰·冯·诺依曼，介绍他们的故事以及他们在研究中所提出的关于人类冲突本质的问题。这两个人在性情、性格和人生目标上几乎完全相反。

拉波波特是一位俄裔美国犹太人，他是坚定的和平拥护者，而冯·诺依曼则是冷战期间对苏联进行无端核打击的拥护者。两人只见过一次面，拉波波特就发现冯·诺依曼很有魅力，并且是"一位出色的健谈者"。他后来写道："当我发现他认真而坚定地主张对苏联进行预防性战争时，我感到非常震惊。"

约翰·冯·诺依曼是一位匈牙利裔犹太人，美国物理学家和数学家，他在普林斯顿大学设计并制造了世界上第一台电子计算机。他的想法促成了我们现在看来觉得理所当然的巨大创新，如计算机的内部架构、计算机"程序"的概念以及计算机内存中的软件和计算概念。冯·诺依曼最初设计并制造电子计算机，是为了执行曼哈顿计划。曼哈顿计划是美国的一项计划，它制造的两颗原子弹在 1945 年结束了与日本的战争。在一场戏剧性的生死存亡的斗争中，我们靠杰出科学家们的努力击败了德国人和日本人。

曼哈顿计划的灵感来自一场与纳粹德国的假想竞赛。纳粹核弹计划由杰出的诺贝尔奖获得者、物理学家沃纳·海森贝格领导执行。英国人在被俘的德国科学家不知情的情况下对他们的战后谈话进行了秘密录音。这些录音显示，尽管海森贝格撒了很大的谎，但他确实在努力为希特勒赢得原子弹竞赛。因此，幸运的是，匈牙利裔美国物理学家利奥·西拉德说服爱因斯坦给罗斯福总统写了一封私人信件，敦促他在德国研制出自己的原子弹之前尽快批准建立一个原子弹项目。

曼哈顿计划实际上开发了两种截然不同的原子弹。其中一颗原子弹主要是按照冯·诺依曼的原始设计制造的，被称为"胖子"。冯·诺依曼用他的计算机精确计算了如何使用内爆法引爆第一颗原子弹的核芯。另一颗原子弹被称为"小男孩"，它使用枪式扳机。"胖子"被投到了长崎，"小男孩"被投到了广岛。

冯·诺依曼的贡献并没有随着原子弹的问世而开始或结束。战争开始前，在 1930 年代，物理学家们正在寻找量子力学这门新科学的理论解释。冯·诺依曼应用了数学家戴维·希尔伯特的思想和他的数学理论，写出了量子力学的突破性正式理论版本。他的公式和保罗·狄拉克的工作成功地整合了两个看似不同的量子力学公式（一种由埃尔温·薛定谔的波动方程表述，另一种由沃纳·海森贝格的不确定性原理表述。这是一项经得起时间考验的巨大成就）。虽然之后又出现了许多其他推导，但冯·诺依曼和狄拉克的推导是一个开端。

拉波波特和冯·诺依曼都是使用博弈论对人类冲突进行数学理解的革新者。冯·诺依曼发明了博弈论的大部分数学理论。除了对科学、战争和计算机技术做出了巨大贡献，冯·诺依曼还和奥斯卡·摩根斯坦试图使用博弈论来理解世界经济。

通过前一章对信任度量的讨论，你已经知道，在"博弈"中有两个"对手"，双方各有一套策略。参与者 A 的策略为 A_1、A_2、A_3……A_P。A_1 是参与者 A 的策略1，A_2 是参与者 A 的策略2，以此类推。参与者 B 的策略为 B_1、B_2、B_3……B_Q。每种策略组合都对应一种"收益"，如果参与者 A 的收益用 H 来表示，参与者 B 的收益用 W 来表示，这样就画出了一个我们很熟悉的表格，见表3.1。

表 3.1　对手、策略和收益

	策略 B_1	策略 B_2	策略 B_3	……	策略 B_Q
策略 A_1	H_{11}, W_{11}	H_{12}, W_{12}	H_{13}, W_{13}	……	H_{1Q}, W_{1Q}
策略 A_2	H_{21}, W_{21}	H_{22}, W_{22}	H_{23}, W_{23}	……	H_{2Q}, W_{2Q}
策略 A_3	H_{31}, W_{31}	H_{32}, W_{32}	H_{33}, W_{33}	……	H_{3Q}, W_{3Q}
……	……	……	……	……	……
策略 A_P	H_{P1}, W_{P1}	H_{P2}, W_{P2}	H_{P3}, W_{P3}	……	H_{PQ}, W_{PQ}

回想一下，冯·诺依曼和摩根斯坦谈到了一些博弈的均衡解。他们证明了一个著名的定理，叫作"极小极大"定理。简言之，该定理指出，对于每个像"剪刀石头布"这样的竞争性零和博弈，都有一个在考虑对方预期收益的情况下将自身损失最小化的最佳策略。冯·诺依曼的传记作者史蒂夫·海姆斯写道："这个定理结果非常深刻，它开辟了新的领域，并在数学中展现了新的联系。"冯·诺依曼和摩根斯坦首先证明了在两个参与者完全了解双方的联合策略和其效用（每个参与者的结果）的情况下的极大极小原理。在他们的第二个极大极小定理中，他们处理了信息不完整的博弈，并证明了该定理仅适用于平均值；只进行一轮博弈，没有最佳策略。冯·诺依曼和摩根斯坦还为扑克牌开发了一种理性博弈论策略。

冯·诺依曼对人类情感十分不信任，因此他的梦想是，终有一天，计算机可以将人类的情感从对人类生存至关重要的决策中去除,并使国际冲突和军事战术的替代战略相互对抗,模拟潜在结果,并为我们支持的这一方做出最好的自动化的理性选择。

如前文所述,博弈论中的冯·诺依曼-摩根斯坦均衡点(当它存在时)是在两个对立的参与者之间寻找"最坏中的最好"的策略组合,这意味着它最大限度地减少了每个参与者的潜在损失,即使这个概念中的均衡点也是人际关系的悲观观点。这个解决方案的目的是减少参与者的损失。

这与约翰·纳什的均衡点有很大不同。纳什均衡(当它存在时)代表着两个参与者都不能再做得更好的点。因此,它可以被视作更乐观的均衡点。

冯·诺依曼和摩根斯坦的书无疑使博弈论闻名于世,并因此产生了一系列诺贝尔经济学奖项,约翰·纳什也因此获得该奖。冯·诺依曼的新博弈论始终与军事应用相关联,激发了新一代冷战战士的灵感——他们考虑使用冯·诺依曼的计算机来计算外交、边缘政策和基本核战略的细微差别的优缺点。由博弈论分析得出的数学建议的作用并不总是那么显著,也并不总是能明显解决问题。

博弈论常常带来令人惊讶的结论。例如,在一种"三人决斗"中,假设三人中的第一个人射击射得最好,第二个人其次,第三个人射得最糟糕。在很多这样的情况下,最弱的那个人会活下来,因为从逻辑上讲排名第二、第三的两个人更想淘汰掉最好的那个。

如前所述,电子计算机的设计是冯·诺依曼的另一伟大贡献。他制造了世界上第一台计算机"EDVAC"。他设计了现代计算机的"框架",他将之称为四个"器官",即算术、控制、记忆和输入/输出。冯·诺依曼的伟大见解是以数字形式对指令进行编码,在内存中不区分数据和程序。

冯·诺依曼希望利用博弈论的逻辑和数学原理,通过电子计算机甚至可以解决核、政治和军事战略等更复杂的博弈问题。很快,问题开始变得复杂起来,普通计算已经不足以解决这些问题了。这种计算需求带来了计算速度更快的电子计算机的发展,并且得到了美国军方的支持。

为什么在第二次世界大战后博弈论对军事和政治思考的吸引力这么大呢？一种文明所使用的博弈论会反映出其文化价值。例如，中国古代的围棋反映的是一种战争模式，而国际象棋被认为起源于印度，它的棋子一开始是大象、马和战车，是战争的工具。

即便是今天，一种博弈的语言本身也告诉了我们很多关于热爱该博弈的文化的大量信息。已故的喜剧演员乔治·卡林比较了棒球语言和橄榄球语言，他说棒球是19世纪的田园游戏，是在"公园"的"球场"上进行的，而橄榄球是20世纪的技术斗争，是在"烤盘"①上进行的。他说橄榄球运动员戴的是"头盔"，而棒球运动员戴的则是帽子；在橄榄球比赛中有"成死球"，而棒球比赛则是"换人上场"；橄榄球运动员需要"踢球"，而棒球运动员则是"解救别人"；橄榄球比赛有击球、用头盔撞、抱人犯规、阻拦、故意压人和个人犯规，而棒球比赛中有"牺牲"；橄榄球比赛可以在冰雹、雨、雨夹雪和下雪的天气中以及冰面和泥地中进行，但下雨时不能打棒球；橄榄球比赛的目标是四分卫在空中攻击时瞄准目标，即使他必须使用霰弹枪，他也必须以致命的准确度击中他的接球手，让对方的防守陷入困境，可以通过短程子弹和长程炸弹，将他的队伍推进到敌方领土，打破敌人的防御墙，平衡他的空中攻击和持续的地面攻击，而棒球的目标则是安全回家。

博弈有着悠久而古老的历史，数百年来数学研究者一直对概率博弈很感兴趣。17世纪，法国数学家和哲学家布莱士·帕斯卡发展了概率数学，并为他的朋友——赌徒和哲学家梅雷骑士②提供了关于骰子的建议。帕斯卡因建议用结果（收益或灾难）对玩家有多少"效用"来衡量事件的概率而闻名。而且，他用自己的建议创立了一个著名的争论，即是否应该相信有人格化的上帝的存在。他

---

① 美式橄榄球的球场常被昵称为"烤盘"（gridiron），因为球场上标示线纵横的样式让球场看起来就像烧烤的铁丝架子。
② 原名为安托万·贡博，自封为梅雷骑士，喜欢研究关于赌博的问题，在赌博界因挥霍无度闻名。

的论点是，尽管上帝存在的概率可能很低，但信仰给人们带来的舒适感的回报可能会非常高——所以低概率和高收益的乘积给出了信仰的高分回报——信仰上帝是有意义的。不管你赞同与否，这都是个很有趣的争论。

尽管帕斯卡很理性，但值得庆幸的是，他也是一个地地道道的法国人。帕斯卡的名言是"心有其理性，而理性却不知道"，他的意思是情绪有其自身的逻辑。帕斯卡的这一重要观点被后来的博弈论者忽略了，他们假设所有博弈参与者都必须完全理性，并且所有博弈参与者都必须以高度符合自身利益的逻辑来行动。冯·诺依曼的计算机是否有可能排除决策中的情绪呢？或者，对人类如何处理必然性冲突的正确表述遵循了帕斯卡名言的逻辑吗？

早期概率论应用于概率博弈的核心之一是假设对手是聪明且理性的。法国数学家埃米尔·博雷尔首次发展了 1920 年代的博弈理论数学。从一开始，博弈论就与军事战略密切相关。事实上，1925 年博雷尔成为海军部长并非偶然。生存的斗争和获胜的目标是博弈论发展的一部分。

在 18 世纪和 19 世纪，一个物种的个体在生存中竞争的想法开始流传。这对达尔文关于食物、配偶和领地的"适者生存"竞争理论的形成至关重要。竞争和利己主义也是亚当·斯密自由市场理论的核心，该理论认为利己主义和经济是文明社会的普遍动机，个人对自身目的的追求会使社会获得最大利益，这就是资本主义制度的基础。斯密认为利己主义和贪婪是好的，当人们拥有强烈的道德责任感时，不受管制的经济足以创造出一个受管制的市场。相反，马克思主义政治学则假设社会建立在为"共同利益"进行的共产主义合作上，并将其作为调节人类贪婪的一种方式。一些学者认为，20 世纪见证了在资本主义福利国家或社会主义国家中出现的这两种类型的一些平衡。

冯·诺依曼从小就崇拜商人，而且他本人就是一个非常成功的资本家。相反，拉波波特是一位狂热的社会主义者。他对合作的专注有着一段历史，他的父亲曾经营一家杂货店。拉波波特在自传中写道：这个杂货店一天营业 16 个小时，一周 7 天无休，他的父亲精疲力竭。其他杂货店主也是如此。拉波波特的父亲让杂货店主集体同意在周一、周三和周五的晚上 7 点关店，周日的下午 1～5 点也关店。但是，这个协议只维持了很短的一段时间，因为有一名店主不想遵循这个规定。拉波波特写道："多年后我读到了亚当·斯密的'看不见的手'——自由市场的调控功能，它能确保每个参与者在追求个人利益的同时也能带来集体利益。回想以前家附近的杂货店主们，我设想了一个'看不见的手背'——一种因为每个人都追求个人利益而给集体带来'坏处'的场景。我在决策心理学方面的大部分研究都集中在这个方面，阐述了个人理性和集体理性之间的二分法。"拉波波特从未忘记那段经历，他之后的社会心理学研究也致力于寻找即使在潜在的利己主义条件下也能实现合作最大化的策略。

博弈论和冷战

凭借对博弈论和冯·诺依曼如闪电般迅捷的聪慧的极大信心，美国空军创建了第一个军事"智囊团"——兰德公司。最初，创立兰德公司主要是为了在冷战期间应用军事战略的数学博弈论。冯·诺依曼是兰德公司的核心顾问。在军事博弈中，冯·诺依曼认为有必要了解所有可能的战略，并能够估算"收益"——对手双方所采取的每种战略组合的收益和成本。兰德公司的战略家以冷酷理性和摆脱情感的逻辑设计了美苏核战略矩阵和效用函数，以确定美国民主、资本主义与苏联共产主义生死斗争的计算机化解决方案。

为了了解冯·诺依曼的思想有多大影响力，我们可以看看以下数据。1959 年 6 月美国国会原子能联合小组委员会冷酷地估计，用 263 颗核弹对 70 个重点城市和 154 个军事基地进行中度袭击，将有 2300 万人立刻死亡、2590 万人受到致命伤害、730 万人被烧伤、1270 万人遭受有害剂量的辐射。他们估计纽约市的死亡人数为 610 万，即其人口的 47%；波士顿死亡人数 214 万，即其人口的 75%；巴尔的摩死亡人数 106 万，即其人口的 79%。他们冷冷地陈述，美国死亡率的下限是 1/4。他们估计，在一次中度攻击中，大约有 5000 万美国人会丧生。他们预估苏联死亡人数会达到 1 亿，因此他们认为这对美国来说显然是一场胜利。你们可以想象一下。

军事战略家声称，他们正在使用博弈论根据这些估计的伤亡人数"思考不可想象的事情"。这是一种很强硬的思维方式。通过使用博弈论，军事战略和战争的新纪元拉开帷幕，冯·诺依曼则是冷战的核心参与者和设计师。他强烈支持对苏联进行先发制人的第一次核打击战略。在冷战初期，他对国际关系的影响是巨大的。

此外，冯·诺依曼并没有停止原子弹的研发。当大多数来自曼哈顿计划的物理学家因震惊于广岛和长崎人民的人类苦难而惊恐地退回学术大厅时，冯·诺依曼依然是杜鲁门和艾森豪威尔政府的核心人物，是一位活跃且受人尊敬的军事顾问。在刘易斯·施特劳斯（美国前海军部部长）和爱德华·泰勒的帮助下，冯·诺依曼启动了一个危险的极速项目，该项目带来了氢弹的诞生，而且引发了远程洲际弹道导弹的部署。

氢弹的威力非常强大，冯·诺依曼认为它可以击败苏联估计的原子弹库存（由于苏联国家安全委员会的错误宣传，我们严重高估了这一点）。冯·诺依曼的目标是在无端攻击中摧毁苏联，即使要以 5000 万美国人的生命和牺牲无数苏联家庭为代价，他的目标仍然是"获胜"。艾森豪威尔总统授予冯·诺依曼国会荣誉勋章，并且认真考虑了冯·诺依曼的想法。谢天谢地，总统最终没有采纳他的建议。

晚年坐在轮椅上的冯·诺依曼，是彼得·塞勒斯主演的电影《奇爱博士》的原型。在影片中，一名科学家被描绘成无端核战争的疯狂倡导者。尽管这部电影很幽默，但对他的描绘并不夸张。事实上，电影的故事也不是虚构的，美国军方非常重视冯·诺依曼的想法，几乎都要采纳他的建议了。如果这都不会让你感到害怕，那就没有什么能让你感到恐惧了。

相反，阿纳托尔·拉波波特是一位完全不同的博弈理论家。冯·诺依曼出生于匈牙利，从小就憎恨苏联。拉波波特与他不同，他既喜欢美国精神，也喜欢苏联精神。事实上，他的主要著作对苏联世界观和美国世界观都进行了富有同情感的描述，希望以此增加两国人民的相互理解。和冯·诺依曼不同，拉波波特一生的主要兴趣是如何在冷战期间为和平创造条件。他是一名和平战士。

拉波波特和冯·诺依曼在其他方面也有所不同。冯·诺依曼对音乐毫无兴趣，但拉波波特一开始却是一名音乐会钢琴家。冯·诺依曼有两段婚姻，其中的第二段，即时间较长的那段婚姻充满了怀疑、冲突和不信任；拉波波特只有一段婚姻，这段唯一的婚姻很长久，他的家庭生活也很和谐；冯·诺依曼 53 岁就英年早逝，且很有可能死于因密切观察比基尼环礁的原子弹爆炸而导致的癌症；拉波波特活到了 96 岁高龄；冯·诺依曼曾在艾森豪威尔政府任职并获得国家荣誉勋章；拉波波特成了外籍加拿大公民，因为他无法接受冯·诺依曼和美国所拥护的零和博弈军事战略而辞去了密歇根大学的职务。

冯·诺依曼用博弈论强调冷战中的胜利和利己主义，而拉波波特最终将他的一生献给了一个名为"囚徒困境"博弈的实证和数学研究。囚徒困境是一个简单的关于信任和背叛，将自身利益与合作对立起来的博弈。拉波波特一生致力于科学地学习如何在国际关系中最大限度地增进理解与合作，以及如何最大限度地减少极端的利己主义零和博弈造成的损失。

军事战略及其所使用的博弈拒绝这种合作的心态，将之视为"软弱"。氢弹的威力是广岛原子弹的 1 万倍，即使使用不准确的洲际弹道导弹，多弹头导弹也可以摧毁一整座苏联的城市，因为氢弹极具破坏性。远程洲际弹道导弹就算击中城市附近的某个地方，也仍能摧毁这个城市的大部分。这条建议导致了阿特拉斯项目的诞生。

兰德公司的赫尔曼·卡恩写了一本名为《论热核战争》的书，卡恩在书中探讨了热核战争这一无法想象的选择。这是参议员约瑟夫·麦卡锡在美国艺术家群体中对共产主义者进行全国范围的疯狂猎巫时期。冷战被形容为资本主义和社会主义之间一场生死攸关的世界大战。

冯·诺依曼和拉波波特之间的逻辑论证对拉波波特的生活产生了可怕的影响，也对拉波波特带头开展的和平与合作研究及教学带来了可怕的后果。如前所述，拉波波特最终放弃了他在密歇根大学的教授职位，搬到了加拿大，并放弃了他的美国公民身份。他离开美国的决定是一种道德选择。他写道："我发现我不可能像往常那样继续工作了，我效忠的国家将屠杀平民（这是反叛乱和核战争所带来的后果）作为其在国际舞台发挥作用的方式之一。"他和妻子格温讨论了这些事情，她同意了他的选择。一开始，他们搬去了丹麦，然后从丹麦搬去了多伦多。

拉波波特和冯·诺依曼都花费了大量的心思研究博弈论，如你所见，他们是从相反的角度进行研究的。冯·诺依曼的角度是竞争、不信任和为生存而战，他的目标是让自身利益最大化。拉波波特研究博弈论的方法是科学地寻找在不信任的情况下将合作最大化的策略。

冯·诺依曼很有说服力，对美国军方如此有吸引力也不足为奇了。他的智力确实惊人，他小时候就是神童，大家都叫他"约翰尼"，他的智力天赋在长大之后继续让世界震惊。他的记忆力如摄影般过目不忘，头脑聪明，思维如闪电般敏捷，像一本百科全书。他记住了大量非虚构作品，包括爱德华·吉本的《罗马帝国衰亡史》，并且可以引用他记住的书中的大量段落。在他临终前，他的朋友为他朗读了歌德的《浮士德》。有一次，当他的朋友暂停朗读时，冯·诺依曼凭借着记忆背诵了下一页。他还收集了大量低级趣味的笑话，并且喜欢在聚会上讲这些笑话。冯·诺依曼是一个非常讨人喜欢的派对动物——在聊天和鸡尾酒会上表现得十分自在。他也喜欢接触有钱有权的人士。

这两个人的私人生活也完全不同。和拉波波特不同，冯·诺依曼与女性的关系往往是务实的、战略性的和肤浅的。冯·诺依曼的自传作者史蒂夫·海姆斯这样描述他和女性的关系："诺依曼认为做爱是为了享受快乐，但他不相信情感依恋。他喜欢及时行乐，但对人际关系中的情绪知之甚少，他看到的主要是女性的身体。"他的妻子克拉拉曾经让他给她倒杯水。良久，他转身回来问她杯子放在哪儿，而他们在那所房子里已经住了17年。冯·诺依曼对自己的家没有清晰的爱情地图。

拉波波特害羞内向。他是一个坚定的社会主义者，不在意生活的物质方面，更重视生活中的亲密关系、信任、承诺和家庭。

冯·诺依曼快速解决数学问题的能力极富传奇色彩。当他出现在兰德公司时，"不能解决"的问题都被提交给他。他用手托住头，几分钟之后，便写出了答案。例如，他曾经遇到过这样一个问题：两辆自行车以不同的速度相互靠近，一只苍蝇以每小时 24 千米的速度在两辆自行车间来回飞行。在自行车相撞之前，苍蝇一小时内会飞多远？这个问题的快速解法是意识到由于自行车将在 1 小时内发生碰撞，苍蝇在碰撞前飞行了 24 千米。这个问题的较慢的解法是将苍蝇越来越短的一系列飞行距离加起来。冯·诺依曼几乎瞬间解了出来。兰德公司向他提问的人说他用的一定是快速解题的方法。"不，我把无穷级数加进去了。"诺依曼说。

拉波波特思考的速度更慢，是一个做事慢条斯理的思想家。冯·诺依曼至少在 5 个不同领域（计算机、经济学、武器、量子力学和数学）做出了惊人的贡献，而拉波波特一生都在试图理解一件事：在一个相互不信任，并且有时只关注比合作带来更大回报的自身利益的世界中，如何在冲突中最大限度地进行合作并建立信任。

拉波波特的主要著作《战斗、博弈和辩论》出版于 1960 年。在书中他试图描述他所定义的人类冲突的三种形式。第一种冲突形式被称为"战斗"。战斗涉及威胁、冲突升级、边缘化和暴力，战争是战斗的典型例子。第二种冲突形式是"博弈"，他将博弈定义为一种结构，其中涉及两个（或更多）对手，需要找到每个参与者都有特定回报的策略。在零和博弈中，一个参与者的收益会造成另一个参与者的损失。在合作博弈中，合作策略可能产生玩家都有收益的最佳选择。拉波波特认为，最有趣的合作博弈发生在相互猜疑和不信任的氛围中。在这种氛围中，自身利益有时可能在逻辑上战胜合作。外交和国际关系就像博弈的舞台，结构化和战略性的交流在其中占主导地位。拉波波特指出，博弈包含了欺骗和保密。他认为，在博弈的背景下，苏联国家安全委员会和美国中央情报局等机构的出现是必然的。在事关输赢的人类冲突中人们必须创建这些秘密组织，也在指望这些组织发挥作用。

拉波波特将第三种冲突类型称为"辩论"。"辩论"意味着这种冲突拥有可以通过说服来解决的可能性。假设这种冲突是在持续的关系中建立的，而且在这些关系中合作大概率会受到高度重视。辩论模式的冲突包括劳资双方谈判，以及爱情或婚姻关系中的谈判。事实上，我们会看到拉波波特的见解在夫妻关系中有着重要的应用。

拉波波特的战争观

和冯·诺依曼不同，拉波波特认为博弈论并不适用于研究战争。拉波波特将战争视为"战斗"模式中的一例，是一种体能较量，是一种毫无博弈逻辑的模式。他将战争视为一系列相互作用的刺激和反应，就像狗打架，狗从咆哮升级到龇牙咧嘴，再到做出类似螺旋弹簧的姿势，最后爆发成暴力打斗。他写道："升级为仇怨的争吵也可以这样来描述。"

拉波波特的战争观与冯·诺依曼之所以不同，并不是因为两人在道德上的差异，而是在数学上的差异。这种数学上的差异与一位名叫刘易斯·理查森的数学家有关。拉波波特认为，从数学上讲，战争是军备竞赛不稳定情况的最好模型，理查森早些时候在他关于暴力冲突和战争的开创性著作中对此进行了描述。

理查森的建模基于大量数据。他以惊人的准确度模拟了第一次世界大战前的军事集结。他的模型还成功地模拟了欧洲发生的许多其他战争和暴力冲突。拉波波特凭借自己的影响力再版和传播了理查森的这本书。

由于理查森的建模给人留下了深刻影响，拉波波特没有将战争归入博弈论的一个分支，而是将其归入暴力"战斗"类别。他写道：

> 暴力的普遍特点是类似于战斗性冲突的"系统性"性质。它既没有计划性，又不能被"理性"地实施。在没有参考可用手段、没有目标的情况下，我们也能描述暴力。在人们发生肢体冲突的情况下，就

"目标"而言，我们可以说暴力仅限于消除对手，若仅仅将其视为一种有害刺激，人们就可以通过对刺激进行反应进而消除刺激。相反，"博弈"是一种"理性"进行的冲突。博弈的特点是明确规定的约束条件，控制着追求目标所采用的手段。约束条件可以是在客厅游戏（国际象棋、桥牌等）的"游戏规则"中达成一致的内容，也可以是在计划行动过程中的环境所施加的内容。在这种情况下，"理性"意味着对手也是"理性"的。博弈的目标不是消除对手而是用智慧战胜对手。

作为"战斗"的一种类型，战争和军事冲突用在理查森第一次世界大战前强大得惊人的军备集结模型中的不稳定状态来模拟。理查森是一名贵格会教徒，在1820～1929年间对地球上所有的战争和致命冲突都进行了数学分析。他的书《致命争论的统计》提出和回答了很多关于致命争论的基本问题。他的分析以战争和致命争论的数据为基础，得出的很多实证结论破解了战争本质之谜。例如，理查森得出了这样的一些结论：战争的周期大概是5～15年；在他研究的那100年中，致命争论和战争并没有变得更频繁；战争的频率和世界人口并不相关；《联合国宪章》本应是由世界上"爱好和平的国家"来制定的，但是查看战争的记录会发现称得上"爱好和平"的国家只有瑞士和瑞典；普鲁士和德国并不比英国和美国更具侵略性；战争和致命争论是连续一体的，其间可能会存在"长期不和"；战争的频率跟一个国家与其他国家的国界数量有关（如果国界的数量小于或等于5，那么战争的数量要少得多——1830～1929年间平均每年只有1.4场战争；如果有8个及以上的国界——1830～1929年间平均每年有10.3场战争）；更具破坏性的战争带来的报复并不会更少。

理查森根据士兵伤亡数的对数将战争划为7个级别，和里氏震级[①]很相似。

[①] 里氏震级是由美国的里克特和古登堡在1935年提出的地震震级标度，是以发生地震时产生的水平位移作为判断标准。里氏震级表共分9个等级，地震越大，震级的数字也越大。震级每增加一级，通过地震释放的能量约增加32倍。

战争等级越高，伤亡人数越多。2.5 级战争的伤亡数是 4～315 人；7 级战争的伤亡数是 3162278～31622777 人。这本书学术性很强，完整透彻，有非常多详细的统计分析。理查森没能公开出版这本书，所以他自己私下出版了它，并将 35 册送给了朋友，然后他结束了他的工作。

如果不是拉波波特用自己的钱再版了这本书，让它得到了复兴，这本书将一直默默无闻。这本书回答了很多关于战争的问题，其中大部分问题都与普遍的直觉背道而驰。更重要的是，理查森还创建了第一个军备竞赛的数学模型，即第一次世界大战前的军备竞赛。他在这个模型中使用了两个微分方程。在这些方程中，被称为"参数"的常数可以估算每个国家的军备开支如何影响其他国家的军备开支。这些参数代表着每个国家对其他国家长期不满的程度，以及每个国家对其军事预算施加限制的程度。人们利用这些方程和参数，可以计算出军备力量的平衡点；通过适当改变这些参数，可以模拟军备裁减或导致战争的不稳定军备竞赛。通过理查森的研究，数学在分析战争和暴力方面取得了巨大进展。事实证明，对暴力冲突的不同形式进行准确、精确的数学描述是不难的。

和理查森一样，拉波波特认为不需要博弈论的理性，"战斗"、暴力、战争升级和致命争论就能被轻松模拟。这是冯·诺依曼和拉波波特之间的主要区别。

冷战时期的博弈论者与拉波波特不同，他们将战争视为一种通过暴力让对手屈服于自己的意志的手段——这可以被模拟为零和博弈，其中只有赢家和输家。托马斯·谢林的《冲突的战略》与卡恩对冷战的"思考无法想象的事情"的零和博弈核战略方法于同年出现。与卡恩不同，谢林对拉波波特的书大加赞赏，他认为可以用非零和博弈来模拟冷战，其中合作和战略谈判都是可行的选择，了解对手也是战略的一部分。

拉波波特的论点是，在热核战争中没有赢家，核战争的战略思想应该在道德上被拒绝使用。他还认为，在热核零和博弈方法中，分析也不是完全理性的，因为它从未计算过其中一个参与者投降的好处，也没有计算过失去 5000 万美国公民和 1 亿苏联人带来的收益。兰德公司的博弈策略从未考虑过投降，因此，兰德公司的思维是基于爱国主义和沙文主义的，并不是完全理性的。冯·诺依曼尽管提议将博弈论作为热核战略的基础，但非常清楚拉波波特的数学论证和理查森的研究，也知道自己促成的军备升级中简单的数学道理。在1951年11月，冯·诺依曼甚至写道：

> ……战争的预赛在某种程度上是一个相互自我激励的过程，其中任何一方的行动都会刺激另一方的行动。另一方会对首先行动的那一方做出应对——这种应对方式比"提前一轮开始"走得更远，等等。每一方都必须系统地解读对方对其侵略的反应，经过几轮放大，最终会导致"全面"冲突……我认为，美苏冲突尤其可能会导致军备的"全面"碰撞，因此军备竞赛势在必行。

这个描述表示冯·诺依曼在第一次世界大战前确实知道理查森的军备竞赛模型，但在公共场合，作为兰德公司的军事顾问，他却对此避而不谈。相反，他提倡在冷战军备竞赛中采取博弈论逻辑，没人知道冯·诺依曼为何这样做，也许是因为他认为道德和情感没有地位，而道德和情感却是拉波波特理论的核心。

尽管如此，理性和核策略博弈论逻辑的出现对拉波波特的一生产生了深远影响。有一次，一名兰德公司的战略家来到密歇根大学为核时代的军事战略思想辩护。演讲结束后，拉波波特问演讲者是否同意"种族灭绝"的定义，即出于政治目的故意屠杀无助的民众。他之后写道：

> 我之所以提起这个话题，只是因为他自己在演讲中提到了它。这位演讲者接受了我的定义。然后我又问他，鉴于纽伦堡、华沙、耶路撒冷等地的几个先例，是否意识到种族灭绝是一种悬而未决的罪行，如果是这样，将来某个时候他成了种族灭绝审判的共同被告，他将如何为自己辩护。会议结束后，我了解到我的很多同事都认为我的问题

不合时宜。我们的主席是一位坚定而积极的和平主义者,他告诉我他也有这种感觉。

……我违反了学术话语的标准,虽然道德问题本身可能至关重要,但它完全是禁忌。

据传,拉波波特还询问了兰德公司的顾问,他们公司是否已经考虑过所有的选择。顾问回答说已经考虑过了,而且没有什么是不可想象的,即使是先发制人的无缘无故的热核战争。"那你们考虑过无条件投降吗?"拉波波特问道。"你这个问题才是真正无法想象的。"顾问这样回答道。

拉波波特攻击的是博弈论的"理性"可以应用于战争分析这个假说本身。他说他试图证明"理性这个概念是模糊的"。"一旦开始用博弈论的术语来描述冲突局势,我们就必须研究非零和博弈的结构",拉波波特写道,"由于大多数冲突(包括那些导致战争的冲突)只能根据博弈进行现实建模,博弈中的参与者只是部分对立,我们可以看到理性的概念如何不可避免地分裂为至少两个概念——'个人理性'和'集体理性'"。拉波波特认为拒绝走出这种双重框架是"战争的理智化"。他写道:"诚然,我对这个过程的反感源于道德上的愤怒,但我的批评建立在战略家这一身份的基础之上。"

拉波波特指出,冯·诺依曼看似"精明冷静的理性"实际上是对数学的一种错误应用。他写道:

……知识领域内出现的博弈论受到国防界的热烈欢迎,该领域的研究得到了美国军方的慷慨资助,因为这是对"理性"冲突的高度精密处理。然而,只有两人的零和博弈模型符合军事思想的"经典"框架:一方的收益会导致另一方的损失。

拉波波特问道,如果卡恩对6000万死亡人数的估算是准确的,那么又该怎么估算收益呢？拉波波特认为，没有证据显示研究者曾经进行过这样的计算。拉波波特对卡恩使用博弈论来分析热核战争发生可能性的批评，是基于从冲突双方角度出发的效用函数（收益和成本）的非理性和主观性。

史蒂夫·海姆斯，冯·诺依曼的传记作者之一，也攻击了冯·诺依曼在国际核问题上的博弈论的理性。海姆斯写道："冯·诺依曼宁可在不信任和怀疑方面犯错，也不愿一厢情愿地思考人类和社会的本质。"他指出，在博弈论假定的合理性中，美中不足的是"效用函数"的客观计算，这些函数构成了博弈论决策矩阵的数学基础。冯·诺依曼的梦想是有一台计算机可以迅速做出这些博弈论决策，该计算可以消除对立国家之间重要的生死攸关的决定的哲学和道德基础。海姆斯写道：

> ……在博弈论中，目的和手段被巧妙地分开了：结果是根据它们的合理性来判断的，而"策略"则仅根据它们在实现预期目标方面的有效性来判断……然而，目的和手段的分离、策略和结果的分离并不能让我们描述博弈论与人类理性和非理性的关系。理性是通过方法而非目的进入博弈的——它只是一种狭隘的、技术性的、工具性的理性，可以为非理性的目的服务。

冯·诺依曼-摩根斯坦均衡是一种"减少损失"的策略，是一种受我们对对手信任程度的消极观点启发而产生的策略。这种对博弈论理性假设的深刻批判与几个世纪前布莱士·帕斯卡的智慧相呼应。

在对冲突"战斗模式"的讨论中，拉波波特首先谈论了理查森的战争数学模型。他认为可能升级的极端暴力，如军备竞赛、战争和致命冲突不难理解，甚至可以用理查森通过真实数据获取的精确度来进行数学建模。

在用数学方法研究了战争后，拉波波特将注意力转向了他的第二种冲突模式——博弈。拉波波特指出，博弈论使得从战略互动模式的角度对政治和经济行为进行理论分析成为可能。前文已经解释过，博弈论假设在任何博弈中都有两名理性的参与者。假设参与者想要选择最佳策略组合，以求获得他们自己的最大收益并将损失最小化，或者让对手遭受最大损失、让对手的利益最小化。或者，根据收益的安排，他们可能会选择在一些情况下合作，在另一些情况下竞争。博弈矩阵可以用来呈现两名参与者和他们各自的策略，每名参与者的策略被列在矩阵的行和列中。矩阵中的单元格代表着参与者选择了相应策略组合的收益。请看表 3.2 的示例。

表 3.2　博弈矩阵

	策略1： B国选择合作（投降）	策略2： B国威胁发动战争
策略1： A国选择合作（投降）	20, 20	0, 100
策略2： A国威胁发动战争	100, 0	-10, -10

在这个博弈矩阵中，A 国的收益排在第一位，B 国的收益排在第二位。相互合作会给每个国家赢得少量的分数，如果 A 国威胁发动战争，B 国选择合作，那么 A 国就会赢得 100 分，而 B 国则得 0 分。相反，如果 B 国威胁发动战争而 A 国选择合作，那么 B 国赢得 100 分，而 A 国得 0 分。博弈论试图使用这个矩阵来预测这个冲突可能产生的结果，并探索什么样的收益安排可能会促进四种结果中的一种。我们将有机会再在囚徒困境的背景下研究这个矩阵。

冯·诺依曼将冷战视为零和博弈。在零和博弈中，矩阵的每个单元格中的两个参与者的收益加起来是常数 0，因此有必要在每个单元格中只写一个数字，另一个数字由零和博弈的规则自动确定。冯·诺依曼认为美国和苏联只有一个国家能够存活，他致力于确保美国会最终胜出。尽管他认为只有美国拥有核武器，但他是对苏联突然发动原子弹袭击的狂热支持者，这一袭击被委婉地称为"预防性战争"。

然而，在1949年9月，美国侦测到苏联自己引爆了一枚原子弹。之后，洛斯阿拉莫斯曼哈顿计划的一位名叫克劳斯·福克斯的物理学家在伦敦被当作苏联的间谍被捕。福克斯知道美国当时所知道的关于核武器的一切。在他被捕4天后，杜鲁门总统发起了一项加速氢弹研发的计划。福克斯最终被移交到东德，成为德累斯顿附近一家研究所的物理学家。冯·诺依曼之后写道，他认为那时不应该对开发氢弹有所顾虑了。冯·诺依曼在《生活》杂志上的讣告引用了他说的话："对苏联来说，这不是'是否'（对其使用氢弹）而是'何时'（对其使用氢弹）的问题。"作为一名冷静的战略家，冯·诺依曼是少数支持预防性战争的科学家之一，在1950年他评论道："如果你问为什么不明天就轰炸他们，我会说为什么不在今天。如果你说5点，我就会问为什么不是1点。"

合作的数学

与冯·诺依曼形成鲜明对比的是，拉波波特的毕生工作都在试图增加美国人对苏联思想的理解，以及苏联人对美国思想的理解。在他的书中，他用两章的篇幅写了"集体主义的理由"和"个人主义的理由"。他的目标是让冷战摆脱可能导致世界末日的战斗冲突模式，也摆脱博弈的状态，因为像1960年古巴导弹危机这样的边缘政策有可能导致战争爆发。拉波波特希望国际关系被提升到"辩论"的模式，这样就可能通过说服解决问题。

如前所述，拉波波特大量的研究都集中在"囚徒困境"上。这个博弈是1949年由兰德公司的梅里尔·弗勒德发明的，之后被 A. W. 塔克普及。在这个博弈中，我们可以想象两个人被警察逮捕并被指控犯有同样的罪行。警察没有足够的证据来定罪，所以他们将囚犯分开。只有其中一人或两人供认时，他们才能进行定罪。表3.3展示的就是这个博弈的矩阵。矩阵左上的单元格表示两人都不供认时的结果，在这种情况下，他们每人得到 + 1 的收益，这就意味着他们被判轻刑。如果一个囚犯供认，他就会被释放并为检方做证，但另一人则会被判重刑，所以供认的囚犯的收益是 + 2，不供认的囚犯的收益是 - 2。- 2 意味着不供认的人遭受的刑罚是两人都不供认情况的两倍；+ 2 意味着供认的囚犯在两人都不承认的情况判刑更轻。如果两人都供认，他们都会受到刑罚，收益由 - 1 来表示。

表 3.3　囚徒困境矩阵

	策略1: 囚徒B不供认	策略2: 囚徒B供认
策略1: 囚徒A不供认	1, 1	- 2, + 2
策略2: 囚徒A供认	+ 2, - 2	- 1, - 1

对方供认而自己不供认，自己就能得到自己的最佳收益，但是两人都不供认才符合他们的最佳利益，这就是困境所在。囚徒困境引起了社会心理学家的极大兴趣，因为它可以用来展示个人利益与集体利益之间的普遍冲突。在囚徒困境实验中，实验者控制了收益，并探索在什么条件下人们更可能供认（利己）或不供认（合作）。在1965年出版的《囚徒困境：冲突与合作研究》一书中，拉波波特和查马赫报告了人们与同一个伙伴进行数百次囚徒困境博弈的实验结果。令人惊讶的是，拉波波特发现，随着时间的推移，人与人的信任会增强，大多数人最终会采取相互合作的策略。在2007年出版的《公平交易的神经科学》一书中，唐纳德·帕夫描述了合作伦理如何通过镜像神经元连接到人脑中，这可能是共情进化的基础。

1984年，罗伯特·阿克塞尔罗德报告了用电脑模拟囚徒困境进行计算的结果，在博弈中，博弈理论家提交了参与者利益最大化的策略。拉波波特提交了一项他称之为"以牙还牙"的策略。在该策略中，无论参与者A做什么，参与者B的第一步都是合作（而不是供认或背叛）。之后，参与者B就会对参与者A

的策略进行"以牙还牙"。因此,在"以牙还牙"策略中,参与者 B 的第一步会迈向合作。如果参与者 A 供认,那么下一步参与者 B 也会供认。在提交的所有策略中,"以牙还牙"策略的结果是最好的。这个结果在文献资料中完全是个惊喜,而数学家喜欢惊喜。

将博弈论应用于拉波波特冲突辩论

拉波波特实际上从来没有在他的第三种冲突模式,即"辩论"中应用过博弈论。然而,这刚好是我最感兴趣的一种模式,因为夫妻在争吵时会试图说服对方。拉波波特认为,尽管他在囚徒困境中看到了冲突的博弈模式,得知博弈可以转变成建立合作而非追求私利的法则的潜力,但是他的兴趣仍然在国际关系上。他将囚徒困境视为一个完美例子,用来解释国际关系的基本问题:何时追求自身利益以及何时开始合作。

在实际的应用中,博弈论从来未被应用到任何对夫妻关系的真实冲突的研究上。因此,最终将博弈论用于对夫妻关系中真实冲突的分析都失败了,它仅仅停留在特定的博弈范式中。造成失败的部分原因是,在比以牙还牙更复杂的博弈中,可供选择的策略的数量(表格中的列和行)会迅速成为天文数字。冯·诺依曼设计的任何计算机都不足以分析哪怕是最简单的室内游戏的理论情况。兰德公司将博弈论应用于国际政治和军事战略的实验最终失败了。博弈论在作为洞察冲突、军事战略、外交或国际关系的科学研究很大程度上被放弃了。

然而,随着我们将博弈论延伸到辩论模式上,我们已经准备好在辩论模式中定义可信度了。

关于不可信的数学

正如能够量化各种互动中的信任的数学一样,我们也可以使用相同的博弈论矩阵量化各种互动中的不可信的数学。原理如下：当人们为自身利益（或回报）而行动，无视伴侣的利益（回报）时，不可信的理想沃土就会出现。

这仅仅是对不可信或自利行为与思维的评估。现在我们来关注这个想法，以创建不可信度量的行为定义。

她的他不可信时的指数。她认为他关注他自己的利益，通过改变他的行为来增加他自己的收益，而不考虑她的利益。

他的她不可信时的指数。他认为她关注她自己的利益，通过改变她的行为来增加她自己的收益，而不考虑他的利益。

想要了解不可信概念从"日常语言"到数学语言的翻译，请参阅附录。

冲突期间不可信度量的有效性

正如用实证方法验证信任度量的有效性，我们也必须通过实证来验证不可信度量的有效性。我通过检查伴侣为最大化自身收益而采取的行动，计算了夫妻冲突互动期间的这些度量。这些度量可能是也可能不是利益指标，这就是我需要再次验证这些指标的原因。

实际上，当我回到实验室去测试不可信度时，我发现根据施特劳斯冲突策略量表，当丈夫的不可信度高时，妻子会遭受来自丈夫的更多虐待、羞辱和身体暴力。当他的不可信度高时，根据魏斯-切雷托婚姻状况量表，她明显会更多地考虑离婚和分居。根据我们对丈夫和妻子的访谈编码，丈夫的调和明显减少，冲突期间的积极情绪也更多。后一项发现有点儿出乎意料，但我们经常观察到，在不稳定的关系中，冲突期间既有很多积极情绪，也有很多消极情绪。

我们发现，在使用夫妻冲突互动的数学模型（见第十一章）来解决妻子不可信度高的问题时，当妻子发起冲突，她会出现更多的消极情绪（不受影响的消极情绪），而消极情绪对他的影响更大（负斜率）。在口述历史访谈中，这对夫妻关于冲突值得的感觉明显减少，夫妻斗争中的目标感明显降低，冲突期间妻子的迷走神经张力显著降低（通过闭眼的心跳间隔标准偏差来衡量），这期间妻子的心率显著升高，并且在闭眼基线期间丈夫的皮肤电传导显著减少。这种生理迹象表明，当妻子不可信时，丈夫在冲突中会放松，但她却不然。在她获益的情况下，他比她更自在吗？根据这些数据，我们大体上可以得出结论，有足够的证据表明不可信度量是有效的。

信任度量和不可信度量相互独立

值得注意的是，从实证上讲，信任度量和不可信度量在统计上是独立的。这意味着信任度量和不可信度量的任何组合在统计上都是允许的。比如，可能存在同时拥有高信任度和高不可信度关系。这样的关系是什么样的呢？

我原本预测，在这样的关系中信任和背叛的多变也许和嫉妒有关。结果我完全错了。实际上，当我将高信任度和低不可信度以及高信任度和高不可信度的关系进行对比时，高信任度和高不可信度的关系实际是不同的，但是不同的方面令人惊讶。它们的特点是，越新的关系在冲突时越紧张，对恶意的行为容忍度越低，尤其是妻子对丈夫的恶意行为容忍度更低——与高信任度和高不可信度的关系相比，她更有可能对他的恶意行为进行报复。

这些拥有高信任度和高不可信度关系的夫妻似乎处在虽然还没有出现背叛，却在测试关系中能否规避背叛的过程中。令我惊讶的是，没有证据表明在这些关系中存在嫉妒的问题。

西雅图新婚夫妇研究

这些令人惊讶的发现使我想起了我们在1990年代对西雅图130对新婚夫妇进行的纵向研究。在回顾这项研究时，我很惊讶地发现几乎所有的冲突讨论都是关于在关系的不同方面建立信任。

夫妻会讨论这样的问题："我能相信当我需要你时，你会选择我而不是你的朋友吗？""我能相信当我心情沮丧时，你会陪在我身边吗？""我能相信你会帮忙做家务吗？""我能相信即便我和你母亲的观点不同，你也会支持我吗？""我能相信你会遵守诺言吗？""我能相信你不会对我撒谎吗？""我能相信你在性上面是忠诚的吗？"诸如此类。我之前都没有注意过，几乎所有的冲突讨论都在用大量的"如果……那么……"句式来测试信任。我认为，对很多夫妻来说，这些争吵（而非婚礼）才是信任和真正的承诺的基础。

信任度量和不可信度量似乎是新关系中冲突的实质。

背叛度量：各种互动的零和博弈指数

现在还剩下一件事，就是找到背叛度量。我们通过数学计算评判时间序列的相关性，很容易获得背叛的度量。其中的逻辑是这样的：如果伴侣们的收益呈负相关，那么双方的互动就像一场零和博弈。这是对背叛度量名副其实的定义，因为他为了自身利益所做的事情意味着他的伴侣付出了同等的代价，反之亦然。我认为，当谋取自身利益是以牺牲伴侣的利益为代价时——也就是当互动代表着零和博弈时，背叛就会发生。尽管不可信度量意味着伴侣会寻求自身利益，并为增加自身收益而改变行为，但这与真正的背叛是不同的。

因此，要了解真正的背叛，我们需要看一下零和博弈度量。如果伴侣的行为是为了增加自己的收益而造成了双方的损失，反之亦然，那么我认为不可信度量逐渐会转变为实际的背叛度量。这种实际的背叛度量很容易在数学上量化为伴侣间对收益的评分随时间推移呈负相关。该度量与冲突讨论中恶意-恶意单元格的容易进入但不易退出的吸收状态有着显著关系，也与丈夫在矩阵的善意-善意和中立-中立单元格中有更多的负收益有关。

我将通过两个对比鲜明的冲突对话来阐明我的意思。第一对夫妻（438号夫妻）的信任度极低，不可信度和背叛度非常高，他们的互动就是一场真正的零和博弈。他们的婚姻满意度非常低（42.75），比总体平均值 100 低 3.5 个标准差。他们的转盘评分见图 3.1。请注意，代表这对夫妻评分的两条曲线的斜率是相反的，表明这是一个纯粹的零和博弈。随着时间的推移，他们的总收益基本上是一个常数。还要注意，他们的冲突对话（见下文）集中在他们对彼此的低信任度上，尤其是妻子对丈夫的低信任度。她一开始就解释了为什么她不信任他，以及为什么她认为他不公平。

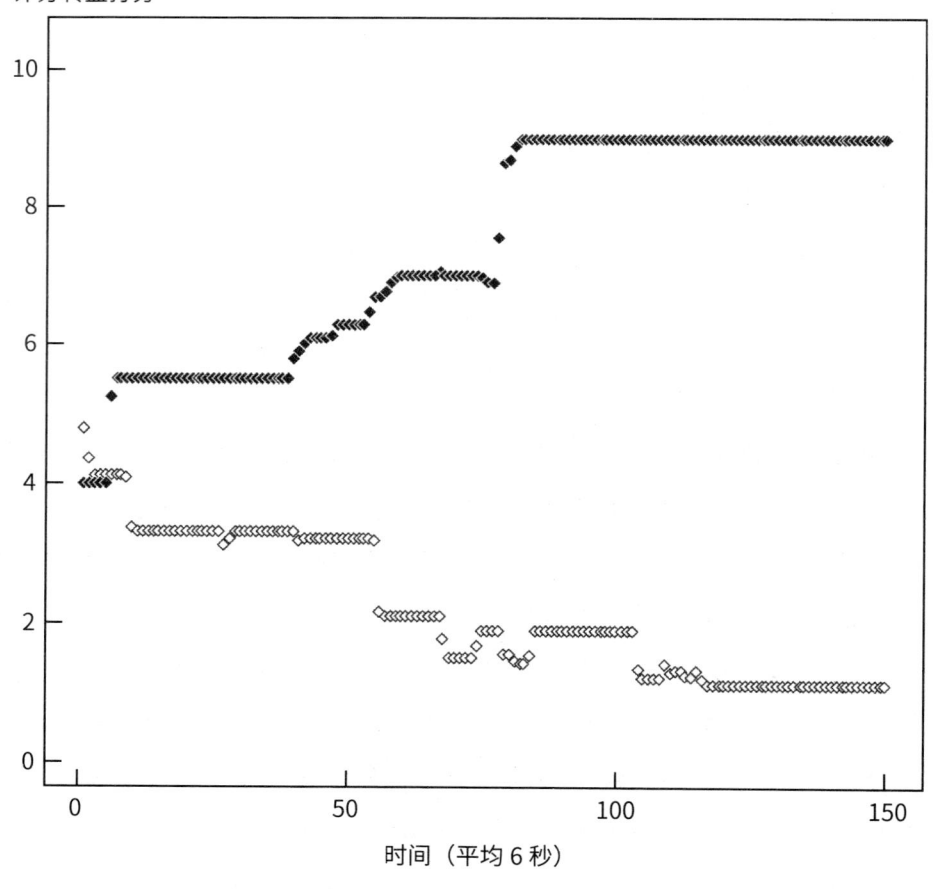

图 3.1　438 号老年夫妻随时间推移的转盘评分数据

以下是他们冲突讨论的一部分：

妻　子：好吧，我想让你试着理解我为什么会有这种感觉，因为你显然没有理解。重要的不是你做了什么。对我来说，是你做事没有让我知道。现在我们从头开始。你知道你有你的钱，我也有我的钱。你也知道买这个房子时是我付了首付。

丈　夫：（叹气）

妻　子：还有对这个房子的改善，比如一个房间和另一间浴室的装修，都是我出的钱。你也知道，房子里的家具和其他东西也都是我出钱买的。但是，当你支付房子的账单时，又是什么情况呢？每月177美元吗？不知道为什么，你让这件事失控了，你在我不知情的情况下又花了钱，直到无法挽救。这就是让我心烦的地方。你甚至没有想过问问我有没有办法在我们一无所有之前一起来收拾这烂摊子，现在一切都无法挽回了。

　　这就是我生气的原因。我觉得事情发展到这一步，我却没有参与其中，但事情不该是这样的……这不是一起……我的意思是我们一起，我们应该一起做决定，但是你没有这样做——我想不通为什么出现了这种情况，我永远都想不通。你对房子贷款负起的责任不应该是让我们陷入如此困境的理由。我知道你的钱花到哪里了，但那时候我还不知道。现在，每月900美元的贷款你都付不起了。还贷款时，我们每月应该只还100美元。这是我的问题。你能否告诉我该怎么来理解这一切……

她认为长期的背叛与经济状况有关。这是一个老生常谈的故事。

丈　夫：（重重地叹了一口气）

妻　子：……这一切为什么会发生，你来告诉我。

丈　夫：啊……你不……我们之前谈过的，但你不相信我说的。

妻　子：但是我不……我不明……我不明白到底该相信什么。我能相信什么呢？

丈　夫：是……顺……顺其自然……好吧。

妻　子：说服我，让我相信你。

她咄咄逼人地要他解释他的背叛。

丈　夫：好吧。我来试着让你相信。

妻　子：好的。

丈　夫：（咽了一下口水）请跟着我的思路……问题是这样开始的……在理查德从海军退役前，不知道为什么，我说的是1970年代早期的事。现在你跟着我回顾一下。我……我说一些事情，你看看你能不能记起来。（咽了一下口水，小声叹气）第一件事……当我意识到我没有任何信用时，是……我们要买弗兰克的车时。

妻　子：信用和这些事情有什么关系？

丈　夫：如果我有信用，我就不会去找那些敲……敲诈我的人。你明白吧，我只能去找那些人，因为我没办法偿还房子的贷款。

妻　子：我明白，但是为什么？

她永远不会相信财务问题不是他的过错。

丈　夫：我还不上贷款是因为我没有啊……啊……我没有……我没有第一时间还款……我总感觉下个月能补上。而且我……我们需要钱。

妻　子：要钱来干吗？我们需要钱来干什么？

他毫无悔恨之意，反而开始为自己辩护。

丈　夫：我们需要钱！我们需要……钱啊！

妻　子：不，我们不需要！我现在想知道要钱是要做什么，家里的一切都在靠我东拼西凑，你该做的唯一的事……

丈　夫：我们现在需要钱来维持生活。我只能告诉你这些。现在，你……你不能指望我脑子里有一台电脑。

妻　子：你只用还住房贷款，你却用……

丈　夫：你不能说我没有其他的事。

妻　子：好吧，我的意思是，对于房子，你只需要还贷款啊。

丈　夫：不是的！你不知道……好吧，现在你不要在那里暗示我还需要做别的什么事！

他感到自己被攻击、被指责。她希望看到他的悔恨。

妻　子：我没有在暗示什么。

丈　夫：因为你只有一个家庭。

妻　子：我确实知道家的情况，也知道所有的孩子。

丈　夫：好吧，我告诉你我会怎么做……我拿到了我签过的每一张支票存根，而且……

妻　子：你在耍心眼儿……

有趣的措辞选择，暗示她根本不信任他。

丈　夫：不，我没有……

妻　子：我们现在是认真的，拜托。你现在没有……

丈　夫：我不知道还能说什么了。

妻　子：……除了房子的贷款……

她知道他没法给自己做的事找借口。

丈　夫：不，你……你没有让我感觉……

妻　子：好吧。

丈　夫：……我不同……同意你的说法。

很明显，这对夫妻被困在了恶意-恶意单元格的吸收状态中。这个讨论的主要问题是她对他失去了信任。实际上，在这个对话中他们处于恶意-恶意单元格的概率高达 0.88（或 88% 的时间）。他们处于中立-中立单元格的概率是 0.01（或 1% 的时间）。他们处于善意-善意单元格的概率是 0.00（或 0% 的时间）。他们完全触底了。

现在我们来看看第二对夫妻（458 号夫妻）。这对夫妻的信任度很高，背叛度很低。他们的婚姻满意度是 160.0，比平均值 100 高 4 个标准差。图 3.2 展示了他们的转盘评分曲线，两条曲线变化的趋势一致。这是一个高度合作的互动模式。

评分转盘打分

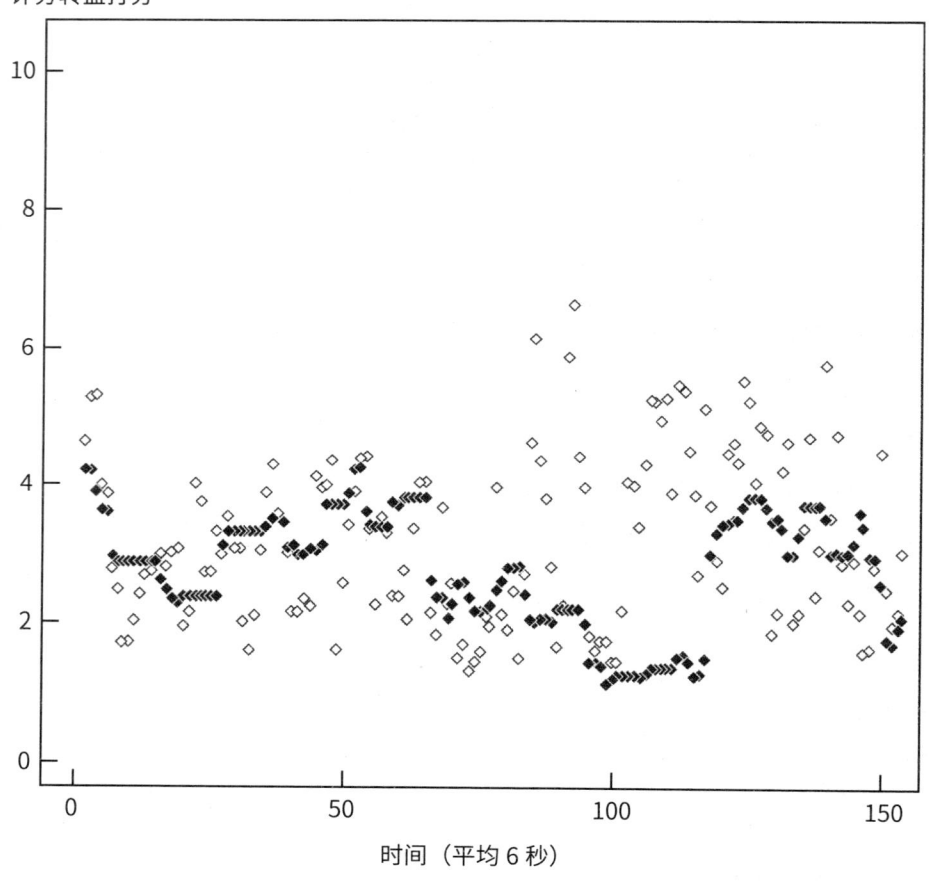

时间（平均 6 秒）

图 3.2　458 号老年夫妻随时间推移的转盘评分数据

以下是 458 号夫妻冲突讨论的节选。他们在解决一个很多老年夫妻认为很棘手的问题——他需要安装助听器。他们提出这个问题，伴着幽默和欢笑，小心翼翼地进行了讨论。这个讨论展示了他们是多么的信任彼此，他们的情绪不是消极的，反而对彼此采取了中立态度。正如我们所看到的，冲突中的中立互动是一种力量，这是一种合作而非零和博弈。

她温柔地提起他听力丧失的问题。

妻　　子：嗯，在大多数情况下，我们在家里也不会这样做。我们不会突然开启话题，但，呃，有时候，我……我要说的是我们前段时间在亚历山大市时，就是之前提到过的，那时候你举起手，让我不要说了。其中的原因，我是知道的，我记得很清楚，是你因为听力出现问题而问了之前被回答过的问题。我感觉到你没有听到，所以我重复了一遍而不是让他们来说。我不该那么做的，我应该让他们来说。但是，有的东西你没有听到，也许你在看……

丈　　夫：嗯哼。

妻　　子：……并没有注意到他们在那个房间讨论过了，当时我们也在那里，就是客厅，这件事没有……

丈　　夫：呃，我，我又问了一遍的原因是我认……我从斯科特那里听到的和你说的不一样。我不确定你说得对不对。有时你确实是对的，但有时你是错的。而且……是斯科特在讲这个计划，所以……

他有点儿为自己辩护的意思，在将听力障碍的问题最小化。

妻　　子：嗯。

丈　　夫：……我，我想直接听他说。

妻　　子：是的，所以……

丈　　夫：而且，我承认我的听力有问题，我……我们经常在餐厅里碰到这个问题，你，你得……呃……我不能使用"翻译"这个词，但是你得告诉我服务员说了什么，因为我经常听不清，我……我很感谢你帮助我，我不……

尽管他在将自己的听力问题最小化，但他仍然表达了对妻子的感谢。

妻　　子：是的。

丈　　夫：在戴上助听器之前，我……我不会回避这个问题的。我并不觉得这件事很烦。我不会让我的自尊妨碍我的。但……但是，替别人回答问题，正如我前几天解释的那样，当我们回到家讨论时，我真的认为一个人这样做是因为公然地或无意地——我不确定这两者是不是相反——无论如何，我……就是炫耀他们知道答案。那天让我想起了另一个场景，应该是在工作的时候，那时我觉得我知……知道答案，我本来可以炫耀一下的，但是培训老师在那儿，哦，是我们买了那台新打印机的时候，有个参加培训的人问了一个问题，我知道答案，我差点儿说出了答案，但是我闭嘴了。因为我们有老师，应该是老师来回答。如果我回答了，就是在炫耀我自己知道答案，我根本不是在帮助我们团队。那样做是打扰了整个团队。实际上，因为没有把老师放在眼里，我还有可能会答错。所以，虽然我有时候会替人回答问题，但我会试着不去那么做，因为那么做是不对的。有时候，我们需要解释一些事情，几乎所有人都会遇到交流困难的时候。你会听到两个人在说话，他们彼此都不理解对方在说什么，但是第三方能明白两人在说什么，并且能帮他们双方解释。在那种情况下，第三方参与进来是很合理的。对于其他社交情况，第三方参与进来则是不好的，尽管（清了清嗓子）这样确实可以让双方走出僵局，让两人的交流保持同频。

他开始承认并意识到他需要一副助听器。她对他的态度很温柔，但也很坚定。

妻　　子：这……这就让我想起另一件事，多年来，我作为母亲，作为家里的母亲，一直都是（你的）翻译。（大笑）

丈　　夫：（大笑）是的，的确是。

妻　　子：而且，以前作为老师，我……我……你告诉我你认为我知道到底发生了什么、人们经常说什么，我觉得你是在鼓励我那么做，这些年我一直在努力……

丈　夫：嗯。

妻　子：……最近，前几天吧，我告诉家里——他们说你会告诉××吗，我说我会，你也可以打电话告诉他——我不想做掌控一切的家长，而且这件事，我认为，因为我和孩子们关系很近……我的倾向是交流沟通，我认为在家里，这是一件很自然的事。

她以"交流专家"的身份和他进行对抗，但很温柔。

丈　夫：好吧，你是一个榜样！（清了清嗓子）你母亲喜欢那个……那个在电脑系统的所有部分发挥作用的章鱼主机的角色。从动装置和外部终端，每个部件都要通过这位母亲，我的意思是……主机。你的母亲就喜欢这样做。她这么做时很高兴，而……而且，我必须说，她会尽可能多地身体力行，但是她很爱去做你说的你不想做的事。她喜欢帮 A 给 B 传话，让人们通过她来传递信息……而不是让 A 和 B 直接沟通。

妻　子：我觉得当孩子还小时，由我来……我来传递这些信息是很有必要的，因为他们在你面前很害羞，所以由我来替他们给你传话。

丈　夫：哦。

妻　子：嗯，是他们小时候。我……我会试着鼓励他们和你说话。这么说吧，他们让我"告诉爸爸"，我会说："你自己去告诉爸爸。"然而……他们通常不会那么做。我觉得是因为你和小孩子在一起不舒服。你会跟别人说等他们再长大点儿……

她再一次将问题最小化，解释她一直在扮演这种传话的角色。他接受她的观点。

丈　夫：（大笑）

妻　子：……等能够和他们讲道理的时候……

丈　夫：是的。

妻　子：……然后……然后你就自在了，就是当他们读初中的时候……

丈　夫：是的，那么，和青少年怎么讲道理呢？（大笑）

妻　子：（轻声笑）然后，我知道……我觉得我们的女儿，你……她大一点儿后你和她相处更难了，因为她通常让你更难以……

丈　夫：是的。

这段对话非常温柔，充满亲密感和信任，甚至超出了他需要助听器这个小的主题。事实上，他们被困在恶意-恶意单元格的概率非常小：0.03，占所有时间的 3%；处在中立-中立单元格的概率是 0.62，即 62% 的时间；处于善意-善意单元格的概率是 0.02，即 2% 的时间。你会发现，中立-中立单元格是很有用且完全合理的。

这两组对话都具有普遍性。那么这些结果意味着什么呢？这些结果意味着对于不幸福的夫妻来说，恶意-恶意的吸收状态不仅仅是一种吸收状态和低信任状态，还可能带来背叛。因为对不幸福的夫妻来说，恶意-恶意吸收状态中的互动一下子变成了零和博弈。人们不再同时关注伴侣的利益和自身利益，而是只关注自身利益，不再关注伴侣的利益。信任不仅突然消失，而且会被背叛替代。一个人的盟友变成了敌人。伴侣意图战胜我们，我们也意图战胜对方。冲突讨论变成了一场必须进行到底的战斗。难怪不幸福的夫妻会感受到痛苦，难怪恶意-恶意状态是一个如流沙沼泽般的吸收状态。我们现在了解到，吸收状态就像进入一种战斗到底的战争区域。在第四章中，我将提供表明背叛度量在预测丈夫早逝方面有效性的新数据。

第四章
CHAPTER FOUR

信任和背叛的生理学

冲突中的背叛、低信任和消极的吸收状态对幸福、健康、疾病康复和长寿具有非常明显的生理意义。本章综述了对信任和背叛的生理学研究，并提出了解释这些强大影响的机制。

还有什么能解释恶意-恶意互动成为吸收状态的原因呢？

我们手上还有一些谜团尚未解开。对于不幸福的夫妻，还有什么因素能解释博弈论矩阵的恶意-恶意单元格中收益和其发生的频率这些非理性差异呢？目前，我们已经知道，于不幸福的夫妻而言，恶意-恶意互动会成为一种吸收状态。我们也了解到这种状态代表着零和博弈，其中所含信任度很低，背叛取代了不可信。但是，还有什么可以解释为什么这个恶意-恶意单元格是一种吸收状态呢？

处在不幸福关系中的每个人心里在想什么呢？在西雅图的实验室进行的一项研究中，我们非常仔细地测量了一些关于夫妻日常情感体验的指标。我们测量的其中一个指标是被情感"淹没"的夫妻在冲突中的表现。"淹没"原本是我的朋友保罗·埃克曼提出的一个概念，他和华莱士·弗里森在研究人脸情绪方面进行了开创性的研究。埃克曼所说的"淹没"在情感上与卡特里娜飓风袭击新奥尔良时人们的情况类似：即使水开始慢慢渗入，他们在家中也感到安全。国家公共广播电台报道说，一名新奥尔良警长向他的妻子保证，一切都会好起来的。人们一开始并没有恐慌，直到水深突然达到一个可怕的临界点，他们才开始恐慌起来。然后，他们终于意识到即便在家也不能保证自己的安全。最终，为了求生，很多人游向外面，和爱的人分开，担心自己迷路，并且可能在洪水中丧生。

当人们带着强烈的消极情绪，在不断升级的相互的恶意-恶意交流中进入一种吸收状态时，他们就会产生这种压倒感和不安全感。他们处于一种不安全的心理状态中，感觉自己被淹没了，无处可逃。

我们用我设计的问卷测量了淹没状态，测量了人们因与伴侣发生冲突时承受压倒性情感的程度。问卷基本评估了每个人对冲突感知到的威胁值。

这些威胁值往往与我们在实验室收集到的外周自主神经生理学测量数据相关，但并不总是相关。人类已经进化出一种生理防御反应，汉斯·谢耶称之为"一般警报反应"。当感知到危险时，人们就会产生这种反应。淹没是一种比一般警报反应更敏感的反应，它衡量的是人们在战斗时的防御能力。如果不幸福的夫妻比幸福的夫妻更容易陷入淹没状态，就可以解释恶意-恶意互动对不幸福的夫妻来说是一种吸收状态的原因。当受到威胁时，人们会极度关注自身利益。他们利益的核心是自我保护。他们坐在一个舒适的实验室里与伴侣交谈，但这似乎并不重要。尽管实验室里并没有捕食者要杀掉他们、吃掉他们，但警报仍会拉响，仿佛有一只老虎即将扑向他们的脖子。在实验中，被试的心率高达168次/分钟。

确实，我和塔拉·马蒂斯塔发现人们经历的淹没状态越多，他们越容易进行恶意-恶意交流，他们对这种交流的评分也越低。这意味着淹没状态与恶意-恶意交流是相互关联的，并且有可能将人们拉进吸收状态。也就是说，当人们被淹没时，一旦超过一个临界点，不受控制的消极情绪就会入侵，造成吸收状态——这些夫妻在博弈论矩阵的恶意-恶意单元格中的非理性博弈论行为——的发生。

这个发现给我们带来了一条重要线索。它表明，要了解夫妻在不幸福关系中实际的冲突互动，我们还需要研究这些夫妻的情感世界。因此我们得出了这样的结论：通过研究理性博弈论的局限性，我们发现，在实际冲突中，不幸福的夫妻之所以无法理性行事，是因为他们被强烈的消极恶意-恶意情绪淹没。这也解释了幸福的夫妻在那个单元格收益更高的原因：他们比不幸福的夫妻更少被淹没。这也许就是帕斯卡所谓的"情绪的逻辑"，即便在一开始，从博弈论的角度来看，事情似乎根本不合乎逻辑。

恶意互动中不同程度的恶意

我们从之前的研究可以发现一些恶意互动比其他的互动更具毒性。我们从离婚预测中可以了解到：利用判别函数①有效预测离婚的准确度达到85%。冲突期间经常有四种SPAFF编码的恶意行为会极大地加剧冲突的升级。我们一致发现，不幸福的夫妻比幸福的夫妻更容易出现这四种行为。它们就是"末日四骑士"——指责、辩解、蔑视和竖起心墙。以下是四者的定义：

- 指责。指责伴侣的人认为冲突是由伴侣的人格缺陷引起的。我们可以用一种常见的攻击来解释何为指责——例如，"如果你不那么自私，这个问题就永远不会发生"。将问题归因于"自私"通常是不幸福的关系中做出的第一个归因，而且研究者在很多实验室中都观察到了这种归因。请注意，"自私"这个词表示违反了信任，而这正是我们定义信任度量的方式。把问题归咎于伴侣就是一种指责。指责是一种对伴侣人格进行全面攻击的抱怨。指责不一定是全面性的，但一长串的具体抱怨会让人感觉像全面性的，所以人们不应该把它们累积起来。以"你总是"和"你从不"开头的抱怨都属于指责。诸如"你为什么不关心我？""你为什么不能对我好？""你到底怎么了？"做出的对消极动

---

① 判别函数是指各个类别的判别区域确定后，可以用一些函数来表示和鉴别某个特征矢量属于哪个类别，是直接用来对模式样本进行分类的准则函数，也称为判决函数或决策函数。

机加以修饰的抱怨也属于指责。以"为什么"开头的问题也常常被视作指责，即便提问的本意并非如此。这些抱怨直接暗示伴侣的性格存在重大问题。伴侣在互动开始时就进行相互指责是最有害的。异性恋关系中的女性会比男性更容易做出这种行为。我们发现，在96%的情况下，讨论前3分钟开始的方式决定了之后讨论的走向。指责通常是我们所谓"严苛地提出问题"的一部分。

- 辩解。辩解就是捍卫自己的清白，抵御感知到的攻击，以反击（义愤填膺的姿态）或以抱怨（无辜受害的姿态）来应对别人的攻击。辩解有很多种方式，比如否认自己对某问题负有责任（认为都是伴侣的错）、相互抱怨或发牢骚。拒绝承担责任会让冲突升级，可能是因为它在暗示这个问题的出现完全是伴侣的错误导致的。

- 蔑视。蔑视是一种很典型的用更高的姿态来贬低对方的行为，就好像占据道德高地一样。蔑视通常源于感觉自己在任何方面都比伴侣更好，例如自己更爱整洁或更守时。人们实施蔑视和势利的方式通常很新颖，通常的方法是侮辱对方或用不好的词指代对方（如"你是个浑蛋"）。我最喜欢的一个方法是在对方生我的气时打断对方并纠正对方的语法。埃克曼和弗里森发现了在跨文化环境中普遍使用的蔑视表情，将其称为"酒窝脸"，这是由于左颊肌的单侧动作将左唇角往侧面拉到一边，并在脸部左侧形成一个不讨人喜欢的酒窝。战斗可能会伴随蔑视出现，这是一种挑衅性的愤怒形式。

- 竖起心墙。竖起心墙代表着倾听者从互动中撤退。倾听者没有给予诉说者像往常一样的倾听线索（如眼神接触、舒展身体、点头、简短的发声），或出现脸部动作，或持续注视说话的伴侣（倾听者可能会使用简短的、像"监视"一样的凝视）。在异性恋关系中，男性比女性更倾向于做出这种行为。这种行为标志着情感的回避。

幸福和不幸福的夫妻在讨厌恶意-恶意行为上的这些差异是否足以导致这两组夫妻在被淹没时状态的不同？我们认为，有证据表明确实是这样。蔑视是我们预测离婚的最佳指标。我们还发现，丈夫的蔑视能预测妻子未来 4 年的传染病数量。有趣的是，幸福的夫妻之间几乎没有蔑视行为。

也许我们现在可以用另一种方式来解释我们的发现——只有不幸福的夫妻的冲突在恶意-恶意的互动中才是不合乎逻辑的。这种解释是，幸福的夫妻彼此之间没有那么多恶意，因为他们的淹没状态比不幸福的夫妻要少得多。对男性来说尤其如此。

淹没状态和生理唤醒

在不同研究中反复出现的关于淹没状态的一项稳定发现是，在异性恋关系中，男性比女性更容易陷入淹没状态。我们发现，在相同的恶意-恶意互动中，不幸福的夫妻比幸福的夫妻更容易出现生理唤醒。而且，不幸福的丈夫的皮肤电传导比幸福的丈夫更多，这表示在冲突中不幸福的丈夫比幸福的丈夫出汗更多（心理敏感导致汗腺分泌汗液）。

在我和罗伯特·利文森做的一项研究中，我们发现生理唤醒能近乎完美地预测婚姻满意度在 3 年内的下降，而冲突期间较平静的生理唤醒则预示着婚姻满意度会增加。这对夫妻无论对最初的婚姻满意度如何，夫妻关系都能持续下去。

这就提出了一个问题，即生理唤醒与婚姻幸福之间是相关关系还是因果关系。这里的关键问题在于：我们能仅仅通过改变冲突中的生理状态来改变互动模式吗？我们从安布尔·塔瓦雷斯为其论文在我们的实验室做的一项实验中得到了这个问题的答案。我们要求夫妻们停止争吵，休息一下，他们可以做两个简单的心理练习中的一种，或者先去看半小时的杂志，然后继续进行冲突讨论。我们先观察了在三种休息中都能降低心率的夫妻，然后将第二次谈话开始时心率显著降低的夫妻与心率没有显著降低的夫妻进行了比较。我们感兴趣的是，一旦这对夫妻再次开始交谈，降低的心率是否会对冲突互动产生影响。

答案竟然是"是"。降低的心率改变了两人的互动，但只对男性有效。在第二次冲突讨论中，那些有效降低心率的丈夫在继续他们的冲突讨论时出现"末日四骑士"情况要少得多，他们的妻子也是如此，但女性心率的降低与"末日四骑士"情况的减少无关。

异性恋关系中的男性和女性之间的差异是一个谜。这让我想起了和洛厄尔·克罗科夫曾经研究的一项发现，即随和与婚姻满意度的提高有关，但仅适用于男性。我们推测，女性的随和对关系的长期幸福并不是一件好事。女性随和代表着顺从，而男性随和则与友爱、分享权力有关。我们还提到，女性在冲突期间表达的愤怒与当时婚姻的更大的不幸福程度有关，同时与未来婚姻更幸福有关。我们显然生活在这样一个时代：女性在冲突讨论中表现出的自信根本不是坏事，男性必须学会如何处理这一事实。

如何跳出淹没状态

淹没状态会损伤我们进行重要社交的能力，比如幽默、创造力、创造性解决问题的能力、共情和非防御性倾听。因此，跳出淹没状态的解决方法是什么呢？有自我安抚和弗吉尼亚大学心理学教授吉姆·科恩所说的"共同调节"两种方法。共同调节是指伴侣帮忙安慰我们。当基于害怕的防御系统被激活时，我们通常会失去平息自身生理唤醒的能力——精神病学家丹尼尔·西格尔称这种状态为"抓狂"，因为额叶皮层已经放弃了对边缘警报生理机能的控制。科恩认为，在我们"抓狂"时，最有效的安慰实际上是借用伴侣的大脑皮层。我们需要有足够的安全感，让伴侣做一些我们当下无法做到的安抚。

我们现在知道，让夫妻停下来，让他们说出"停一下，我现在被淹没了"，对他们而言是很重要的。其他方式都无法达到这种效果。处在恶意-恶意交流中的夫妻，当其中一人宣布自己被淹没，需要停止讨论时，两人必须立刻停下来。在临床实践中，我发现有的夫妻之所以做不到这一点，是因为他们一定要在离开前把话说完，但是之后另一个人又必须对他或她最后的话进行回应，因此他们永远无法停下来。一旦其中一人被淹没，停止讨论是非常关键的。我和尼尔·雅各布森发现，当常常发生身体暴力的夫妻中的一人被淹没时，他们缺少从冲突中抽身的仪式。停顿对他们中的一人或两人来说，看起来就像被遗弃了，所以他们仍然会继续交流，在淹没状态下无休止地争吵，这种情况下出现暴力行为的风险很高。

然而，光暂停讨论是不够的——必须进行某种特定的休息。这种休息至少要持续 20 分钟，因为没有酶来降解主要的交感神经递质肾上腺素和去甲肾上腺素（与神经递质乙酰胆碱相反，去甲肾上腺素是副交感神经系统的主要神经递质）。这些激素必须通过血液扩散，然而，这在心血管系统中需要 3 分钟或更长时间（因为心肌收缩力和交感神经系统的速度加快）。由于这些交感神经递质（如肾上腺素）的衰减缓慢，我们认为，有效的休息必须至少需要 20 分钟。

此外，休息不是让人们有时间排练"持续痛苦"的想法，如"我不必接受"或"我要报复"。休息必须是完全的放松，比如在街上愉快地散步，要做成这件事是不容易的。

而且，休息也不能是逃避交流的借口。夫妻需要设定一个重新聚在一起并继续交谈的时间，比如约定在双方都比较冷静的情况下再次对话。他们需要安排一个确切的时间再次聚在一起，这样休息的请求就不会成为逃避问题或逃避伴侣的借口。

那么，那些在两场冲突讨论之间看杂志，心率却没有降低的男人们会怎么样呢？事实证明，一种叫作"迷走神经张力"的生理变量是自我安抚的关键。迷走神经张力是生理学中的一个重要概念。迷走神经作为第十对脑神经，是人体中最长的脑神经。它的名字来自拉丁语中的"漫游"。迷走神经支配着大量平滑肌，包括心脏、肠道和肺，主要作用是使人体平静下来，减慢心跳速度，加速消化，并在我们不得不为紧急情况调动能量后恢复平静。迷走神经张力是麻醉医生在你进行手术时监测的一个变量，通过测定迷走神经的"张力"或强直放电进行，以确保你的身体一切正常。迷走神经张力测量的是我们身体中最长的脑神经有多活跃。迷走神经张力不是遗传性的，我们可以训练它，就像肌肉张力一样。它是通过心率变异性的生物反馈有效构建的。

测量迷走神经张力的一种既定方法是检查心动周期（两次心跳之间的间隔时间）的变异性。心动周期有呼吸节律，因为心跳间隔时间在吸气时会缩短，在呼气时会增加。我的同事斯蒂芬·波格斯已经表示，通过计算心动周期时间序列"谱密度"函数，可以计算出这种呼吸节律有"多大"力量。这种力量也是对迷走神经张力的衡量。还有证据表明，低于呼吸范围的节律中的能量是衡量交感神经系统对心脏驱动力的一个标准。美国一家名为"心脏数理"的研究所制造了一种叫 emWave 的小型设备。这个设备大小和手机差不多，能够显示心率的变化。另一家公司制造了一种名为"呼吸"的类似设备。连续使用该设备 6 个月，可显著降低收缩压和舒张压（收缩压平均降低 15 个点，舒张压平均降低 10 个点）。我和来访者一起使用这些设备来帮助他们训练迷走神经张力。我们使用 emWave 进行了研究，测试它是否有助于改变冲突期间淹没状态的性质，并将对应的家庭暴力控制在低水平内。

我之前提到了我和罗伯特·利文森做过的一项研究，当时我们首次将 30 对夫妻的冲突讨论进行生理学研究。我们发现，我们可以非常准确地预测未来 3 年这些夫妻的关系会如何发展。我们的研究结果基本上非常直接：他们的心率越快、血流速度越快、在不舒服的椅子上摇晃得越多，他们的婚姻幸福感在接下来的 3 年里就会下降得越多；他们越平静，他们婚姻的幸福感就增加得越多。我们要分析这些结果，涉及最重要的一个概念，就是我们所说的弥漫性生理唤醒。我来解释一下，我们的身体有一种一般警报机制，这是我们从原始人类祖先那里继承来的，人类通过自然选择发展了这种机制。人体会适应发生的情况，调动身体，使身体能够有效应对可能会受伤的紧急情况。其运作方式是，在你认为"危险"的情况下（这种感觉可能非常迅速，并且只需要很少的复杂思维或皮层思维），你的身体就会做出一系列反应，甚至在你没有意识到的情况下就已经做出了反应。

例如，假设你在夜晚的高速路上开车，突然看到有一辆车冲向你，你转动方向盘，勉强避免了碰撞。我们来回顾你在那一瞬间的生理状态：心跳加速，血压上升，你开始分泌肾上腺素，血液将不再流向"非必要服务区域"（肠道和肾脏），你的肝脏已将其供应的部分糖原变为血液中的葡萄糖（糖），肾素血管紧张素系统在保存血容量以应对可能出现的出血状况，你开始出汗，尤其是手掌和脚底，处于高度警觉和兴奋的状态，这种状态被心理学家称为"隧道视觉"。你的边缘系统①，尤其是杏仁核、下丘脑，与扣带回、海马体的连接，以及与前额叶的连接，都会被激活。你的血压会升高，血液会从你的胳膊和腿流入你的躯干。我们将这种状态称为弥漫性生理唤醒，因为很多系统都被同时激活了。大部分人都很反感这种状态。你会感觉自己被"淹没"，在夫妻关系的互动中，这种状态就是"距离和疏远的级联反应②"。距离和疏远级联反应指的是你逃避伴侣，对这段关系感到绝望，并且随着时间的推移变得越来越孤独。

同时，我们体内也有神经通路对镇静、健康和免疫系统增强的调节。与交感神经系统不同，副交感神经系统有一条主要神经——前面提到的迷走神经。迷走神经影响着交感神经系统影响的所有器官，它主要起拮抗作用，让节奏变慢，让你恢复平静并集中注意力。

迷走神经会制动心脏副交感神经的活动，而弥漫性生理唤醒引发的生理活动则以迷走神经被抑制而开始。迷走神经制动关闭后，心跳会加速。当心跳速度超过100次/分钟（心脏"固有"的起搏节律）时，你的身体就开始分泌肾上腺素。此时心脏的收缩强度和速度都会增加。人体内的血流方向会发生变化，血液不再流向肠道和肾脏。外周动脉收缩，血液从外周进入躯干，以尽量减少

---

① 参与调解本能和情感行为，能影响或产生情绪。
② 级联反应指一系列连续事件，并且前面一种事件能激发后面一种事件。

出血对身体的潜在伤害。肾脏会激活肾素-血管紧张素系统，这会在发生出血时增加血压并试图保持体液量。垂体-肾上腺复合体被激活，身体的肾上腺皮质开始分泌皮质醇。你的身体开始将肝脏（将糖原转化为葡萄糖）产生的燃料输送到血液中。流向大脑的血液则保持不变。当大脑皮层开始判断刺激条件时，"战斗或逃跑"程序更有可能被激活，以便你大脑的辅助区可以制订协调行动的计划。你的感知范围缩小了，注意力更集中。这些模式都属于弥漫性生理唤醒反应。对于在冲突讨论中一直压抑消极情绪表达的丈夫来说，在休息时更难平静下来。

　　令人感到惊讶的是，上述的一切确实在冲突讨论中发生了。尽管在处理紧急情况时，弥漫性生理唤醒反应是适应性的，但在关系冲突中，它会产生相当负面的后果。弥漫性生理唤醒会导致处理信息的能力下降，让你难以关注伴侣在说什么。周边视觉和听觉实际上可能也会受到影响，不管多么想听对方在说什么，你都做不到。你难以获取新信息，更容易过度思考对方的行为，进行过度分析。战斗和逃跑程序更容易被启动。关系冲突产生的可悲结果是，创造性解决问题的能力、积极倾听、共情和幽默感都被抛诸脑后。

　　在我们的研究中，离婚的丈夫的心率比稳定婚姻中的丈夫高17次/分钟（即使在被要求闭上眼睛放松的情况下），而妻子的血流速度更快，且有证据表明，她们的身体出现了一般报警反应。基科尔特-格拉泽及其同事发现了消极的婚姻冲突代码与新婚夫妇血液中各种压力相关激素的分泌增多有关。他们从冲突讨论中的夫妻身上采集了血液，血检结果显示这一系列生理活动的发生并未伴随太多消极情绪。

生理状态与行为感知的相互作用

　　为什么淹没状态和生理状态之间的关系如此重要？正如有氧运动有最佳心率一样，人际关系也有最佳心率，这个心率应该远低于100次/分钟。它被称为心脏的"固有心率",因为它是健康心脏的自然起搏细胞的速率。压力生理学家洛林·罗厄尔的研究表明,当心率超过 100 次/分钟时,身体开始分泌肾上腺素,这样就会激活交感神经系统的"战斗或逃跑"反应。此外,由于抚慰的重要性,生理状态对夫妻俩至关重要。夫妻需要学会如何帮助彼此恢复平静、减少压力。通过这种方式,夫妻关系就成了风暴中的海港而不是被淹没的源头。夫妻应该学习如何自己做这件事,而不是让治疗师替他们来做。因此,淹没状态与距离和疏远级联反应的解药就是安抚。夫妻们应该学习如何安抚对方。要想在弥漫性生理唤醒状态下应用这些知识,夫妻需要在弥漫性生理唤醒状态中练习新的行为,或者培养在弥漫性生理唤醒发生时能够识别它的能力,并能够相互安抚。

当你的心率超过固有节律,身体开始分泌肾上腺素时,你的感知就会变成所谓的"隧道视觉"。你开始认为刺激是危险的,只专注于通过逃避或攻击来获得安全,并且几乎无法进行幽默感、创造力或共情等社交过程。处在生理唤醒中的人无法准确地倾听或与他人共情。治疗师如果没有意识到这种生理唤醒的发生,并要求他们成为好的倾听者或与他人共情,那么这场对来访者的治疗就注定是失败的。当感知到威胁和危险时,伴侣就像敌人,这时要做到在倾听中共情,是不可能的。

用冲突讨论中的暂停进行安抚

在一项随机临床试验中,我们打断了 40 对夫妻的冲突讨论,并让他们在两种休息方式中选择一种。在第一种休息方式中,我们要求 20 对夫妻在 20 分钟内先回看冲突讨论的录像,然后看杂志,20 分钟后继续进行冲突讨论。在第二种休息方式中,另外的 20 对夫妻会用整整 20 分钟的休息时间来看杂志;在第二场冲突讨论结束后再回看录像。第一种休息方式是在模拟"被破坏的休息"状态,并让其反思之前的冲突哪里出了问题。对于第二种休息方式,在休息之前不看录像的目的是中止夫妻们的冲突讨论，让他们好好休息一下。因此，第二种休息方式是为了模拟真正令人放松的休息。

结果显示，两种休息方式都显著降低了伴侣双方的心率。然而，非常有趣的是，只在第二种休息方式中，心率的降低才让末日四骑士的发生率显著降低，并且双方在恢复冲突讨论时更加中立。此外，这只对丈夫有效，对妻子无效，这表明女性可能比男性反刍倾向更大。

测量被淹没的程度

如前文所述，埃克曼"淹没状态"的概念可以应用到夫妻身上。在夫妻的冲突中，"淹没状态"指的是：（1）当伴侣提出问题时，被伴侣的消极情绪和自己的情绪淹没的一种内心状态；（2）无法避免地进入防御状态；（3）无法避免地重复自己的观点；（4）想要逃离。这种内心状态与自发神经生理指标的关联性很弱，因为它可能代表了在许多吸收状态的冲突互动中重复经历弥漫性生理唤醒而累积的认知和情绪影响。

淹没状态是由我设计的一份由51个问题组成的问卷来评估的。这些题目包括"当伴侣生气时，我感觉受到了攻击""我就是不明白为什么他/她为什么要这么生气""吵架后我只想远离他/她"以及"我丈夫/妻子在感情上太容易受伤了"等。

在之前的研究中，我和罗伯特·利文森认为淹没状态可能是一些夫妻因冲突而变得越来越疏远和孤立的原因。随着时间的推移，他们会越来越疏远、绝望，互不干扰对方的生活，也变得越来越孤独，即我们之前所说的"距离和疏远级联反应"现象。

我们也了解到，男性在冲突中比女性更容易被淹没。这只是一个基于实证的事实，但这个事实意味着什么呢？它有什么影响呢？我们的淹没状态调查问卷还涉及以下问题："突然间小问题变成了大问题，我们大吵了一架""她心情不好时我觉得是我的错""她的爆发好像莫名其妙"以及"极小的事也能引发一场大吵"。我们之后会看到,处于关系冲突中吸收状态的淹没——即便在有趣的任务(比如一起搭纸塔)中,都会导致人们认为他们的关系不如潜在的替代关系,这就会引发背叛的级联反应。当人们被淹没时,他们准确处理信息的能力会被大大削弱。如果想要更好地沟通,他们真的需要平静下来。

脑生理学和信任

目前有很多方法来理解并衡量信任和背叛。我们现在可以利用科学,通过观察大脑和自主神经系统的生理状态来衡量信任。下面这个例子可以展示这方面的一个标志性研究。一对夫妻来到了弗吉尼亚大学心理学系,他们到夏洛茨维尔参观詹姆斯·科恩教授的实验室。在这里,他们将看到由托马斯·杰斐逊设计的美丽校园,以及其庄严、优雅的南方建筑。

他们将遇到一位和蔼可亲、热情、随和的年轻教授。这位教授会与他们聊天,并陪他们走进他的实验室。他们先填写问卷——该问卷主要询问他们对自己与伴侣的关系的信任程度。科恩最后让那位妻子进入功能性磁共振成像机器中,对她的大脚趾进行随机性电击。这种厌恶性刺激旨在激活发出危险和警报信号的大脑中枢。(当这些中枢被激活时,我们大脑深处边缘系统的相应部分会被激活,以应对糖代谢的逐渐增加,身体会以我之前讨论过的"战斗或逃跑"方式来回应。)

在这个稍微有些吓人的经历中,丈夫或是一个陌生人会握着那位妻子的手。科恩发现:如果这名女性的婚姻很幸福,而且她的丈夫握着她的手,大脑中发出警报和危险信号的生理反应几乎会完全关闭;如果她婚姻不太幸福,大脑的这些中枢会更加活跃;如果是一个陌生人握着她的手,这些中枢就会被完全激活。科恩在对男女同性恋关系进行实验时得到了相同的结果,因此这种效果不局限于男性安抚女性。我们可以从科恩的工作中总结出:信任也许具有生理上的好处，能帮助我们更好地应对恐惧。

信任激素

伯纳德·麦道夫可能是历史上最成功的骗子，于 2008 年因参与庞氏骗局被捕，他在其中骗取了大约 1.3 万名无辜者（以及整个美国政府的监督机构）将近 500 亿美元。这个故事中有很多让人落泪的悲剧：人们失去了一生的积蓄；仁爱基金会筹集的善款瞬间蒸发。人们很信任伯纳德·麦道夫，但他们不该这么做。很多人想知道，这么多年，怎么会有这么多人相信这样一个邪恶的骗子。

在 1730 年代，一个名叫汤姆·贝尔的波士顿人因偷巧克力而被哈佛大学开除，他假扮成马萨诸塞州波士顿哈钦森这一显赫家族的成员。贝尔利用精美的荷叶边衬衫和绣花手帕骗到了本杰明·富兰克林。

2008 年，《波士顿环球报》报道了一个名叫克里斯蒂安·卡尔·格哈特斯雷特的人的故事。他让许多人相信他的谎言，并骗取了他们的钱财，之后被捕，被送进了波士顿监狱。有两个女人曾嫁给他；加利福尼亚州圣马力诺、康涅狄格州格林尼治和波士顿的社交俱乐部曾为他担保，并相信他是标准石油公司的继承人克拉克·洛克菲勒。他长相英俊，穿着漂亮，在上流社交活动中结识了很多朋友，为人谦虚，并暗示他拥有传奇的血统。

一项新的研究可能会揭示这种现象的生理基础。瑞士有一项研究，研究者让志愿者在研究中玩投资游戏。在游戏中，志愿者们会赢得不同数额的现金。29 名志愿者中有 6 名使用了安慰剂类鼻喷剂，其他志愿者使用了催产素激素的鼻喷剂。志愿者知道，他们如果将钱托付给投资受托人，就可以获得巨额利润，但他们也被告知，受托人也可能不会将钱退还给他们。接受过催产素激素的志愿者更信任假投资者。当受托情况变成电脑随机产生的数字时，这种信任的效果就消失了。

休·卡特是研究所谓的"信任激素"（男性的催产素和血管升压素）的先驱

之一。她发现催产素确实是夫妻结合和母性依恋的激素。她研究了一种叫作草原田鼠的小型啮齿动物。这些生物很有趣，因为它们终生都在交配，因此让雌性橙腹草原田鼠对特定雄性橙腹草原田鼠的追求感兴趣是非常困难的。然而，如果你给这些雌性注射催产素，它们几乎就可以迅速地与任何有交配经验的雄性交配，而且它们终生都会进行交配！K. L. 戈布罗哥、刘彦、L. J. 扬和汪作新发现，通过病毒将血管升压素受体的单一基因注入大脑的奖赏中心，会使雄性田鼠从混杂交配变成单一交配。这是如何发生的呢？

催产素的主要作用是降低导致肾上腺素和皮质醇轴分泌的高水平应激激素活性。这听起来很像吉姆·科恩在他的握手实验中看到的效果。在某些情况下，催产素有助于关闭杏仁核中恐惧的大脑回路。当我们不应该恐惧时，它可能会帮助我们暂停判断。

美国国家精神卫生研究所和德国一所大学的研究人员的一项合作研究提供了"信任激素"关闭大脑恐惧反应机制的进一步证据。通过使用功能性磁共振成像仪器来进行记录，他们发现，闻过催产素的被试在看到可怕的面孔后引发的杏仁核活动会显著减少。在这之前，一个英国研究小组的一份报告称，大脑杏仁核活动增加以应对威胁性面孔与感知到的可信度下降有关，他们的研究与这份报告一致。此外，英国研究人员对研究一群患有遗传性脑部疾病的人很感兴趣，因为他们的脑部疾病会使他们过度信任他人。

另一个有趣的关于催产素和杏仁核中关闭恐惧反应机制的临床应用来自威斯康星大学戴维森及其同事进行的研究。这些研究人员发现，孤独症患者在看着具有威胁性的面孔时，他们的杏仁核会被过度激活。催产素会抑制杏仁核的反应，也会抑制它与上脑干中其他传递恐惧反应的部位的交流。如果催产素能够减弱孤独症患者大脑中对恐惧的反应，那么它可能会成为治疗孤独症的一种重要元素。

瑞士的贝亚特·迪岑及其同事进行了另一项非常令人兴奋的研究，他们发现鼻内催产素对婚姻互动有非常积极的影响。他们对94对异性恋夫妻进行了研究，对其中一半的夫妻使用催产素喷雾，对另一半的夫妻使用安慰剂喷雾。在标准的冲突讨论中，研究者将夫妻的行为编码为语言行为和非语言行为，并在整个实验过程中反复测量他们的应激激素皮质醇。催产素明显地增加了与消极行为的正相关性，也显著降低了唾液的皮质醇水平。

催产素一词来自希腊语，意思是"快速分娩"，可以刺激子宫收缩。它是一种促进分娩并触发哺乳期妇女泌乳反应的激素。催产素也被称为"拥抱"激素，它是由我们大脑中被称为"下丘脑"的部分产生的。哺乳期女性的乳头受到刺激会产生催产素；性交时子宫和宫颈受到刺激会产生催产素；婴儿顺着产道出生时也会让女性产生催产素。如果抑制刚生育完的母鼠分泌催产素，它们会排斥它们的幼鼠；如果给没生育过的雌鼠注射催产素，它们会对新生鼠像自己亲生的一般，用鼻子蹭它们并保护它们。催产素和血管升压素似乎是所有关系中的信任激素。

研究人员发现，男性和女性在通过自慰达到性高潮的过程中都会分泌催产素。研究者通过肛门肌肉收缩的强度来测量性高潮的程度发现，高潮程度越强，催产素的分泌量越大。

埃默里大学的托德·H.埃亨和拉里·J.扬也报告有证据表明，催产素可以刺激啮齿动物大脑奖励中心的多巴胺分泌活动，将其活性提高50%，这使得坠入爱河的狂喜成为一种高度愉悦的体验。

在加利福尼亚大学旧金山分校，研究员丽贝卡·特纳及其同事对26名非哺乳期女性进行了研究。她让这些女性记住一段积极的和消极的经历，然后给她们做15分钟的瑞典肩颈按摩。研究结果具有临界性意义。放松略微地增加了催产素的释放，回忆消极经历略微地减少了催产素的分泌，而回忆积极经历则对这些女性都没有影响。然而，她注意到了有趣而激动人心的巨大个体差异。在回忆负面关系经历时，催产素水平显著下降的女性在自己的关系中遇到的困难比那些催产素没有大幅下降的女性多得多（根据调查问卷评估）。此外，与单身女性相比，在回忆积极关系时，经历过恋爱关系的女性子样本的催产素增加得更多。

有一家制药公司叫作维罗实验室，他们生产了一种催产素鼻喷剂，叫作"液体信任"。购买一周用量的价格是29.95美元，购买两个月用量的价格是49.95美元。他们声称这种喷雾剂是可以用作约会时增加吸引力的一种爱情药水，还建议公司让员工在参加员工会议之前喷这种喷雾，以促进合作。不幸的是，海法大学做了一项研究，他们在一场零和博弈中使用这种催产素喷雾后发现：与使用了安慰剂的被试相比，使用了催产素喷雾的被试在获胜时更容易幸灾乐祸；在对手获胜时，这些人也更容易记恨对手（实际上是一台电脑）。研究者认为，根据不同的情况，催产素鼻喷剂既可能是信任激素，也可能是不信任激素，甚至可能是攻击性因素。在零和博弈中，即便信任激素要产生信任效果，也可能会经历一场艰苦斗争。这对我们思考零和博弈吸收状态中的不幸福夫妻的恶意-恶意的互动状态产生了影响。在这种情况下，催产素的分泌可能并不会建立信任，而是进一步加重怀疑和不信任。这些夫妻就陷入了消极的螺旋。

在接受睾酮或安慰剂测试的24名女性中，有证据表明，睾酮会降低人际信任——尤其是对于那些更容易相信别人的女性，她们会提高社会警惕性。由于睾酮被广泛认为是性欲激素，因此这些发现有些违反直觉；有人会认为女性的性欲可能会影响良好的判断力，但也许这仅适用于男性。显然，这方面需要做更多的研究。

信任和生死

现在有大量关于信任关系带来生理和健康益处的科学研究。研究员詹姆斯·豪斯提到，有一群人——他们分散在地球上的不同地方——他们都英年早逝。他们是孤独的，被社会孤立，与世隔绝。他们通常是男性。

在过去的几十年中，社会流行病学家也仔细研究了普通人群中孤独的代价。流行病学家首先注意到，一些移民人群的健康状况比非移民美国人好得多。他们检查了诸如饮食和锻炼等方面的因素。例如，华裔美国人的健康状况似乎比其他美国人要好，他们的饮食相当不一样——脂肪含量低得多。后续的研究表明，健康状况最好的移民群体是那些建立了相互信任的社区并拥有相互信任的家庭关系的群体。其中一些移民群体更健康的重要因素不是饮食或锻炼，而是社区和家庭中的信任关系。近年来，这些发现在墨西哥移民身上得到了验证。强烈的忠诚度和信任的家庭网络让来自墨西哥的移民超越了他们所熟悉的贫困、巨大的压力、分离和低工资的辛勤工作。

那么这些发现在总体上正确吗？在阿拉米达县，莉萨·伯克曼和莱恩·赛姆在9年的时间里对9000多人进行了研究，以确定他们生死的主要原因。当研究员控制了如饮食、锻炼和血清胆固醇等因素时，他们发现仍然活着的人要么有朋友，要么已婚。流行病学家随后的研究表明，不管是男性还是女性，对他们而言，关键不仅仅在于结婚或交朋友，还在于这些关系的质量，高质量的人际关系都是有益健康的。事实证明，信任度高的婚姻和良好的友谊可以带来巨大的健康和长寿益处。因此，这项研究以及随后的许多其他社会流行病学研究，都揭示了信任值得信赖的人对健康和长寿的好处。那么信任的另一方面，即不信任值得信赖的人会带来哪些心理和生理影响呢？有关孤独的研究成果已经对不信任的心理后果进行了广泛的研究。

因无法信任他人产生的孤独

对孤独的研究表明，孤独的人渴望他人的关注，渴望与他人建立联结，但与不孤独的人相比，他们对新认识的人的负面判断和拒绝程度更高。造成这种混乱的部分原因是他们没能信任他们应该相信的人。因此，他们能够跳过信任别人的人有时会经历的潜在背叛，但他们也错过了信任可信的人所带来的巨大好处。

孤独已被证明充满着巨大的压力，它不会自行好转，只会随着时间推移一直存在。孤独的人往往缺乏社交技巧、理解他人和共情的能力。当结识新的朋友时，他们往往会激活自己的恐惧系统，而且往往难以控制自己的酸涩和敌意。他们会关注社交场合中的潜在威胁并认为自己会被拒绝，发现背叛的能力也会大大受到影响。尽管他们比不孤独的人更关注社交线索，但他们往往会误读这些线索。孤独的人往往为了博取别人的喜欢会让自己受到不公平的对待，但他们也会对潜在的不公平产生极度怀疑。因此，孤独的人会陷入远离他人的旋涡，部分原因是，他们的退缩是避免潜在的由于信任错误的人而引发的伤害。所以，他们不信任任何人，即便那个人是可信的。

有一种独特的生理现象会伴随孤独而来。芝加哥大学的社会心理学家和心理生理学家约翰·卡乔波使用功能性磁共振成像仪器扫描大脑，他们发现，在面对快乐的面孔时，孤独的人的大脑奖励中心获得的积极快乐较少。而且，与不孤独的人相比，他们与人进行积极互动的意愿更小。孤独的人的血压往往比不孤独的人高，血压升高的原因是动脉的外周收缩。高血压是由许多生理系统决定的，例如肾脏的肾素-血管紧张素系统，以及类似催产素的精氨酸加压素的作用，还有关于信任和与别人联结（以及攻击性）的雄性激素。血压升高的一种机制是动脉血管收缩，即动脉开放或闭合的程度，这是由所谓的交感神经系统"α 分支"控制的。血压升高的另一种机制是心肌收缩力，即心脏跳动的强度和速度。心跳（超过其固有节律）的这两者由所谓的交感神经系统"β 分支"控制，主要支配心脏的左侧。这是许多血压升高机制中的两种。

信任和血流速度

当将信任度乘以夫妻于冲突期间在恶意-恶意的互动单元格中花费的时间时，我惊讶地发现，妻子的信任度量和夫妻双方较慢的血流速度呈现出几乎完美的相关性，相关系数为 0.85，且最高可以达到 1.00，所以两者具有非常高的相关性。血流速度是血液从心电图上的大 R 峰到达耳朵或手指的时间。耳脉搏传导时间几乎完全由对心脏的 β-交感神经驱动力决定。β-交感神经支配左心室，因此它们是心肌收缩力的主要决定因素。血流速度与丈夫的信任度量没有关系。因此，她对他的信任程度对双方来说都是生理上的重要因素。

我们采集了冲突讨论期间夫妻双方的血流速度数据，也采集了冲突讨论之前闭眼基线（看不到自己的伴侣）和睁眼基线（看着自己的伴侣）条件下两人的血流速度。在基线条件下，如果妻子的信任度量和血流速度之间的关系成立，我们就可以知道，在妻子信任度低的关系中血流速度的升高是反复出现的，而不仅仅是由冲突讨论引起的。事实也的确如此。这种关系在基线耳脉传导时间（以及手指）上也是成立的，因此中介神经因素是 β - 交感神经。所以，在妻子对丈夫信任度低的关系中，由于交感神经系统 β 分支被高度激活，双方都可能因慢性高心肌收缩力而患上高血压。低信任度也与丈夫较高的基线皮肤电传导有关。

当然，我们还不知道这些关系中是否存在任何因果关系。如果存在的话，在理论上我们可以通过使用 β - 受体阻滞剂或降低收缩压的生物反馈设备降低 β - 交感神经对心脏的驱动，从而提升信任度。如前所述，目前市场上已出现这种设备，我们可以用其来实现收缩压的降低。

当他们看着对方时

在前述的研究中，为了检测生理状态，我们设计了两条基线。第一条基线是夫妻闭上双眼，放松 5 分钟。随之而来的就是第二条基线的设定。夫妻会睁开双眼注视对方，但不能说话。之后，他们开始进行 15 分钟的冲突讨论。这两条基线使我能够提出这样的问题：" 从测量第一条基线到第二条基线，他们的生理状态会发生什么有趣的、可能与信任有关的变化呢？" 事实证明，情况确实是这样的。在测量第二条睁眼的基线数据时，血流速度增加的夫妻的信任度低于血流速度降低或没有变化的夫妻。他们在睁开双眼时看见即将和他们进行冲突讨论的人所产生的生理唤醒与低信任度有关，尤其与女方的信任度有关。我最喜欢的一个问卷项目是"我的伴侣在一天结束后看到我很高兴"。当我看见人们在这一项选择"否"时，我总是很伤心。现在我们认为，这种高兴是伴随着由于血流速度减缓而产生的生理上的镇静而出现的。

催产素对于男性而言也能像对女性一样创造血压奇迹吗？有趣的是，研究人员凯瑟琳·莱特发明了一种方法。她让夫妻彼此靠在一起，大腿相触，从而创造一种温暖的支持。夫妻如果对他们的关系感到高兴，男性和女性在此期间都会分泌催产素。很明显，对于婚姻幸福的夫妻来说，分泌信任激素不是什么难事。然而，莱特发现在此期间只有女性会血压下降。去甲肾上腺素是一种在大脑中运作的应激激素，相当于外周的肾上腺素。在她的研究中，催产素降低了女性的去甲肾上腺素水平，但对男性没有影响。因此，这项研究表明男性更容易受到弥漫性生理唤醒以及由妻子信任度低的关系导致的血压升高的影响。

因此，信任度低会对健康和长寿造成严重影响。

零和博弈、疾病和男性早逝

在我和罗伯特·利文森、劳拉·卡斯滕森进行的一项长达20年的研究中，塔拉·马迪亚斯塔注意到只有不到10%的夫妻会出现零和博弈的得分。我在前面提到过，零和博弈代表着背叛，因为一方为了获得自己的最大利益实际上会损害伴侣中另一方的最大利益。这就是实际意义上的背叛，而不仅仅是不可信的问题。

塔拉注意到，在这项研究中，有很大比例的零和博弈的夫妻最终并没有返回研究场所参与数据的收集。起初我们推测，也许这些夫妻发现参加研究很不愉快，所以他们决定退出。然而，塔拉进行了进一步调查，结果发现这些夫妻丧偶的比例比非零和博弈的夫妻高得多。在这些丧偶的夫妻中，早逝的不是妻子，而是丈夫。

我们划分了三组夫妻：纯粹的零和博弈夫妻、采取合作策略的夫妻以及采用零和博弈与合作混合策略的夫妻。采取零和博弈的夫妻20年后丧偶率高达58.3%，采取零和博弈与合作混合策略夫妻的为33.3%，采取合作策略夫妻的为22.8%。这些现象在统计上极具意义。为了区别导致丈夫死亡的因素，我们进行了一项被称为"逻辑回归"的分析，结果变量为丈夫是否死亡。正如我们预测的结果一样，丈夫的年龄是丈夫死亡的主要因素。然而，即使考虑到双方的年龄和健康状况，以及各种心理因素，与合作性的冲突对话相比，零和博弈冲突对话使丈夫在该时间段内死亡的概率增加了11倍。与合作（正斜率）冲突对话相比，零和博弈和合作混合策略（中性斜率）使丈夫的死亡概率增加了7倍。

我们也预测到，参与了零和冲突讨论的夫妻会比合作策略、混合策略的夫妻遇到更多的健康问题。参与了零和博弈冲突讨论的妻子比其他的妻子出现了更多的心理症状（使用了被称为"SCL-90R"的德若伽提斯90项症状清单[①]进行评估）和更多的身体健康症状（使用康奈尔健康指数问卷[②]进行评估），但是丈夫们却没有明显差异。然而，我们发现在零和博弈关系中的丈夫比在合作更多的关系中的丈夫死亡人数更多。这一结果与许多研究的结果一致，都向男性提出了这样的问题："你的妻子爱你吗？"被妻子爱着的感觉是预测男性的溃疡、冠状动脉阻塞和心绞痛严重程度显著降低的重要因素。

"战斗或逃跑"状态的共同调节

如前文所述，心理学家吉姆·科恩有一个理论，即高度信任关系中的伴侣可

---

① 由德若伽提斯于1975年编制的症状自评量表，共有90个项目，协助16岁以上人群从躯体化、强迫症状、人际关系敏感、抑郁、焦虑、敌对、恐怖、偏执、精神病性和其他这10个方面了解自己的心理健康状况。
② 美国康奈尔大学布洛德曼等编制的健康自评问卷，最初用于军队征兵时的健康筛查，后来开始用于流行病学调查，作为临床检查的辅助手段。可在短时间内收集到大量有关医学及心理学的资料，起到标准化的健康检查作用。

以发挥的主要作用是帮助对方减少其生理唤醒。一旦边缘恐惧系统被触发，我们就会处于"战斗或逃跑"状态，这标志着我们的一般警报系统已经被激活了。在这种状态下，我们的额叶皮层减弱被激活的"战斗或逃跑"状态的潜力很小。然而，信任可以在这个方面带来巨大的益处。在一种充满信任的关系中，即便是简单的如伴侣握着你的手的动作都能减弱你被激活的"战斗或逃跑"状态。科恩将这种可能性称为"共同调节"。

托马斯·刘易斯、法拉利·阿米尼和理查德·兰龙这三名医生在《爱的起源》中提出了类似的理论。他们将这个过程称为"相互同步的交换边缘调节"。他们写道：

> ……一个人并不能指挥自己所有的功能，第二个人传达的调节信息可以帮助第一个人调节激素水平、心血管功能、睡眠节律、免疫功能等内部功能。这种相互作用的过程是同时发生的：第一个人调节第二个人的生理状态，他自己的生理状态也被第二个人调节着。两个人都不是独立运作的个体；每个人都有开放的环路，只有其他人能够使其变得完整。他们一起创造了一对稳定、适当平衡的生物体。两人通过他们的大脑边缘系统连接提供的开放通道交换他们的互补数据。

刘易斯、阿米尼和兰龙主要谈论的是父母和婴儿之间的共同调节，科恩的想法和实验范式将这一想法拓展到了两个处于信任关系中的成年恋人。我们已经看到，实验数据支持这种通过催产素（信任激素）控制恐惧系统的行为。

约瑟夫·勒杜对大鼠恐惧系统的研究表明，边缘系统通过杏仁核产生的恐惧和大脑皮层在时间上存在重大差异。简而言之，从边缘系统到大脑皮层的"战斗或逃跑"状态的上调比从大脑皮层到边缘系统的"战斗或逃跑"状态的减弱要快得多。我们通过进化适应了快速激活边缘系统中的"战斗或逃跑"状态，但只能慢慢地通过大脑皮层平静下来。这对于生存来说很有意义，但在一段关系的冲突讨论中冷静下来是没有意义的。为了减弱"战斗或逃跑"状态，科恩建议我们依靠伴侣。我要对科恩共同调节的观点进行补充：共同调节可能仅在高度信任的关系中有效，并且我的研究数据表明，仅在她信任他时才有效。

我认为原理是这样的：她对他的信任通过减少 β-交感神经对心脏的驱动来减弱两人的"战斗或逃跑"状态，最终降低慢慢加快的血流速度。信任能减缓血流速度，使双方潜在的慢性"战斗或逃跑"状态解除，并且在男性能够和他爱的女性一起创造一段可信的关系时，为男性提供一种让他活得更久的生理保护。

父母与孩子之间的信任

有一项关于孩子信任父母效果的研究，这项研究非常有趣，值得在这一章进行探讨。在一项对哈佛大学 1952 级和 1954 级的学生进行的研究中，大学生被问及他们与父母的关系是否如下：（1）非常亲密；（2）温暖而友好；（3）可以忍受；（4）紧张而冷漠。35 年后，研究者收集了已经成为中年人的参与者的医疗记录。结果值得注意：没有和母亲建立温暖友好关系的参与者中，有 91% 在中年时期患上了严重的疾病；而与母亲建立了温暖友好的关系的参与者中，仅有 45% 的人患病。与父亲关系的效果是叠加的：那些与父母双方都没有建立温暖紧密关系的参与者 100% 都在中年诊断出了重大疾病；而那些与父母双方都建立了温暖紧密关系的参与者中，只有 47% 患有重大疾病。这项研究也收集了大学生用来描述父母的形容词，研究者们发现在很少使用正面形容词来描述父母的学生中，有 95% 在中年阶段患上了严重疾病；而这个比例在使用正面形容词形容父母双方的学生中只占 29%。我之所以提到这项研究，是因为它是表明家庭信任程度的影响可能对父母及其子女的整个生命历程产生非常重要的影响的众多研究之一。

在后面的章节，我将勾勒出在夫妻之间建立这种信任的蓝图，主要分为以下几种情景：（1）一方表达情感联结需求时的日常时刻；（2）处理消极情绪或处理过去的遗憾事件期间，有可能治愈的潜在依恋创伤；（3）冲突讨论期间，双方需要决定某件事，但一方不同意；（4）在亲密对话中，浪漫、激情和高度私密的性行为（我称之为"亲密信任"）。

第五章

何时退出一段关系

记忆是我们思维中的一个动态部分，总是充满着变化。这种不断变化的记忆构成了我们讲述的关于伴侣性格和关系历史的故事，让我们发现了"我们故事的开关"。这是积累的信任或不信任的试金石，也是一种可以高度确定关系何时消亡、双方很可能以解散告终的方式。

我们都喜欢看买的食物上的保质期——比如"在以下日期之后请勿食用"。如果霓虹灯开始闪烁,有句"你疯了吗?不能吃!赶紧把这东西扔掉!"来提醒我们就好了。很无奈它们没有这种功能,我们只能依靠自己灵敏的鼻子来判断牛奶是否发酸、肉类是否坏掉。

相似地,我们心理学家也喜欢去寻找一个开关,当关系开始变坏,并且继续下去就会伤害到人时就可以让人们关闭这个开关:"小心!这段关系即将自我毁灭。它将变成一场噩梦!快点行动起来——要么修复,要么退出!"

很多夫妻治疗师极度抵触这种"保质期",也不愿看到关系无望的迹象。

一方面,我们治疗师是希望的象征,希望爱能战胜一切障碍,因为我们知道关系消亡带来的巨大悲剧。我们知道当人们许下承诺时,他们通常处于极度幸福或快乐的状态,对未来充满希望。

另一方面,我们也看到过爱变成仇恨、希望变成痛苦。我们知道有时候分开对两个人来说都是最好的选择。我们已经帮助许多人度过了失去爱情的悲痛时期,并帮助人们进入了一个更好的状态。我们帮助离婚的夫妻友好地结束了婚姻,并找出对他们的孩子和他们作为独立个体而言在未来最好的生活方式。

我在办公室看到过一对夫妻中有一人对对方的离开感到非常震惊。她可能会说:"我想离婚。"他会说:"我真的不知道你居然这么不开心。"她通常会这样回复："过去9年我都在试着告诉你这件事。"感到一头雾水的并不总是男性。我也看到过很多夫妻，妻子会说："你为什么不告诉我你不开心呢？我们可以早点儿去做夫妻治疗的。"丈夫通常会回答："那又有什么意义呢？只会让我们陷入更多的争吵，最后都变成了我的错，就像往常一样。"这些都是治疗师经常听到的话。

好在我找到了判断关系糟透了的时间的这种"保质期"开关，我将之称为"我们故事的开关"。我们都知道要么打开开关，要么关闭——没有中间状态。在心理学研究中，研究者找到这样一个强大的开关并不多见。

这个开关是我们在口述历史访谈中发现的。在口述历史访谈中，我们会采访夫妻们关于他们关系的历史、他们对于爱和生活冲突的个人哲学。实际上，这种访谈是无害的。我们会提出非常标准的问题，就像那种你可能在晚宴上问你刚刚认识一对夫妻时会提的问题。但是根据数十年的经验，我们对问题的措辞都很谨慎。

我们让伴侣们告诉我们，他们是如何相遇的，他们对彼此的第一印象。然后我们会继续问他们关于约会的回忆，他们的关系是如何推进的，他们喜欢一起做什么，对他们来说美好时光是什么样的。我们让他们告诉我们，这些年来他们的关系发生了怎样的改变。我们也会问："是什么让你决定在世界上那么多人中选择和这个人结婚（或搬去和他一起住、对他许下承诺）？""做出这个决定容易吗？""做出这个决定困难吗？""你们曾经相爱过吗？""对你来说那种爱是什么样的？""请给我讲一讲你们关系中的那段时间吧。"我们会询问他们关于婚礼（如果举行过）或是承诺仪式①（如果举行过）的情况，以及他们决定同居时（如果发生过）的情况，还有蜜月期、在一起的第一年的情况。如果他们有孩子或者共同抚养与前妻/前夫的子女，我们也会询问他们转变为父母这个身份的情况。我们还会问他们，什么样的时光是真正的让人记忆犹新的美好时

---

① 承诺仪式是同性伴侣或决定不结婚的异性伴侣举行的许愿相爱相守一生的一种仪式。

光。我们也会让他们描述对他们来说什么是乐趣、玩耍、冒险、求爱、性、浪漫和激情，什么样的时光对他们来说是真正愉快的。

我们也会问及他们的艰难时光。我们会问他们："回顾这些年，哪些时刻是你们关系中真正的困难时期？""它们是什么样的？""发生了什么？""你们是怎么度过那段艰难时光的？""你觉得为什么你们能继续在一起？""度过艰难时光的成功因素有哪些？""你对人们一般应该如何度过困难时期有什么想法？"我们让他们告诉我们，当下的关系和一开始有何不同。他们会根据他们的关系画一张曲线图，并说明曲线如何随着时间而改变。然后，我们会继续探讨他们关于关系的理念，他们认为是什么让关系得以维持，怎样让关系保持愉悦。为了完成这个目标，我们使用了社会学家弗雷德·斯多特贝克的方法。他在1950年代开着一辆面包车游历美国，研究了纳瓦霍、摩门教和得克萨斯州盎格鲁的文化。他发现在他研究过的所有文化中，夫妻们都喜欢谈论在养育孩子方面的成败，以及成功的家庭和不成功的家庭之间的区别。

我们让夫妻们从认识的人中选出一对关系很好的夫妻和一对关系不太好的夫妻，并问他们这两组关系有什么不同。我们说："我们对你们关于什么因素在让关系起作用的想法很感兴趣。"我们让他们将自己的关系与那两对夫妻进行对比。我们也询问了他们父母之间的关系，以及他们的关系和父母的关系有什么相似和不同之处。我们再次询问了他们的美好时光和痛苦时光，以及他们对关系的理念多年来是否有所改变。然后我们询问了他们目前对伴侣的主要担忧、压力、希望、梦想和抱负（即对方的"爱情地图"）了解多少。我们还问了他们每天是如何联系对方的、他们保持和更新情感联结的惯例。

夫妻们几乎都很喜欢口述历史访谈。在这个采访中，他们是自己关系的专家。我们在真正地向他们学习，也真诚地相信每对夫妻关系都是独一无二的。

尽管这些问题看起来似乎很简单，但我们花了很多年才完善好。这个访谈是基于斯塔兹·特克尔的采访方法。特克尔是我见过的最好的采访者，拥有一种独特的视角——这个视角来自他做广播电台主持人的经历。他对创作电台节目很感兴趣,所以他创造了一种和任何人都不一样的采访风格。他会避免大多数治疗师常用的"嗯哼",因为这些词在广播中听起来非常令人讨厌。在人们的一长段独白结束后,特克尔抽着雪茄,用饱满的感情和极大的热情来回应对方,说:"哇!简直太令人震撼了!真是了不起!"接着他会提出下一个问题,安静地听对方回答。然后,他会退出对话,让被采访者自己说话。个人长段的独白正是特克尔电台节目的特色。例如,我非常喜欢节目中他和一个老太太一起穿过她的阁楼时的采访。她找到了落满尘土的旧物,用这些旧物描述了她一生的记忆。我记得她找到了一只小小的泰迪熊,她说这是她唯一真正爱过的人送给她的。特克尔问她,这个人是不是她的丈夫。她说,不是的,她爱丈夫的方式是不同的,但她从没有"爱上过"丈夫。她只在16岁时将自己的心交付了出去,仅此一次。当他死于车祸时,她的心第一次破碎。当她倾诉着自己人生的故事时,特克尔和她一起在那个阁楼里流泪哭泣。在特克尔这里,她变成了一个多么厉害的讲故事的人。

我们的口述历史访谈设计是我和才华横溢的学生洛厄尔·克罗科夫一起进行的,经历了两年多的试错。一开始,这个访谈要持续好几个小时,最终被缩减到1~2.5小时。

结果我们发现,根本没有安静的人。我们的采访者有着神奇的能力,总能发现解开内心深处故事之锁的钥匙。人们带着这些故事,私下里一遍遍地对自己讲述着伴侣和他们的关系。我们采访过的每个人都是很厉害的故事讲述者。人们似乎都需要讲出他们的故事。实际上,在我和罗伯特·利文森做的一项研究中,我们想要节省时间和金钱,所以我们决定不使用口述历史访谈。后来发现,我们的被试自己坚持要参加口述历史访谈。他们对我们没有问及那些关于他们生活在一起的重要问题感到很失落。他们想要讲述这些故事,以完成我们对他们的研究调查。幸福的夫妻和不幸福的夫妻都是如此,他们希望讲述自己的故事。

但是,记忆并不是能够记录历史的录影带。现代神经科学告诉我们,记忆不断被当前的经历改写，并且人们会迅速记下带有个人意义的经验。我们身份的稳定性之所以能持续下去，只是因为一些神经网络会继续存在和进化，而我们的大部分记忆实际上是高度可塑的。正如刘易斯、阿米尼和兰龙所写的一样，"记忆不是一件东西……记忆不仅是可变的，而且大脑存储机制的性质决定了记忆必定随着时间而改变"。

大体上我们有两种记忆：外显记忆和内隐记忆。外显记忆是完全被意识到的，而内隐记忆却可能不是这样的。当面对反复出现的经历时，大脑会根据直觉提取规则；当面对反常现象和认知失调时，大脑就会重写历史，让异常情况变得有道理、更易于保留。同样的过程也适用于我们告诉自己的关于伴侣不断变化的性格，以及我们关系的历史和意义不断变化的故事。

当我在1986年初次来到西雅图时，我开始和我的实验室里很有才华的雇员金·布尔曼共事。我们一起研发了一组定量描述人们在口述历史访谈期间所说内容以及述说方式的维度。我们确定了一些基本维度，认为这些维度可以描述我们所听到的令人难以置信的丰富故事。我认为布尔曼对口述历史访谈的打分揭示了关系中信任和不信任的"最终状态"。以下是我们提出的主要维度，以及一些可以说明这些维度的实际访谈记录。

维度1：喜爱和赞美系统。也许我们听到的故事中最基本的方面就是爱与尊重，或者是缺乏爱与尊重。如果夫妻的关于爱与尊重的故事是正面的，不管是语言还是非语言方式，这对夫妻都会表达出积极情感（温暖、幽默和爱恋），他们会强调美好时光，并对伴侣表达发自内心的赞美。相反的情况就是"喜爱和赞美系统"的缺席。下面是夫妻表达喜爱和赞美的例子。

丈　夫：我来讲一讲我的版本。当时我在军队里，被分配去巴尔的摩上学。我在东巴尔的摩大街，那是镇上最肮脏的街道。我喝着啤酒，突然有人踢飞了我的啤酒。我抬头，看见她坐在我的啤酒瓶后面。

妻　子：你知道那是他的错。（两人大笑）我们在跳舞，我的女性朋友把我介绍给大家认识。我在马萨诸塞州长大,他当时在军队里,我最好的朋友就在军队基地工作。她说她遇到了这位很迷人的士兵,她要在这周的舞会上和他见面。她上班时给我打来电话,说:"我不想自己去,你陪我去吧。"我说不行,但她最后还是太紧张了,不敢自己去——所以我就去参加舞会了。

丈　夫:我不知道那时候自己怎么那么熟练,但是我知道他们都是因为她才来的——尽管她没怎么说话,但是她在那群人中真的很有趣。我开始慢慢关注她。

妻　子:我就是焦点。

丈　夫:她是那群人的领导者。

以下是另一对爱与尊重维度得分较高的夫妻:

采访者:我们现在要回到一开始。请告诉我你们初次相遇和在一起的情形吧。

妻　子:你肯定想让我来讲,因为那是我最喜欢的故事。

采访者:这是个很好的开始。那就由你来讲吧。

妻　子:好的。这个故事的确有点儿非比寻常。我是……菲尔在一家女式成衣店工作,那时候我还不认识他。另一个人是橱窗修饰师,有一次我进去买衣服,我想买的衣服就在橱窗里。之后,一名女店员走过来说橱窗修饰师让她来问我的电话号码。简而言之,我就和这个人约会了几次。他的名字叫弗兰克。无论我们走到哪里,弗兰克都会说到这个在商店工作的叫 PK 的家伙。所以有一次我和弗兰克在普雷斯俱乐部喝酒,那时候菲尔还住在市区。不知怎么的,我们又聊到了 PK——他应该是个聪明的家伙,我们一直在聊 PK——然后我说:"好吧,弗兰克,我觉得不会有那么好的人。你说他住在市区,为什么不给他打个电话叫他来和我们一起玩呢?"所以弗兰克就去打了电话,但 PK 说不能过来，而我们可以去他那里玩。他就住在几个街区外的一家酒店里。弗兰克走过来说："你想去吗？"我说："当然了。"我们就过去了。他住在三楼，我们经过走廊时，弗兰克在我身后，他伸出手越过我敲了敲门。菲尔打开门，他看着我，牵起我的手吻了一下，我当时就觉得自己完蛋了。

相反，当喜爱和赞美消失时，一方会对他们的伴侣表达消极情绪。他们可能会选择描述不好的第一印象，对伴侣冷嘲热讽，或者讽刺/批评伴侣。以下就是一个例子。

采访者：你注意到彼得的第一件事是什么？他有什么很突出的特点吗？你对他的第一印象怎么样？

妻　子：酒被冲淡了。

丈　夫：她的意思是，我有个朋友拿着一瓶酒。

妻　子：是的，嗯。我坐滑雪大巴要迟到了，因为我把日期记错了，匆忙赶过去，我是最后一个。我谁都不认识，只想滑雪。当时他跟一群人在一起，很明显他们都认识。所以，我对他的印象和对那群人的印象差不多。好像是第二天晚上，我们全部到了其中一人的房间里聚会。我们本来应该全部一起出去吃晚饭的，但是他没去成，因为他的兄弟喝多了，我最后和他的一个朋友一起吃的晚饭，然后我们回到他朋友的房间坐了一会儿。那个人的妻子刚刚离开他，所以我回到了他们的房间，当然彼得也在。他在去餐厅的路上被加拿大骑警送回去睡觉了。我把他叫醒，说："你知道吗，我觉得你不是什么好人。"

下面是另一对夫妻的例子：

采访者：关于那个时候的事你还能想到什么？

丈　夫：……有一次你生日时我真的很生你的气，那是……

妻　子：是的，太荒谬了……

丈　夫：……那天是 1995 年的 10 月。肯定是。

妻　子：你实在太蠢了，做那件事是最愚蠢的。

丈　夫：我真的很生气。

妻　子：你的行为简直太蠢了。

丈　夫：我暴跳如雷。

妻　子：是的。

丈　夫：我朝她大吼，因为她……

妻　子：那天是我的生日，因为我们可以出去……

丈　夫：给她买礼物，我花了 200 美元。

妻　子：是的，而且他的朋友就坐在隔壁房间。我们出去吃饭回来后，我和他的朋友一起坐在另一个房间里聊天。我觉得我们聊得很真诚，所以我不能说："抱歉，哈里，我觉得你该回家了。"

丈　夫：与此同时，我准备睡觉了，我穿上了睡衣。

妻　子：他正在干他的大事，我感觉是的，我希望让哈里离开。但是我又感觉我应该对他好一点儿，应该有礼貌，慷慨大度。然后比尔就开始长篇大论了，我的感觉就是"赶紧忘记他吧"。

丈　夫：是的，我没弄明白她什么意思。对我来说，是她完全没有意识到这应该是属于我们俩的时间。

妻　子：我意识到了，我只是觉得自己太敏感了。

丈　夫：信息传达错误，我的确非常愤怒。

妻　子：是的，我很生气。

丈　夫：我不经常生气的。

妻　子：是的，但他那次特别生气，最后我离开了，第二天才回来。

丈　夫：第二天还是第二天晚上？

妻　子：第二天。

丈　夫：哦。

妻　子：那时候我还住在家里。

　　维度2："我们"和"我"的对抗。 常常使用"我们"的夫妻会强调他们可以好好沟通的能力，他们也强调团结和一致，他们有着同样的信念、价值观和生活目标。这些夫妻会使用像"我们"和"我们的"这样的词汇。相反，常常使用"我"和"我的"的夫妻经常独立描述自己，就像披头士乐队的歌《我我我》一样。罗伯特·利文森在他的实验室里对夫妻在冲突期间的对话转录的分析中，计算了"我们""我们的"字样与"我""我的"字样的比率。该指数与关系幸福感显著相关。人们使用的"我们"越多，他们的关系就越幸福。以下是一个例子。

采访者：对于婚姻中谁负责什么事的安排，你们感到满意吗？

妻　子：嗯，大体上我觉得非常满意。

丈　夫：是的，我们很满意。

妻　子：当我要换床单时，我请了一名清洁女工，有时候她换，有时候我们一起换。我帮他，他也帮我。

丈　夫：如果我们都不想洗碗，我们训练的两只泰迪熊会走过来站在旁边帮助我们。

妻　子：（大笑）

　　相反，以下是一对经常使用"我"的夫妻。

采访者：你们是怎么解决问题的？

妻　子：他列出了一份他认为我们在未来5年内需要的预算项目清单。其中有一项是买一艘更好的渔船来替换他目前的那艘。清单上还列出了我们要买一辆新车。还有一些别的东西，度个短暂假期之类的。

我最后……因为他已经有渔船了，而我想要一艘摩托艇很久了，但是花2.5万美元买艘摩托艇就太过了。这需要两个人共同商量后决定，这样这件事才不至于那么蠢。最后我说："你看，我觉得你买一艘新的渔船不太公平。你已经有渔船了，所以我们需要先买摩托艇，再买渔船。今年买摩托艇，明年买渔船。"我就这么直接说了，结果他说："我们可以都买啊！"但是之后我说："但那也太蠢了吧。"事情就这么结束了。就是这样的，是吧？

她将她自己的经历与他的经历分开了。

丈　夫：是的。

采访者：最后的决定是什么呢？你们是怎么做的？

妻　子：他没有买渔船。我也害怕买摩托艇会花掉一大笔钱。所以，目前我们还没有做出决定。

丈　夫：看吧，这个事件造成了紧张的氛围。因为这是我赚的钱、我存的钱，所以这其实是我的钱。

他也强调了他和她是分开的。有些夫妻会特意说："也许你觉得很美好，我的看法和你不同。我不是你。"请注意我们并不是说相互依赖是好的，而独立是坏的。夫妻双方各自对这两方面的需求都有自己的平衡。然而，在口述历史访谈中，有的夫妻会强调"我们"，有的夫妻则会强调"我"。

维度3：爱情地图存在吗？ 我曾经看过一幅漫画，漫画将夫妻双方的想法以饼图来呈现。女性的饼图包括几个区域，上面的标签是"我有多胖？""去那个聚会我有合适的衣服吗？""孩子""房子""关系"，"关系"在饼图中占的比率是65%。在男性的饼图中，区域的标签分别是"工作""奇怪的鼻毛和耳毛生长""运动百科""喜欢的食物""很累""关系"，"关系"只占了饼图的2%。当然，这种性别玩笑是一种粗暴的（但并非完全是）夸张。

在爱情地图的维度，得分高的夫妻对关系记忆的描述是生动清晰的，而得分低的夫妻对过去的印象是模糊笼统的，甚至无法回忆起细节。爱情地图得分高的夫妻积极、充满活力，而得分低的夫妻在回忆过去时则缺乏活力和热情。前者会在采访中表露自己，后者则会避免谈论私事，表现出防卫状态。前者会在采访中说关于伴侣的个人信息，而后者则不会提到伴侣的性格和过去。以下就是一个例子。

采访者：你们是否需要为彼此的性格做出一些调整？

妻　子：（大笑）

丈　夫：（大笑）需要。（两人同时开始大笑）我们刚刚结婚，有天晚上她决定做软糖。她做出了软糖，用勺子搅拌着。

妻　子：（歇斯底里地大笑）

丈　夫：我离开了一会儿，回来时想吃一点儿软糖。我试着把勺子从锅里拿出来，结果整个锅都被拿起来了。那些软糖跟水泥一样硬。

妻　子：我从小都是用煤气做饭的，但那次用的是电。

丈　夫：那是另外一个故事了。她打开烤箱，拿了根火柴想点燃电烤箱。我知道我们麻烦大了。

妻　子：你要记得我当时只是个小女孩，从小和三个做母亲的女性住在一起。我从来没做过饭，甚至没洗过衣服。我从来都不用做那些事。我是个从来没做过饭的生手。我想我应该做软糖，那天下午我们有客人。当他终于回家时，我们不得不把整个平底锅扔掉，因为软糖硬得就像水泥。他很喜欢烹饪，什么都知道。

丈　夫：她不会做饭，但学得很快。我逗弄她，她也不会生气，她一直都是这样。

妻　子：（大笑）是的，他很会开玩笑，但我可不会歇斯底里。

丈　夫：还有一件事——就在这间公寓里，当时我还是研究生，没有多少钱，那张该死的床的中间塌陷了。

妻　子：是的。

丈　夫：我喜欢和妻子抱在一起，毕竟刚刚结婚，性生活也频繁。但是，老天爷，我不能滚过去，不能这么做，不然我会……

妻　子：……陷到床中间。那会儿很多时候都很有趣。

丈　夫：我记得有个事故。（拍了拍她的腿）这很有趣。在性方面我们享受得很彻底，一开始就是这样。

妻　子：是的，的确是。

丈　夫：但是有一段时间她很沮丧。

妻　子：（大笑）是的，我记得。

丈　夫：然后她说"我们昨晚没有做爱"，说得很伤心。

妻　子：（笑得更大声了）"你是怎么了？"

丈　夫：（大笑）我说："一个男人能做到什么程度是有限的。"

两　人：（笑得很大声）

下面是爱情地图得分很低的一对夫妻的例子。

采访者：在你们关系的早期，约会时，你们通常会做什么？

　　　　（停顿了很久）

丈　夫：（很安静，看着妻子）

妻　子：也没什么，我们就在大学城里逛逛。我们去看电影，也许吧，还有……（长时间停顿）

丈　夫：嗯。（停顿）那里还有电影节。

妻　子：（停顿）我们出去吃饭，就是这些了。那个大学城很小。还有就是租电影回来看，大概吧。

丈　夫：出去吃饭。（停顿）喝很多红酒。

妻　子：（紧张的笑声）

采访者：你们都是红酒鉴赏家吗？

丈　夫：不是的。我们没有那么多钱来鉴赏红酒。

采访者：那你们很喜欢喝红酒？

丈　夫：偶尔，我猜。

维度4：混乱、目的和意义。生活混乱的夫妻描述了意想不到的挫折和很多冲突。他们为反复出现的问题争论和争吵，并感到疏远。他们还描述了他们必须适应的一直存在的非常不好的、令人不愉快的生活环境。他们的计划性很差。他们的生活轨迹似乎是混乱且毫无意义的。

采访者：你们俩是怎么认识的？你们对对方的第一印象怎么样？

丈　夫：我们是在一个聚会上认识的，她很漂亮。

妻　子：是的，我们那时没聊太多。

采访者：然后呢？

丈　夫：第二周她就搬来和我一起住了，因为她的公寓着火了。

采访者：哇，好快啊。你们是怎么做出这个决定的呢？

妻　子：我必须搬家，他说，你可以过来住一段时间。

采访者：你对他印象怎么样？

妻　子：还不错，人很好，我觉得。

采访者：然后发生了什么呢？

丈　夫：她母亲得了癌症，我们决定搬到威斯康星去照顾她的母亲。

采访者：你们俩这么做真了不起。那时候你们在一起多久了？

妻　　子：大概一年。
采访者：你们是怎么决定一起去照顾母亲的呢？
丈　　夫：我不记得了。
妻　　子：我们就那么做了，像火一样。
丈　　夫：是的，就是这样。

　　他们身上一直有事发生，他们不得不调整自身去适应这些事。下面是另一对夫妻谈到的他们分开的一年。

妻　　子：我觉得对我来说更容易一些。
丈　　夫：是的，你知道，我突然换了新工作，压力很大。作为新员工，我得表现好一点儿。
采访者：是的。
丈　　夫：而且我也不认识他们，压力很大。
采访者：没错。
丈　　夫：而且，这件事就这么发生了，我必须适应。她不在我身边，但为了不让自己对这段关系感觉那么糟，我就得试着去忽略这段关系，甚至都不去想。
采访者：嗯。
丈　　夫：我自己对这段关系一直有种矛盾情绪。
采访者：专注在身边发生的事情上。
丈　　夫：嗯。
采访者：因为对方不在你身边，并不能每天都体会到。
妻　　子：我接到了那个电话，我无法拒绝那个在阿姆斯特丹的工作。好吧，是的。像这样分开，两人的关系就完全停滞了，不能有任何进展。没有改变，没有成长，什么都没有。

采访者：当时你们的关系才刚刚开始，你们是怎么做出分开这个艰难的决定的？

妻　　子：就那么发生了。

丈　　夫：你必须去适应，你知道的……

妻　　子：然后我们就会保持这种状态，我们每周交谈一次，我们发电子邮件……

丈　　夫：你开始强调，你开始思考更多负面的方面。

妻　　子：嗯，是的。事情就是这样的。

相反，生活在一起的有目的和有意义感的夫妻往往会美化这些挣扎，表达出一起度过困难、艰难时光的骄傲，他们并不认为这些困难是没有价值的。他们会强调他们做出的承诺，而不是质疑他们是否真的应该和伴侣继续走下去。争吵时，他们对这段关系感到很自豪，而不是很羞耻。他们会强调他们的共同目标、抱负和价值观。以下是一个例子。

采访者：你们能想到你们知道的一段真正的好婚姻吗？

妻　　子：我们的婚姻就很好。

丈　　夫：我认识的人都不能和我们比。这听起来可能很傲慢，但是……

妻　　子：我同意。

采访者：这其实挺好的。

妻　　子：是的，我觉得挺好的。我们相互尊重，有分歧时也能好好交流，有时候还有小惊喜。我们能坐下来好好谈，讨论我们对这个情况的感受。我们就会感受到并感激男女想法的天差地别。我们经历着相同的情况，但是他看到的和我看到的非常不一样。

丈　　夫：就像德博拉·坦嫩说的……

妻　　子：……是的，德博拉·坦嫩。你肯定看过她的书《你误会了我——交谈中的女人和男人》。我们经常在那本书中看到自己。

采访者：嗯。

丈　夫：嗯，是的。我们用相同的方式来交流，有同样的目标。我们一起做事情。我意识到另外一件事——因为这件事好像在我们的婚姻和我们孩子们的婚姻中都发生过——我们的孙子们发现我们很迷人，因为我们经常一起大笑。

妻　子：嗯。遗传了我们古怪的幽默感。

丈　夫：我们不仅仅能够容忍对方，在某种意义上我们也享受我们的不同。我们性格相反，迈尔斯-布里格斯性格测试[①]中每个维度都是不同的。就像那个古老的柏拉图式的想法，人并不是独立的，而是半圆，两人在一起组成了一个整圆。我的直觉更强了，我变得更感性，这些都是因为她。她也变得更理性了。

妻　子：嗯。我们真的很不一样，但很适合。

丈　夫：我们更像是一个整体，而不是分开的个体，因为我们从对方身上都学到了东西。

采访者：对，从对方身上得到一些你可以带走的东西。

妻　子：是的。

丈　夫：我们很自豪，因为我们是互补的。

维度5：失望还是满意？ 失望维度得分高的夫妻会表达出这段关系不是他们所期待的那样的观点。他们会说他们对此感到很沮丧、绝望，感觉幻想破灭了，有时候还会很痛苦。他们不主张别人结婚并且会说人都应该避免进入婚姻。

---

① 简称MBTI测试，从4个维度出发，每个维度有2个互斥特点，将人的性格分成16种类型，用以衡量和描述人们在获取信息、做出决策及生活取向等方面偏好自陈式的人格测验。

采访者：对于正在考虑结婚的年轻人，你们有什么建议？

丈　夫：别急！

妻　子：（大笑）别急，不要结婚。

以下是另一对失望维度得分高的夫妻。

丈　夫：我们现在正在经历一件事，房产计划——我认为我无权介入，除非她特别要求我参与进去——她的遗产，她来想怎么划分遗产，诸如此类。那是她的事。然而，情况如果完全反过来，就有点儿不对了。我觉得她认为她有权参与我的遗产分配计划。这合理吗？

妻　子：是的，对我来说，写遗嘱应该是两人一起做的事。不管是他的遗嘱还是我的遗嘱，我们都要坐下来，表达我们愿意照顾对方。在我看来，这是应该完全开诚布公的领域，应该一起来做。现在我们做出了两个产品，我的遗嘱和他的遗嘱，如果他不公开，我就会走过去敲门直到他开门，或者直接把门拆了。

采访者：所以那就是一种程序？

妻　子：是的，就是这样的程序，或者就该是这样的。

丈　夫：（点头）她就是那么认为的。我的想法不一样。

妻　子：我想说这是一种很精确的描述……我们的朋友有天晚上有不同意见，然后我说："婚姻这种事……"——这刚好发生在我们在报纸上看到你的文章之前——我说："婚姻这种事并不是人们想象的那样，它实际上是控制的游戏。"

不让人失望的关系是非常明显的。在下面的案例中，这对夫妻说他们的关系和遇到的伴侣都超过了先前的预料。他们对自己在对方身上获得的东西感到很满意，充满感谢。以下是一个例子。

采访者：你们是怎么做出这个决定的？世界上有那么多人，你们是怎么决定对方就是那个真正想要结婚的人？这个问题你们俩都需要回答。

妻　子：先问他吧。

丈　夫：我先来。实际上，我……我想不起来是怎么决定的，就是一种感觉，你知道的。

采访者：那种感觉是怎样的？

丈　夫：那时……她就是很有趣。我喜欢和她在一起。

采访者：嗯。所以你真的很喜欢和她在一起，是吧。（转向妻子）你呢？

妻　子：嗯，那是在和同一个人在一辆车里度过了 3 周后，我们……我过得很愉快，我游历了一些从未去过的地方。我的意思是，两个人能在这么近的距离内度过这么长的时间，而且没有争吵，我们方向一致、目标一致，充满乐趣，当然也有妥协，比如每天要走多远、想看什么、想在什么时候停下来，这是很令人惊讶的。我的生活中从来没有过这种体验。

采访者：嗯。

妻　子：所以，就像"哇哦"一样。我妈觉得我疯了，但我知道我是对的。这段婚姻一直都是正确的。

丈　夫：（大笑）的确是这样。

妻　子：我给我妈打电话，在路上的时候……她知道我在旅行，我的意思是我得让她知道。

丈　夫：是的，她知道得很多。

妻　子：我不记得是在哪里给她打的电话，也不记得她说了什么——我说："这实在太有趣了。"——她说："我不知道你为什么要这么做，你甚至都不了解这个人。"（大笑）我的意思是，这是真的，他总不能是杀人犯吧。我知道这个决定做得简单却正确。

另一对夫妻对他们的关系达到预期表示满意，他们是这样说的：

| 信任的科学

妻　子：嗯，是的。当我走到那里的时候，我走下楼梯，他就在那里，和他的室友在一起，还带着东西。很好，那是很愉快的一个晚上。那天晚上发生了一件有趣的事——基本上是我们对彼此的感情达到的顶点。这是相互的，因为我觉得我们认识的人听到我们要结婚都没有感到很惊讶。他们还奇怪为什么我们这么晚才结婚。

丈　夫：是的，那也很有趣。

妻　子：他们都说我们肯定会结婚，因为他们看到了我们之间的化学反应。

另一对在这个维度得分很高的夫妻是这样说的：

妻　子：是的，很直接，他根本不害怕直视我的眼睛。我觉得他就是那种人，我觉得我终于遇到这种直接的人了，我们会成为真正的好朋友。

采访者：你对她的第一印象是什么？

丈　夫：（看着他的妻子，憋着笑）嗯，当我们第一次被人介绍认识时，她的微笑很美——我觉得她很可爱。当她走开后，我告诉别人我对她的第一印象是："哇哦，她的屁股真不错！"

采访者：是这样吗？

丈　夫：她的屁股真不错，真的不错。

采访者：是。

丈　夫：是的。

妻　子：就是在那一刻他看到了我的屁股，然后爱上了我。

丈　夫：只是开个小玩笑。我觉得我的第一印象是那个大大的微笑，她看起来是个很开心的人，我想她吸引我的是这一点。

采访者：所以，你是从什么时候起对她感兴趣的？

丈　夫：当时，就是那一刻。

何时退出

令人惊讶的是，通过分析布尔曼采集到的这些口述历史访谈编码数据，我们发现所有的维度在本质上都落到了一个大的维度。心理学家将"一个因素引起的变异百分比"视作一种"判断是否发现了开关"的方法。布尔曼的口述历史访谈编码数据中有强有力的证据显示，有一个因素就像开关一样。我们的数据显示，80% 的变异是由一个叫"我们的故事"的因素引起的。使用布尔曼编码，我们能够预测 4 年期间离婚率或婚姻的稳定性，准确率高达 94%。

关于这个预测的文章中存在一些严重的误解和糟糕的推理。美国的全国离婚率被估算在 43% ～ 67% 之间，尽管这是真实的，但是这个数据是基于持续 40 年以上的婚姻而得出的。用全国离婚率来预测短期婚姻的离婚率毫无逻辑。在我们对短期婚姻的预测中，样本中每年只有 2.5% 的夫妻离婚。例如，在我们的新婚夫妇研究中，夫妻们在结婚 6 年后，130 对夫妻只有 17 对离婚，6 年的离婚率就是 13.1%。这项研究预测的离婚率和从装了 17 个红色球和 11 个白色球（代表那些婚姻仍然存续的夫妻）的瓶子里抽出 94% 的红色球的概率是一样的。正确选择 94% 的红色球的概率可以简单地计算出结果，为 10^{-19}，也就是 0.0000000000000000001 的数量级。这意味着在短期纵向研究中进行预测很难。因此，我们用布尔曼的口述历史访谈编码数据来预测离婚率或婚姻的稳定性的能力极不可能是偶然发生的。

这些事实意味着夫妻们在采访中有两种表现：他们要么强调一起度过的美好时光，将坏时光最小化；要么强调坏时光，而将美好时光最小化。他们要么强调伴侣的正面特质，将伴侣的负面性格最小化；要么强调伴侣的负面性格，而将伴侣的正面特质最小化。几乎没有灰色地带存在。

一旦我们知道要寻找什么，何时退出一段关系就不是什么高深的学问了。关系开始变差（或者已经变差时）是非常明显的。

关于口述历史访谈的开关，我还想陈述一点。正面的故事并不来自生活中

| 信任的科学

只有正面事件发生的夫妻——绝对不是。他们故事的关键在于他们如何解读发生在他们身上的积极事件和消极事件。例如，一对夫妻说他们是18岁结婚的，因为她怀孕了。下面是他们的故事：

丈　　夫：马拉，我们结婚时她怀孕4个月了。

采访者：嗯。所以你觉得你们是"不得不"结婚的吗？

妻　　子：没有……也许吧。

丈　　夫：我觉得这是一件值得尊敬的事。我不认为它是"好吧，你们现在不得不结婚了"。

妻　　子：完全不是。

丈　　夫：我觉得这件事让我更尊敬马拉了。

妻　　子：我认为那是一种保护，对吧？

丈　　夫：是的。

他们很喜欢他们的婚礼，尽管双方的家人都没有参加。

采访者：嗯，好的。请给我讲讲你们的婚礼吧，你们做了什么？

丈　　夫：婚礼简直太棒了。

妻　　子：是的，我们的婚礼很美。

采访者：你们做了什么呢？

妻　　子：我们在一个——在一个凉亭里结的婚——这个凉亭叫老马塞达。

丈　　夫：老马塞达，那儿有一艘船，都是我装饰的。

妻　　子：在拉斯克鲁塞斯的一个很古老的镇子上。

丈　　夫：在新墨西哥——比利小子[①]和他们那伙人经常出没的地方。但是第一年，就是孩子出生后，情况变得更糟了。

妻　　子：我觉得这对比利来说更难，因为他——他习惯了自由自在，自己去做

---

① 比利小子是美国罪犯、枪手，西部的一个传奇人物。

各种事。你知道的，承担一个家庭的责任对他来说是巨大的改变。

丈　夫：是的，我承担了家庭的责任，但我很少在家。（看着妻子）

妻　子：他承担起了责任——他，要知道，他总是……他从来不发脾气，从不做任何坏事，但是他每晚都会喝醉了回家。

那时候他们的境况很艰难，但她没有任何怨恨和不满，他也没有。在她的描述中，他们结婚的第一年比利经常喝醉回家，因为他在外面和朋友们玩到很晚。最后他们决定搬到犹他州，在那里他们谁都不认识。

丈　夫：我的意思是，我们在搬家之前总是争吵。我们随时都在吵架。

妻　子：每天我们都在吵架，然后，我们就不说话了，这就是问题所在。

丈　夫：一天，她送我去上班，然后告诉我她要离婚。（两人大笑）

采访者：啊！

丈　夫：是的。

妻　子：那段时间我们都非常非常不开心。

丈　夫：我们真的需要离开那儿，远离他的朋友。我们这么做了，状况就改变了许多。

采访者：当你们搬到犹他州时，情况的确有所改善吗？

丈　夫：改善了很多，真的很多。

采访者：因为你们在一起？

丈　夫：一起——我们是被迫在一起的——我们没有谁可以依靠。

采访者：嗯。

妻　子：我们不得不相互依靠。

丈　夫：相互依靠，度过那段困难时光。

采访者：嗯。

妻　子：我们一起交朋友。

采访者：那时候宝宝在你们身边吗？

丈　夫：在。

妻　子：是的，他那会儿1岁了吧？（看着丈夫）

丈　夫：（点头）1岁左右。

妻　子：他那时大概14个月。

丈　夫：14个月，是的。

妻　子：我们搬到犹他州时他14个月大。

采访者：嗯。

妻　子：所以，情况开始慢慢变好，我们不得不在一起，相互依靠，相互了解，没有外部的影响。

采访者：是的。再给我讲讲你们成为父母的事吧。抛开其他一切，有了儿子后你们是什么感觉？

丈　夫：那简直太棒了，太棒了。

妻　子：我认为这可能是我们在关系开始时达成的唯一共识。

采访者：你们对孩子的感觉？

妻　子：是的。

丈　夫：是的，我们怎么做，他需要什么、不需要什么。

采访者：嗯。

妻　子：是的，我们在抚养孩子方面从来没吵过架。

采访者：所以你们的价值观是相似的？

丈　夫：是的。

妻　子：在我们抚养孩子的方式上，我们的价值观很确定、很相似。尽管他会出去玩，但他是位很好的父亲。所以，有孩子是非常好的经历。

采访者：嗯。这是一件很积极的事。

妻　子：是的，是的。（丈夫点头）

妻　子：我觉得我们只是在谈论它。

丈　夫：是的，只谈论它。意识到什么是好的、什么是不好的，我们就能把事情说开。

妻　子：是的。

采访者：嗯。

妻　子：我们真正取得的一个进展是能够告诉对方：我们对一件事的感受是什么。

丈　夫：嗯，我们的交流变得就像从 1 升级到 10，至少比以前高了 8 个等级。

妻　子：是的。

"我们的故事"的动态记忆

积极开关的打开，在于伴侣当下如何解读过去发生的消极事件：他们当下的故事将积极事件最大化、消极事件最小化；将伴侣的正面特质最大化、负面性格最小化。请注意，马拉和比利的故事的特别之处在于他们只能相互依赖——他们必须成为朋友，这样他们才能讨论他们的争吵。他们对消极事件的交流是打开口述历史积极开关的关键。

这个"逐渐进步"的关于伴侣的"我们的故事"可塑性很强，结果也成了这段关系最终会发生什么的指数。值得注意的是，通过对布尔曼口述历史访谈维度进行评分，我们对夫妇的婚姻稳定性或离婚率预测的准确率为 94%。

除非夫妻们得到帮助，改变信任的基本要素——这些要素让他们相信他们对伴侣的性格和他们关系过往经历的归因，否则他们的"我们的故事"将很不幸地为他们书写未来。所以，对终极信任的最佳衡量标准是对夫妻们提出口述历史访谈的问题，并且对他们的回答进行编码。

在这里，信任和不信任被刻在岩石上，并对最终的关系结果产生强大的影响。人们对于过去的可塑性强的记忆被重新加工，以适应现在并决定未来。在互动中的信任或不信任现在已经发挥了它的魔力或黑魔法，让我们产生了对伴侣真实性格的改变的思考，并重塑了关系的历史。现在改变的作用已经太小，也太晚了。

"我们的故事"的开关是很难改变的，积极的开关可以作为对暂时的烦躁和情感距离的强大缓冲。消极开关意味着即使伴侣的行为突然发生了巨大变化，也很可能被视为暂时的反常——这段关系仍被视为地狱，出于某种深不可测的原因，恶魔做了一些好的改变。

人们是如何陷入关系地狱的

尽管看起来很伤心，但有一个可靠的指标来指示夫妻们应该在什么时候认真考虑从这条沉船上跳出来，这可能会对他们有很大的帮助。了解夫妻们是如何走入这个绝望和恐怖之地的，也是一笔巨大财富。这样，其他人可以在开始一段新的关系或者试图修复一段病态的关系时，有一个如何去做的蓝图作为参照。结果证明，打开这种令人遗憾的消极口述历史开关的过程是明显可预测的，因为这个过程是通过信任被逐渐侵蚀而发生的。

下一章我将提出一个基于实证的理论，说明夫妻如何通过逐渐削弱信任来构建一个消极的"我们的故事"，或者如何通过逐渐建立信任来构建一个积极的"我们的故事"。不幸的是，朝着伤心和遗憾结局发展的黑暗和阴暗的速度如冰山融化般缓慢，而且通常是看不见的。通过一些实证基础来阐明这种黑暗是有帮助的。我们需要了解夫妻如何在自然状态下建立或侵蚀信任。

第六章

夫妻如何通过调和建立信任

这章解释了夫妻如何因为"调和"失败而打开了"我们的故事"的消极开关;描述了我在实验室对育儿和夫妻关系方面的"元情绪"研究是如何让我们发现了一套"调和技巧"的;并呈现了调和技巧的理论及其在三种关系情境中的后果:(1)"滑动门"时刻;(2)经历消极情绪的时刻或遗憾事件;(3)冲突。这个理论解释了调和、蔡格尼克效应和"我们的故事"的作用。研究表明,调和能够建立信任并能给关系带来积极结果。该理论还得出了在三种关系情境下建立信任的精确"蓝图"。

夫妻是如何打开"我们的故事"的消极开关的呢？答案很简单，信任被侵蚀了。然而，我们需要的不仅仅是一个答案，还要从研究中了解更多。我们需要了解夫妻是如何建立信任以及信任是如何被侵蚀的。

信任中最重要的"陪在身边"问题

通俗地来说，关系中的信任通常会用"你会陪在我身边吗？"这个问题来表达。如前所述，信任的问题是我在西雅图爱情实验室研究的130对新婚夫妇的冲突讨论的基础。在冲突讨论中，这些夫妻经常就以下问题进行争论："我能相信你会选择我而不是你的朋友吗？""我能相信你会选择我的利益而不是你父母的利益吗？""我能相信你更在意这段关系而不是你自己吗？""当你说你会回家时，我能相信你会说到做到吗？""我能相信你有动力去赚钱，为我们的家庭创造财富吗？"

在这些争吵中他们在询问自己：（1）能"真正地看见"伴侣真实的性格，这意味着一种透明；（2）在发生争执时伴侣是否会真的陪伴在他们身边。

大部分夫妻会通俗地用以下两个维度来描述信任。

第一个维度是透明度：伴侣遵守诺言，真正地去做他（她）说过要做的事。

这个维度的反面是撒谎和欺骗。对这些夫妻而言，信任意味着他们希望伴侣是一个诚实的人，他表现出来的样子就是诚实的。然而，信任并不仅仅是这样。例如，虽然邪恶的伴侣对自己的邪恶意图和行为表现得坦诚，但与这样的人在一起是不会幸福的。这就是说，信任不仅仅意味着真相、诚实和透明。

这就引出了信任的第二个维度：确信伴侣品行端正。我们必须知道伴侣是一个有道德的人——一个好人，他会用很高的道德标准来对待我们和他人，正直，诚实，充满爱和善意，并且我们能对这一点保持信心。信任的第二个维度事关伴侣对待我们的动机和行为。它提出了这样的问题："在伴侣的人生计划中我处在哪个位置？""和其他人或者伴侣的目标相比，我是否在某些重要意义上排在第一位，还是说其他事情优先于我？"

我们要问的问题是，通过口语化语言描述的信任的这两个维度是否与我们之前定义的信任度量相关。根据实证来看，它们是完全相关的。

夫妻如何建立信任

本书提出的一条建议是，夫妻可以使用"调和"的技巧来建立信任。在本章中我会先描述在一种长期承诺关系中如何使用调和技巧建立信任的蓝图。

为了创建信任的建设性蓝图，我们有必要讨论在三种不同的关系情境中如何使用调和技巧。如前所述，建立信任就像一把折扇，扇子的每个折面就是一个关于信任的基本问题，如："你会陪在我身边吗？"这些是对信任的微观测试，因为信任会随着时间的推移而建立，或随着时间的推移而减少。以下是三个建立信任的主要情境，也可称为信任之扇的折叠面：（1）"滑动门时刻"的日常互动；（2）过去的情感伤害或遗憾事件；（3）冲突互动。

滑动门时刻是扇子的第一面，它指的是夫妻中的一方在某一时刻表达了一种需求，将伴侣的回应当作对信任的测试。这些时刻，我们在测试能否相信伴侣会考虑我们表达出的需求。

扇子的第二面则指在某些时刻，双方中至少有一方在经历消极情绪，并且渴望与伴侣说话、进行联结。这种消极情绪可能是针对伴侣产生的一种消极情绪，也可能是和这段关系完全无关的个人消极情绪。扇子的第二面也包括关系中的"遗憾事件"，即我们伤害了伴侣的感情，或者发生了不愉快的争吵。

扇子的第三面是实际的冲突讨论（拉波波特的辩论模型）。在这种情境中，一对夫妻决定讨论在某方面悬而未决的事情，并已经知道他们将会出现分歧。

在下一章我将谈一谈如何应用调和技巧在"信任之扇"的另一重要折面，即更亲密的浪漫、激情和性的时刻，建立信任。

调和技巧的发现

关于夫妻间调和技巧是如何被发现的，有这样一个故事。1985年，我开发了一种与访谈父母访谈的方法，我将其称为"元情绪"访谈。在访谈中我们会问人们对自己和他们孩子的某种特定的情绪有着什么样的情绪。

术语"元"是心理学中一个自反性的词，即它反映的就是事物本身的概念。我来解释一下，"元认知"指的是我们思考"如何进行思考"；"元交流"指的是我们如何对"交流"这个主题进行交流；那么"元情绪"即我们对情绪产生的情绪。

我们分别对一些人进行了访谈。我们用这个访谈来和父母们谈论他们情绪的过往——有生气和伤心这种具体的情绪，也有笼统意义上的情绪。我们问他们对自己的情绪产生了什么样的情绪，对孩子的情绪有什么样的情绪，以及他们对情绪、情绪体验和情绪表达的总体认知。我们会问这样的问题："在生活中你对愤怒有什么样的体验？伤心呢？""你能告诉我，在你父亲的愤怒中长大是什么感受吗？这对你产生了什么样的影响？""你和愤怒的关系是什么样的？""你的父母是怎么展现他们对你的爱的？"

那么，这个关于人们如何感受他们的情绪的访谈有什么特殊之处呢？答案是，全世界的人都会以同样的方式经历和表现出至少 7 种基本情绪（愤怒、伤心、厌恶、轻蔑、害怕、感兴趣和高兴）。卡罗尔·伊泽德和保罗·埃克曼确立了这些基本事实。例如，当人们感觉伤心时，他们的面部表情基本上是相同的，他们眉头向上勾起，皱在一起，形成一个倒 V 形。当人们愤怒时，他们的眉毛会往下挤在一起，两条眉毛之间会形成一条竖直的皱纹；他们的上嘴唇会绷紧，或者双唇紧紧地抿在一起。当人们感到惊讶时，他们的整条眉毛都会上扬，嘴会张开，上眼睑抬起，眼睛睁大。当人们害怕时，他们的眉毛几乎是水平的，眼白会露出来，嘴唇紧紧向两边拉伸。他们如果感到厌恶，他们的鼻子就会皱起来，上嘴唇也会上抬。他们如果感到轻蔑，他们的左嘴角可能会被称为"颊肌"的外侧肌肉拉到一边，酒窝可能会变得明显，也可能会出现翻白眼的动作。

甚至有证据显示，全世界的人对每种情绪都有着相同的自主生理反应，尽管由罗伯特·利文森和保罗·埃克曼提出的"自主神经特异性假说"[①]仍然存在争议。比如，利文森和埃克曼发现，心率在恐惧和愤怒时会升高，在厌恶时会降低。人们的手在愤怒时会变热，在害怕时会变冷。

尽管情绪表达和体验具有普遍性，但人们在对每种情绪的感受、对特定情绪的经历、情绪表达和内在情绪体验方面存在巨大差异。我们采访了人们对愤怒、伤心、恐惧、喜欢、骄傲和积极状态，如玩耍、有趣和冒险这几种特定情绪体验的经历。我们也询问了他们关于总体意义上的情绪的看法。我们询问了他们在成长过程中对这些情绪的体验，也询问了他们及其伴侣在他们的关系中对这些情绪的体验。我们的访谈是将个人治疗和夫妻治疗连接起来的一种方法。

结果证明这是一种强有力的访谈方式。例如，有一名女性描述了她父亲临终前的场景。她握着他的手对他说："爸爸，你从来没说过你爱我。如果你现在说出来，那对我来说会有很大意义。"她父亲说："如果你现在都还不明白，你永远都不会明白的。"然后他就去世了。她带着对父亲的愤怒离开了房间，不能

---

① 该假说指出，情绪可以根据其相关的自主神经系统活动模式来区分。

哀悼他的过世。我们问她这件事对她造成了什么影响，她说，她下定决心每天都要告诉自己的孩子：她爱他们。

我还采访了另一名女性，她说很小时她就和姐妹们约定，一定会把伤心转化为愤怒，因为她们看到爸爸欺负妈妈，妈妈总是很抑郁。在她8岁那年，她们就做出了这个决定。从那时起，她说她再也没有体会过伤心，她只会生气。这个决定对她造成了什么影响呢？她现在在为社区中的各种社会事业奋斗，也在为在学校有阅读障碍的儿子努力。我之后又问她："当萨姆（她4岁的儿子）伤心时你会做什么呢？"她说："我会去跑步。"在她家里，萨姆感到伤心时，总是父亲在和他聊天。

我们问他们："当你们的父母为你们感到自豪时，他们是怎么表现的？"很多人哭了。他们说父母从未去看过一场他们的比赛、表演或独奏会。我问他们："这对你自己的家庭有什么影响？"他们通常会说很多话来表达对自己孩子的自豪感。

人们对情绪的感受存在很大的差异。例如，我们研究团队中的一名男性说："当有人对我生气时，就好像他们在我脸上大小便。"但是另外一名男士说："生气就像在清嗓子一样自然，把怒气发泄出来，然后继续生活。"当他们的孩子们对他们生气时，这两个父亲的感受非常不同。

在那项研究中，我们发现基本上只有两种父母："情绪摒除型"父母和"情绪教导型"父母。在这里我做了一些简化，因为人们可以以一种方式应对特定的情绪，也可以以另一种方式应对另一种情绪，于是元情绪访谈的结果会非常复杂。

一些父母会试着让孩子将他们的消极情绪转换为积极情绪。他们会使用很多技巧，比如分散孩子的注意力或告诫他们的孩子"振作起来"并改变他们的感受。他们认为人的情绪是一种选择，因此他们没有耐心去处理孩子的消极情绪。他们对消极情绪的态度被称为"情绪摒除"，否定消极情绪也属于情绪摒除。

情绪摒除型父母是这样的：

- 他们不会注意到自己或孩子（或者其他人）较低强度的情绪。在一次访谈中，我们问一对父母对女儿的伤心作何反应。母亲问父亲："杰西卡伤心过吗？"他说他觉得没有，除了有一次女儿独自去看望她祖母，那时候她4岁，"当她独自登上飞机时，"他说，"她看起来有点儿伤心。"然而，实际上所有的孩子都会在短短的几个小时内产生各种各样的情绪。一支蜡笔断掉了，孩子会立刻变得伤心又生气。这对父母根本没有注意到女儿细微的情绪。
- 他们将消极情绪视为毒药。他们想要保护自己的孩子永远不受消极情绪的荼毒。他们更喜欢快乐的孩子。
- 他们认为孩子处在消极情绪的时间越长，毒性越大。
- 他们对孩子的消极情绪没有耐心。他们甚至会因为孩子生气而惩罚孩子，甚至在孩子没有犯错的情况下。
- 他们认为需要强调生活中的积极因素。这是一种诺曼·文森特·皮尔的积极思考的哲学力量。这个观点是这样的："你可以拥有任何你想要的情绪，如果你选择拥有消极情绪，那是你自己的错。"因此他们认为需要选择一种积极情绪生活。如果你这么做，你会过得更快乐。所以，他们会做一些事情，比如分散孩子的注意力，逗他们开心，或者让他们振作起来，以创造积极的情绪。
- 他们认为通过内省或审视自己来检查一个人自己的感受是浪费时间，甚至是危险的。
- 他们通常找不到描绘情绪的精确词汇。

以下是一个情绪被摒除的例子。当被问到关于女儿的伤心时，一位被采访的父亲说："她伤心时我会满足她的需求。我会问她：'你需要什么？你想吃点儿什么吗？还是出去玩或者看电视？'我会满足她的需求。"这样这个孩子可能无法区别伤心和饥饿。还有另外一个例子。一位父亲说："假设我的孩子和别的孩子闹了矛盾，假设是别人拿了他的东西，我会说：'别担心，他不是故意的。他会还给你的。别老去想这事，放松点儿。忍一忍，继续生活。'"这个父亲传达的信息是："克服一下，这件事没那么重要。"

另一些父母则对孩子的消极情绪持积极态度，他们会表现出"情绪教导"的行为。情绪教导型父母将自己和孩子的情绪视作教育或培养亲密感的机会。他们会注意到孩子身上低强度的消极情绪。总体来看，在讨论情绪时，他们会经历 5 个步骤。我将这 5 个步骤称为"情绪教导"，后文将详述。

情绪教导理念则和情绪摒除大不相同。就拿上面同龄人的例子来说，我们采访过的另一位父亲说："如果有孩子对他不好，我会试着去理解他的感受和造成这种感受的原因。如果有孩子打他或嘲笑他，我就会停下手里的事情，让心飞向他。在这时我会感觉自己像个父亲，在感受他感受的东西。"

我在实验室里采访过一对情绪教导型的父母。父亲是职业橄榄球队的四分卫，母亲是一名职业啦啦队长。她告诉我，她之所以喜欢她丈夫，是因为当她准备搬去和他一起住时，她偶然看到了一张她小时候的笑脸日历。她说在她小时候，如果那天她过得很开心，她的父母就会在日历上贴上笑脸贴纸。如果她一个月收集了 20 个笑脸，她就可以买一个玩具。她很讨厌那个日历。她说："我喜欢我丈夫是因为我可以发脾气，而他仍然会想和我在一起。我不必一直保持高兴。"

以下是我们对情绪教导型父母特点的总结：

- 他们能注意到自己和孩子身上的低强度情绪。孩子不用升级情绪来引起父母的注意。
- 他们将这些情绪看作培养亲密感和教育的机会。
- 他们将消极情绪——即便是伤心、愤怒和恐惧——视作成长过程的健康部分。

- 他们对孩子的消极情绪富有耐心。
- 他们会传达对这些情绪的理解,并且不会进行自我辩护。
- 他们帮助孩子用语言表达他感受到的所有情绪。词语有什么作用?它们很重要。我认为,孩子使用正确的词语处理情绪通常与退缩相关的情绪(恐惧、伤心、厌恶)非常不同,变成了双侧额叶的处理。他们仍然能体会到退缩的情绪,但会伴随着乐观、控制和可以应对的感觉。
- 他们会共情消极情绪,即使是不良行为背后的消极情绪。例如,他们可能会说:"我理解你弟弟让你生气了,他有时候也会让我生气。"即便不赞成孩子的不良行为,他们也会这么做。他们用这种方式传达出一种价值观,即"所有的情绪和愿望都是可以被接受的"。
- 他们也会传达家庭的价值观。他们会为不良行为设立限度,并用这种方式传达出一种"尽管所有的情绪和愿望都是可接受的,但并不是所有的行为都可以被接受"的价值观。(还有些父母也做了情绪教导,但缺少了设置限度这一步,结果他们的孩子变得咄咄逼人。)他们头脑清晰,设定的界限和传达的价值观是一致的。
- 当孩子在没有不良行为的情况下出现消极情绪时,他们会解决问题。他们也不会对做这些事感到不耐烦。例如,他们可能会先寻求孩子的建议。
- 他们认为情感交流是双向的。这意味着当他们对孩子的不良行为产生消极情绪时,他们会让孩子知道他们的感受(但不是以侮辱人的方式)。他们说这可能是最严厉的管教形式,孩子会突然与父母断开了联系——不那么亲近,更加"疏远"了。

秉持这两种情绪哲学的父母是非常不同的,尤其是在教孩子新东西的方式上。一个名叫瓦妮莎·卡亨-约翰逊的优等生(后成为心理学教授)发现了这一点。情绪摒除型父母会用以下的方式来教孩子:

- 他们一开始会用让人感到兴奋的方式提供大量信息。
- 他们非常关注孩子的错误。
- 他们认为自己提出了"建设性的批评"。
- 父母指出孩子的错误,孩子犯的错会增加。这是技能习得早期阶段的常见影响。
- 孩子犯的错越来越多,父母的批评升级为侮辱,并使用诸如"你太粗心了""你太古怪了"等标签。他们有时会当着孩子的面讨论孩子,如"他太冲动了,这就是他的问题"。
- 如果孩子犯了更多的错,父母就可能自己接手,变得具有侵扰性。

在一本关于父亲的书中,一名叫克里斯托弗·哈洛韦尔的职业作家说,在他6岁时,他父亲对他说:"儿子,我来教你怎么制作箱子。如果你能做出来,那么在木材店你就什么都能做了。"克里斯托弗做的第一个箱子有点儿不稳,但是有一个盖子。他的父亲看了看这个箱子,说:"克里斯托弗,你这个箱子是歪的。如果你连箱子都做不好,那你在木材店就什么都做不好。"克里斯托弗35岁时仍然把这个箱子摆在床头柜上。他仍然能看见父亲的脸浮现在箱盖上,说道:"克里斯托弗,你将永远一事无成。"微小的瞬间可能会对孩子产生巨大的影响,因为他们倾向于相信自己的父母,即便是关于自己的负面评价。

在我们的实验室中,并不是所有情绪摒除型父母的孩子在完成父母教给他们的任务时都做得不好。有些孩子在执行任务时,见父母并不理会他们的负面情绪,他们就对父母很生气,并在执行任务过程中表现出色。他们做得很好,想以此来惹怒他们的父母。因此父母看到孩子有了很好的表现,但这是以牺牲信任为代价的。我之前的研究生南恩英,在论文中她比较了韩裔美国人和有欧洲血统的美国人的双亲家庭对6岁孩子的养育方式。前者主要采取情绪摒除方式,即不认同孩子,在建塔任务中使用让孩子羞愧的策略来鼓励他们的孩子;而后者主要使用情绪教导方式,使用表扬的策略来鼓励他们的孩子。韩裔美国人的孩子在这项任务上的表现明显优于有欧洲血统的美国人的孩子。然而，韩裔美国人的孩子的抑郁程度明显高于有欧洲血统的美国人的孩子。在这个案例中，更高的成就是以情感为代价的。

瓦妮莎·卡亨-约翰逊也发现情绪教导型的父母和情绪摒除型父母在教育孩子方面有着巨大的差别。

- 给孩子提供的信息很少，但足够让他们入门。
- 不参与孩子的错误（他们会忽视孩子们的错误）。
- 当孩子做出正确的事，会表扬孩子并增加一点儿信息（最好的教育是给孩子提供一种唾手可得的新工具，让学习的新东西与原有记忆相连接）。
- 孩子将学习归因于自己的发现。
- 孩子的表现也会越来越好。

需要指出的是，当测量父母的温情时，我们发现情绪摒除型父母也可以非常温暖。在编码中我们发现，父母是否充满温情，在数据上与情绪教导和情绪摒除是没有联系的。例如，一对父母可以很温暖地说："亲爱的，怎么了？赶紧笑一笑。好了，这才是爸爸的好女儿。是不是感觉好多了？"情绪摒除不是残忍的行为。父母这么做可能出于好意。

实际上，我并不是说情绪摒除是"坏的"。这是一种行动导向和解决问题的处理方式。在育儿过程中，情绪教导和情绪摒除的态度都很重要，但是我们发现在使用时需要注意顺序。例如，我的女儿莫里亚曾经很害怕学数学，她和我讨论了她对数学的恐惧。我共情了她的恐惧，她就感觉好多了。然而，尽管我能理解，但她实际上是需要学数学的。解决问题和行动导向在生活和育儿中是绝对必要的。然而，正如海姆·吉诺特曾所说，当理解之词先于建议之词时，建议总会更加有效。孩子需要先感觉到他并不孤单，需要感到被理解和支持，然后才更有可能开始行动。

对我来说,有趣的是,情绪摒除型和情绪教导型的人对消极情绪也有不同的比喻。摒除型的人认为愤怒就像爆炸,失去了控制或者具有侵略性。教导型的人将愤怒视为目标受阻后的自然反应,他们认为应该理解挫折、目标及阻挡目标的因素。摒除型的人认为伤心是沉溺于自怜——无所作为又被动,类似精神疾病——他们将伤心比作死亡。教导型的人认为伤心就像生活中失去了什么,他们说自己会放慢脚步来寻找到底缺失了什么。情绪摒除型的人将害怕视为怯懦和不作为,就像一个懦夫。教导型的人说害怕是在告诉你,你的世界不安全;当感到害怕时,他们会去思考如何让自己的世界更安全。对于一般意义上的消极情绪,摒除型的人认为感受消极情绪没有任何意义,检查消极情绪就像在明火上浇汽油一样,非常危险,应该全力以赴地克服它,继续前进。

简而言之,教导型的人认为探索消极情绪并不危险,也不令人害怕。他们说这样可以给人以生活方向,就像GPS[①]导航一样。摒除型的人认为积极应对是一种选择,沉溺于消极情绪是危险、悲观的,这样会导致混乱。

在最初的研究中,我们追踪了3～4岁的儿童,发现了这两种情绪理念带来的后果。与情绪摒除式的教育相比,进行了情绪教导的4岁儿童在长到8岁和15岁时会有很大的不同:

- 控制了在4岁时他们的智商在数据上的差异,他们8岁时的阅读和数学的分数更高。
- 这种影响是通过注意力系统发挥作用的。经历过情绪教导的儿童在集中注意力、保持注意力和转移注意力方面拥有更强的能力。
- 即使在亲子互动中感到不安时,经历过情绪教导的儿童也拥有更强的自我安抚能力。

---

① Global Positioning System,全球定位系统。

- 经历过情绪教导的儿童能更好地进行自我安抚、延迟满足和控制冲动。
- 父母不必过多地控制消极情绪。
- 经历过情绪教导的孩子不会经常发牢骚。
- 经历过情绪教导的孩子各种行为问题（攻击性和抑郁症）更少。
- 经历过情绪教导的孩子和其他孩子的关系更好。
- 经历过情绪教导的孩子患传染病的情况更少。
- 当进入童年中期和青春期时，经历过情绪教导的孩子一直保持着适当的"社交勇气"。
- 情绪教导型父母也让我们样本中的孩子避免了几乎所有婚姻危机、分居或离婚的负面影响（除了孩子的伤心）。消失的负面影响包括：（1）带有攻击性的行为；（2）在学校成绩下降；（3）和其他孩子关系不好。
- 正如我和林恩·卡茨、卡萝尔·胡文在我们的《元情绪》一书中所写的一样，随着经历过情绪教导的儿童的成长，他们的情商似乎更高。

索菲·哈维格斯特在澳大利亚进行的一项随机临床试验以及克里斯蒂娜·崔博士在韩国两所"天主教男孩镇"孤儿院（在首尔和釜山）的大规模学校干预中，都证明了父母对孩子进行情绪教导产生了积极的影响。

学会进行情绪教导

进行情绪教导只有 5 步，现在父母也可以通过一些资料学习这种技能。要教会父母这 5 个步骤并不困难，它们包括：

1. 在消极情绪升级前注意到它；
2. 将消极情绪视作教育孩子和培养亲密感的机会；
3. 认同这种情绪，并与之共情；

4. 帮助孩子用语言表达出他感受到的所有情绪；

5. 给不良行为设置限度，如果没有不良行为就要解决发生的问题。如果父母不做这最后一步，孩子往往会从身体上或言语上攻击其他孩子。

值得注意的是，我们的研究表明，父亲对儿子和女儿都有很大的影响。对孩子进行情绪教导的父亲是更好的父亲和更好的丈夫，他们的孩子会感觉和他们更亲密，妻子也更欣赏他们。在和妻子发生冲突时，情感教导型的丈夫并不会表现出轻蔑，他们会很尊敬对方。他们很了解自己的妻子，在口述历史访谈中会表达出对妻子的喜爱和欣赏。他们有着积极的口述历史开关。对于那些我们研究过的父亲，婚姻和育儿中的行为逻辑是相同的。想了解有关元情绪研究的更多信息，请参阅我与琼·德克莱尔合著的书《培养高情商的孩子》以及我与林恩·卡茨、卡萝尔·胡文合著的书《元情绪》。

调和是夫妻间的情绪教导

"教导"这个词暗示了一种不对称性。父母教导孩子，但孩子不教导父母。为了泛化情绪教导的概念，我们提出了"调和"的概念。这个概念是在我的学生丹·吉本的论文中对夫妻元情绪采访的编码基础上发展而来的。丹的采访拓展了我们早期对父母元情绪采访的工作。丹的博士论文将元情绪访谈应用到夫妻身上，并为新的访谈开发了新的编码系统。

伴侣双方再次分开接受采访。访谈内容非常丰富，充满趣味。我们现在认为访谈是个人治疗和夫妻治疗之间的潜在桥梁，因为在与双方进行访谈后，我们会进行一个明显的干预，即让他们互相谈论他们在各自采访中所说的话。事实证明，夫妻关系中的很多问题都源于双方对积极情绪（尤其是爱、感情和自豪）和消极情绪（尤其是恐惧、伤心和愤怒）的感受上的差异。

在丹的采访中，我们询问了人们对5种情绪——愤怒、伤心、恐惧、喜爱和骄傲（对某人的成就感到骄傲）——的经历和哲学，以及他们对这些情绪总体上的探索和表达的理念。丹的论文主要研究了伤心和愤怒。我们发现，每一方都认为他们的情感表达和体验来自小时候的家庭和文化。通常，不同夫妻们的童年经历差异很大。

我们还根据人们认为他们和伴侣可以充分谈论他们的情绪的程度，对这些访谈进行了评分。我们最终将人们分成了两类，一类是摒除情绪，一类是调和情绪。对消极情绪进行调和，与不耐烦、否定或摒除消极情绪刚好相反。

我们需要再次指出，当人们摒除伴侣的消极情绪时，他们的态度可能仍然是温暖和深情的，这点很重要。他们可能会说："亲爱的，别伤心，别哭，高兴一点儿，往好的方面想。"他们不一定是刻薄的。然而，正如儿童心理学家海姆·吉诺特曾经说过的那样，情绪不会因被摒除而消失。摒除情绪往往会在不经意间传达"我不想听到你有这种感觉"的意思，而摒除情绪的人本意并非如此。摒除情绪所传达的信息是"用积极情绪来取代消极情绪"，但是经历这种情绪的人听到的却是："哎呀！走开，去别的地方不开心吧！不要用你的消极情绪影响别人。"

实际上，有时候情绪摒除型的人会对伴侣的消极情绪感到不安，并将伴侣描述为"过于消极"或"过度需要情感支持"。这些人认为伴侣的消极情绪是一种负担，因为这会让他们自己的情绪很低落，即使伴侣的消极情绪与这段关系无关。对于这些人来说，元情绪的不匹配是他们关系中的一个严重问题。

我们发现，与父母的情绪摒除态度一样，夫妻之间的情绪摒除态度是基于这样的信念：一个人可以拥有他想要的任何情绪——这是一个意志问题，就像选择穿这件外套而不是那件外套。一个人如果有这种信念，那么感到不快乐时，他应该想穿上一件快乐外套而不是不快乐外套，这是合理的。这就是情绪摒除型的人想传达的信息。

我们还发现，当人们否定一种消极情绪时，这种反对往往源于他们认为自己应该为让伴侣感觉良好承担责任。不幸的是，一个人是没办法让另一个人感受到某种特定感受的。因此，这种认知是有问题的。

那么我们还有什么选择呢？如果一个人不为伴侣的消极情绪负责，你会如何处理这位伴侣的不快乐呢？我们的调和对象所给的答案是一系列调和技巧的基础。它是一种难以捉摸的基础，即当他有情绪或有某种需求时，伴侣能陪在他身边，其本质是以非防御姿态、能够共情地倾听，以便更好地了解伴侣的情绪。因此，调和并不是很复杂。

给调和访谈评分

我们对访谈中人们对情绪体验的认识，以及他们对对方情绪的反应能力等方面进行了评分。ATTUNE（调和）一词也是一个缩写词，代表了以下评分的类别：

- 对情绪的觉察（awareness）——A
- "面向"（turning toward）情绪——T
- 宽容（tolerance）——T
- 理解（understanding）情绪——U
- 非防御性（nondefensive）倾听——N
- 共情（empathy）——E

这6个维度是丹·吉本的编码系统所衡量的一部分。我们在每对夫妻元情绪访谈的录像带中为每个人的6个维度都进行了编码。

尽管调和并不复杂，但除非人们决定去调和，否则是很困难的。对于情感摒除型的人来说，这就要求他们将自己的情绪哲学从摒除或否定转变为调和，意味着他们要放弃改变对方情绪的想法，转为真诚地尝试理解对方的情绪。一个人一旦决定调和，他对这个技巧的使用就会越来越熟练。如果一对夫妻轮流当诉说者和倾听者，那么这个技巧可以分解为以下几个部分：

1. **觉察**。有觉察的诉说者会对较小的、较少升级的负面情绪表现做出反应，但不会责怪对方。有觉察的倾听者会定期测量对方的"情绪温度"，通常会问一些诸如"你好吗，亲爱的？"或者"你怎么了，宝贝？"之类的问题。有情绪觉察的人会将这些事件视为培养亲密感和亲近感的机会，而不会觉得不耐烦或恼火（例如，通过问"现在是什么情况？"或"和你在一起就总是有事，不是吗？"）。简而言之，有觉察的诉说者和倾听者不会对消极情绪不屑一顾或否定。

他们也会在工作记忆中保持一种意识，加州大学洛杉矶分校的心理学家汤姆·布拉德伯里将其称为伴侣的"持续脆弱性"和敏感性。例如，如果一方对被排除在外很敏感，他们会说他们记得这个事实，并相应地缓和对某个问题的讨论。如果一方对指责或愤怒很敏感，他们就会温柔地提出问题，采用所谓的"预先修复"（见第八章）。在我的个人实践中，我告诉来访者，每个人的童年都留下了伤疤，而这些伤疤会成为冲突升级的导火索。我建议他们想象每个人都穿着一件印有自身长久弱点的T恤。我最喜欢的一些问题是"你别试图通过建设性的指责让我变得更好""如果你想看到我摆出防御姿态，就责怪我试试""别骂我""不要试图控制我"。

调和的部分目标似乎是为了安抚对方，以减少"处理"消极情绪对双方的威胁。我们已经了解到，婴儿对外界刺激的反应通常有两种。我将这两种方式称为"这是什么？"反应和"这是什么鬼东西？"反应。例如，给婴儿看一张小丑的幻灯片，婴儿可能会直接盯着那张幻灯片看，苏联心理学家安德烈·索科洛夫将这种反应称为"定向反射"①。在这种模式下，婴儿心率降低，停止活动，直视幻灯片，停止吸吮乳头，其瞳孔也会放大。这就是"这是什么？"反应模式。

---

① 定向反射指由情境的新异性所引起的一种复杂又特殊的反射，文中主要指主动探索、探究的一种反射模式。

婴儿还有可能做出如下反应：婴儿的心率增加，开始移动，视线从幻灯片上移开，开始吮吸乳头，其瞳孔收缩。这就是"这是什么鬼东西？"的反应模式。在调和中，人们会试图让伴侣保持在"这是什么？"的反应模式，而不是停在"这是什么鬼东西？"的反应模式中。

2. **"面向"**。这意味着诉说者往往会根据他们的积极需求谈论他们的感受，而不是谈论诉说者不需要或不想要的内容。积极的需求是倾听者成功的秘诀。如果双方在讨论一种消极情绪或在回顾遗憾事件，积极的需求对诉说者来说也是有效的。例如，如果诉说者因为晚餐时的谈话很沮丧，可以这样提出积极的需求："我需要你问一问我今天过得怎么样。"对于诉说者来说，这就是成功的秘诀。所以，调和的规则是倾听者负起责任，诉说者也要负起责任。在"面向"对方这个过程中，诉说者不能以责怪和批评对方来开启对话。相反，诉说者有责任尽可能中立地表达他的感受，然后将对伴侣的抱怨转化为积极的需求（即对方确实需要的东西，而不是对方不需要的东西）。诉说者只有在精神上从"伴侣怎么了"转变为"可以为伴侣做些什么"，才能改善状况。诉说者需要找到如何这样做的秘诀。诉说者真实的意图是："这就是我的感受，这是我需要你做的事。"或者，在处理已经发生的消极事件时，诉说者会说："这就是我的感受，这就是我需要你做的。"

夫妻们怎么发现这种积极需求呢？他们怎么做才能将"这是你的错，我需要你停止这个错误"转变为"这是我的感受（或曾经的感受），这是我需要（或曾经需要）你做出的积极行为"呢？我认为答案是，在每种消极情绪中都隐含着一种渴望或愿望，因此每种情绪都有一个诀窍。总体来说，伤心意味着缺失了一些东西，愤怒意味着没有完成目标，失望意味着怀有希望和期待，孤独意味着渴望联结。总之，每种消极情绪都是一个引导我们走向渴望、愿望和希望的 GPS，而积极需求的表达消除了责备和责怪。

3. **宽容**。宽容会让伴侣相信，在每个消极情绪事件中，总是有两种不同但同样有效的对事件的看法。尽管伴侣双方的观点可能相同，但双方都相信自己可以从对方的观点中学到些什么。这种对不同观点的宽容必须是相互的，尽管人们可能不会认同伴侣对事实的陈述，他们会避免对事实的争论，并容忍伴侣的观点。他们不会试图改变伴侣的情绪或劝说伴侣不要有这些情绪，接受愤怒，也接受伤心，不会觉得伴侣的消极情绪是在针对自己。他们的观点似乎是（正如吉诺特所认为的那样）所有的情绪和愿望都是可以接受的，尽管并非所有的行为都是可以接受的。此外，宽容的人认为情绪是有目的和逻辑的。

这与情绪摒除的观点相反，情绪摒除的观点认为每个人都能选择情绪。宽容是一种认识，即谈论情绪是有意义的，和伴侣充分处理情绪是富有成效的。宽容并不意味着同意和妥协，也不意味着必须将伴侣的观点视为自己的观点。相反，宽容意味着人们相信询问伴侣的观点很重要。

4. 理解。在倾听时，这种人在寻求对伴侣情绪的理解——理解这些情绪的意义和历史——以及什么事件会导致误解、冲突或受伤的感受升级。他们表达的是："和我聊聊吧，宝贝。"当他们在倾听伴侣说话时，他们会把自己的其他计划延后，以用心理解伴侣的观点。"延后"具有操作意义，而不是忽视。他们说这样做就创造了一个双方都放心，都能确保自己被理解的情景。此时唯一的目标就是理解，不是给出建议，也不是纠正错误或引导对方。

我认为这个观点将冲突的主要工作从劝服伴侣认为自己的观点更值得被理解转向了找出伴侣的观点，并且试图理解它，虽然有点儿违背直觉，但除了试着去理解伴侣，只有不为对方的情绪负责，才能够促成理解。例如，当伴侣在哭泣时，你的回应不应该是"请不要哭了"，而应该是"请帮我弄明白你流眼泪的原因是什么"。我们的目标是理解，这就已经足够了。理解很重要的一点是向对方提问："还有什么事吗？你对这种情况还有其他情绪和需求吗？"我认为耐心源于一种信念，即在一个场景中人们通常有好几种情绪，是各种情绪混合在一起的。情绪就像多米诺骨牌一样，人们通常只会处理主要的情绪或骨牌，处理主要的感觉，这样他们就会再次回到这个场景中，因为他们没能充分处理所有的情绪。

5. 非防御性倾听。为了帮助理解，应用调和技巧的人在倾听伴侣的消极情绪和观点时会降低自己的防御性和淹没状态。我认为这是调和中最困难的社交技巧，但是，也许它比共情更重要。非防御性倾听的主要方法是保持安静，在回应前停顿一下，认真倾听，推迟自己的其他计划，同时关注伴侣的痛苦，用自己的爱和保护来降低他们的防御性。我认为真正重要的是，他们关注的是伴侣对当下情景的看法，而不是"事实"。他们记得自己爱并且尊重自己的伴侣。他们会等待，而不是迅速做出反应。他们记得呼吸和自我安抚，在可能的情况下，他们会最大限度地和伴侣达成一致，寻求共同点，并尽量不将伴侣的情绪视为人身攻击或他们必须解决的问题。

降低自己的防御性并不容易。治疗师丹·怀尔建议将防御性情绪转化为自我披露，例如："现在我心怀戒备，但我不想做出防御性反应。"降低防御性对于关系建立在"空中楼阁"的人来说是十分困难的。如果情感账户余额很少，他们就会对伴侣的消极情绪过度敏感和警觉。他们甚至可能会看到不存在的消极情绪，并且往往会漏掉伴侣表现出的一些积极情绪。如前所述，1980 年，两名研究人员鲁宾孙和普赖斯进行了一项研究，他们让观察员在一对夫妻的家里观察他们的积极情绪。他们也教导这对夫妻这样去观察。夫妻相处融洽时，观察者和夫妻观察到的积极情绪是一样的；但当夫妻不开心时，夫妻间看到的积极情绪比观察者看到的少 50%。

6. 共情。ATTUNE 这个缩写词的最后一个字母指的是 empathy，即共情——试图用热情和理解去倾听伴侣的消极情绪，并试着用伴侣的眼睛来观察这些情绪。这个过程让我想起了斯波克先生在原版《星际迷航》中的"瓦肯人心灵融合"。斯波克是瓦肯人，他可以通过心灵感应将自己的思想与他人的思想进行融合。当进行心灵融合时，他抛下自己的心灵，通过他人的眼睛看世界。共情，就像这种心灵感应，通过伴侣的眼睛来看待一种情景（以及感受它）。能共情的倾听者会敏锐地觉察到伴侣的痛苦和沮丧——这是一种暂时成为伴侣并体验伴侣情绪的共鸣体验。然后他们会传达共情和认同。关于认同有一个很好的总结，即认同能够传达如下信息:"对我来说,你会有这些感受和需求是有道理的,因为……"认同是调和技巧的一个非常重要的部分。

这就是我们在调和访谈中编码内容的一般定义。调和作为一种通用技能套装,在三种不同的社会环境中都很重要,并且其应用因情境而异。

情境一:滑动门时刻的调和

在电影《双面情人》中,格温妮斯·帕特洛饰演的主人公决定下班回家,因为她感觉不舒服。她跑着去搭伦敦的地铁,但还是慢了一点儿,没赶上。在下一幕中,我们看到了她的男朋友,他出轨了她最好的女性朋友。帕特洛坐下一班地铁回到了家,完全不知道男朋友做了什么。然后,我们突然被拉回过去,回到了地铁站台那个时刻,只是这次帕特洛赶上了地铁。她走进家门,撞见了男朋友出轨的一幕。两条轨迹就这样在电影中展开,不知何故,奇怪地交织在一起,并在最后相遇。

我身上也发生过一个滑动门的故事:我正准备上床睡觉,把一本我还没来得及看完的悬疑小说放到床边。当我走进浴室时,我看到浴室镜子里映出我妻子的脸。她正在梳头,看起来很伤心。她没有看见我。在滑动门时刻的一个版本中,我可以慢慢地退出浴室,躺到床上,然后拿起我的小说。在那个宇宙中,我的妻子随后也躺到床上,我会转向她,提出和她做爱。她仍然感觉很伤心,可能会推开我,因为她实在没心思做爱。但随后,就像在电影中一样,我又回到了滑动门时刻,再次站在了浴室门口。这一次我走进了浴室,从妻子手中拿过梳子,帮她梳头。这是另外一个宇宙。她闭上眼睛,靠在我的肩头,我问道:"宝贝,你怎么了?"我们聊了聊她的伤心事,原来她92岁的母亲患上阿尔茨海默病,导致精神警觉性下降。后来我们都上床了,我向她提出做爱,她热情地回应了。

现在想象一下,我们回到了第一个宇宙。这次,当她推开我时,我可能会很生气，可能会说："你太冷漠了。"这很有可能会引发一起遗憾事件。因此，以这种方式，关系中的细微时刻展开了——在普通的时刻，做出了普通的决定，但随着时间推移，关系轨迹会变得非常不同。

在一段关系中，有很多这样的时刻。每一次都有一个微小的转折点——一个联结的机会或一个失去的机会。在一次滑动门时刻你没有"面向"伴侣，可能不会产生巨大的负面影响。然而，当这样的选择越来越多，总是选择摒除情绪而不去调和它，其结果就是形成两条不同的轨迹，通向截然不同的宇宙。

这些频发的滑动门时刻就是小型的"信任测试"。当伴侣直接或间接地提出某种需求时，就是选择的时刻，我们将之称为"沟通邀请"——对这个邀请我们可以选择"面向"、对抗或"背向"对方。沟通的要求可以直接通过言语提出，也可以间接通过非言语方式提出。在很多这样的时刻，信任度是被主观评估的——通常我们都没有意识到——随着时间的推移，我们逐渐决定是否可以指望伴侣的诚实、他们是否真正地"陪伴"在我们身边。这就是我们在信任方面的工作和苏珊·约翰逊的"情绪聚焦夫妻治疗"相联系的地方。"背向"对方会对伴侣相互的依恋和安全感产生影响。

沟通的要求（"陪在我身边"）可能小到只是想立刻引起对方的注意。我们可能想给伴侣展示些什么，或对某事做出评论，讲个笑话，或者以多种方式让伴侣看到我们当前的迫切需求。例如，我们可能会说："你能帮我叠下衣服吗？"或者当伴侣从我们身旁走过时，我们可能会在叠衣时发出抱怨声。沟通邀请需要的不仅仅是注意，还需要对方对自己产生积极的兴趣。

更有趣的是，这些滑动门时刻的沟通邀请实际上是有等级的，有点儿像梯子。沟通邀请的等级取决于我们对伴侣在认知能力或情感付出方面有多高的要求。以下是沟通邀请的一些例子，它们是按从低到高的等级来排列的。

1. 引起注意
2. 简单的要求（如"你既然起床了，帮我拿一下黄油。"）

3. 请求帮忙、团队合作和协调（如让伴侣帮忙跑腿）

4. 唤起伴侣的兴趣或兴奋

5. 询问信息

6. 对话

7. 发泄

8. 分享一天中发生的事

9. 减压

10. 解决问题

11. 幽默和欢笑

12. 喜爱

13. 嬉闹

14. 冒险

15. 探索

16. 一起学习做某事

17. 亲密对话

18. 情感支持

19. 理解、同情和共情

20. 性亲密

例如，"注意"在清单里等级较低，因为如果你不能引起伴侣的注意，你就不太可能发出对话邀请或得到对方的情感支持。这意味着在梯子上等级较低的依恋安全会比更高等级的邀请风险更高，也更脆弱。如果这段关系通过了较低等级的信任测试，我的脆弱等级更高，我就会信任我的伴侣。我们在餐馆里看到的那些不自在地吃完一整顿饭却从不交谈的夫妻，他们的联结处在梯子上的低等级层次。

我以前的学生贾尼丝·德赖弗用她的"面向沟通邀请"编码系统对公寓型研

究实验室里的新婚夫妇发出的沟通邀请进行了编码。大体上，人们会积极地回应沟通邀请，我们称之为"面向"。这么做不需要付出多大的努力，有时候甚至轻轻哼两声也能做到充分的"面向"。如果伴侣的反应很大，贾尼丝称之为"热情面向"，这通常存在构建情感联结的巨大可能性。例如，假设一方在看电视，然后说："他们去西班牙度蜜月了，哇哦！"另一方最低限度的"面向"是回应道："挺好的。"或者另一方回应得更热情，比如："哇，简直太棒了。我们今年夏天也去怎么样？"

另一方也可能会完全忽视这个沟通邀请，就好像他根本没听到或没注意到一样，这被我们称为"背向"。或者另一方会以脾气暴躁、易怒或咄咄逼人的方式回应邀请，我们称之为"对抗"。

在新婚夫妇研究中，贾尼丝发现，结婚6年后离婚的夫妻有33%的时间"面向"他们的伴侣（在我们的爱情实验室中），而6年之后婚姻仍然存续的夫妻有86%的时间"面向"伴侣。这是一个很大的区别。

贾尼丝也发现"面向"会建立一个"情感账户"，这个账户会让冲突更有可能充满积极情绪，尤其是共同的幽默。她一开始只是发现了两者的联系，未去验证，而这种联系可能只是偶然。但是，后来我们做了一项随机的临床试验（即金·瑞安的论文），试验显示在一日研讨会中只要改变"健康关系之屋"理论的下面三层（爱情地图、"面向"对方以及分享喜爱和赞美），就会增加冲突中的积极情绪，尤其是幽默感。这项研究是验证"健康关系之屋"理论因果模型的重要组成部分，它表明在某种程度上"面向"能够激发冲突间的积极情绪。

这一点为什么如此有趣？我们之前发现，预测新婚夫妇离婚和婚姻稳定的最佳因素是冲突期间积极情绪的数量，尤其是幽默、理解和喜爱。这个发现有什么用呢？这是一个无用的发现，因为直接处理冲突是不可能在冲突中引发积极情绪的，跟在幽默和娱乐方面命令别人发笑一样无效。然而，发现面向沟通邀请与引发冲突中的积极情绪有关，这给我们提供了一条线索，它告诉我们如何积极调整冲突的走向。因此，它也给我们提供了在冲突中有效修复感情和平复心情的方法。我们可以在不直接处理冲突的情况下使用这些方法。现在，我们只需关注面向沟通邀请。

滑动门时刻中的"背向"或反抗

在公寓型实验室的录影带中，我们注意到一方的"背向"似乎会让沟通发起者的身姿有些扭曲，随后他会通过进行拉窗帘之类的活动来挽回自己的面子。因此"背向"可能只造成了一个小小的伤害，而不是大伤害。通常，做出"背向"行为的那个人并不觉得这个瞬间是很重要的，"背向"不一定是因为心胸狭隘。然而，这种小小的"背向"却为坏习惯打下了基础。

正如苏珊·约翰逊在我们诊所培训治疗师时指出的一样，当沟通邀请具有更深层次的意义时，这些瞬间是不容小觑的，"背向"本身可能会导致我们对彼此在关系中隐含的契约失去信任——这是一种相互鼓励和相互陪伴在彼此身边的契约。然后，人们往往会体验到巨大的失望、愤怒和孤独。苏珊·约翰逊说，无法得到"依恋对象"（应该是安全和保障的来源，即"陪在你身边"的人）的情感和回应，会导致从伴侣身上得到"背向"回应的人愤怒和恐慌。约翰逊的情绪聚焦夫妻治疗有一个观点，就是在必要的时候，要花时间去理解、处理和治愈这些她称为"依恋创伤"的问题。

约翰逊所说的严重依恋创伤发生在"背向"的时刻——这些时刻不仅仅是在侵蚀信任，更是在击碎信任。例如，约翰逊在治疗中遇到一个丈夫，他拒绝谈论妻子的流产，因为他认为这些谈话没有"积极性和建设性"，所以妻子只能独自处理她的伤心和失落。

处理滑动门时刻中"背向"的秘诀是首先要注意到沟通邀请，然后回应邀请。这两个步骤要求我们对伴侣如何提出要求的倾向有很强烈的意识，以及我们需要有一个能够在大部分时候满足这些需求的态度。这样，我们就是在传达："宝贝，我听到你说的话了。跟我说说，我怎样才能满足你的需求？"

情境二：遗憾事件发生期间的调和

在所有关系中都会不可避免地发生遗憾事件。一个简单的数学证据就足以解释这一点。我们如果估算一下与伴侣在一起时我们在情感上可用时间的百分比——准备好全心全意地倾听对方，大多数人会同意50%的时间是一个慷慨的估计。这是扔硬币得到正面或反面的概率。如果这时我们问："假设双方在情感上可使用的时间是独立的，伴侣双方同时将时间用在情感上的概率是多少呢？"这个概率是0.25（0.5×0.5=0.25），即抛硬币时两次正面朝上的概率。因此，即便是这样慷慨的估算，75%的时间都随时会沟通不畅。比起50%，更现实的估算可能是30%，在这种情况下，两个人同时将时间放在情感上的概率为9%，其中91%的时间都随时会沟通不畅。遗憾事件就这样自然地出现了，这并不意味着这段关系很糟糕，只是表明在任何一段关系中的两个人都有着不同的想法。

遗憾事件发生后，调和的第一步是平静下来，第二步是发起一场处理这个事件的对话。"处理"是指一对夫妻能够讨论这个遗憾事件而不再次进入遗憾事件，也不就此事进行后续的争吵，就好像他们在戏院的楼厅上，能观察并谈论他们两个参演的戏剧舞台。他们在传达"宝贝，和我聊聊，我在听你说呢"的信息。在我的临床实践中，我让人们轮流做这个。这种态度和倾听技巧需要包括：（1）觉察；（2）"面向"；（3）宽容；（4）非防御性倾听；（5）将理解作为目标；（6）共情。这些都是对话的基础，让他们能在滑动门时刻建立情感联结。

已故的伟大喜剧演员乔治·卡林写的一本书中有一个章节，名为"有些事情你永远不会看到"，流行的保险杠贴纸"总会有坏事发生"出现在劳斯莱斯汽车上就是其中一例。他说，只有那些落魄的人才会把这种贴纸贴在车上。然而，在所有的关系中，消极情绪、不幸事件和遗憾事件都会不可避免地发生，对开着破烂福特汽车和开着劳斯莱斯汽车的人来说都是如此。坏事总会发生在每个人身上。

建立信任的关键是回应伴侣消极情绪的方式。夫妻间最常见的遗憾事件或坏事是什么？令人惊讶的是，答案并不是关于特定话题（比如性或者金钱）的争端。记者们经常问我："夫妻大多数时候是因为什么争吵？"我回答："他们几乎不会为特定的事争吵。"夫妻们很少坐下来，制订一个日程，然后为像预算这种特定的话题争吵，虽然有时候他们确实会争论这方面的事，但相反，他们通常会在看似很普通的、毫无意义的小事上伤害对方的感情。总有坏事发生。例如，一对夫妻在看电视，丈夫拿着遥控器正在换台，这时候她说："就看这个频道。"他说："好，但是我们先看看还有什么其他节目吧。"她回应说："不要！就看这个频道。我不喜欢你不停地换台。"他扔掉遥控器生气地说："好吧！"她回应道："我不喜欢你像刚刚那样说'好吧'，我感觉很受伤。"他说："你总是想用自己的方式做事，所以我说'好吧'，按你的方式来吧。我不想吵架。"她说："我再也不想和你一起看电视了。""我不想和你争论这件事。"他回应道，然后离开了房间。很小的一件事变成了遗憾事件。他们确实需要谈一谈控制和影响。如果他们使用"调和"的程序来聊一聊，他们对这个事件和对方观点的理解都会增强，从而通过沟通增强信任感。如果他们在这个遗憾事件中摒除了消极情绪，虽然通常他们最后还是会再次和好，但信任会受到少量侵蚀。

坏事发生时的信任建立理论

自爱因斯坦开始，物理学家就一直在寻找"大统一理论"，这个理论将统一四种自然力：引力、电磁力、放射性衰变的弱核力和将原子核结合在一起的强核力。然而，他们至今都没有发现这种理论。

在关系领域，事情显然比理论物理学简单得多。我想提出爱情关系中坏事发生时的信任大统一理论。我们的数据显示，调和是减少淹没状态和避免打开消极口述历史开关的终极方法。现在，我们可以用一个理论来解释有的关系能很好地持续而有的关系会失败的原因。

失败关系的解释。夫妻关系中的消极事件是不可避免的。关系失败的原因是"蔡格尼克效应"①。一对夫妻如果没有（通过调和）充分地处理负面事件，那么他们会记住这个事件，并且这个事件会反复出现在双方的脑海中。信任开始被侵蚀，最终"认知失调"就出现了：人处在一段关系中，但这段关系是名副其实的消极情绪之源。"认知失调"就像鞋子里的小石子，伴侣要解决它，就只能确定双方长期的负面性格，这种特质可以解释关系中持续发生的负面事件。根据我们的经验，最常见的负面归因是"我的伴侣很自私"。既然有这个归因，就表明信任已经被侵蚀了。人们不再相信伴侣会考虑他们的最佳利益。背叛的可能性也会增加，因为我们开始认为伴侣考虑的基本上都是他自己的利益。在冲突讨论中，消极情绪更令人不快，更有可能变成相互的消极情绪，也更有可能升级。这些在冲突中消极的交流会变成一种容易进入、不容易退出的"吸收状态"。他们也会产生背叛，因为现在的冲突变得更像是一场零和博弈。可悲的是，这时的很多非冲突交流也会具有吸收状态的特点。渐渐地，在冲突和非冲突互动中，人们无法以伴侣的最大利益为中心行事，开始以自身利益为中心。这意味着不仅信任受到侵蚀，背叛的可能性也增加了，积极诠释被消极诠释替代。

新的、持续未处理的消极事件导致了信任的侵蚀，背叛的可能性也增加了，在蔡格尼克效应作用下两种情况会加重，最终会超越一个临界值。这时，口述历史的消极开关就打开了，超过了临界值，夫妻双方开始各自在内心重述这段关系的历史。

此时消极事件盖过了积极事件，伴侣的负面性格开始盖过其正面特质。对这些关系的成本收益分析更多转向成本上的不平衡而不是收益，消极事件开始发生。人们此时会认为："即便我的伴侣为我做了一件体贴的事，那也只是一个自私的人偶尔做了一件好事——我已经不再信任这个人了。"

---

① Zeigarnik effect，这是一种记忆效应，指相比已处理完成的事情，人们对尚未处理完的事情印象更加深刻，该结论由布卢马·蔡格尼克通过实验得出。

良好关系的解释

关系运作良好的方式是充分处理消极事件，不出现蔡格尼克效应。这样，这些遗憾事件就不会被记得很清楚，也不会在大脑中反复出现。相反，人们会记住积极事件，积极事件也会在大脑中反复出现。因为伴侣"陪在我们身边"，我们建立了信任。我们认为伴侣的行为是为了我们的最佳利益。伴侣通过处理我们的消极情绪，表现出他会考虑我们的最佳收益，并且会"陪在我们身边"。我们会记住这些积极的时刻，因为想到它们本质上是有益的，我们的需求对伴侣来说是重要的。然后，我们会继续生活，忘记我们受到的具体伤害，并将关系中的负面影响最小化，也不会出现认知失调的情况。人们处在一段关系中，这段关系是名副其实的积极情绪之源。我们认定伴侣拥有长久的积极特质，这些特质"解释"了这个和我们在一起的人会让我们感到快乐，我们能信任他，和他在一起我们感到很安全，我们也很难记住他身上消极的方面。最常见的积极归因是"伴侣很有爱心也很慷慨"。现在，如果伴侣变得轻率、易怒，在情感上疏远了我们或不友善，我们的解释是他一定"很焦虑"，因为我们信任这个人。消极交流也不会变成吸收状态，因为我们会试着去修复伴侣的消极情绪，伴侣也会倾向于接受我们的修复。实际上，我们觉得伴侣对我们很温柔，并发起了"预先"修复，以缓和每次有分歧的讨论。就算讨论出现了分歧，我们也能一起一笑了之，因为我们相互喜爱。

我们会回忆起新的、不断处理的消极事件，但只有模糊的记忆。口述历史的开关保持在积极那一面。重述这段关系的历史时，我们会强调积极的方面：积极事件盖过了消极事件，伴侣的积极特质盖过了消极特质。对这种关系的成本收益分析更多转向收益而不是成本。积极事件开始发生，即使伴侣做了一些令人讨厌的事情，他（她）也会被视为一个优秀且值得信赖的人，他（她）只是暂时压力大或心情不好。事件的影响被最小化了，如果这个事件持续时间很长，伴侣将进行再次调和。

| 信任的科学

信任建立流程图

图 6.1 的图解展示了一段关系中两种发展方面的轨迹。我们已经知道消极事件或遗憾事件是无法避免的。在右边的轨道上，情绪事件被摒除或者不被赞成，没有情绪处理，没有情感联结，于是出现了淹没状态，或者淹没状态持续下去，不信任也随之出现。蔡格尼克效应导致这个事件被记住并在大脑中反复出现，冲突中的消极情绪和非冲突互动变成了吸收状态，认知失调导致口述历史的消极开关开启。人们用伴侣持续性的消极特质和短暂性的、只在特定情境出现的积极特质来"解释"消极事件。

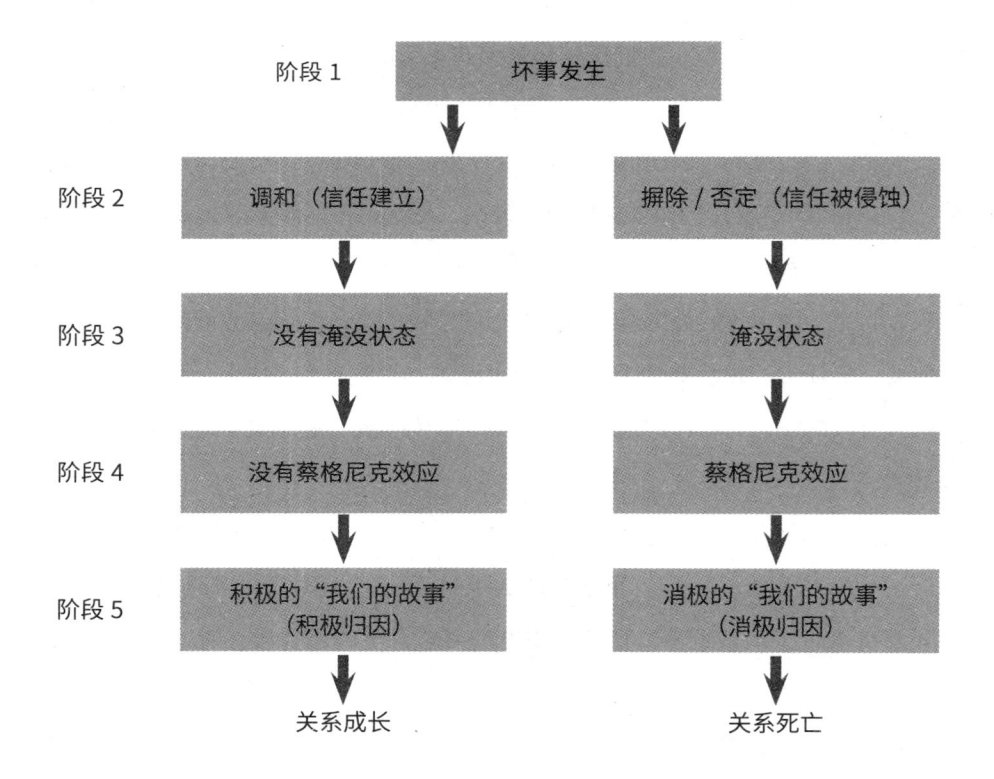

阶段 1	坏事发生	
阶段 2	调和（信任建立）	摒除/否定（信任被侵蚀）
阶段 3	没有淹没状态	淹没状态
阶段 4	没有蔡格尼克效应	蔡格尼克效应
阶段 5	积极的"我们的故事"（积极归因）	消极的"我们的故事"（消极归因）
	关系成长	关系死亡

图 6.1　遗憾事件的 5 个阶段

在左边的轨道中，淹没状态减少，调和发生了。冲突不是吸收状态，可以很轻松地通过修复和积极情感（如幽默和喜爱）来退出。没有发生蔡格尼克效应，人们回忆起大部分积极事件，并用伴侣持续性的积极特质和短暂性的、只在特定情境出现的消极特质来"解释"消极事件。

我们来仔细看看这 5 个阶段。

阶段 1：坏事发生。我已经探讨过，关系中的消极情绪和遗憾事件是无法避免的。然而，对这些瞬间的回应是很重要的，这样就进入了阶段 2。

阶段 2：被调和、被摒除或被否定。遗憾事件发生后，会有一个滑动门选择时刻，有两条路：要么调和伴侣的消极情绪或对遗憾事件的感受，要么摒除或否定这些情绪和感受。当我们防御性地倾听在遗憾事件中造成的伤害时，冲突升级和关系疏远就会出现，这两者代替了夫妻需要进行的调和对话。我们需要使用调和建立信任。

相反，如果摒除情绪，信任就会被损坏。

伴侣没有陪在我们身边，出现权力不对称时，情绪摒除更有可能发生，摒除者比情绪被摒除的人拥有更多的权力，权力不对称因此成了摒除的条件。摒除者变得更疏远，就和要求-退缩模式[①] 中的退缩者一样。

我们可以将调和比喻为两件乐器相互调音，调音需要基准音，合奏可能需要听到 A 调。在关系中当伴侣需要聊一聊消极情绪或经历的遗憾事件时，我们需要立足于伴侣的观点。合奏很容易跑调，这是很自然的，所以需要定期调音，关系也是这样的。当一方不愿意调和时会发生什么呢？信任会被侵蚀。情绪摒除者会退缩得更多，成为逃避者，这样就形成了追逐-远离动态，此时就进入了阶段 3——淹没状态。这会造成权力不对称，追逐者的权力会突然变小。（在本

---

① 婚姻中最基本的一种沟通方式，一方总是希望对方与自己讨论彼此关系中的问题，这种讨论常常会通过压迫、唠叨、责备和抱怨对方来实现；另一方则试图逃避讨论，通过捍卫自己、消极应对、不采取任何行为（你说你的，我做我的）或退缩（沉默、离开等）的方式来达到目的。

书最后一章我会讲到如何用数学来定义和测量这些权力不对称。）

阶段3：是否陷入淹没状态。在表达消极情绪或遗憾事件与摒除情绪期间，我们大部分人都会陷入淹没状态，或者经历消极诠释。陷入淹没状态通常是由于反复进入生理上的战斗-逃跑状态引发的累积效果。当感受到淹没时，我们宁愿待在地球上的其他地方，也不愿待在这个房间里与伴侣交谈。淹没状态预示着我们的防御会增加，因为我们感到不堪重负，要么想逃跑，要么想立即消除伴侣的消极情绪。但是结果证明，我们的淹没状态越多，我们引起的恶意互动就越多，我们也就越会更多次地进行自我总结，而不是吸收新信息。

总的来说，在遗憾事件及随之而来的消极滑动门时刻，淹没状态是重新建立联结和修复关系的最大障碍。如前所述，我们的数据也显示男性陷入淹没状态比女性容易得多，他们进行自我安抚也更困难。总体上，当陷入淹没状态时，我们不能很好地处理信息，我们共情、同情、发挥创造力或自嘲的能力也会急剧下降。在淹没状态中，这些美妙的能力似乎瞬间消失了。

当我们处于淹没状态时，不仅信任受到了一点点侵蚀，不信任度也增加了。我们开始认为伴侣不是恼人的朋友而是我们的敌人，我们开始根据自身利益行事。我们极有可能将遗憾事件视为权力斗争和零和博弈。我们招致了背叛。

处于淹没状态的我们不是坏人，也不是突然患上精神病，也不一定处在一段糟糕的关系中。我们仅仅是进入了淹没状态而已。即使我们愿意，我们也不能带着同情心倾听伴侣的想法。我们的研究数据表明，淹没状态分为三个部分：第一部分是受到被攻击、指责和遗弃的冲击；第二部分是觉察到我们无法冷静下来；第三部分是情感关闭。当我们被淹没时，我们就像一座被围困的城市，然后冲突开始变成一种吸收状态。

理解淹没状态的概念本身可以为那些难以倾听伴侣想法的人们提供一些帮助。它表明当人们被淹没时，他们即使愿意倾听对方说话，也无法做到。这并不是任何人的过错，它是一种自然的"战斗或逃跑"状态，虽然有点儿不适合这个情境。淹没的概念还表明，当一个人处于淹没状态时调和自身，以及理解自身感受，进行自我安抚而非进入"战斗或逃跑"状态是非常重要的。处在淹没状态时，我们没办法想起我们为什么喜欢自己的伴侣，也失去了创造力。

阶段4：是否出现蔡格尼克效应。1922年，娇小的新婚犹太女人布卢马·蔡格尼克坐在维也纳的一家咖啡厅里，她看见服务员认真地听着大型聚会的大额订单，却没有用笔记下这些订单。然后，她看见服务员们完美地端出了这些菜。蔡格尼克的观察总是很敏锐，她后来采访了这些服务员。当他们匆忙地往返于顾客的桌子和厨房之间，她发现他们总能记住顾客要求的一切。然而，当她采访那些完成了订单的服务员时，他们却什么都不记得了。换句话说，当订单没有完成时，他们能够记住内容；但在订单完全完成后，他们就忘记了内容。这种现象后来被称为"蔡格尼克效应"，其定义如下：我们能更好地记住尚未充分处理的事件。蔡格尼克发现，平均而言，我们对"未完成的事件"的记忆力比我们对以某种方式完成的事件的要好90%。

著名的社会心理学家莫顿·多伊奇在1968年的《社会心理学手册》一书中回顾了库尔特·勒温对他所谓的"蔡格尼克商数"，即回忆起的未完成任务除以回忆起的已完成任务的比率的社会心理学讨论。蔡格尼克预测该比率将大于1.0，多伊奇的回顾研究发现蔡格尼克商数平均为1.9。

一些作者甚至声称蔡格尼克效应构成了夜梦的基础，因为我们经常梦见未完成的日常事件。还有一些人，比如精神病学家丹尼尔·西格尔声称蔡格尼克效应可以解释创伤性事件会在大脑中挥之不去的原因，并随时准备在正确的触发条件下被再次激活。但是，如果同样的创伤事件之后被完成，变成自传里用与创伤性身体感觉相关的词写成的故事，那么这些创伤就不会再造成伤害了。换句话说，它们被完全"处理"了。我们已经完成了它们，因此它们占用的记忆空间较小。

蔡格尼克效应可能不局限于对事实的记忆，还控制着消极情绪事件在记忆中的储存。加州大学伯克利分校研究员玛丽·梅因开发了一种"成人依恋访谈"。在这种访谈中，梅因对人们讲述童年故事的方式，以及这些人的童年生活是否痛苦、是否造成创伤进行了评分。比起故事的内容，她对故事的讲述方式更感兴趣。据观察，能够讲述有关童年创伤的连贯故事的人，与那些遭受相同童年创伤但不知何故没有克服这些创伤的人相比，成了非常不同的父母。后者描述这些童年事件时很焦虑，心事重重，想要摒除这些事件，或者描述得很不连贯。当研究这两种父母的孩子时，玛丽·梅因发现了一种非常惊人的效应。那些以某种方式结束创伤、能够有条理地讲述一个连贯的故事、在讲述故事时不会被情绪淹没的人，他们的孩子对父母的依恋是安全型依恋。相反，那些没有克服创伤、不能有条理地讲述连贯的故事、在讲述时会被情绪淹没的人，他们的孩子对父母的依恋则是不安全型依恋。婴儿依恋的安全性已被视为健康养育子女的核心缓冲区之一，这个缓冲会贯穿孩子的一生。存在安全型依恋的孩子在学校和处理社会关系上的表现更好，并且总体上比存在不安全型依恋的孩子表现更好。

玛丽·梅因的发现——以及蔡格尼克效应——成了丹尼尔·西格尔和玛丽·哈策尔改善育儿计划的基础（请参阅他们的书《由内而外的教养》）。伊恩·A. 詹姆斯等指出蔡格尼克效应是所有情绪障碍的基础。他认为，持续的干扰和"坚持"反映了未解决问题的存在，他称之为心理"弹出窗口"。詹姆斯认为蔡格尼克效应可能对多种精神疾病有很大影响，如创伤后应激障碍、未解决的伤心、强迫症和一般焦虑症。詹姆斯认为这些障碍有很强的"完成倾向"。

卡萝尔·塔夫里斯和艾略特·阿伦森出版了一本名为《错不在我》的书。书名引自亨利·基辛格的话，当被问及在尼克松政府任职是什么感觉时，他说错误已经发生，但不是他造成的。塔夫里斯和阿伦森的书是关于自我辩护的，即人们如何完善不和谐的记忆——记忆和经验之间的不一致。《华尔街日报》在对这本书的评论中说，这本书既充满娱乐性又非常有趣，直到人们意识到这本书讲的是一个人的自我辩解，这时它就突然变得可怕起来。这本书是对被称为"认知失调"现象的一次探索，该现象首先由社会心理学家利昂·费斯廷格发现。费斯廷格写了一本名为《当预言失败时》的书，讲述了他对一个邪教的观察，这个邪教坚信世界将在某个特定日期毁灭。费斯廷格经历了那个日期的到来，他想知道当邪教的预言失败时，邪教成员会怎么做——他们如何解决由他们明显错误的信念造成的"认知失调"。结果是这样的：邪教领袖等了很长时间，直到她确定预言真的失败了。然后她向众人宣布，正是他们的信仰奇迹般地将世界从毁灭中拯救了过来。费斯廷格说，该邪教的信仰在此之后甚至变得更加强大和坚定，因为他们找到了解决认知失调的方法。

蔡格尼克效应的潜在作用是巨大的。一方面，如果我们和伴侣对消极情绪事件或遗憾事件进行了调和，我们只会模模糊糊地记得这件事，包括它的细节将变得模糊，整个事件将变得无关紧要。另一方面，如果我们忽略或不处理消极情绪事件，它并不会自行消失，将会发酵，准备着再次被触发。

这就是对消极的遗憾事件进行调和的重要原因。如果伴侣们不利用调和来处理事件，这个事件及其引发的消极情绪就会久存于伴侣心间，就像不慎踩到就会爆炸的简易爆炸装置。

我们的实验室里有两个指数，可以用来测量蔡格尼克效应的程度。第一个指数是在回看冲突讨论录像后用评分转盘打出的分数平均值。其中的道理是消极事件没有得到处理的评分会比消极事件得到处理的评分低。第二个指数是人们对伴侣的人格特质做出的归因。我前文提到，实验室研究最常见的发现是当关系变得不那么幸福时，人们开始做出的第一个消极归因是"我的伴侣很自私"，这是信任度下降的直接反映。然后，他们开始将伴侣暂时的情感疏远和易怒视为一种长期的消极人格特质的标志。相反，在幸福的关系中，人们会做出长期的积极人格特质归因，比如"我的伴侣很贴心"，并倾向于将伴侣暂时的情感疏远和易怒归因于暂时的情况，比如"我的伴侣压力很大"。

阶段5：不断变化的"我们的故事"。当蔡格尼克效应发挥作用时，未解决的消极情绪就会抓住人们的意识。随着时间的推移，当摒除带来的消极情绪超过了临界值时，我们就会开始进行消极诠释。在消极诠释中，我们对留在这段关系中的成本收益分析开始发生变化，会更多地倾向于分析成本而不是收益。

我们的想法自然更倾向于离开这段关系，而不是留在其中。

这是如何发生的？一段关系逐渐破裂时，其最后阶段改变了我们对这段关系的历史以及伴侣潜在性格的记忆。我们得到了这样的教训：消极情绪并不会因为被驱逐而消失。当消极情绪没有被充分处理时，它们会继续存留，然后蔡格尼克效应会出现，使我们的思想停留在这些情感伤害上。这些情感伤害会变成鞋子里的沙粒，我们却无法摆脱它们。我们在脑海里一遍又一遍地思考这些事件，研究它们的每一面，试图弄清楚事情发生的原因。我们面临着认知失调，内心产生了矛盾：我们一方面想要继续维持这段关系，但另一方面又在想着这些消极情绪和反复出现的遗憾事件。这确实有些不对劲。

我们最终向自己讲述了一个消极的"我们的故事"，以此来解决这种极度不舒服的认知失调。不幸的是，这个过程还包括在精神上将长期的消极特质归因于伴侣，如将一切归因于伴侣的自私，现在冲突成了一种吸收状态、一场零和博弈。在这个新的"我们的故事"中，我们慢慢地回顾过去，寻找自私和其他负面性格的线索。我们将过去消极事件的重要性放到最大，并将过去积极事件的重要性放到最小。我们告诉自己争吵确实毫无意义，因为它们最终也未能改善我们的关系。我们现在戴上了一个感知过滤器，它告诉我们，一切都在变得更糟。我们一旦对伴侣做出这些消极归因，就很难再改变了。例如，如果伴侣突然对我们出奇地好，我们仍然认为这是自私的伴侣做了一件好事，所以伴侣所做的好事的影响就会被淡化。

如果我们将其转变为了消极的"我们的故事"，这段关系几乎就一定会沿着可悲的可预测轨迹发展；如果我们将其转变为了积极的"我们的故事"，这段关系很可能会经由截然不同的轨迹，朝着积极诠释前进，对暂时的消极情绪或情感疏远起到缓冲作用。

显然，调和技巧可以决定一段关系是继续发展还是逐渐破裂。

情境三：冲突期间的调和

需要应用调和的第三种情境就是冲突。回顾一下，当冲突变成一种吸收状态时，信任就会受到侵蚀。如果伴侣们在冲突中无法修复他们的互动，如果冲突升级或两人都选择退缩，如果他们都无法避免淹没状态或弥漫性生理唤醒反应，如果在冲突中出现"末日四骑士"，那么信任就会受到严重的损害。如果这种冲突模式成为他们处理所有冲突的方式，信任最终就会消失，夫妻双方将进入我们所谓的"距离和疏远级联反应"。

在距离和疏远级联反应中，伴侣们将逐渐不再讨论那个问题，他们开始相信跟对方谈话是没有意义的，最终完全地避开对方，过互不干扰的生活，变得越来越不开心和孤独，使回避冲突成了常态。

在三种情境中应用调和蓝图

我现在将讨论在三种关系情境中进行调和所需的蓝图。

蓝图一：滑动门时刻的调和

在这三种情境中，信任被击碎最常见的一个原因是伴侣元情绪的不匹配。有时，元情绪中的这些差异是冲突的永久性来源。我在治疗中遇到过一对夫妻，比尔和黛安，我将以他们为例来说明。

在比尔的个人访谈中，他说每当妻子进入房间时，他都会紧张，还会扫描她的身体，看看是否有任何情绪低落的迹象。他总是提心吊胆，生怕会发生严重的消极事件。他想让我帮他确认他妻子是否有精神问题。

黛安在她的个人访谈里说，每当她走进一个房间，比尔就变得像蝙蝠车[①]一样，立即举起盾牌，让他看起来无坚不摧，就像一个穿着盔甲的骑士，眼睛只露出两条缝。她根本没办法靠近他，还声称他从未认真听过她说话。"当我需要你时你永远不在"，她说，但他却认为自己一直都在听她说话。

当我观察他们在一起的情形时，我很明显地发现，他对她的沟通邀请和消极情绪很不耐烦，表现出一种"现在又怎么了"的态度。他也不能对不同的消极情绪进行区分，只是觉得如果她感到伤心、愤怒、害怕或焦虑，或者只是对某事有复杂的感觉，事情都同样糟糕。任何不愉快和不乐观的事情都让他非常担心。她形容他总是很暴躁。

当试图听妻子说话时，比尔说他认为自己有责任将她的消极状态转变为积极状态。他对她不耐烦，因为他太专注于自己的工作；他声称他的时间不够，总是很匆忙。然而，他认为自己作为她的丈夫，需要让她开心，所以当她不开心时，他会提出一个假如他是她，会如何解决她遇到的问题的假设，这样做，不管世界如何对待他，他都感觉很好，所以他会很快进入给建议的模式。他对她的"是的，但是"的反应很生气，因为他认为自己的建议绝妙。他改变她消极情绪的责任感是他变成蝙蝠车行为的根源。

比尔有很多他认为明智的建议，比如"当世界给你一手坏牌时，你就打好手中的牌"，但这些建议却被忽视了。这些建议并没有让妻子感到在被倾听，反而让她觉得，他认为她竟会愚蠢地为这样的事沮丧，她的情绪化让自己感觉受到了羞辱。

这种夫妻困境有什么解决办法呢？解决方案包括让比尔了解到，如果黛安提出沟通邀请以寻求情感联结，那么倾听她的想法、理解她，并直面她在邀请中表达的需求，就足够了。为了实现这一目标，比尔需要相信只倾听而不给建议会带来更好的结果。这是需要付出努力的。这个情境下的蓝图包括两件事：

[①] 美国漫画中超级英雄蝙蝠侠的战车。

（1）觉察到伴侣如何发出沟通邀请以寻求情感联结；（2）当对方发出沟通邀请时，尽可能"面向"对方是应有的态度。

蓝图二：遗憾事件发生期间的调和

需要通过调和建立信任的第二个情境是处理过去的遗憾事件或情感伤害。为此，我们要学习使用"创伤程序"。正如威廉·福克纳在《修女安魂曲》中所写的一样，"过去并未消逝，它甚至还没有过去"。没有解决的情感创伤会存在当前的问题中。蔡格尼克效应会出现，以解决这种认知失调。

我们使用了"戈特曼关系恢复工具箱"来处理争吵或遗憾事件。我们引导夫妻们完全地处理过去的事件。"处理"的意思是夫妻可以在冲突情景中保持足够的情感距离谈论事件而不必回顾事件，并且最好带着中立或积极的情绪，这意味着他们在谈论时不会陷入淹没状态。

具体来说，他们不会争论情景中发生的"事实"，而是认同两个信念：（1）观点就是一切；（2）在每种情况下，总会有两种有效的观点。这个创伤程序的6个步骤如下：

1. **感受**。夫妻双方都要描述自己的感受，而不对造成这种感受的原因做出解释。他们可以在表格提供的45种感受中进行选择，或者添加自己的感受。这里没有争论，每个人只是中立地列出自己在冲突期间的感受。

2. **客观事实**。接着，双方开始轮流描述对方在事件中的客观事实——发生了什么事，而不是责怪伴侣，让伴侣进入防御状态（没有攻击），或者使用以"你"开头的陈述（除非需要尽可能中立地描述场景）。他们可以谈论在这种情况下他们可能需要对方提供什么，从表格提供的29种需求中进行选择，或者添加自己的需求。然后另一个人通过"你看待这件事的方式以及你的看法是有道理的，我明白了"这样的话来表明确认了伴侣描述的事实。

3. 承担责任。每个人开始分享可能使自己受到伤害、做出防御性反应、退缩，或者使争吵升级的其他方式。他们可以从包含22个示例原因的列表中选出原因，也可以自己添加原因。然后，双方总结出自己对争吵或遗憾事件承担的责任。这一步让夫妻们进入了丹·怀尔所说的"承认模式"中。

4. 我的触发因素。他们会分享导致事件升级的触发因素，可以参考一张清单，包括27个可能的触发因素，或添加自己的触发因素。他们将这些触发因素描述为他们的"长期的弱点"。

5. 为什么会有这些触发因素？ 如果有可能，他们也会轮流分享自己的故事，解释自己因早年的什么经历产生了这些触发因素，并形成了汤姆·布拉德伯里所说的"长期的弱点"。人们希望自己的伴侣能记住自己的这些弱点，这样他们对自己的旧伤就会更敏感。

6. 建设性计划。每人都会谈论：（1）下次出现这种情况时，伴侣怎样才能做得更好；（2）下次出现这种情况时，自己怎样才能做得更好。

参考丹·怀尔的冲突模式，戈特曼关系恢复工具箱将这6步进行了简化（图6.2）。这里要传达的信息是：你必须经过承认模式才能进入合作模式，否则就没有人为沟通不畅负责；摒除是最糟糕的行为。丹·怀尔通过他敏锐的临床直觉和清晰的写作预见了我的研究结果。我们回到比尔和戴安的例子上。比尔表达了他无法与戴安讨论问题。当他对她感到生气、受到伤害、被她弄得很难堪，或感到失望时，他会试着告诉她自己的感受。他的目标是提出一个问题，然后解决这个问题。他在试着提出建设性意见，来改善他和她的关系，但是他声称她几乎总是因为他表达的方式而生气。然后，他说整个谈话内容就会变成她对他的回应，以及他是怎么说错话的。他说他们很少会回到他原本提出的问题上。他是对的。我在办公室里见证了这一切的发生。戴安感觉自己被指责了，很快进入了淹没状态，然后开始反击。她会变得非常情绪化，经常哭泣，然后他因为他造成的伤害而安慰她。他会以道歉结束对话，然后完全放弃这个话题。

```
攻击-防御模式
      ↓
   承认模式
      ↓
   合作模式
```

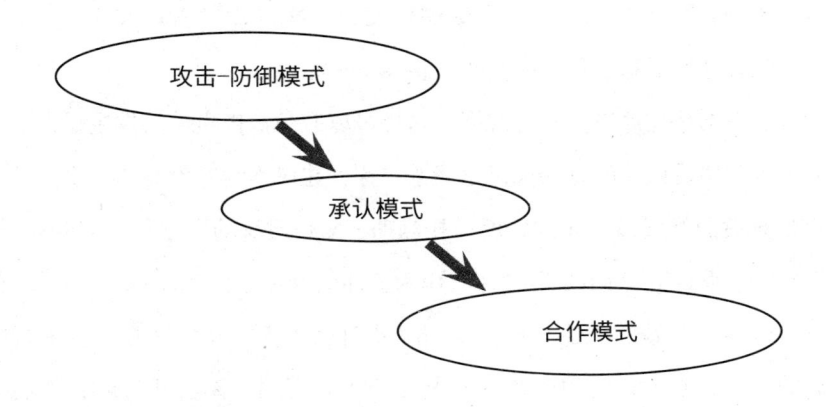

图 6.2　冲突的三种模式

她也有一个隐藏问题。于她而言，他提出问题的方式跟她父亲指出她的性格问题时一样——就像一名失望的、想纠正她的导师。她会立刻羞愧地回应，然后竖起她的盾牌，立刻就进入了淹没状态。他们两个人都被触发了。

于他而言，她提出问题的方式是为了陈述这个问题，并责怪他对她的问题不敏感，这与在他成长过程中母亲控制他的方式很相似。他将这个经历称为"终极愧疚之旅"。他对"你有什么问题？"这个问题尤其敏感——这个问题看起来是一个问题，但其实并不是。很少有人会这样回答："哦，我很高兴你这么问了。我先看看自己的情况，然后告诉你我哪个部分现在有缺陷。"所以他们各自长期的弱点都被触发了。

他们两人的问题不在于他们会情绪化、失望、受伤、生气、伤心或沮丧，而在于他们不能谈论这个问题，于是他们就成了蔡格尼克效应的牺牲品。

因为这对夫妻没有完全解决这个问题，他们俩会在脑海中一遍又一遍地回顾这个事件，检查它的每一面，直到最后得出一个原因，就是自己的伴侣出了很大的问题。他认为她精神上肯定出了问题，因为她总是很消极，回绝了他提出的每个解决方案。尽管他出于好意，最后他却成了坏人。她认为他就像她父亲，总是指责她，永远不会对她感到满意，并认定他根本不爱她。

她认为他需要的是别人，一个更加完美的女性，就像她父亲需要一个更加完美的女儿。他们的口述历史变得很消极。

很多自助书籍建议设立沟通规则，这样可以避免消极事件的发生，人们也就可以用更具"建设性"的方法来讨论问题。这种建议本身并没有错。事实上，我们也会为对话的开头设立规则，就像托马斯·戈登建议的以"我"来开始陈述，如"我真的很沮丧"，而不是以"你"作为陈述的开端，如"你不在意我"。很明显，与以"你"开始的陈述相比，人们可能对以"我"开头的陈述会进行防御性更低的回应。然而，沟通规则的问题在于当人们陷入淹没状态时，他们会以他们特有的消极方式说话，所以他们很可能会变得挑剔，更有可能使用消极的以"你"开头的陈述。正如丹·怀尔所说，在激烈的争吵中，你不会记得什么是以"我"开头的陈述，你也不在乎。所以，终极的解决方式不是避免陷入消极情绪或者是以完美的方式来说话。你可以试试，但是这些遗憾事件是无法避免的。

相反，我们的研究表明，我们的终极目标是培养两人充分处理这些不可避免的事件的能力，这就是在情境二中"调和"的意思。一旦消极事件得到了充分处理，人们就不会再记得很清楚。丹·怀尔说，很多冲突都与这对夫妻从未有过但需要进行的对话有关。但是，他们没有开启这个对话，而是发生了争吵。当他们进行调和时，他们就能清楚地看到他们需要进行这场交流。

蓝图三：冲突期间的调和

调和也可以成为让冲突讨论更具建设性的蓝图。基于拉波波特的理论，这个蓝图被称为"戈特曼-拉波波特蓝图"。

每周一次的"关系状况"会议

大多数夫妻都愿意每周花一个小时来聊聊他们之间的关系。我认为可以设立一个（至少）每周一次的"关系状况"会议，在会议中进行情绪调和，也就是说每周至少花一个小时来处理关系和消极情绪。夫妻们可以利用这一个小时的时间来进行调和。之后，在掌握了调和技巧后，当消极情绪出现时，他们便能更快、更有效地去应对。

如果夫妻愿意，他们可以轮流做诉说者和倾听者。当做诉说者时，他们可以用写字板、黄色便签簿和笔分别写下双方的想法；做倾听者时，他们可以做笔记。这不是什么高科技，但是记笔记的过程能帮助夫妻们远离淹没状态。

我建议在会议开始时，在处理消极事件之前，每个人都讲一讲这段关系中好的方面，之后至少说出 5 件他们要感谢伴侣在那周所做的积极事件。然后会议继续，伴侣们可以讨论关系中的问题。如果出现了问题，他们可以用调和技巧充分地处理这些问题。

在冲突中，调和的技巧是什么？我们可以在阿纳托尔·拉波波特的《战斗、博弈和辩论》一书中找到部分答案。在这本书中，拉波波特谈到了增加人们在辩论中选择合作而非自身利益的可能性。他的建议是，我们需要减少威胁——人们只有感到安全，才能进行合作并放弃自身利益。

拉波波特理论的另一个很重要的原则就是，要想保证冲突是安全的，我们先要将"说服对方"推迟，直到双方都能陈述伴侣的立场，让伴侣感到满意为止。

拉波波特的想法并不复杂，却足以调和双方的情绪，以增强合作。在拉波波特建议的基础上，我将其进行调整并应用到了夫妻身上，我的改变仅仅是让夫妻正确理解淹没状态。我同意拉波波特认为减少威胁很重要的想法，然而，我认为要实现调和，对诉说者进行约束也非常重要。我们的研究显示，一旦诉说者以严苛的方式谈话，倾听者就会进入防御状态，调和也就不存在了。

因此，在我的蓝图中，尽管倾听者需要调和，但并不是调和的所有责任都落在了倾听者身上。在感受到被攻击时，没有人能够在倾听时不带着防备心。诉说者不能以责备或批评的方式开始表达消极情绪，因为"建设性的批评"几乎是不存在的。相反，诉说者必须尽可能中立地陈述他的感受，然后将对伴侣的抱怨转化为积极的需求——积极的需求是让伴侣成功倾听的秘诀。

再次说明一下，对诉说者进行约束的原因是，即便在幸福的关系中，人们以攻击来触发冲突这种相对罕见的状况，与不幸福关系中的互动结果并没有太大不同。我们发现尽管幸福的夫妻很少发生这种情况，但攻击的后果通常也会导致对方进入防御状态，这和不幸福的关系中的情况是一样的。因此，诉说者必须承担起温柔地开启对话的责任。

将抱怨转换为积极需求，需要在心理上从"伴侣有什么问题"转变为"伴侣做什么是有用的"。在这里回顾一下我的观点，即在每一种消极情绪中都有一种渴望或愿望，因此，成功的秘诀是存在的，可能会有所帮助。发现这个秘诀是诉说者的任务。诉说者其实在说："这就是我的感受，这就是我需要你做的事。"调和的最终目标是减少两人感受到的威胁并避免淹没状态的出现，这样两人才能获得对方的非防御性、理解和共情。要让这个方法起作用，我们需要推迟说服对方和解决问题的时间，并降低防御性。也就是说，我们需要处在"这是什么"的模式中，而不是处在"这到底是什么鬼东西"的状态中，直到双方都能陈述和确认伴侣的立场，并让对方感到满意。

找到积极的需求是很重要的。诉说者需要从"这就是你的问题，你需要停止这么做"转变为"这就是我的感受（或我曾经的感受），这就是我需要（或曾经需要）你做的积极的事"，以此来开启对话。

这背后的原理是，消极情绪是指引我们找到那个愿望、渴望和希望的导航。如前所述，每种消极情绪都包含了成功处理问题的秘诀。我们也提到过，找到这个秘诀是诉说者的工作而不是倾听者的。积极的需求能消除责怪和责备。

调和并不总是相互的。然而，冲突中确实需要相互调和。一个人能推迟他自己的日程，做一个调和的倾听者，但他的时间是有限的。在我的实践中，当在冲突中进行调和时，我让人们轮流当诉说者和倾听者，诉说者最终都成了调和的诉说者。我给每个人发了笔和笔记本。我要求诉说者表达一种感受，然后将感受转化为积极需求。倾听者需要调和，记笔记，并且能够确认诉说者的立场，直到诉说者满意为止。这就要求倾听者不仅要总结诉说者说了什么，还要确认诉说者的感受和需求。这意味着，倾听者能够完成像这样的一个句子："对我来说，你会有这些感受和需求是有道理的，因为……"这并不是要求倾听者同意诉说者的观点，而只是为了让倾听者能够从特定的角度看出以及感知到诉说者的观点所具有的意义。通常，要使用这个技巧，倾听者不仅仅需要关注诉说者陈述的事实，还要关注诉说者的痛苦、沮丧和苦恼，同时要让诉说者感受到倾听者的爱和被保护。

总结一下，冲突中诉说者的调和蓝图如下：

- 不要责怪对方，不使用以"你"开头的陈述方式
- 谈论你在特定场景下的感受，使用以"我"开头的陈述
- 表达一种积极需求

冲突中倾听者的调和蓝图如下：

- 觉察到伴侣的长期弱点
- 通过推迟自己的日程"面向"伴侣
- 包容对方并相信总有两种有效的观点
- 将理解伴侣作为倾听的目标
- 非防御性倾听，不立刻回应，感受对方的痛苦
- 共情——总结伴侣的观点并通过"我完全理解你为什么会有这样的感受和需求，因为……"这样的句子来进行确认

调和的潜在缓解作用

在我参与的实践中，所有夫妻都学习了这三种情况下的情绪调和的技巧。我告诉他们，调和并不是一个很难掌握的技巧；我还告诉他们，它是他们建立

真正适合自己的关系所需的基本技能。调和一开始看似很尴尬，效率很低，而且肯定不自然。对许多人来说，"自然"意味着避免谈论消极情绪，或者摒除消极情绪，并认为只有时间流逝才能治愈所有的情感创伤；"自然"意味着避免冲突，但随后却付出了巨大的代价。调和看似效率低下又不自然，就像掌握其他的技巧一样，一开始看起来奇怪又尴尬，但实际上它可能效率更高。当我十几岁的女儿学习如何开车时，她说："如果不想让人们弄混，他们应该把刹车和油门的踏板分得开一点儿，而不是让它们紧挨着。"我们忘记了我们是花了很长时间才学会自动分辨刹车和油门。调和技巧也是如此。

冲突期间调和的样子

戴维和芭芭拉接受治疗时几乎已经决定离婚了，但考虑到离婚对两个年幼孩子的负面影响，他们决定再试一次。他们找过三名夫妻治疗师，治疗结果有好有坏。他们的关系中充满了未解决的冲突和消极事件，她能够回忆起他们无休止的争吵的每个细节。他在婚姻中感到十分失望，很讨厌自己做什么都不够好。他们学习了调和技巧，并且可以经常有效地使用它。有一天，他们告诉我，他们偶然听到他们的一个孩子对另一个孩子说："让妈妈爸爸单独在一起吧，他们在调和。"

以下是他们在我办公室里对冲突对话进行调和的一个例子。他们使用的是戈特曼-拉波波特冲突调和蓝图。并不是所有的关系状态调和都这么容易，所以有些对话比此例要长。我会附上我理解的他们想要表达的意思。她先说话了。

芭芭拉：你上个周末让我有独处的时间，我很感谢，我真的很需要。我也很感谢你在晚上和我约会，带我出去吃饭。

戴　维：好的，很好。不客气。

她认为	他认为
一开始就说谢谢太难了。我想直接抱怨他。	这样就好多了。

芭芭拉：关于这件事我想再多说一点儿。我周末真的挺忙的，上游泳课，去宗教学校，出门办事，还有很多家务要做。

戴　维：好吧，我很感谢你每周六都给我们做早饭，让我多睡一会儿。

芭芭拉：不用谢。我喜欢周六早晨我们一起吃饭的时光。现在可以提出问题了吗？

戴　维：当然。

芭芭拉：我还是感觉我自己的时间太少了，所以上周末我很开心。但是，房子里一团糟，当你说要给狗安装围栏和大门时，我简直要疯了。我感觉很寂寞，我们俩生活在各自不同的世界里。我真正需要的是我们一起制订一个在周末打扫屋子的计划，关键是我们俩一起完成计划。

戴　维：好的，所以你想说的是在你自己待着的这段时间不干杂事是很棒的，你很喜欢，但你也想要我们一起制订一个计划，在周末把家里清理干净，因为家里一团糟，两个孩子一心想破坏你清理房子的成果。好吧，我懂了。你这么想是有道理的，因为你大多数时候都是自己打扫屋子。

她认为	他认为
他做到了。很棒。他大概明白我在说什么了。	我觉得我做到了，来看看这样的回答她能否满意。

芭芭拉：是的，就是这样的，但是你没意识到的是，我们要一起做这件事。我不想独自一人去做，就好像我们生活在不同的世界。

她认为	他认为
好的,我们来看看他会不会有所防备。	哦,我理解错了。冷静下来,戴维。

戴 维:好的,我感觉我有点儿想防备你了,我得做一下深呼吸。(暂停)好吧,所以我没注意到的是要我们一起做这件事,周末也是我们一起为家里做事情的时间。这样你就不会感觉孤独了,对吗?

芭芭拉:是的,就是这样。

戴 维:好,我懂了。我理解了。我知道为什么了,我们一起为家里做点儿事。我锻炼,你享受独处的时间,然后我们分别带孩子们去参加他们的周末活动,这样我们可能一周都见不上面,除了约会那个晚上。我懂了,好的。

芭芭拉:好的,我感觉我被听到了。该你发言了。

她认为	他认为
我确实感觉自己的心声被听到了,他也没有采取防御措施。也许这个方法是有用的。	好的,现在该我说了。这是一切问题的根源。让我想想——表达感谢……

戴 维:这周我想感谢你对我在工作上的领导作用很感兴趣。你在家为我的工作团队做了晚餐,这真的很棒。晚餐很美味,我也很感谢你和我的同事们交流了。他们认识了你,顺便说一下,他们很喜欢你。这让我的工作生活更具个人特色。所以,我真的很感谢你做了这两件事。

芭芭拉:很高兴听你这么说。谢谢你。现在来说说消极的事吧?

她认为	他认为
现在他要开始指责我了。	挑战开始了。

戴　维：好的，我的需求是这样的。两件事——第一件事，我想在周日早上多睡会儿，你照顾孩子们，这样萨米就不会在早上 6 点跳到我身上，说："爸爸快起床！已经是早上啦！"我感觉那时候我已经很累了，因为这几周的工作太辛苦了。第二件事，我需要 2 个小时和自行车俱乐部的几个朋友一起骑骑自行车。这样我会感觉很自由，就像又回到了童年。

芭芭拉：好的，两件事。周日早上睡会儿懒觉，睡到什么时候呢？

戴　维：9:00 怎么样？可以吗？

芭芭拉：可以的。我可以给孩子们做早饭，在你起床前让他们做自己的事。你能早一点儿，在 8:30 起来吗？这样可以吗？

她认为	他认为
我要改一改他的要求。注意听听他要说什么。	冷静。听她的，这不算太糟，我还是可以睡会儿懒觉。

戴　维：可以，这样也很好。

芭芭拉：好的，现在我来总结并确认一下我对你第一个需求的理解。你现在在新的工作团队负责新项目，压力很大，你需要在周日早上多睡一会儿。我懂了，我明白了这件事的意义。因为我想有独处的时间，所以这一点我可以接受。然后第二件事，骑自行车，我也理解这件事。我可以接受，也明白自由的感受。但是，我们在周末还是在各自做自己的事，所以我会想："你和朋友们一起骑车是为了避开我吗？"对此我有疑问。

她认为	他认为
我要坚持我的想法。	一切要完了。

戴　维：你需要什么呢？

芭芭拉：感谢你能这么问。也许是一些能打消我疑虑的东西，我不知道。

戴　维：要不周日让你妈妈过来帮我们几个小时，我们找出你的自行车，修理一下，然后一起去骑车？

芭芭拉：我不懂你的意思了。

她认为	他认为
我要坚持我的想法。	试着积极一点儿。

戴　维：你可以和那些刚刚加入俱乐部的人一起骑车，以前我们会先骑回来等他们，有时候还会喝咖啡等他们。

芭芭拉：这样也许可以。我觉得我不会经常和俱乐部的人一起骑车，但如果他们欢迎我，也可以参加。你还会有自由的感觉吗？

戴　维：是的，会有。当然了。

芭芭拉：好的，那么我对你需要锻炼和享受自由的确认就容易多了。我理解睡懒觉和骑自行车这两个需求了。你想做这两件事我觉得也是有道理的。

戴　维：太好了。我们都说明白了吗？

芭芭拉：都说明白了。

她认为	他认为
我简直不敢相信调和居然这么容易。	太神奇了。调和居然真的有作用！

所以，整个过程就是这样的。这个方法很不自然也很难，也许看起来很简单，但是夫妻必须付出很多努力来了解彼此的感受，了解伴侣的积极需求，并且要使之富有建设性。他们只要每周至少进行一个小时的情感交流，就会有很多收获。现在我们来看看一对虽然很自然，但没有经历过这个过程、无法调和

的夫妻会发生什么。

失败的冲突讨论调和

以下这对夫妻的婚姻十分不幸福。他们并不是我们治疗的案例，而是属于一个无干预的研究项目。在这项研究中，我们从进行了调和的夫妻和未调和的夫妻那里学到了很多关于调和的知识。

弗雷德和安吉尔的婚姻满意度是垫底的1%。这对夫妻在对伤心的调和中得分都很低（丈夫的最低分是0.30，妻子的最低分是0.19），在丈夫和妻子对愤怒的调和中得分也很低（丈夫的最低分是0.28，妻子的最低分是0.21）。

弗雷德的元情绪访谈

在这段元情绪访谈节选中，弗雷德说他伤心时不能和妻子说话。他感觉她会和他对峙（大声叫喊），所以他选择不和她分享自己的伤心。他还说他感受不到妻子对他的欣赏、鼓励和尊重。

采访者： 什么样的事情会让你伤心？

弗雷德： 当我需要尊重时，我感觉不到妻子对我的尊重。当我感觉被欺骗时我最伤心。我不能回到学校继续成长。我的妻子辞职了，她要回到学校学习，家庭的重担落在了我的肩上，我需要支付所有的账单。我要做家庭咨询这样的兼职，努力让我们一直有流动资金。她甚至认为这些事根本不可行，对我根本没有鼓励，她不会说："嘿，你知道吗，你做得很不错。"我通过做家庭咨询赚了很多钱，她只会说："不是吧，你晚上在他们家谈话会谈到很晚，你什么时候回家？"这些事让我觉得伤心、愤怒。我觉得两种感觉都有一点儿，那时候我只想逃离。

采访者：大体上讲，你伤心的时候有什么样的想法和感受呢？你对伤心是什么感觉？她会如何回应你的伤心？

弗雷德：她会大声叫喊，质疑我。"你心情又不好了，是吧……喋喋不休。"（大笑）她是不会承认的。因此我伤心时不会告诉她，我把它藏在心里。

所以弗雷德告诉采访者，当他难过的时候，他只会把它藏在心里，而不是冒着被妻子质疑的风险告诉她。不管这是不是真的，这都是他的看法。当我们问及他的愤怒时，他说愤怒对他来说是个真正的问题。当被问及他生气时是否可以与妻子交谈时，他说他不能，因为他得到的回应只是她的愤怒，然后他们会不可避免地让冲突升级。所以，他会压抑他所有的消极情绪，但压抑得并不是很成功，这些情绪还是会爆发。

安吉尔的元情绪访谈

让我们来听一段妻子的元情绪访谈。她说弗雷德总是认为她的伤心是针对他的，就好像她的伤心是因为他做错了什么事；他觉得自己受到了责备，但不知如何应对。

采访者：什么样的事会让你感到伤心？

安吉尔：哭泣是我表达伤心的一种方式，哭出来我就会感觉好很多。而且我喜欢自己一个人放声痛哭，不喜欢把自己的伤心和别人分享。（大笑）但是我感到伤心时就会去洗个澡，大哭一场。（大笑）这样我会舒服很多。

采访者：你伤心时你丈夫知道吗？他会注意到你的伤心吗？

安吉尔：他会注意到，但并不一定知道怎么应对。

采访者：那么他是怎么回应你的呢？他回应你的伤心时我能看见和听见什么呢？

安吉尔：其实，也许他会很忙。他会让自己忙起来，然后回避。如果再想想他的反应，对我的伤心，他可能会想"哦，天啊"。很多时候他都不知道该做什么，所以他就用一种他觉得可以处理问题的方式来处理。他几乎不会表现出爱和温情，我觉得他是不会这样做的。尽管我告诉他"抱抱我吧"或者"我需要你的关心"，他会觉得这样做没有问题，但他自己是不会想到那么做的，他根本不会去想。

采访者： 你对他的这种回应是什么感觉？

安吉尔： （露出生气的表情）我肯定希望他能更深情一些，多一些爱和理解，不要把这些藏在心里。我肯定希望他在这一点上能有所改变。我想我告诉过他这个需求，但对他来说这需要付出太大的努力。他会觉得："好吧，因为她说这不是我的错，她没有让我改变。"有时候我情绪很低落，他会说："你为什么这么沮丧？"我也不知道自己沮丧的原因。

因此，安吉尔还说，当她感到难过时，她只要和弗雷德说话，弗雷德就会感觉受到了责备。她希望弗雷德在她伤心时可以表现出深情和爱恋，而不是充满防备，但她认为这注定不可能。她对愤怒的感知和弗雷德不同。安吉尔表达了对弗雷德生气是她唯一能吸引他注意力的方式，她并不是害怕冲突升级。这并不是一种积极的体验，但是，她说她至少把问题提出来了。结果是，与对自己的愤怒绝口不提相比，她更尊重自己了。

弗雷德和安吉尔的淹没状态

一切都在意料之内。在这项研究中，弗雷德在所有陷入淹没状态的人中排名前 10%。他确实进入了淹没状态。相反，安吉尔却没有陷入淹没状态（位于倒数 30% 的人中）。这是我们数据中最常见的模式。

| 信任的科学

弗雷德和安吉尔的口述历史访谈

在口述历史访谈中，弗雷德和安吉尔的积极口述历史编码都处在样本所有人的后 50% 中；而在消极口述历史编码方面，弗雷德处在前 1% 中，安吉尔处在前 7% 中。因此他们开启的是口述历史的消极开关。下面这段简短的采访节选的特点是，他们对他们的关系不是很积极或很坦率，他们对彼此的第一印象也是如此。采访者为了问出更多问题，花了很多功夫。

采访者：我想从你们最开始说起，你们是怎么认识的，是怎么走到一起的？（她戳了戳他。）

弗雷德：我们是通过我一个好朋友认识的。那也许是我最好的朋友，不过是柏拉图层面的好友，她在和别人约会。你那时年龄多大？

安吉尔：18 岁。

弗雷德：我那时候读大四，她是大一新生。我在餐厅，没带硬币。她带了很多硬币，所以她借了一些硬币给我。

安吉尔：因为他的那个朋友也是我的好朋友。

弗雷德：是的。

安吉尔：我就想，好的，今天我请你们吃饭好了，这样他们就欠我一顿饭了。当然，他们住在校外，我住在宿舍里。

采访者：你还记得她有什么特别与众不同的地方吗？

弗雷德：她总是趾高气扬地走来走去。（模仿大摇大摆的动作）

安吉尔：他瞎说的。

弗雷德：她有点儿自大。我经常这么说她。

她认为	他认为
他为什么要提起我的缺点？	我记得那样令人很不舒服。

采访者：你记得他有什么特别与众不同的特点吗？

安吉尔：他和他朋友在一起，他俩都高高大大的，挤进他那辆小小的车，两个人高马大的家伙挤进小车里。就是这样。

弗雷德：（咯咯笑）

安吉尔：我没怎么注意，尤其是那些学长。他看起来是个好人。我真的没再多想其他的了。我想他做得很好，所以就这样吧。

弗雷德：后来我们约会并订婚了。

安吉尔：我们在一起了，之后又分手了。

弗雷德：我们解除了婚约。

她认为	他认为
我希望他能更积极一些。	那时候我就应该预料到的。我真蠢。

安吉尔：是的，我们解除了婚约。我们决定不结婚了，都需要和其他人相处一下，但我们一直在约会。

弗雷德：但同时我们也在和别人约会。

安吉尔：是的，也会和别人约会。我们太年轻了，根本没有准备好。因为……

弗雷德：很严肃……

安吉尔：（大笑）……婚姻是……很严肃的。

她认为	他认为
我想说这根本不好笑。	现在的谈话一点儿也不愉快。

因此，这对夫妻的口述历史访谈是很消极的。我们预计他们冲突讨论的特点是冲突升级，充满消极情绪，这就是我们所说的"自我总结综合征"，也是淹没状态的特点。人们会不断重复自己的观点，错误地认为："这次我的伴侣终于

懂了，突然和我亲近了起来。"

吸收状态：冲突讨论的恶意-恶意单元格

弗雷德和安吉尔冲突讨论的观察编码非常消极（他在前 4% 里，她在前 14% 里），也非常不积极（他在后 2% 里，她在后 9% 里）。

弗雷德：好的，家务……还有什么是我们没有说的？
安吉尔：（大笑）你把账单都交给我来付，你很感谢我，但你从来没有告诉过我。
弗雷德：（辩解）也许你也有很多事没有告诉我。
安吉尔：我只是觉得应该要表达感谢。
弗雷德：我们在聊家务。

她认为	他认为
他为什么就不能感谢我呢？	一旦对她表示了感谢，我就必须忍气吞声了。

安吉尔：你从来没说过谢谢……
弗雷德：不是，在那之前我自己也付过账单，你也没对我说过什么。
安吉尔：你做得也不是很好。
弗雷德：（笑着摇头）

她认为	他认为
他为什么就不承认自己做得很糟呢？	我做得还行，但她没有意识到因为我做着两份工作，她现在过得轻松多了。

安吉尔：按时付账单才是做得好，但你从来没有做到过。
弗雷德：不是那样的。

安吉尔：（翻白眼）哦？怎么不是？

弗雷德：还有一件事，我付账单时钱总是不够，我现在做着两份工作。

安吉尔：现在的钱和以前一样多。我们又没有中大奖。

弗雷德：不是的，现在我们孩子多了，花销大了，但挣的钱也更多了。

她认为	他认为
他为什么这么固执？	我得不到任何的鼓励。

安吉尔：好吧，所以你并不感谢我付了账单，是吧？（嘲弄地大笑）

弗雷德：我当然很感谢。

安吉尔：你是真心感谢吗？

弗雷德：是的，我很感谢，但是我这么努力地工作——你会感谢我吗？

安吉尔：我们在说家务——比如账单，所以不要转移话题。

弗雷德：好吧，随你吧，你总这样（霸道）。

她认为	他认为
每一步我都要反击他。	她太霸道了，除非我妥协，否则我永远不会赢。

安吉尔：让我生气的是（用大笑来缓和她的抱怨），昨晚在我下课回家、喂饱孩子、收拾好屋子后，你回到家换衣服，把换下的衣服全扔在客厅的椅子上。（笑得更厉害了）

弗雷德：（微笑）我一般最后都收拾好了。

安吉尔：好吧，你是会收拾好，但我做家务比你做得多，对吧？你承认吗？你能感谢一下我吗？

弗雷德：（眼睛看向一边，竖起心墙）

安吉尔：我希望你多做一点儿家务，比如做饭，周末带带孩子。

弗雷德：我做了，我都做了。

安吉尔：我不是说你没做。你是做了，但我做得更多，是不是？

弗雷德：我知道你做了很多家务。

安吉尔：每天是不是我在做晚饭？我有没有打扫屋子？我是不是付了那些账单？

弗雷德：（点头）够了，别说了。

她认为	他认为
好了，现在让他来说，不然他就会闭嘴了。	我希望我能离开，我在重复自己的观点，但我不得不这么做。

安吉尔：那么，你做了什么？

弗雷德：我做饭，当我不做两份工作时，我在周末也打扫屋子了。我试着早起做早饭，让你多睡一会儿。

安吉尔：是的，你做过这些事。

弗雷德：所以你快说啊。

安吉尔：我是在问"你希望我做出什么改变"。

弗雷德：我希望你不要和我竞争了，我已经厌倦了每件事都是"我做这个，我做那个，我做这个"。我只是一直觉得我不得不捍卫自己的立场。我理解，我知道你做了很多家务。我尽力去做我能做的家务，但我回家时已经很晚了，所以有时候一些家务我没有去做，但是周末我会去做我能做的家务。

安吉尔：但是你要承认我做得更多。

弗雷德：看吧，你又开始和我竞争了。

她认为	他认为
我们是怎么陷入这种消极局面的？我在重复自己的观点，但我需要这么做。	她根本没懂我说的"竞争"的意思。

安吉尔：我有话要说……

弗雷德：我觉得轮到我说了，所以请你等等，我还没说完。

安吉尔：我想说的是……

弗雷德：看，这就是我说的……

安吉尔：是的，我知道，因为我不……

弗雷德：你打断了我……

安吉尔：我现在必须说……

弗雷德：不行，因为你打断我的时候……

安吉尔：我有话要说……

弗雷德：停，闭嘴！

她认为	他认为
如果他能让我说一件事……	现在我真的生气了。

安吉尔：（微笑）看吧，这就是我想说的，你总是这样。

弗雷德：因为我想把我的想法说完。

安吉尔：我知道，但是我想说的是……

弗雷德：……然后你打断了我……

安吉尔：好吧，但是我想要补充一件事。

弗雷德：能不能让我把话说完？你明白吗，我正在思考。

安吉尔：你继续说吧。

弗雷德：让我把我的话说完。

安吉尔：你已经扯到其他话题上了。

弗雷德：我没有。事实并不是你想的那样。我也会打扫屋子，我都做过。有时候你也没有打扫屋子，你并不是完美的家庭主妇。你知道，完美的家庭主妇不是你这样的。

她认为	他认为
他是不会让步的。	她在诬陷我,我不能让她得逞。

安吉尔:我没说我是完美的。

弗雷德:不,你说了。

安吉尔:只是我会把屋子打扫干净而你没有。

弗雷德:我清理了。我和你一样,把衣服收拾好了。你收拾……

安吉尔:你只有在你想收拾衣服时才去收拾,而我一直都在收拾。

弗雷德:就像那天晚上,你去开会,你回来的时候,我把厨房收拾干净了吗?

安吉尔:收拾干净了。

弗雷德:好的,那你可以闭嘴了。

安吉尔:我离开前谁给你做的晚饭?

弗雷德:看吧,你又在和我竞争了。

她认为	他认为
他永远不会感谢我所做的一切。	我放弃了。

安吉尔:我没有。

弗雷德:我只是在陈述事实。

安吉尔:你说完了吗?可以轮到我来说了吗?

弗雷德:没有,这些就是让我感到很愤怒的事。

安吉尔:好吧,轮到我说时请告诉我。

弗雷德:你说吧,我说完了。

安吉尔:因为说"我很感谢"很简单,但你……

弗雷德:我没有表现出感谢。

安吉尔:好吧,现在你也一样。你说我不感谢你所做的事,尽管你做的比我少得多，少得多得多。

弗雷德：（沉默）

安吉尔：你会做家务（大笑），那些你能做的事（大笑），你打扫浴室，偶尔。你整理院子，你倒垃圾（笑得更厉害了）。（暂停）

弗雷德：（竖起心墙）

调和失败是很明显的，因为两人几乎都在表达他们需要什么，却不能以一种不责怪对方的方式表达出来，结果导致出现了越来越多的防备行为，没有理解、认可和共情。他们的感受和积极需求几乎表达出来了，但他们离调和还差得很远。相反，他们互动的特征是防御和攻击。最后，弗雷德很明显陷入了淹没状态，竖起了心墙。安吉尔觉得自己根本没有让他理解自己。他们一直在互相表明立场；他们都在表达，但他们都没有接收到对方的信号。

如果弗雷德和安吉尔进行了调和

如果他们进行了调和会是什么样呢？也许是这样的：

安吉尔：（大笑）你把账单都交给我来付，访谈时你说你很感谢我，但你之前从没对我表达过感谢。

弗雷德：是的，我没有说过。

安吉尔：我只想说我需要你的感谢。

弗雷德：好吧，实际上，我真的很感谢你付了账单。

她认为	他认为
哇哦！这就是我需要的感谢，甚至还挺真诚的。	她做得很好。但是，现在我们的钱更多了，因为我做了两份工作。

| 信任的科学

安吉尔：谢谢你……

弗雷德：好的，我需要的是你感谢我做了两份工作、为家里做的贡献。现在咱们能用的钱要多一些了，但我真的很累。

安吉尔：你做得非常好。我很感谢你现在努力地工作，你经常都是一回来就累倒了，我知道你的脚一定很痛。

弗雷德：是的，我可怜的脚。不管怎样，很高兴听到你感谢"我让我们的经济状况变好了"。

安吉尔：我们配合得很好。

她认为	他认为
他也和我一样需要感谢。	这就是我需要的她对我的鼓励。但我还需要更多……

弗雷德：我们配合得很好，但你还在生气。

安吉尔：是的，我很生气。我做的家务比你多太多了。我知道你现在的工作很辛苦，但我需要你在周末多做一些家务。我知道你已经做了很多了，但是希望你能好好收拾你的东西，多接送孩子，工作日也需要这么做。

弗雷德：好的，我明白了。你说得很有道理，你也很累。

安吉尔：是的。就像昨晚我下课回家，给孩子喂了饭，收拾了屋子，你回家换了衣服，结果你把衣服都放在了客厅椅子上。（大笑）

弗雷德：（微笑）的确是那样，通常我最后都会收拾好，但你是对的，昨晚我没收拾，是你帮我收拾好的。我知道你很生气，但我太累了，没有注意到。

安吉尔：好吧，你说得没错，我很生气。所以，你能把自己的东西收回卧室吗？而且我觉得我需要你感谢一下我一周来做的事，一直跟在你和孩子身后收拾屋子。

弗雷德：好的，我确实很感谢你所做的一切。还有，当然了，我可以回家时把自己的东西收回卧室。我理解你做了很多家务，你的意思是我的一点点帮助对你都会大有帮助。

安吉尔：是的，就是这样的。那样就太好了，谢谢你。

弗雷德：好的，该我说了是吧？你也要承认我做了很多，我收拾屋子，周末也做早餐，为了让你多睡一会儿。我也需要你感谢我做的这些事。

安吉尔：我听到了，亲爱的。我很感谢你让我多睡一会儿，感谢你做了早餐，尤其是让我睡觉这件事。谢谢你所做的一切。

弗雷德：不客气，我知道你做了很多家务，我也很感谢。

安吉尔：很高兴听你这么说。我觉得我们聊完了。

弗雷德：我终于都说出来了。太好了！

事情本来可以这样发展的，但事实不是这样的。

成功的冲突讨论调和

下面的乔治和朱迪的例子展示了幸福夫妻实现调和的过程。

乔治的元情绪访谈

采访者：什么事情会让你感到伤心？

乔　治：现在孩子已经出生了，我为我们俩工作很辛苦感到难过。我们曾经玩得很开心，还很浪漫。我们不能再去听美妙的爵士乐，也无法踏上我梦寐以求的那些浪漫之旅，这些让我感到难过。

采访者：大体上，你难过时有什么想法和感受？你对自己的悲伤是什么感觉？你的妻子在你伤心时是如何回应你的？

乔　治：朱迪一般都应对得很好。她的问题是经常为我伤心的事而伤心。也许我会因为性生活变少了而难过，但我觉得她现在没什么心思想这个，她没什么性欲。我也为错过了孩子迈出第一步而伤心。那周我出差去开会了，但是朱迪对我的伤心无法共情，因为那周她一个人既要工作，又要照顾孩子。我回家时她累坏了，所以她无法理解我错过孩子迈出第一步的失落，反而很生气。我们有时候会不理解对方的感受，在孩子出生前我们不是这样的。因此，我们的争吵增加了，对此我很难过。就是这件事和性生活变少让我感到难过。（大笑）

从这场谈话中我们可以看出什么？乔治能感受到朱迪的感谢，他的悲伤也得到了朱迪的理解。他们之所以很痛苦，是因为两人有时候失去了情感联结，但乔治似乎意识到了这个问题。我们会看到，他们之间的这种情感联结是处理和调和遗憾事件的"设定条件"。利用调和，争吵问题有可能被解决。乔治并没有压抑他对朱迪的消极情绪，但遗憾事件仍然发生了，例如他出差一周后回家时他们的情感联结断裂了。

朱迪的元情绪访谈

让我们来看一段朱迪的元情绪访谈。她聊到了乔治对她的伤心和愤怒的回应，以及陪在她身边的情况。她说他因为她对性的兴趣减少感到难过，但是因为有了孩子，她感觉自己的吸引力大大下降，当他想要发生性关系时，她觉得自己做错了事，不知道该怎么办。

采访者：什么事会让你感到伤心？
朱　迪：我不想过性生活，但乔治经常有这种需求。我没想到带孩子有这么累，我现在也开始讨厌工作，这让我自己都很吃惊。我曾经很喜欢自己的事业，但是现在我只想和卡拉待在一起，所以，我在工作时经常莫名其妙地哭出来。我想和乔治分享这种感受，（大笑）所以我就跟他说了，但是乔治只会说自己难过的事，很不幸那是因我引发的伤心！（大笑）但是，说出来这些事能让人感觉好很多。

采访者：你伤心时丈夫知道吗？他会感觉到吗？

朱　迪：会，他还挺敏感的。他会抱着我，很贴心。但是慢慢地，他就从摸我的头发变成摸我的屁股了。

采访者：这就造成了一些问题。

朱　迪：有时候我还挺喜欢的。

采访者：他是怎么回应你的？他回应你的伤心时，他做了什么，说了什么？

朱　迪：你会看见一个理解力很强的家伙。乔治和我父亲非常不同，我父亲会说："别哭了。我不喜欢你哭哭啼啼的，成熟一点儿，继续生活。全力出击！"所以我会在我父亲面前隐藏我的伤心，但我不会在乔治面前那么做。他会听我说话，不会指责我的伤心或愤怒。我只是觉得"他很好色"是个问题。

采访者：你对乔治总体上的反应是什么感觉？

朱　迪：感觉很好。我只是希望有时候他能多听我说几句，之后再谈他自己的需求。但是，他也有自己的需求。也许他对我成为一名新手妈妈的沮丧很不耐烦，但是说出来我会觉得很愧疚，所以我们会谈谈。他确实需要更多的性生活，但我的心思不在这件事上。

朱迪还说她伤心时会和乔治聊聊。她对两人对性生活态度的不同感到很痛苦，但他们在试着解决这个问题。

所以，乔治和朱迪在冲突讨论中都没有陷入淹没状态。

因为调和，遗憾事件没有升级

　　这对夫妻讨论的一个遗憾事件是乔治出差一周后回到家，他们发生了一些争吵。在下面的讨论中，乔治和朱迪讨论了这个事件。

　　这对夫妻的冲突讨论非常积极，消极情绪很少。他们的冲突并没有发展成吸收状态，这意味着这场冲突：（1）退出比进入更容易；（2）大部分的修复——退出恶意-恶意状态的修复——是有效的。

乔　治：好的，我回家时你没心情听我说话。你和卡拉在一起，给她梳头，我感觉自己是多余的，你们不需要我。我回到家，但没人理我，我很沮丧。

朱　迪：（大笑）我知道，我就是不喜欢你回家时很生气。因为错过了她迈出第一步的成长你很伤心，你离开时，她还只能四处爬，现在她已经变成了一个小女孩，一个蹒跚学步的孩子。我希望你回家帮我照顾孩子。

乔　治：我想帮你照顾孩子，但你们要先欢迎我回家啊。我在脑海中想象过这个画面。

朱　迪：现实和想象的不一样吗？

乔　治：完全不一样。

朱　迪：我的现实是我想轻松一下。你的现实是你错过了卡拉成长中的一个里程碑。

乔　治：现在她的人生已经开启了新篇章，我读的仍是她在婴儿时期那一章，但是她已经进入了学步的篇章。

朱　迪：对我来说，这周你出差了，我自己一个人撑着。我的意思是，你不在家时，生活真的很难。你不在家的时候，真的是一场噩梦。

乔　治：但是我们有保姆，我不在时也有人帮你。

朱　迪：保姆自己的孩子得流感了，她自己也发烧了，所以我没办法让她帮我带孩子，对吧？我的工作必须找人代班，这像地狱一样煎熬。然后你回到家却要我关注你？为什么？

乔　治：就像要你照顾第二个孩子一样？

朱　迪：完全正确。

她认为	他认为
我们终于谈到这点了，终于。	我要怎么让她理解我的感受呢？

朱　迪：你打电话时根本没有问过我的压力有多大。

乔　治：你也没问过我的展示会怎么样啊。（变得防备起来）展示会很顺利，谢谢！

朱　迪：我知道你做得很好。难道我就做得不好吗？

乔　治：你的工作变少了，而我却恰恰相反。

朱　迪：你不在这里，根本想象不到情况有多糟。而且我是一个人！没有大人和我说话。

乔　治：说得好。我记得你爸爸生病时你去看他，虽然只有两天，但我快被压力压垮了。

朱　迪：我需要你关心一下我的压力。

乔　治：是的，你说得对。我开会太忙了，都没有时间给你打电话。我在为我的事业奋斗。

朱　迪：我能理解，但你本来可以关心关心我的。

乔　治：是的，我真的很抱歉。

她认为	他认为
我需要他承认当他在会议上放松时我承担了很多，他回到家时我很痛苦。	我甚至都不想去开会，但是这个合同对我们俩都很重要。我希望她能稍微表示感谢。

| 信任的科学

朱　迪：我知道你很伤心，因为她开始走路的那一刻真的很美好。

乔　治：是的。在电话里听到和亲眼看到的感受完全不同。

朱　迪：那是肯定的。但是，那也只是这一周唯一能让我感到开心的事。

乔　治：我在会议上取得了很大成功，我需要你感谢我，我去开会是有好处的。

朱　迪：说得很好，我知道你需要去那个展示会。我真的很高兴你去了，但我只会想到我身边噩梦一样的情况。我当时想到，你可以出去吃大餐，有成年人陪在你身边，而我只能吃冷冻速食，我一周只洗了一次澡。

乔　治：那实在太糟糕了，你说得对，有的晚餐的确很棒，我很希望你当时也在。

朱　迪：我也这么想，哪顿晚餐是最好吃的？

她认为	他认为
他终于懂了。	我终于得到了一些鼓励。感觉不错。

乔　治：有一顿是你喜欢的法国料理。巧克力甜点很好吃。

朱　迪：听起来太棒了。

乔　治：我希望我们能在班布里奇岛的那家提供住宿和早餐的旅馆过夜。

朱　迪：那个地方很浪漫，但现在我舍不得离开孩子。

乔　治：一个晚上也不行吗？

朱　迪：也许可以。

乔　治：这就是我想抱怨的了。

朱　迪：我当然知道。我们可以计划在那里过夜，请对我有点儿耐心。

乔　治：我会的。你是说真的吗？

朱　迪：当然了，为什么不去呢？孩子很喜欢玛丽。我们问问他们下周末什么时候有空。

乔　治：好的，好的，太好了。

她认为	他认为
这样太好了，我也不愧疚了。	这可太棒了。

他们的调和起了作用，整个过程非常顺畅，最后取得了成功。

拉波波特的"相似性假设"

阿纳托尔·拉波波特提出的一个精彩观点可以促进调和。这个观点是，在冲突中，人们会将伴侣（"对手"）视作和自己不一样的人，并且往往会认为自己拥有所有正面的历史、特质和品质。他们也可能认为伴侣有很多负面性格。这与社会心理学家弗里茨·海德的观点有关，即所有人都倾向于犯"基本归因错误"，即"我很好，是你有问题"，这是人类的本性。我们都认为自己是生活舞台上的主角，而其他人都是配角。我们每个人都认为自己被小说家库尔特·冯内古特的透视之眼[①]非常同情地注视着，因此，大多数人对自己的过错很宽容，却对他人的错不太宽容。人们也倾向于认为自己的负面性格很少，与伴侣的负面经历也很少。但是，人们可能会认为他们的伴侣（或对手）具有很多负面性格，而正面品质很少。因此，拉波波特提出了两条建议。第一，当发现伴侣（或对手）的负面性格时，我们应该首先尝试看看自己身上是否有这种特质。这真是一条了不起的建议。第二，他建议当我们发现自己的正面品质时，我们要尝试在伴侣（或对手）身上看到这种品质。这条建议也非常了不起。为了更好地遵循这两条建议，我们可以试着去想："我们两人想要的都是一样的""他是一位很棒的父亲""我上次生病时她对我很好"，或者"我的确认为她现在很自私，但我自己现在也很自私；也许我们都需要自私一点儿，才能成就一段很好的关系"。

[①] 库尔特·冯内古特的小说《五号屠场》讲述了五号屠场中的幸存者毕利的故事。他透视了生命与死亡，在平行时空里扮演命运的预言者。

| 信任的科学

通过"爱的艺术与科学"研讨会建立信任

我们的戈特曼研究所有一个为期两天的"爱的艺术与科学"研讨会——我和妻子每年会在西雅图举办4次研讨会。在我的实验室中,我们对48对夫妻的随机临床试验进行了评估。该研讨会旨在教授"健康关系之屋"的技巧。这是一个"近侧改变实验",它意味着我们只评估了研讨会后立刻产生的变化。这个实验显然只是我们尝试通过实验增加信任和可信度的开始。

在这项研究中,夫妻们会随机地被分配到以下4个场景中:(1)为期一天的研讨会,只专注于建立友谊和亲密关系(11对夫妻);(2)为期一天的研讨会,只专注于让冲突更具建设性(14对夫妻);(3)为期两天的研讨会,结合了前两种研讨会的任务(10对夫妻);(4)书本疗法对照组,夫妻们将学习戈特曼和西尔弗的《幸福的婚姻》(13对夫妻)。

控制夫妻一方或夫妻双方是否接受过治疗的变量,与其他组相比,妻子的信任度仅在专注于建立友谊和亲密关系的为期一天的研讨会中显著增加,而妻子的可信度没有明显变化。与其他组相比,丈夫的信任度仅在仅专注于使冲突具有建设性的为期一天的研讨会中显著增加,为期一天的冲突干预也显著提高了丈夫的可信度。这项研究只是一个开始,但它确实表明"健康关系之屋"中的变量在增加信任度和可信度方面是有效的。这项研究的一个局限是,我们没有测试在更长时间之后这些变化是否仍然存在。

有趣的是,冲突干预对丈夫有效,而友谊和亲密关系干预对妻子有效。我们观察到男性抱怨的主要问题是冲突,而女性抱怨的主要问题是亲密关系。

第七章

夫妻如何建立亲密信任

本章会将建立信任的调和蓝图延伸到建立情感亲密和私人的性亲密，对比私人性行为与非私人性行为，后者被称为"色情"。

在本章中，我想谈谈如何运用"调和"建立"亲密"的信任。婚姻等爱情关系是特别的，因为它们独一无二，在亲密上也是相互的。它们应该是深情的、信任的、持久的、忠诚的、有爱心的，它们与性、情欲、热情和浪漫有关。

但情况并不总是这样。实际上，在中世纪，婚姻和浪漫根本没有关系，而是和财产有关。它的目标是稳定，而不是激情。我们都知道激情和爱情都是变幻莫测的，它们怎么可能成为稳定婚姻的基础呢？在中世纪的集市上，木偶戏《潘趣与朱迪》①上演着包括从当地农民到国王的一切剧情。他们甚至滑稽地模仿了爱上妻子的丈夫。我没有开玩笑！单词 uxorious（怕老婆的）就是为中世纪的这种傻瓜创造的，一个傻瓜丈夫"爱上"了自己的妻子。"怕老婆"听上去就像一种疾病，或是一种"白领"罪②，对吧？所以，这种认为婚姻等长期关系都应该忠诚、稳定、浪漫，以及充满性欲和激情的想法的确是一个很新的观点。

有人辩称这是爱的两种不同形式——在一段持久的关系中"爱"一个人和与那个人"相爱"是对立的。例如，海伦·费舍尔认为这是两种不同的化学系统："相爱"的系统与神经递质多巴胺（大脑奖励中心的化学物质）有关；而

---

① 英国有名的传统木偶剧。
② 指白领人员所实施的犯罪，通常是指利用其职务之便所进行的经济犯罪。

"爱"一个人的系统则与催产素、血管升压素有关，这两种激素是建立联系和信任的激素。有些人声称"相爱"状态与信任无关，而是与痴迷、狂躁状态的疯狂有关。一些心理学家，如夏威夷大学心理学家伊莱恩·哈特菲尔德，甚至给"相爱"状态单独起了一个名字——"沉迷"。也许，爱和沉迷确实是不同的，但这里我们并不能得出信任不是沉迷状态的一部分的结论。

刘易斯、阿米尼和兰龙肯定会同意这两种状态不同的这个假设。他们写道：

> 爱与相爱在大脑的边缘系统上是截然不同的。爱是相互的，是同步的调和与调整。因此，成人的爱在很大程度上取决于对对方的了解。相爱只需要简短的相识就能建立起来，并不需要从序言到结语仔细阅读所爱之人的灵魂之书。爱源于亲密，是对另一个灵魂长期而仔细的观察。

但是，他们是对的吗？难道就不能在一段持久的关系中拥有浪漫、激情、忠诚的爱和信任吗？我认为是可以的，而且它是一种状态，不是两种状态，我称这种状态为"亲密信任"。我可能是错的，但是我个人确实能够感受到我对妻子的爱，也能感觉到和她"相爱"。

你可能会感到惊讶，即使是治疗师，似乎也对如何建立亲密关系和如何培养亲密信任感到困惑。一些治疗师声称，亲密是通过在伴侣之间建立界限来创造的。在《亲密陷阱》一书中，作者埃丝特·佩瑞尔认为，实际上，长期的性亲密的秘诀是在情感上保持距离。

虽然这个观点看似很奇怪，但她实际上追随了著名精神病学家默里·鲍恩和性治疗师戴维·史纳屈的脚步。这三位作者都认为亲密信任和性爱最大的危险就是太多的联系，并且他们还用侮辱性的词语诸如"苟合""交配""交媾""偷欢"来描述这种联系。他们争辩说，双方经常在一起会扼杀性爱的吸引力。

相反，这些作者声称亲密关系是通过他们称作"个性化"的过程建立的。

该术语最初是由默里·鲍恩提出来的，他定义了一个 1～100 分的个性化量表。在这个量表中，得分低的人不能用理性控制自己的情绪，而得分高的人能够用理性控制自己的情绪。个性化的定义现在被扩展了，它还指在一段关系中双方拥有不同的身份，并且向对方清楚地表达出自己利益需求的人。以这种方式使用该术语的人认为，这些人在发育上更加成熟。以这种方式重新构建这个词的意义后，个性化听起来并不是一个缺点。

然而，这些想法与我的观点有些不一致。尽管并非所有鲍恩的追随者都这样认为，但不幸的是，鲍恩对个性化的定义往往是一种情绪摒除型的哲学。这种哲学创造了一种鲍文式量表，其中"理性"在一端，"情感"在另一端。该个性化定义中建立的边界部分强调了分离性和自身利益，这与我为建立信任而提出的相互依赖、合作的方法背道而驰。当然，在一段关系中总会有两个不同的想法，这是吸引的基础，也是遗憾事件的基础。但建立亲密的信任需要的是合作，而不是谋求个人的利益。佩瑞尔的假设是，人与人之间的界限和情感距离会产生极好的性爱和亲密感。我赞成的另一种假设是，情感调和会产生亲密的信任，并且会使亲密关系变得私密化。

浪漫、激情和私密的性

与我称为"私密的性"相比较而言，这个星球上的很多人明显都很享受，甚至更偏爱我所谓的"非私密的性"。非私密的性不一定发生在和我们结合的某个特定的人身上，也可能是有关性的一些更超然的非个人的方面——幻想、一个性感的身体部位、一个陌生人，陌生人的诱人或公开的性行为的照片、视频。非私密的性也可能是想和一个完全陌生的人发生性关系。

如果不是有很多人更偏爱非私密的性，那么卖淫、色情以及所有的性癖好，比如捆绑和 S&M（施虐-受虐狂），就不会像现在这样流行了。据估计，在网络上有 5 亿个色情网站。作为一名科学家，我并不会评判那些更偏爱非私密的性的人。存在即合理，但非私密的性到底是什么呢？

我和尼尔·雅各布森花了9年时间研究了极端暴力的男性和他们的妻子。在研究结束时，我们决定对处于这种暴力关系中的61位女性进行离职面谈[①]。在这种关系中，男人是肇事者，女人是受害者。我们进行了序列分析，发现在这些关系中，女性做的事绝对不会引发虐待，她们所做的事也没有终止暴力。现在我们将其称为"性格型"家庭暴力。这种暴力不是由失控的争论引发的，两人对争论方面的暴力都负有责任。

很多人在9年的研究期间已经结束了这段关系。当我和尼尔采访这些被虐待的女性时，我们对其中一半的女性告诉我们的类似的故事感到震惊。她们说，她们一生中最好的性爱发生在她们被丈夫暴力殴打之后。与刚刚打你的人发生性关系的想法完全超出了我们的经验范围，这是多巴胺和催产素的综合结果吗？

保罗·格布哈特在金赛研究所的研讨会上说，人们产生性欲的原因是多种多样的。然而，采访报告展现的这些女性的性事与暴力之间的关系，我却并没有准备好接受它们。因此，鉴于那次经历，埃丝特·佩瑞尔和她的来访者发现，在长期关系中，爱抚或拥抱、更远的情感距离和性行为在某种程度上没有太大的作用，我对此并不感到惊讶。佩瑞尔建议来访者不要拥抱，不要将感情与色情混为一谈，并告诫他们不要看到伴侣穿着法兰绒睡衣的可怕形象。她说，一旦一个女人穿上可怕的法兰绒睡衣，她和伴侣的性生活就永远终结了。所以在她看来，对于一些夫妻来说，"让伴侣更像陌生人"可能会增加伴侣的色情价值似乎是合理的。在某种程度上，也许她是对的。

《发现》杂志的一篇文章推测了未来机器人被用作性代理人的可能性，已有

[①] 离职面谈是指企业在员工离开公司前与其进行的面谈，主要是离职员工讲述关于企业各种内部状况的意见和看法，企业通过了解员工离职的具体原因，促进公司在各个方面进行不断改进。在这里指对女性离开这段关系进行访谈。

的硬件和软件可以让这些机器人更逼真。它们的皮肤和外观可以和人类非常相似，有的机器人还能够做出人类的面部表情。动画已经成功地再现人类的多种情感表达。我们还知道，已有的计算机程序可以模拟治疗师的语言。所以从理论上讲，这些机器人的设计可以让它们理解和接受，甚至去爱。他们可以通过编程记住某人说过的话，并说这样的句子："我记得你上次像今天一样伤心是什么时候，那是你聊到你最好的朋友溺水的时候。所以这次的新的伤心对你来说是一个重要的时刻，我对你的伤心感到非常遗憾。"我想有一天这会成为一个迅速增长的行业，它产生的影响也并不全是坏事。

如果这些机器人可以做饭和打扫卫生，它们甚至可能足以成为人类中许多不愿意（或可能缺乏社交技能）与真人建立真正关系的人的"千依百顺的伴侣"，毕竟并不是每个人都愿意与真实的人建立关系。毫无疑问，要使亲密的私人关系运转良好，确实需要付出很多努力，也需要付出一些成本。

也许这些机器人会消除或显著改变卖淫行业。克里斯·赫奇斯的《幻想帝国》描述了一个教授专门使用充气娃娃进行性行为的可怕例子。这个人会给他的性代理娃娃穿衣化妆，在和它们发生性关系时还会和它们说话。当然，与机器人建立性联结是一种极端的非个人性行为。

但是，我想谈谈相反的可能性。我想谈论在一种忠诚、信任的关系中非常私密的性行为。实际上，伟大的精神病学家维克多·弗兰克尔将"色情"定义为非私密性行为。毕竟，色情的性不是对特定某个人的性，它也并不源自对特定某个人的了解和珍惜。我认为弗兰克尔的定义非常有趣，也同意佩瑞尔的观点，即人们可以与同一位伴侣反复进行疏远和非私人的性行为——这种性行为甚至可能引起更多的性欲，并且令人满意。然而，与佩瑞尔不同的是，我主要对个人浪漫、个人激情以及非常私人和亲密的性爱感兴趣。

这些模糊的术语是什么意思？要科学地定义"浪漫"和"激情"并不容易，但让我尝试一下。我将"浪漫"定义为一种状态，随之而来的是与伴侣达成的协议，以培养珍惜伴侣的不可替代品质的行为和想法。我对"激情"的定义是培养伴侣间强有力的交流——有时甚至是强迫性的交流，培养对伴侣的强烈兴趣、好奇心、渴望和吸引力。我的定义旨在使亲密关系的这些方面私密化，这是信任关系中的人们自然而然地去做的事情。他们正在建立亲密的信任。

就像我在信任度量中提出的信任的定义一样，这些定义涉及伴侣对我们的正面思考，即便是我们不在一起的时候，我们甚至也可能对伴侣产生幻想般的光环。信任就是相信伴侣会在意我们的利益，而且也会这样去行动，即便在我们产生分歧时。

亲密信任则更进一步。它培养了现实或我们的幻想，即伴侣是独一无二的、特别的、值得珍惜的。保罗·纽曼①英俊迷人，人们经常问他为什么从未有过婚外情。他曾经回答说："我在家就可以吃到牛排，为什么还要去外面吃汉堡呢？"正因为他有这样的理念，他和乔安妮·伍德沃德的婚姻才会如此幸福。他们在2008年庆祝了他们的金婚。据说，他们的婚姻在他们的一生中始终保持着浪漫、热情和信任。戴维·莱特曼②曾经问保罗·纽曼，是否打算在百老汇戏剧中扮演某个角色。他说乔安妮·伍德沃德也想让他去演，所以他很可能会接受。莱特曼问他，是否她让他做什么，他都会去做。纽曼回答说："差不多，"然后补充说，"我不知道那个女人在我的食物里给我下了什么药。"

我们对生育了第一个孩子的夫妻的研究表明，对于在婴儿出生3年后性生活进展顺利的夫妻（与不顺利的夫妻相比），亲密信任、爱恋、建立情感联结的亲密对话和高质量的性生活是连续统一体。这些夫妻并没有将爱恋、拥抱和性与亲密的情感联结分开。即使穿上法兰绒睡衣，他们也会过性生活。这些夫妻经常进行亲密对话，而且，能够进行亲密对话与他们的友谊、浪漫、激情以及即使在生了孩子后也能拥有良好的性爱是交织在一起的。这些数据都表明我们是可以同时拥有两者的。

---

① 美国演员、导演、制片人，主演了《没有恶意》《金钱本色》《大智若愚》等电影。
② 著名节目主持人。

我承认我们的数据较少，但其揭示的结果并不是独一无二的。我的一个朋友，已故的性治疗师伯尼·齐尔伯格尔德，对 100 对夫妻进行了一项未发表的研究。所有人的年纪都在 45 岁及以上。其中一半的夫妻被选中，是因为他们说他们的性生活很好，另一半是因为他们说他们的性生活很糟糕。齐尔伯格尔德对夫妻创造满意的性生活的技巧以及他们如何处理衰老问题很感兴趣。结果他最令人震撼的发现根本无关于性技巧，区分这两组夫妻的只有两件事，与性生活较差的夫妻相比，自称性生活良好的夫妻经常提到：（1）保持亲密、联结和信任的友谊；（2）将性作为生活中的优先事项。

这些发现与埃丝特·佩瑞尔的观点背道而驰，即在一段忠诚的关系中长期良好的性爱来自情感上的距离，以及避免爱恋、拥抱和可怕的法兰绒睡衣。用佩瑞尔自己的话说，就是"性爱需要疏远"。也许对有的人来说的确如此，但对许多其他的人来说，研究表明：事实并非如此。

事实上，在对已经成为父母的夫妻的三项研究中，我们发现，不幸的是，在一段关系中疏离很容易，但亲密联结则不然。在婴儿出生后，两人都没必要应对分开的问题，只是两个人过着非常忙碌和彼此分开的生活。通常情况是，她对婴儿非常投入，他会更加努力地工作，每天工作更长时间。他们在有了孩子后的问题不是两人变得疏远，而是如何继续在深层的情感上保持联结；不是将一起生活变成了要做无尽的事情，不再说话、玩耍；不再相互倾听，不再一起做梦，不再一起冒险。疏远是真正的敌人，它让伴侣们在孩子出生后分开了，而不是让伴侣们保持新鲜感和做有持久的性吸引力的好朋友。

我认为佩瑞尔的想法可能源于很多人发现和伴侣的性爱变得无趣，而和陌生人发生性关系则很刺激。因此，佩瑞尔认为，在长久关系中好的性爱的秘诀在于必须将伴侣变成陌生人。如果情感疏远了，伴侣成了陌生人，那么伴侣看起来就很"性感"，让人感觉很刺激。在我们的研究中，的确有些夫妻在向父母身份转变时会玩一些小游戏，如假装彼此是陌生人，给自己创造新的身份，去酒吧里向对方搭讪。这些幻想给他们的性爱带来了新鲜感。然而，这些游戏是两个很大程度上相互理解、相互信任的人的有趣游戏。两人互相分享性幻想需要亲密信任，而不是情感疏远。

总而言之，我们的数据显示的结果和佩瑞尔的观点相反，她认为，为了得到持续的浪漫，我们需要"移除爱恋的保护层"——这肯定不适用于我们样本中有了第一个孩子的夫妻们。浪漫、激情和美好的性生活是创造亲密信任方程式的一部分。正如齐尔伯格尔德的研究表明的那样，在关系中建立友谊对于令人满意的性生活和浪漫生活至关重要，而不是相反。

我们的研究数据也显示用对话建立亲密会让人与人之间的关系更紧密，这些亲密对话对女性而言尤其重要。参与研究的绝大多数夫妻都同意这样的说法："一般来说，大多数女性在情感上已经同男性很亲密的时候才想要发生性关系；但对男性来说，性行为是一种使情感变得亲密的方式。"亲密的情感对话对很多家庭而言很陌生。对于很多人来说，进行这种对话很神秘，而且需要很多酒精才能完成。

亲密对话的艺术

我参加了一个聚会，在聚会上我和一个男人、一个女人聊到了去年冬天我们在奥卡斯岛的暴风雪中的经历。这个男人讲到他的卡车陷进了家附近的水沟里，他没办法将车开出来，也找不到东西把卡车拖出来。他说："我回到家里找东西来牵引车辆。"这时候，那名女士说："我和我的家人在5号高速公路上和别人正面撞车了。"她暂停了一下，那个男人补充道："我从家里找到一张旧床单，把它垫在后轮下面，老天啊，这样居然有用！"我惊叹道："我的天，你们撞车了？怎么回事啊？"结果只是低速撞车，对方车中的人和她的家人都没事。

这个故事是我在无数聚会和偶然谈话中听闻到的一个例子。不幸的是，这种对话在我们接受治疗的夫妻的生活中也很常见。人们通常不会很好地倾听彼此的意见。此外，他们很少互相提问，或者用相关的对话来跟上对方思路，理解对方的感受。著名的瑞士儿童心理学家让·皮亚杰将这种互动称为"集体独白"。然而，他用这个概念来描述学龄前儿童的谈话，却不是成年人的谈话。事实上，即使在成年人之间，集体独白似乎也会大量出现。

高度信任彼此的伴侣们会互相分享自己的世界，并建立强大的情感联结，这就是亲密信任和私密的性的基础。他们利用亲密对话的艺术，将情感或自己和对方遭受高压的瞬间视作培养亲密感和更加了解对方内心世界的机会。

亲密对话中的这种情感联结是如何产生的？以下是我观察到的亲密对话的四个特点：（1）能够从语言中洞察对方的感受；（2）用开放式问题对伴侣提问；（3）使用这些问题的后续答案进行陈述，深入了解对方的想法和感受；（4）使用同情和共情的陈述来表达对伴侣的想法和感受的理解。这似乎就是通过亲密谈话让夫妻感觉良好所需要的所有要素。

在我的一个治疗案例中，我将这四个技巧教授给了一位丈夫。他是一名工程师，不知道怎样和妻子及女儿们变得亲近。他说她们对他感到很失望。在工作中一些必要的晚宴上，他不喜欢与人互动，当他不得不和别人"闲聊"时，他会离开。他喜欢自己性格中这种对闲聊的厌恶。我相信他说的他不知道该怎么做，并问他对学习这项技能的感觉如何。他说他愿意尝试。

他非常努力地学习这四个技巧。尽管他决定不会经常使用这些技巧，但他同意这些技巧的确帮助他改善了他与妻子、女儿的关系。在某次治疗时，他还愉快地说，他曾用这些技巧在宴会上与坐在他旁边的一个同事聊天，以前他通常会避开这个人，因为他认为她说的话太多了。然而，他应用了这些技巧，问了她一些问题，谈了谈他自己的感受，跟上了她的陈述，探索出了应对的陈述和问题，并且展现了共情。他说，她后来说她从来不知道他是一个"非常好的人"，而且他"很会聊天"。他对这些结论感到惊讶，因为它们不符合他作为一个脾气暴躁的人的形象。

尤金·简德林在他的《聚焦心理》一书中，为治疗师制订了一个详细的计划，教人们如何将自己的感受用语言表达出来。简德林发现，心理治疗中的

"专注时刻"是变化最迅速的时刻。他发现了这一事实之后，研究出了一种教授来访者专注技巧的方法，也给治疗师们教授在治疗时专注的技巧。在专注教导中，如果身体上出现了"解决"的感觉，来访者就会被教导如何检查这些词语是否符合身体感受，看看这些词能否正确描述这种感觉。

例如，简德林和一个女士谈了谈她的工作，他问她对此感觉如何。她一开始说她感觉很伤心，但是当简德林让她检查自己的身体，看看"伤心"是不是合适的词，她说不是。他让她闭上双眼想象大脑中产生的画面，她站在月台上，火车开走了，她却没有上车。她说她一直帮助别人做他们的项目，结果却是他们得到了奖赏、赞扬和升职，她却没有得到。事实证明，这些词和画面正确地表达了她对工作的感受，与"伤心"是不同的。简德林称，当语言和画面正确匹配时，人的身体会感到非常放松，他可以学会变得对此很敏感。通过专注来了解一个人的感受，是和伴侣进行亲密谈话的第一步。

在我的研究中，性亲密的基础是要建立情感联结。建立联结的方法是通过滑动门时刻、处理消极情绪或遗憾事件以及冲突中的调和来实现。但是，还有一种方法是进行亲密对话。

性治疗产业

马斯特斯和约翰逊关于人类性反应生理学的重要研究的基础是人们在自慰时的研究。例如，研究者让女性使用带有摄像头的透明假阳具，可以借此观察和测量她们的生理反应。为了有资格参加马斯特斯和约翰逊的研究，这些女性必须能够通过性交定期达到性高潮。

马斯特斯和约翰逊科学地定义了人类的性反应。他们将这个反应分成了不同的阶段，包括：（1）前戏，它的功能和目标是男性的勃起、女性的润滑；（2）兴奋，它的功能和目的是更多地激起性欲；（3）插入，阴茎进入阴道；（4）最终阶段，其目的是达到高潮。我称之为性行为的"标准模式"。

马斯特斯和约翰逊摧毁了弗洛伊德关于阴道高潮是成熟女性标志的神话。通过刺激阴蒂达到性高潮，在科学上突然可以被接受了。有些人声称马斯特斯和约翰逊发现了阴蒂，但许多女性对这一说法提出了异议。马斯特斯和约翰逊的研究能够指定每个阶段的目标，从而建立性能力和"性功能障碍"的标准。他们开发了治疗这些性功能障碍的工具，从而创造了一个专业的性治疗师行业。他们发现的主要功能障碍之一是表现焦虑[1]，建议使用非需求愉悦等创造性技术来应对这种表现焦虑。

然而，表现焦虑实际上是他们在定义性的不同阶段得到的意外的必然结果。要了解这一点，我们可以参考国际象棋。在国际象棋中有开局阶段、中局阶段和残局阶段，尽管游戏的目标始终是将对方的王将死，但在一般策略方面，开局的目标是控制棋盘的中心，中局的目标是交换具有不同点值的有利棋子，残局的目标将王将死。通过辨认国际象棋游戏的这些阶段，我们就可以编写策略书，为每个阶段提供技能。马斯特斯和约翰逊将性行为成功地变成了一种象棋，因为他们现在可以在人类性反应的每个阶段定义技能（"功能"）和无技能（"性功能障碍"），所以表现焦虑是标准模式的必然结果。

前戏时间不足、阴茎插入不充分（性功能障碍是勃起"失败"），早泄、性欲不足和阴道不够润滑都是他们定义的性功能障碍。制药公司开始努力研制药物，以治愈每一种性功能障碍。

莎丽·海特对人类性反应的研究使用了不同的研究策略。她向她的被试提出开放式问题，并让成千上万的被试对她的问题做出详尽的答复。她发现70%的女性被试没有资格参加马斯特斯和约翰逊研究，因为她们通过性交并没有定期地体验到性高潮。这些女性中有很多能够通过手淫达到性高潮，尽管其中许多

---

[1] performance anxiety，与执行某项任务有关的焦虑。在性治疗中，性功能障碍受检者担心在性活动中做得不好而出现焦虑，焦虑和快感是不相容的，因此往往以表现更糟糕而结束。

女性（早在 1975 年）对这种做法感到不自在。随后的研究证实了她的发现，即大多数女性通过手淫在大约 10 分钟内达到性高潮，与男性没有太大区别。更有趣的是，大多数女性在手淫时不需要模拟浪漫或延长前戏的条件。在我看来，海特的主要发现是，她研究过的大多数异性恋女性都表示，真正阻碍她们获得满意的性行为的原因是，她们的伴侣坚持标准的性行为模式。海特研究中的异性恋女性说，她们真正的问题在于男性并不将每种亲密接触都视作"性行为"，而只忠诚于通往高潮的道路。她们声称，男性对标准性行为模式的坚持，使性事成为一个难题，也让两人在情感上疏远了。海特研究中的很多女性说，她们会假装高潮，这样就不会伤害伴侣的感情。她们说，她们希望能够告诉伴侣自己的真实想法。在海特的研究中，缺乏情感交流和信任阻碍了许多女性的性生活。

在我看来，海特的研究具有革命性的意义。如果伴侣之间在身体上所做的每一件事都被定义为"性"，那么标准模型就会一败涂地。这意味着，如果伴侣亲吻和抚摸对方，并且男性达到了性高潮，这是没有错的——这并不是一种"功能障碍"。对女性而言，她可能会提出这样的问题："现在我怎么办呢？"

但是，没有标准模式，就没有功能障碍，除非可能产生疼痛的情况。即使男性的阴茎在高潮后变软，他的手和舌头仍然可以用来表现对伴侣的爱，满足她的需求。

然而，他需要知道在那一刻她喜欢什么和需要什么，了解这一点的基础是能够公开地谈论性。海特的研究让性功能成为双方在任何特定时刻在性方面的公开情感交流。这个报告将良好的性行为与关于性的语言和非语言交流联系起来。海特一举消除了表现焦虑和大部分性功能障碍。

在任何一家书店里，夫妻关系的书通常分成两个区域，一个是关于"性"本身的，另一个是关于沟通的。关于沟通的书籍主要关注冲突，很少提到性，或者有关性的部分很简短。关于性爱的书籍很少提到交流或冲突，而是讨论享受乐趣和快乐，并提出了在哪里以及如何爱抚、吮吸或舔舐的建议。我认为有必要将书店的这两个区域的书放在一起。

令人感到惊讶的是，关于性的书卖得并不好。当我的作品经纪人卡廷卡·马特森告诉我这件事时，我感到非常惊讶。关于性的书籍唯一畅销的是莎丽·海特关于女性性事的书，从1975年出版以来卖了4800万册。我认为海特的书很畅销的原因是，它说出了女性真实的心声：她们希望自己能够诚实地与他们的男人谈论性。在1975年，她们不能很好地做到这一点，我认为即使在今天这一点也不能完全实现。

雄性豪猪的智慧

当马斯特斯和约翰逊的书在1970年代出版时，我是著名的金赛研究所所在的印第安纳大学的助理教授。在1950年代长大，我和许多其他年轻的夫妻治疗师都不愿意与夫妻谈论他们的性生活。因此，我和我的许多学生参加了由金赛研究所所长保罗·格布哈特举办的研讨会。

为了麻木我们的神经，保罗向我们展示了研究所提供的关于地球上所有发生性行为的动物的影片。我们看到了各种动物的性行为，如老鼠、大象、长颈鹿和斑马，等等。但最让我印象深刻的是那部展示了两只豪猪发生性关系的电影，我永远不会忘记这部电影。在进行性行为前，雄性豪猪需要解决一个特殊的问题，因为如果试图在雌性豪猪的刚毛竖起时骑上雌性豪猪，雄性豪猪就会受到严重的伤害。于是，这只雄性豪猪在雌性豪猪面前坐下，将爪子放在她脸的两侧，开始轻轻抚摸她的脸。她闭上眼睛，任由他抚摸她的脸。过了一会儿，他在她身后转来转去，检查她的刚毛。检查完后他又回到前面，继续抚摸她的脸。许久之后，他骑上了雌性豪猪，她很乐意也很放松。

这只雄性豪猪给我留下了很深刻的印象。

触摸的力量

很不幸，我们的文化是一种低触摸的文化。心理学家悉尼·若纳尔研究了在几个城市中人们外出就餐时彼此触摸的次数。在巴黎，人们一小时内相互触摸的平均次数为 115 次；在墨西哥城，这个数值是每小时 185 次；在伦敦，这个数值为 0；在佛罗里达州盖恩斯维尔，这个数值为 2。

语言不足以建立亲密的信任。迈阿密大学心理学家蒂法尼·菲尔德开发了一套"触摸研究法"来研究触摸的力量。在她生下早产儿后，她对触摸产生了兴趣。她注意到这些婴儿都在保温箱里，而医院工作人员不让父母接触早产儿。菲尔德因此创造了孵化器，让父母可以亲切地触摸新生儿，还可以给他们做深度按摩。这项干预的效果非常好。父母们感觉和新生儿的联结更加紧密，而被父母按摩过的婴儿，仅仅 10 天就增加了 47% 的体重！和没有被触摸过的婴儿相比，这些婴儿能够更快地离开医院，与父母一起回家。

菲尔德还发现，按摩和其他形式的触摸不仅对婴儿很有效果，如果丈夫每天给患有产后抑郁症的妇女按摩 15 分钟，其效果与抗抑郁药物一样有效。此外，虽然大约 50% 的人在一年后违反医疗建议停止服用抗抑郁药物，但人们还是在进行按摩。按摩确实在婴儿出生后让伴侣们保持联系并建立了情感联结。菲尔德的建议成为我们"带孩子回家"研讨会的核心部分，该研讨会旨在帮助夫妻维持亲密关系，减少刚生完孩子的父母之间的冲突（参见我和我的妻子朱莉·施瓦茨·戈特曼博士合著的书《幸福的家庭》）。

我们都知道，爱恋、按摩、拥抱和其他形式的亲密接触也是刺激男性和女性分泌催产素的要素。回想一下，催产素是信任和联结的激素，也是性高潮时分泌的激素。性高潮越强烈，分泌的催产素就越多，因此过早发生性行为的人可能会与不值得信赖的人建立联系。

阴茎和阴蒂并不复杂

心脏是一个极其复杂的器官，它的泵血功能十分复杂。直到威廉·哈维在16世纪和17世纪的终生研究中，盖伦数百年来关于心肺解剖学和生理学的错误观点才被推翻。哈维花了一生的时间来了解心脏是如何跳动的，但他只出版了一本简短的书来解释他的所有研究结果，而且如果在今天，他永远不会因为这项开创性的研究而获得终身教职。心脏如何受大脑支配和调节仍然是当今研究的活跃领域，因为心脏确实是一个非常复杂的器官。

肾脏也确实是个十分复杂的器官，一个由100万个净化血液的肾单位组成的极其复杂的网络。大脑的错综复杂程度更是令人惊讶，而我们对大脑如何运转的了解才刚刚开始，每年都有数千篇论文在国家神经科学会议上发表。

但阴茎和阴蒂却很简单，它们的确很奇妙，但它们并不复杂。在任何一家大型书店，你都会找到一个关于性的书籍的分区。通常书里会提出各种摩擦、爱抚、吸吮、舔阴茎和阴蒂的方法，有时还建议探索使用冰、羽毛和生奶油等食物。这些都是非常好的主意，可以在夫妻准备进行感官游戏或性交时产生刺激、兴奋，并且让阴茎勃起和充血，让阴道变得润滑。

但是这条建议本身却是很简单的。性本身也非常简单。性变得很复杂是因为它需要聊天和触摸，需要了解伴侣，建立起情感联结，让双方都兴奋起来，无忧无虑，想要嬉戏，放开自己，展示脆弱，产生性欲，或对彼此产生幻想……所有这一切都需要信任。如果我们彼此能够谈论性，信任就会变得容易很多。

和伴侣谈论性

有大量证据表明，谈论性与夫妻关系中的整体幸福感有关。谈论性的频率和质量都与夫妻的幸福感密切相关，尤其是对女性而言。在一项研究中，50%

的女性表示她们与丈夫讨论过她们的性感受，而她们对这种关系也非常满意，而没有与丈夫讨论她们的性感受的女性中，感到满意的女性比例为9%。这些是关于偏好和不喜欢的简单问题，使性变得非常私密。

莎丽·海特对男性和女性的性学研究有力地指出了与伴侣谈论性和性事以加强私人亲密性行为的交流的重要性。对于来自非洲、盎格鲁-撒克逊或东欧文化背景的美国夫妻来说，进行这些对话非常困难。数十年来，我一直在制作夫妻们谈论性生活的录影带，大部分来自这些文化背景的夫妻很难明确和具体地描述性爱，也很难去谈论他们在床上的想法。大部分时候我们根本分辨不出他们在说什么。例如，以下就是这种对话的一段摘录：

他：我们要聊这个话题了吗？
她：也许是吧。你觉得情况有变好吗？
他：嗯，当然了，变好了。但我们还需要努力。
她：你不喜欢吗？
他：我很喜欢，但是我们还有很多可以尝试的方式。
她：好吧。至少我们不像保罗和戴安一样。
他：我从没说过我们像他们啊。我都不知道他是怎么忍受她的。
她：他也不是什么善茬，我敢说。
他：我知道。我不知道他们怎么忍得了对方。
她：所以我们没事吧？
他：我们当然没事啦，但我们可以做得更好，对吧？
她：我一直在努力。
他：我知道的，我很感谢。
她：那就好。

他们的这段对话谈论的可以是任何话题。我们很难看出这段对话的主题是性，因为他们对彼此的这种亲密感感到很不自在。由于彼此之间缺乏信任和开放的空间，谈话中充满着对被拒绝的恐惧。对于拉丁裔的异性恋夫妻来说，情况可能并非如此。拉丁文化支持与伴侣就性、浪漫和激情进行直接和坦率的非防御性对话，我在为《读者文摘》设计的全国调查中发现了这些事实。我还发现，在我和罗伯特·利文森在旧金山湾区所做的一项为期12年的研究中，同性恋伴侣也是如此。拉丁裔伴侣和同性伴侣不会对性爱做出设想，他们认为，他们作为情人有责任了解他们的伴侣对性欲怀有什么期待，以及他们的伴侣不喜欢什么样的性生活。

有的美国夫妻对关于性、浪漫和激情的亲密对话感到不自在，要改变这一点，男人需要问他的女人，或是女人要问她的男人关于性偏好的基本问题，然后记住答案，这是很重要的。这就是为伴侣的性偏好绘制爱情地图。

第八章

在冲突中
修复消极情绪的重要性

有效的修复可能是长期关系存活和让双方保持满意的一个最重要的程序。在本章中我会详细分析夫妻如何在冲突中有效修复消极情绪。本章提出了预先修复的概念，也讨论了在最后一刻的修复。在本书此后的章节，我将讨论在冲突期间修复失败如何与背叛的动态密切相关问题。

在消极情绪出现时，我们如果修复它，就可以建立信任，特别是在冲突讨论期间。特罗尼克和贾尼诺研究了婴儿在 3 个月大时和母亲的互动过程，提出了"相互调节模式"的概念。布雷泽尔顿原本将母亲和婴儿间的关系优美地描绘为敏感而有节奏的联结，与此相反，特罗尼克发现实际上母亲和她们 3 个月大的婴儿在多达 70% 的时间中都是不协调的关系。特罗尼克之后发现，注意并且修复了这种不协调关系的母亲，她们的婴儿在 1 岁时会成为安全型依恋的婴儿。在他发明的"静止脸"①范式中，特罗尼克还发现，有些婴儿有时也会修复这种互动关系。

正如南希·德赖弗斯提到的一样，修复的概念也适用于夫妻关系。南希制作了一本巧妙的螺旋装订书，记录了人们在陷入冲突讨论中时可以说的话。在这些讨论中，有一些修复冲突并退出恶意-恶意状态的机会。她把这本螺旋装订书命名为《像对爱人一样和我说话》。这个书名取得非常好，因为它表现了当人们陷入吸收状态时，他们无法回忆起自己是爱对方的，因此不知道说什么来让情

---

① still face，即静止脸实验，是埃德·特罗尼克曾经做过的一个非常有名的实验。他让一个母亲先和孩子互动，孩子非常开心，积极响应。然后他让母亲再换成一个没有表情的脸，无论孩子怎样做，母亲都一直面无表情，这段时间，孩子的心跳加速，体内压力激素增加；如果持续下去，孩子就可能会感到不舒服。

况好转。

南希曾拜访过我的实验室,她的到来让我开始研究我的实验室里夫妻们在冲突中自然产生的修复举措。这项工作让我验证了一个假设,即让修复起作用的不仅仅是修复尝试,还有接受者如何解释这种修复尝试。在大多数沟通不畅的情况下,我们可能会感觉受到了伤害,沮丧且孤单。因此,正如南希所指出的一样,即使在一段非常好的成人关系中,修复需求也很高。

由于这些关于互动的事实,沟通与和谐这种"理所当然"的期望是不合理的。实际上,我们可以预料到,即使在沟通尝试中,沟通不畅也是最有可能发生的情况。在这些沟通不畅的情况下,有的会带来伤害、误解、争吵和遗憾事件。夫妻的一项重大任务就是将沟通不畅的情况最小化,并找到方法应对这些不可避免的沟通不畅。

在本章中,我会比较精确地查验夫妻的修复过程、修复效果,以及修复过程的影响因素。

德赖弗-塔瓦雷斯修复编码系统

在我们的实验室中,贾尼丝·德赖弗和安布尔·塔瓦雷斯开发了一种详细的观察编码系统,描述新婚夫妇在婚礼之后的几个月对冲突讨论所进行的修复尝试。这些修复尝试的分类非常详细,见表8.1。

表8.1 新婚夫妇在冲突讨论中的修复尝试分类

赞同对方的观点:伴侣态度180°大转变	修复问题:提出问题以了解伴侣的感受
爱恋:赞美和关心	态度缓和:使用非责备式的以"我""我们"开头的陈述
妥协:寻找中间立场	请求指导:尝试获取信息

续　表

定义冲突，总结双方观点	承担冲突中自己的那部分责任
防卫：回避预警	自我披露：表达自己的想法来解释消极行为的原因
幽默	转换话题：结束当前话题或转换主题
承诺以后会做出改变	理解、积极读懂对方内心的想法、共情，表达自己理解了对方的意思
监控讨论：让讨论保持在正轨上，解决互动中的消极问题	"我们很好"：赞美这段关系或双方的互助
称赞：赞美这段关系或将其视作优越的关系	受损伤的修复：开始很好，但之后却以"是的，但是"结束，损害了修复，这种修复需要重新组织

他们艰苦的研究提供了很多我们需要的精确数据和细节，能够帮助我们回答许多关于修复的问题——修复的性质、时间和有效性。

他们总结了在冲突讨论的5个3分钟时间段修复发生的过程，以及伴侣对它们的接受程度。他们将修复尝试分为认知性修复和情感性修复。认知性修复诉诸逻辑和理性，包括妥协、定义冲突、承诺做出改变、监控讨论并使其保持在正轨上、提出问题和请求指导。情感性修复是建立情感亲密的尝试，包括赞同对方、自我披露、承担责任、理解、共情以及"我们很好"。我们也使用SPAFF作为情感指标评估了冲突前3分钟的情感氛围。

用转换话题作为修复尝试看似令人惊讶，因为临床治疗师受到的训练告诉他们，转换话题是在转移主要的冲突问题，所以这个方法可能是没有用的。然而，德赖弗和塔瓦雷斯注意到，自然发生的话题转变实际上可以减少生理唤醒，因此具有安抚作用且功能强大。他们还注意到，一些夫妻在开始时的修复似乎很有效，但随后通过使用指责或其他责备的话语损害了修复。例如，伴侣可能已经开始承担责任，他会说"我最近脾气很暴躁"，然后补充说，"但我认为这主要是因为你不理我"。这些修复尝试似乎需要好好修改一下。我们预测，这些修复会增加消极情绪。

什么决定了修复效果

为了回答哪些因素可能影响关系中的修复这一问题，本研究使用我的"健康关系之屋"理论进行了预测，根据口述历史访谈的布尔曼编码（爱情地图、喜爱和赞美）可以评估这对夫妻友谊的质量，公寓型实验室中的"面向沟通邀请"应该能够决定修复尝试被接受还是被拒绝——即在冲突中修复是如何被接受的。为了评估这些预测的有效性，我们对这些夫妻在口述历史访谈期间的行为，以及他们在公寓型实验室的 10 分钟晚餐时间段的互动进行了编码。

我们发现了什么？第一，我检查了整个冲突讨论随时间变化的情绪变化趋势。第二，我对修复效果进行了微观分析。第三，我对新婚夫妇的友谊质量是否与修复效果显著相关进行了分析。

冲突中情绪的变化

数字不言自明。总体而言，冲突中消极情绪随着时间显著增加（线性趋势），讨论结束时丈夫的消极情绪显著下降（二次曲线趋势），但讨论结束时妻子的消极情绪并没有下降。然而，并非所有夫妻都有这种趋势。因此，我们迫切需要调查修复过程是否有效降低了总体趋势。

这些数据表明，夫妻们因为在冲突讨论期间往往会产生消极情绪，所以需要能够在冲突期间修复消极情绪。之后我会说明为何修复是关系中建立信任和承诺的重要组成部分。

修复过程的分析

我们的修复分析基于以下 7 个问题：

1. **基于认知、逻辑的修复**。是否有证据表明，以认知为导向、诉诸逻辑和解决问题的修复尝试，与整体积极情绪的增加和消极情绪的减少显著相关？

2. **基于情感的修复**。是否有证据表明，以情感为导向的聚焦于创造亲密感的修复尝试，与整体积极情绪的增加和消极情绪的减少显著相关？

3. **受损伤的修复和话题转换**。是否有证据表明，受损伤的修复和话题转换，与整体积极情绪的增加和消极情绪的减少显著相关？

4. **最后一刻**。是否有证据表明，如果在最后一刻进行修复尝试，即在冲突的最后 3 分钟进行了修复尝试，与消极情绪减少和积极情绪增加显著相关？

5. **预先修复**。在冲突对话开始后的前 3 分钟进行的修复尝试，是否与整体积极情绪的增加和消极情绪的减少显著相关？从许多方面来看，前 3 分钟为整个冲突讨论定下了基调。贾尼丝·德赖弗和安布尔·塔瓦雷斯提出了一个假设，即幸福的新婚夫妇在尝试改善整个讨论氛围之前不会让消极情绪继续发酵。这一假设与我们的新婚互动数学模型一致，该模型发现，与婚后 6 年离婚的夫妻相比，婚后 6 年保持稳定婚姻的夫妻进行修复的开端远没有那么消极。

6. **检验夫妻对修复尝试的回应**。这就提出了一个问题：我们是仅仅通过考察修复尝试本身来理解修复，还是需要研究一下修复尝试的接受者？

7. **冲突讨论的前 3 分钟初始情绪氛围是否能预示互动时整体的积极情绪和消极情绪？** 在某些方面，这个问题与修复无关，而与人们开始互动的方式是否同修复相左有关。我们只能猜测这个问题的答案，但这个答案或许能告诉我们这对夫妻过去经历的力量，以判定何种程度的修复才能让情况好转。

当然，所有这些分析都是相关的，并不是因果关系。我们可以从相关数据中对可能的因果关系做出最好的推断。我们需要用近侧改变实验来测试哪些类型的修复过程是真正有效的，但是我们仍然可以尽我们所能使用相关数据来尝试推翻某些关于修复的假设，以此来验证我们的研究是否在沿着正确的轨道进行。目前这些分析已经足够研究使用了。

一、诉诸逻辑的修复尝试

积极情绪的增加

- 妻子妥协：只有妻子的妥协可以显著增加丈夫的积极情绪。
- 其他基于认知的修复尝试与积极情绪的增加没有显著相关性。

消极情绪的减少

- 提问：只有丈夫的修复提问可以显著减少他自己的消极情绪。
- 请求指导：丈夫和妻子向对方的指导请求会显著减少妻子的积极情绪，增加其消极情绪。
- 所有其他的基于认知的修复尝试都与双方消极情绪的增加和积极情绪的减少没有显著相关性。

二、诉诸情感亲密的修复尝试

积极情绪的增加

- 丈夫的爱恋：作为修复尝试可以显著增加妻子的积极情绪。
- 丈夫的赞同：丈夫赞同妻子的观点（态度180°大转变）可以显著增加双方的积极情绪。
- 丈夫的幽默：可以显著增加双方的积极情绪。
- 妻子的爱恋：可以显著增加她自己的积极情绪。

- 妻子的认同：妻子同意丈夫观点可以显著增加双方的积极情绪。
- 妻子的幽默：可以显著增加双方的积极情绪。
- 丈夫的自我披露、共情、打消疑虑和理解：丈夫的自我披露可以显著增加妻子的积极情绪；丈夫的理解（共情）可以显著增加他自己的积极情绪。
- 妻子的"我们很好"：这项修复尝试可以显著增加双方的积极情绪。
- 丈夫承担责任：丈夫即使承担一部分责任，也可以显著增加妻子的积极情绪。
- 妻子承担责任：妻子即使承担一部分责任，也可以显著增加双方的积极情绪。

消极情绪的减少

- 丈夫的幽默：可以显著减少丈夫的消极情绪。
- 妻子的幽默：可以显著减少双方的消极情绪。
- 丈夫的理解（共情）：可以显著减少他自己的消极情绪。

三、受损伤的修复和话题转变

积极情绪的增加

- 丈夫受损伤的修复尝试：在修复时会带来伤害，对双方积极情绪的增加无益，只会显著减少双方的积极情绪。
- 丈夫转变话题：丈夫停止修复（转变话题），可以显著增加他自己的积极情绪。
- 妻子转变话题：妻子停止修复（转变话题），可以显著增加双方的积极情绪。

消极情绪的减少

- 丈夫受损伤的修复尝试：在修复时会带来伤害，对减少他自己的消极情绪无益，而会显著增加他自己的消极情绪。
- 丈夫转变话题：丈夫停止修复（转变话题），可以显著减少他自己的消极情绪。

四、是否有证据表明在最后一刻进行修复是有效的

实际上，并没有太多的证据证明这一结果。

诉诸逻辑的修复尝试

积极情绪的增加

- 妻子定义冲突：在认知性修复尝试类别中，在最后一刻，只有妻子对冲突的定义与她自己的积极情绪的增加显著相关。

消极情绪的减少

- 在认知性修复尝试类别中，在最后一刻的任何修复与消极情绪的减少都没有显著相关性。

诉诸情感亲密的修复尝试

积极情绪的增加

- 妻子的爱恋：在最后一刻，妻子的爱恋可以显著增加她自己的积极情绪。
- 妻子的理解：在最后一刻，妻子的理解可以显著增加丈夫的积极情绪。
- 妻子的"我们很好"：在最后一刻，妻子的"我们很好"修复尝试可以

显著增加丈夫的积极情绪。

五、是否有证据表明预先修复是有效的

我们想知道，是否有证据表明预先修复是积极情绪增加和消极情绪减少的有效手段。

诉诸逻辑的修复尝试

积极情绪的增加

- 丈夫在冲突讨论的前3分钟请求指导：这个基于认知的修复尝试可以显著增加丈夫自己的积极情绪。
- 丈夫的自我披露：丈夫的自我披露可以显著增加双方的积极情绪。
- 妻子在冲突讨论的前3分钟请求指导：这个基于认知的修复尝试可以显著增加双方的积极情绪。
- 妻子的爱恋：妻子的爱恋可以显著增加丈夫的积极情绪。
- 妻子的幽默：妻子的幽默可以显著增加丈夫的积极情绪。
- 妻子承担责任：妻子承担责任可以显著增加双方的积极情绪。

消极情绪的减少

- 妻子的爱恋：妻子的爱恋可以显著减少丈夫的消极情绪。

诉诸情感亲密的修复尝试

积极情绪的增加

- 妻子的爱恋：在最后一刻，妻子的爱恋可以显著增加她自己的积极情绪。

- 妻子的理解：在最后一刻，妻子的理解可以显著增加丈夫的积极情绪。
- 妻子的"我们很好"：在最后一刻，妻子的"我们很好"修复尝试可以显著增加丈夫的积极情绪。

六、对修复尝试的回应重要吗

要回答这个问题，我们想先弄明白一点，伴侣对修复尝试的回应（而非修复尝试本身的性质）能否预测积极情绪或消极情绪？为了解决这个问题，我们研究了贾尼丝和安布尔对伴侣接受或拒绝修复的编码。答案是肯定的。这个强有力的答案表明，我们不能只关注修复尝试本身，还要让伴侣充分了解修复过程是如何运行的。

- 伴侣双方对修复尝试的接受，以显著增加两人的积极情绪。
- 伴侣双方对妻子修复尝试的接受，可以显著减少两人的消极情绪。

此外，仅从相关性（显然不是因果关系）的统计学意义来看，在前3分钟内接受伴侣的修复尝试比在第4～12分钟内更有效，该假设是有依据的。而且，在最后3分钟内接受伴侣的修复尝试几乎是无效的。

七、初始的情绪氛围基调重要吗

这些分析仍然没有回答一个很关键的问题。抛开修复的互动不谈，在对话开始的前3分钟，其情绪氛围在多大程度上能预测对话如何结束？我们为新婚夫妇设计的互动数学模型（见第十一章）表明，伴侣们在被影响之前（被称为"未被影响的稳态"）带入互动中的消极情绪，以及伴侣们的情绪惯性（保持某一情绪的倾向）是预测夫妻未来关系的最佳指标，对异性恋和同性恋来说都是如此。我们能否仅通过观察在冲突讨论的前3分钟每个人的情绪来预测冲突讨论的大致情况呢？

确认哪些修复有效，使得我们提出了一个问题，即预先修复的有效性是不是因为它们利用了整体的初始积极情绪氛围，或者利用了中立的情绪氛围，又或者兼而有之？正如我们所看到的一样，积极情绪和中立情绪在冲突中都有作用，在SPAFF编码的时间序列权重中，中立情绪的权重甚至略偏正（＋0.1）。但是，我们确实希望区分积极情绪的开场和中立情绪的开场，因为在冲突讨论开始时保持中立可能比保持积极更容易。幸运的是，用SPAFF我们得到了冲突讨论前3分钟的数据。

当计算讨论开始时的整体的积极或中立情绪氛围时，我们发现以中立情绪开场和整体积极情绪偏低之间有着巨大关联，不过以积极情绪开场能让整个冲突讨论的积极情绪更多。尽管预先修复是有用的，但同时使用中立情绪和积极情绪开场在很大程度上决定了冲突讨论的结果。

验证夫妻友谊质量与修复有效性的相关性

根据布尔曼口述历史访谈（以"我们"开头的陈述）的编码，我们用"健康关系之屋"理论评估了夫妻友谊的质量，面向沟通邀请（专注或热情地面向对方）应该与在冲突互动中接受修复的方式显著相关。关于修复尝试的数据能证实这些预测吗？我们计算了冲突前3分钟以及整个冲突进行过程中修复尝试的接受程度。

在公寓型实验室中的晚餐期间，丈夫专注于"面向"妻子的沟通邀请与双方在冲突前3分钟以及妻子在整个过程中的接受程度显著相关；妻子专注于"面向"丈夫的沟通邀请与她在整个冲突过程中对修复的接受程度略有关联。在公寓型实验室中的晚餐期间，丈夫热情地"面向"妻子的沟通邀请与夫妻双方在冲突前3分钟和整个过程对修复的接受程度都无关；然而，妻子热情地"面向"

丈夫的沟通邀请与妻子在冲突前3分钟对修复的接受程度和夫妻双方在整个过程中对修复的接受程度显著相关。

丈夫和妻子在口述历史访谈中以"我们"开头的陈述与妻子在冲突讨论的前3分钟是否接受修复显著相关。因此，新婚夫妇的数据可以支持"健康关系之屋"理论的很多预测。我通常不喜欢用统计表格给我的读者带来负担，但下表8.2非常有趣，值得一看。当我们计算出整体的积极情绪或中立情绪的初始氛围时，我们发现以中立情绪开始讨论和整个过程中较低的消极情绪显著相关（相关性从-1.0到+1.0；超过0.5代表高相关性；0.7则表示相关性非常高）。这些相关性被列在表格左上部分，以加粗形式标注。然而，以积极情绪氛围开始冲突讨论会使整个冲突讨论呈现一种高积极情绪模式，如右下部分斜体表示的相关性。

表 8.2　在冲突讨论的前 3 分钟，中立情绪和积极情绪的重要性

	丈夫整体消极情绪	妻子整体消极情绪	丈夫整体积极情绪	妻子整体积极情绪
丈夫中立（前3分钟）	**-0.66*****	**-0.38***	0.01	0.25*
妻子中立（前3分钟）	**-0.55*****	**-0.66*****	0.27*	0.25*
丈夫积极（前3分钟）	-0.36**	-0.27*	*0.74****	*0.37***
妻子积极（前3分钟）	-0.34**	-0.2a	*0.26**	*0.57****

a: $p<0.10$；*：$p<0.05$；**：$p<0.01$；***：$p<0.001$

这个表格告诉我们，尽管预先修复是有用的，用中立情绪和积极情绪一起来开场也能决定冲突讨论的结果。夫妻过去的经历很可能会影响每一次冲突讨论的开始。这让人想起威廉·福克纳在《修女安魂曲》中的评论："过去并没有死去。事实上，它甚至还没有过去。"

修复效果的分析

显然，这项研究中的大多数新婚夫妇在冲突讨论中的消极情绪随着时间推移增加了。需要注意的是，我们谈论的是相关性而非因果关系，从这些相关性中我们能得出什么假设呢？我们需要探索本研究中有效减少新婚夫妇消极情绪的可能的修复过程。

修复的结果给出了一些非常具体的方法，夫妻可以使用这些方法营造一种达成共识的气氛，进行预先修复。我们比较了诉诸逻辑和理性解决问题的基于认知的修复，这些修复没有什么效果。相反，基于增加感情亲密度的修复（承担责任、达成共识、幽默、自我披露、理解、共情以及"我们很好"）是非常有效的。这些方法适用于在冲突开始时营造积极的情绪氛围，通过中立情绪或积极情绪开启讨论，进行预先修复（尤其是妻子承担责任和表达爱恋），以及妻子接受伴侣的修复尝试。

这些数据也表明，即使冲突在第 4 ～ 12 分钟变得紧张，夫妻们仍然可以采取措施来扭转冲突的消极影响，甚至使冲突中的影响更积极。实现这一目的的主要方法是丈夫和妻子承担问题的一部分责任，并相互表现出爱恋，达成共识，自我披露，展现共情，打消疑虑以及相互理解。另外，伴侣双方停止修复（转变话题）和妻子的妥协修复也展现出惊人的效果，就像在冲突中获得短暂的休息。

妻子一开始的修复尝试也很重要，这一点很有趣。我们都知道在异性恋婚姻中，双方讨论的问题有 80% 是妻子提出来的。这个结果显示女性通常会委婉地开始谈话，以减少丈夫的消极情绪。这些或许可以具体指导女性如何通过承担责任来委婉地开启对话。在最后一刻，只有妻子的爱恋、理解和"我们很好"的修复策略是有效的，但它们的效果并不是很好。

这些关于修复的结果表明，扭转消极冲突并使冲突从一开始就具有建设性力量的关键在于建立情感联结。这些结果与怀尔的临床描述完全一致，即通过对问题的一部分承担责任，从"攻击-防御"模式转变为"承认"模式，以及通过将对抗性冲突转变为基于自我披露、表达同情和理解的"合作"模式。情感联结的修复机制可能是通过减少冲突期间的生理唤醒来实现的，有证据显示的确如此。例如，利文森已经证实，夫妻冲突互动过程中的幽默可有效减少生理唤醒。带来中立或积极情绪的修复，或增加夫妻凝聚力的修复可能会减少冲突互动中的威胁。之后的研究需要探索修复可能发挥其良好作用的确切机制。

这些关于修复的结果可能也表明，对于一对不幸福的夫妻来说，要想扭转一开始就很糟糕的互动，在某种程度上确实存在一个上限。这些发现与我和利文森通过我们累积点图的发现一致，即只有 4% 的夫妻能够扭转以消极情绪氛围开始的谈话。人们可能会得出这样的结论：对于婚姻不幸福的夫妻来说，他们往往会带着大量消极情绪开始严苛的冲突讨论。这个结果告诉大家，我们临床医生有时就像在叫停脱轨的货运火车，我们站在轨道上，举起双手，大喊着："快停下来！"冲突中的消极情绪让不愉快的关系持续，即使是新婚夫妇，修复成功的可能也很渺茫——正如丹·怀尔提到的一样，两人需要在冲突的前 3 分钟迅速为问题承担责任，然后进入"承认"模式，并且在冲突一开始就表现出积极和中立情绪。怀尔又一次通过基于实践的证据得出了同样的结论，而我们花了 10 年时间才通过循证研究得出这一结论。

修复的结果表明，我们可以从新婚夫妇冲突讨论的前 3 分钟预测出他们结婚 6 年后是否离婚。不幸福的夫妻很难以中立和积极情绪开始讨论，并为问题承担责任。相反，研究中的数据显示他们往往会以"攻击"模式开启讨论，并随着互动的展开而更具攻击性和防御态度，进而发现越来越难以进行修复。冲突之后就会变成吸收状态，一旦进入就难以退出，因为成功的修复才是出路。

除非夫妻的友谊质量很高——通过关注对方或热情地"面向"对方建立了情感账户，以此在关系中培养了一种"我们"的感觉，否则这个令人沮丧的吸收状态会一直存在。这些数据强调了妻子在修复中的核心作用，但这并不意味着丈夫在其中不发挥主要作用，只是在冲突中，更多妻子的修复尝试会带来更好的效果，对新婚夫妇而言也是如此。

然而，有迹象表明，我们可以帮助夫妻完成对冲突的共同调节。在冲突期间消极情绪逐渐增加，如黑暗隧道般，但这之中有一丝光亮。数据显示，将冲突转变成愉快的合作的基础在于跳出冲突的情境。它可能深深植根于夫妻建立和维持他们的友谊和亲密关系的方式。正如我们口述历史访谈的布尔曼编码所评估的那样，他们通过讲述他们关系的历史和伴侣的个性特征来创造一种"我们"的感觉。此外，这些夫妻通过"面向"伴侣为了建立情感联结的沟通邀请来加强他们之间的友谊。即使在吃晚餐时，他们也能很好地跳出冲突情境。我们认为这些结果提出了这样的假设：当消极情绪和生理唤醒不太可能作为冲突期间有效的修复尝试的基础时，以及消极情绪高涨时，在冲突情境之外建立友谊可能是有效的。婚姻中的友谊如何实现从冲突到合作的转变呢？这里的秘诀是与某个暂时令人讨厌的朋友发生冲突，而不是与无处不在的、永远敌对的对手发生冲突。

新婚夫妇建立信任时的挑战

在帮助那些消极情绪已成为一种吸收状态，并且修复几乎无法扭转消极冲突的夫妻时，我们临床医生究竟面临着什么挑战？即便是把干预主要用于预防的新婚夫妇，我们临床医生又面临着什么挑战呢？

答案是帮助夫妻建立信任并减少背叛的可能性——这似乎是一段新关系的主要任务。当我们在纵向研究中查看大多数新婚夫妇冲突讨论的内容时，潜藏于表象下的信任问题和背叛问题就变得清晰起来。在婚姻刚开始的时候，这些夫妻似乎在相互询问，相互提出需求，他们建立信任的基础是各种各样的任务，而这些任务是他们在共同生活时建立亲密关系必须完成的。这些年轻夫妻之间仍然存在很多未被回答的问题，他们大部分的冲突讨论也是关于这些问题的。这些问题通常就是他们的潜台词，即使他们的主要问题表面上与信任和背叛无关。

我从130对西雅图新婚夫妇对话的谈话记录中选择了两段对话，以阐释夫妻们在建立信任和减少背叛可能性时所面临的问题。我之所以选择这两段对话，是因为它们很典型。第一段对话是关于嫉妒的——在性忠诚这个基本问题上建立信任；第二段对话则更复杂——丈夫是否真正是"我们"的一部分，还是仍然属于他的朋友圈子。她问道："他会在我需要他时抛弃我吗？""谁排在第一位，是我，还是他的朋友？"尤其是当她情绪失落时，她会问："他会陪在我身边吗？他会选择不离开我、不抛弃我吗？他会觉得我的感受很重要吗？他会觉得调和是我需要且应得的吗？"在这个案例中，她直面他的情绪摒除理念，因为这种理念妨碍了他们可能进行的调和，而调和正是建立信任的机制。他将自己的情绪摒除态度归因于自己是一个男人。

这两对夫妻在解决信任问题上做得很好，因为对他们来说，冲突还没有成为一种吸收状态，但这仍然不容易。在这些新婚关系中，信任和背叛始终是冲突对话的潜台词中所具有的问题。我们可以看看下面的对话，对话间的黑体字句子部分是我的评论。

对话1：性忠诚，31号新婚夫妇

妻　子：哦，绿灯亮了。（大笑）

丈　夫：哦，天哪。好吧，行，那么……

妻　子：吃醋。我们谈的是这个。

（两人大笑）

妻　子：是我提出来的。

丈　夫：是的，所以，你吃醋了吗？

听起来好像这是她的问题，而不是他的问题。

妻　子：是的，你知道我很嫉妒。

丈　夫：是吗？那么……

妻　子：但我现在感觉好多了。

丈　夫：我是说，如果你对我说一些我对你说过的话，我可能会感觉很难受。

这是一步好棋，他正在承担问题的一部分责任——很好的修复尝试。

妻　子：我们刚开始约会时，你经常吃马特的醋，之后是韦恩，然后……

丈　夫：经常吃醋。（大笑）我没有啊，我有吗？

妻　子：你几乎不能忍受和马特待在同一间房间里。那时候，你那样做是因为你认为他肯定在追我，结果当你得知他没有追我时，你就（大笑）不再喜欢他了。仅此而已，这不是嫉妒。

丈　夫：（大笑）的确，我不喜欢他！我想我在和你交往——我还是觉得他对你有兴趣。嗯，当我……

他同意这不仅仅是她的问题。

妻　子：现在，出于理性……

丈　夫：我觉得他在等我厌倦你之类的。我是这么想的……

妻　子：很好。

丈　夫：……我其实认为，我是说，那个家伙是个浑蛋。

妻　子：（大笑）

丈　夫：但他仍然是你的朋友。（大笑）

妻　子：但是你想想，你说这话是出于理性，还是感性呢？

很明显，这个区别对他们来说是个问题。如果不是出于理性，他们能讨论这个问题吗？

丈　夫：是出于理性。当我感觉到的时候，它就是理性的。（两人大笑起来）

在隐含的玩笑中他表达了她不是很理性的想法。

妻　子：当然了！

她同意这是个玩笑，不是真的。

丈　夫：啊——

妻　子：因为从理性上来讲，我知道你不会——每次我在工作时你在休息——

你不会给别人打电话，给曼迪或别人，然后跑出去和她们一起在树林里嬉戏，但是……

丈　夫：嗯，我不会的，但我也可能会这么做。

他在捉弄她，忽视了她的不安全感。

妻　子：（大笑）你不会那么做的——（大笑）你在开玩笑，对吧？

丈　夫：（大笑）是吗，我在开玩笑吗？

他似乎很享受她的不安。

妻　子：但是从感性上讲，我有点儿想知道，我怎么知道你不会对我失去兴趣呢？

这是她的不安全感的核心——他会为了别人而离开我吗？

丈　夫：你的想法是"万一他是这样的"——好的，我明白了。

妻　子：我觉得……我觉得自己光是会思考这个问题都很愚蠢。

丈　夫：所以我把屋子都打扫干净了。这样你就知道我整天都在家做家务，我很忙。

转变话题——降低生理唤醒的程度。

妻　子：这个打扫的理由可真好，就好像在说"哦，不是的！"。

丈　夫：我想我喜欢安心的感觉，因为你吃醋表示你在意我。你知道吗？

现在他回到了这个问题的核心。

妻　子：是的，我能理解，但我觉得这挺难的。

现在她的嫉妒已经表明她在意他。

丈　夫：好吧，你很难相信我会为你吃醋，这就是为什么我觉得你从来不和我开玩笑，你也不去试着让我吃醋。

妻　子：（叹气）我想……

丈　夫：只是，只……

妻　子：我感觉很糟糕。

丈　夫：好吧。

妻　子：想到让你吃醋，我会觉得很可怕，但你却逗我——

她不喜欢他开玩笑。

丈　夫：我的意思是，我不是为了让你吃醋。

他理解了。

妻　子：（大笑）真的吗？

（两人大笑）

丈　夫：好吧。

他的确在试图通过挑逗来让她吃醋。

妻　子：但是，（叹气）我不会像以前那样为这些事情感到不安了。（叹气）

丈　夫：那么你的评分是多少呢？0～100，你打多少分？

妻　子：50。

丈　夫：哇，真的吗？

妻　子：你打了多少分？

丈　夫：20。

（他们对问题的严重程度进行了评分，0代表根本不严重，100代表极其严重。）

妻　子：因为这是个一直困扰着我的问题。

丈　夫：逗你玩这件事吗？

妻　子：这件事真的让我感到很困扰，但你却觉得很有趣，你在"呃，呃，呃"时，很明显就是在逗我。

丈　夫：你还是感觉很受伤吗？

妻　子：我不清楚。从理性上来讲，就像你所说，理性上我觉得自己很蠢——所有和你一起工作的人都是女性。

丈　夫：是的，所有人都是。

妻　子：比如当我在车里等待的时候，我等了15分钟，最后我终于忍不住大喊："老天啊！"然后你在前面等着，看吧，就好像是我的错。后来，我看到你和一个金发女人站在一起，你说："待会儿见，贝蒂。"她快步走

　　　　　上街离开了，根本就不会看我一眼！

丈　夫：她不知道你是谁啊，而且她本来就要走了。

一个很糟糕的回应，摒除了她的情绪，而且在为同事辩护。

妻　子：是的，但她就不能打个招呼吗，对吧？

丈　夫：是的，她那样唐突地离开是挺奇怪的。

这才是在照顾她的感受。

妻　子：这……好吧。加上你的反应，我的意思是，我的同事碰到你时都会打招呼，而不像她那样离开，惹人怀疑。

丈　夫：她可能有点儿偏执，但是……

妻　子：（大笑）

丈　夫：她可能……担心会让你吃醋，她不想那样做。

这里他仍然在为同事辩护。

妻　子：好吧，这似乎不是表明她避免让我嫉妒的最好方式。

丈　夫：的确不是。

妻　子：我不知道。

丈　夫：她比我们小很多，不是很会处事。

很好的举动，我们称之为"我们一起对抗别人"。

妻　子：她到底是谁？

丈　夫：她是我上司。

妻　子：贝蒂吗？

丈　夫：嗯。

妻　子：（两人大笑）和亨特一起生活的那个人？（两人大笑）

妻　子：我那样想真的太蠢了，而且……

丈　夫：你突然出现，也让我吓了一跳。

再次责备妻子。很糟糕的举动。

妻　子：我很生气，因为我等得太久了。

丈　夫：我跟你说了，让你在前面等我！

更糟了。

妻　子：好吧，我根本没有听到。也许早上我还没睡醒吧，这不像我，我不会一整夜不睡去担心这件事。她真的很可爱——我不敢相信她是你的上司。

丈　夫：是的，她很可爱，也是我的上司。

他没有打消她的疑虑。

妻　子：我还不习惯你经常不在家。

丈　夫：我明白。如果你也和一大群男人一起工作，然后回家跟我讲了讲某个家伙，我可能也会那么想。

他终于表现出一些共情了。

妻　子：（大笑）你感觉很安全，是因为我在跟傻瓜和女人一起工作，是吗？

丈　夫：这一切都要追溯到我的前女友凯特，因为她回家会告诉我……

妻　子："我今天太高兴了。今天我和三个家伙调情了！"

丈　夫：是的，你模仿得很好。她就是这么说的，我会回她"哼"。

妻　子：你想大声喊："闭嘴！"

　　　　（两人大笑）

丈　夫："闭嘴"挺好的。所以我会尽量避免聊到我的上司贝蒂这些事，避免说她的好话。

自我披露以及聊到前女友——共同的敌人，非常好。

妻　子：你会说："天啊，她真的太漂亮了，你不觉得吗？"

丈　夫：我永远不会用那种话来逗你的。和凯特在一起的很长一段时间我们都是这种状态。

妻　子：如果我遇到了凯特那样的人，我倒不觉得是什么大事，但是我会说："他没有特意谈论你，但他感觉被你背叛了！"（两人大笑）

妻子给出了一些肯定。很好。

丈　夫：哦，天啊！那会很有趣。但是……

妻　子：我没有再想她的事了，也没有再想贝蒂的事了。我坐在这儿不是为了……

丈　夫：嗯……也许你应该多问点儿问题。

妻　子：我正准备问呢。但是，如果我……

丈　夫：我当然知道是……我不知道，你不会想问我问题。

妻　子：是的……如果我在……审问你。

他们在需要消除疑虑这个主题上兜圈子。

丈　夫："你今天吃午餐时干吗了？""其实我今天和贝蒂一起吃午饭了，她很漂亮。"

妻　子：哦，你和她一起吃饭了？（咯咯笑）

丈　夫：是的，我和她一起吃饭了。她刚好那个时候也在吃饭，所以我们就坐在一起聊了聊。这件事会让你感到很困扰吗？

妻　子：也没有，除非你一上午都在计划这件事。

丈　夫：没有，就是偶然遇到的。

他在试着打消她的疑虑。

妻　子：你是什么时候休息的？

丈　夫：因为她是经理，所以是她来安排大家什么时候休息。

妻　子：所以她是特意安排的吗？

丈　夫：我觉得不是。因为本来帕蒂要去休息，但她突然决定不休息了。

妻　子：好吧，也许我不应该把这个分歧写进去。

她的疑虑被打消了一点儿。

丈　夫：下一个——我们还要讨论什么？

妻　子：还有一个主题是（大笑）责任——我一直在回避的话题。

丈　夫：责任，是的。

妻　子：……责任。（大笑）给我一颗糖（大笑）让我开心一下吧！（两人大笑）……这太傻了。所以我的得分不是很高。我感觉你希望某天早上醒来我的习惯全部变了。

自我披露。很好的修复尝试。

丈　夫：不是的。

妻　子：这就是为什么我有时候觉得……

丈　夫：我不是针对整个谈话——它变成了（大笑）"挑剔"的过程，好像是这样的。我做错了什么吗？

妻　子：我觉得你不是在挑剔我，你是在兜圈子。（大笑）

丈　夫：他们从摄影机里可看不出来。

妻　子：哦。

（两人大笑）

丈　夫：我不知道。

妻　子：（叹气）是的。自从我们搬进来，公寓就一团糟，这常见吗？

她对不常做打扫感到很愧疚。

丈　夫：我们用了衣柜后就好多了。

妻　子：（咯咯笑）

丈　夫：当然了，我也很愧疚。

很好，这是承担责任的修复尝试。

妻　子：我感觉自从我们搬进了公寓，你突然又出现了这种情况。我也不知道，就好像我们必须随时保持干净与整齐，而且……

丈　夫：公寓很小。我的意思是，我……

妻　子：也没有很小。

丈　夫：我不知道。如果里面乱糟糟的，我就会感觉很拥挤。

妻　子：是的，看起来确实有点儿——即使公寓很干净，它看起来也有点儿乱。我不知道是不是——我个人认为部分原因是那张大地毯，但是……

丈　夫：是吗？哦。

妻　子：它让整个房间显得很小，因为它一下就把你的目光吸引到了它那很深的颜色上。而且事实是……我不知道。它看起来又脏又破，就好像我没打扫干净。在我休息的时候，我经常打扫，然后……看起来没有什么用……

丈　夫：真的……

妻　子：……我也不知道为什么。

丈　夫：真的吗？哦。

妻　子：是的。

丈　夫：嗯。

妻　子：好像我可以洗完所有的衣服，铺好床铺，等等——似乎我们总在洗衣服。

丈　夫：嗯。

妻　子：（咯咯地笑）就好像每天都在洗，这……感觉有点儿奇怪，但好像我们每两天就会打扫一次。

丈　夫：那是因为我们老是把衣服堆在地上，而且……

妻　子：（咯咯地笑）是的。

丈　夫：吃完饭就把盘子留在那里……我不知道。

妻　子：这件事真的让你觉得很烦吗？我们需要女佣，没错。（大笑）

丈　夫：是的，我知道。（大笑）我们会请一个帮手的。我们稍微有钱一点儿时就不用担心这个了。但是……

妻　子：是的。

丈　夫：在那之前……我觉得我确实常为此烦恼。

妻　子：那我……我……就多注意一下。

丈　夫：好……

妻　子：……因为很多时候，我都会绕开一堆脏盘子。"哦，我应该收拾一下"，（大笑）但我却没有做。我敢说有时候你也会这样。

丈　夫：我从来不会这样，从不。

妻　子：（咯咯笑）"不，我从不，从来不。"我真的很想……因为我马上可以休息 4 天，我会试着在办公室计划一下这个事。

这也是关于信任的。问题是："在做家务这个问题上，我们是一个团队吗？"

丈　夫：好的。

妻　子：因为家里——一团糟，我们也需要清理下猫砂盆，等收拾好公寓后。（大笑）也许我们有点儿偏离了"嫉妒"的话题。

这对夫妻在谈论嫉妒的问题时取得了很大的进步。他们直面自己的感受，探索自己的需求，也了解到为什么这个问题是他们两个人的问题。他们在调和，在建立信任。

对话 2：我们成为"我们"了吗？ 73 号新婚夫妇

他们正在讨论一个遗憾事件，事件中他选择和他的朋友在一起，而不是帮她修理让她不舒服的卫生间。这也是关于信任的问题："当我很沮丧且需要你时，我能相信你会陪在我身边吗？我排在你朋友之前吗？"

妻　子：一个很严重的问题，就是我希望你不要……呃……对我那么消极。当你和我交流时，一切都是消极的。这就会让我进入防御状态，我知道你不喜欢我这样做。

丈　夫：是的，我知道。这个问题在一直循环，因为……

妻　子：嗯。

丈　夫：……当然我会说："好吧，如果你不消极，我就不会消极。"你知道，然后你就陷入了这个螺旋式的效应。

看起来他好像只在指责对方，但其实他也在做其他事情。他说他感觉到了被防御但不是在防御，这是具有建设性的举措。

妻　子：嗯。

丈　夫：我们……但是我们之前已经谈过了。

妻　子：嗯。

丈　夫：我们都试着解决过这个问题。而且，我们也有一些改进。

妻　子：嗯。

丈　夫：大体上来说。所以……

妻　子：你认为这和指责有关吗？

丈　夫：指责？

妻　子：嗯。我们都很爱指责别人吗？

再次承担责任，请记住，如果早点儿这样做的话，是很有效的。

丈　夫：嗯，是的，就是那些A型人的行为特征（咯咯笑），我猜的。

妻　子：那么，我们怎么做才不会变成那样呢？

丈　夫：我们只需要练习，并有意识地努力不要那样做。

妻　子：我认为最好是……好吧，因为我们两人都有缺点，都犯了错误，我们最终出现了分歧，或开始相互指责，或其他什么问题，也许他们应该研究这个让我们产生分歧的方面。（咯咯笑）

丈　夫：（咯咯笑）是的。

妻　子：啊，事实是，我知道开车时你觉得我很烦，但如果你能不要……如果第一个人做了一些消极的事，那么第二个人呢？他不一定要消极回应。你可以说："拜托，你不应该那样做。我们不要这样做。"但是我们都不会这么做。我们只会继续那么做，然后感到愧疚。

丈　夫：好吧，如果某个人用消极的眼光看你，或者让你开始防御，这就很难了，真的很难。你必须意识到，然后会用积极的语言来回应，而不是用消极来反击。这是很难做到的，真的很难做到。

妻　子：好吧，还有其他解决方法吗，我们能不能……

丈　夫：这就是解决方法，但你知道这并不容易，没人说过容易，所以……

妻　子：你觉得我们能做到吗？

丈　夫：嗯，可以的。你只需要……我不知道，比如……我记得以前会用一个很流行的安全词 profiglian 之类的？

妻　子：嗯。

丈　夫：你知道，我的解决办法，就是，当说一些负面的话时，与其说这些，不如说这个 profiglian 傻傻的词。

妻　子：嗯。

丈　夫：不，应该是 profigliano。

妻　子：嗯，我们很久没有那么做了。

丈　夫：这就是……就是我们在欧洲的收获。当很消极时，我们其中一人会说"profigliano"。

他们在讨论当情况很消极时怎样修复互动。很好的举措，他们正在进行一个很好的元级讨论。

妻　子：嗯。

丈　夫：你的呢？是 Schwartz 吗？

妻　子：（咯咯笑）我不记得了。也许吧。

丈　夫：类似这个词吧。所以无论如何，这是我的解决方法，有人在说一些消极的话时就使用有趣的词，这样，它就是一个中立声明。我的那个词就是 profigliano。

妻　子：但是它没有解决问题。

丈　夫：但是它是一个中立声明，这样另一个人就能意识到他们说了消极的话，而你也不必说出消极的话来让对方意识到这个事实。

　　　　Profigliano 让另一个人注意到他们说出了一些之后回想起来可能会后悔的话，然后他们可以仔细思考一下这些话。这样他们就可以思考当时的情况，而不是不假思索地表达。

妻　子：嗯嗯。那么，这有点儿像……

丈　夫：但是我的意思是，你，你记不住那个词，所以……（大笑）

妻　子：（咯咯笑）嗯嗯。啊，好吧，有点儿像……你和你最好的朋友一起，想帮助他们成为更好的人，并对他们有好的滤镜，你会忽视他们所有的缺点。但是我们彼此间太亲近了，无法做到这一点，我们很容易看到对方的错误，因为我们总是在一起。

轮到她来说一些美妙又明智的话了。

丈　夫：肯定的。我的意思是，你甚至都不用去考虑这个问题。

妻　子：是的，但是你考虑了。

丈　夫：是的，我的意思是……这就是人性，但是你总想克服。我的意思是……

妻　子：嗯嗯。

丈　夫：……激发出我们更好的一面——

妻　子：我也希望这样。

丈　夫：是的，我们有意识地去注入好的东西。

妻　子：那么我们如何开始呢？我们可以用 profligiano 这个词，我会记住这个词的……如果你能帮我的话。

丈　夫：我们可以试一试。但是，那都是在我们结婚前用的词了。

妻　子：嗯嗯。

丈　夫：这只是我以前用来处理这种情况的方法。因为你有点儿不开心，有点儿低落，你知道的，我不得不想出一些方法来调整自己的情绪，因为……

妻　子：从什么时候开始的？

用转变话题来进行修复。

丈　夫：我们开车周游美国的时候。

妻　子：你说得没错。

丈　夫：你……

妻　子：在车里的指责。

丈　夫：我的意思是，你的手在烧伤后一直有问题。我非常……我的意思是，我要去考试，带你去看医生，我的压力真的很大……我想说，我很烦躁。我知道我很烦躁……

他在承担责任。

妻　子：嗯嗯。

丈　夫：……我只是想找到一种方法，让自己在发火或说话之前先思考一下，因为你，你……你什么都做不了，所以我每次回到家，不得不手忙脚乱地等你，这对我来说太累了，因为我正在努力学习和考试……

妻　子：这好像是我们低迷期的开始。

丈　夫：是的，所以我想用 profigliano，好的，就说 profigliano 吧，而不要说"我再也忍不了了！"，这就是我处理问题的方法，然后我们就可以忘记这些不愉快。

妻　子：也不是这样的。我从来没有忘记过。

丈　夫：你的确是这样。

妻　子：也许 profigliano 这个词并不起作用——开始的时间和开始的原因——比如我认为这个词不能让我恢复正常。

丈　夫：大概吧，我不知道。我几乎会忘掉，继续往前，但是，我知道对你来说很难。

共情。

妻　子：因为我的工作等等。

丈　夫：是的，我的意思是，尽管如此，你的心情总体上比以前要好。

称赞。

妻　子：嗯嗯。

丈　夫：现在你有了你喜欢的工作，生活也变得饱满了。我想说——

妻　子：更饱满？这是什么词？

丈　夫：是的，你不像以往那么焦虑了。

妻　子：嗯嗯。

丈　夫：但还有一件事我想要聊一聊，就是，在压力很大时你处理压力的方法。

他引入了一个重要的主题：当她压力很大时她处理情绪的方法。

妻　子：嗯。

丈　夫：我觉得，这件事还挺重要的。我注意到，你和我处理压力的方法完全不同。

妻　子：怎么不同呢？

丈　夫：我的意思是，如果我遇到压力很大的情况，我做的第一件事是想出一种减轻压力的方法，并接受这种情况。你呢，你会陷入恐慌，而且开始变得不理性，大声说出你的想法，诸如此类。而且，在我看来，当你遇到压力很大的情况时，你很有可能会把压力传递给我……包括所有的情绪。

这是在说他们在元情绪上的差异，尽管他在将问题归咎于她，这很危险。他说她在摒除情绪，但她并没有。他们能调和吗？这是他们现在要解决的问题。

妻　子：嗯嗯。

丈　夫：……然后，当你压力很大时，如果我不按照你想的方式行事，如果我表现得很放松，比如"没关系，事情会解决的，别担心了"，你就会将你的压力都怪在我身上，我就成了你压力的来源，这会使我深陷其中。你明白吗，实际上我跟你的压力并没有关系，你的压力是你的压力。

妻　子：举个例子呢。

丈　夫：嗯，比如，有一个星期天我在和我朋友们玩飞盘，卫生间马桶堵了。

妻　子：是的，但这种情况并没有给我带来多大的压力，因为事实上……

丈　夫：嗯……

妻　子：……在那种情况下，你完全无视我了。

这给了她一个机会来提出她的问题，即她能否相信他会选择"我们"，关心她的压力，选择她，而不是选择和他的朋友们一起玩飞盘。

丈　夫：嗯。怎么了？

妻　子：那件事没有让我感觉有压力——

丈　夫：嗯，对我来说，我更多地把它看作引发这一切小事件的一种压力。

妻　子：不，不是的。让我更难过的是你就那么走了，你从来没有对我说："这是你今天的责任。"你只说了你知道了，然后就放到一边了，我以为你会回来，但你没有，我觉得你这样做太卑鄙了。

她感觉被他抛弃了。

丈　夫：嗯，是的，但是我猜……

妻　子：这个情况并没有让我感觉沮丧，就是马桶这件事，没有让我感到很心烦。

让她感到有压力的是他在她需要他的时候离开了。她能相信他会陪在她身边吗？

丈　夫：嗯……我又成了你压力的来源，最后，你总会认为是我带来了压力。但是你感到很烦的事似乎没有……

妻　子：不是的，我的意思是，在别人面前我又能说什么呢？"你真是个浑蛋，你需要回来做事"吗？

丈　夫：好吧，我的意思是，我感觉，如果我来回跑，什么都做不了。你和我会花一整天的时间来回拉扯，试图让我们每个人都感受到一点儿快乐，我们都不会真正地开心，我的朋友也不会开心，因为你对我说的和做的不一样。

谁的幸福是第一位的？他朋友的、他自己的，还是她的？

妻　子：不是这样的。

丈　夫：所以，我的态度是，更好的结果是让某个人完完全全地开心，完全地开心……

他选择了自身利益而不是她的利益，这是背叛，是零和博弈。

妻　子：你能开心，但我就完全不开心了。

她没说出口的是："如果你改变态度，我们可以合作，让两人的收益最大化。"

丈　夫：就是这样的……我的朋友们会很开心，但有人会痛苦。差不多就是这样……

他没有理解她的意思。

妻　子：所以，你做了决定，认为我要成为那个承受痛苦的人。

她强硬地表达了关于信任的问题。

丈　夫：是的，在那个特定的例子中，我做决策时你不在场，而且……

他终于同意了，他选择了自身利益而不是她的利益。

妻　子：不是的，我参与了，一开始我给你打了电话。

丈　夫：是的，但是无论如何，你错过了。

妻　子：但那是你的错。

丈　夫：所以我避免了关于马桶的所有压力和情绪，这些都会以我成为压力的来源结束，于是我避开了。我想说的就是这些。

他在"解释"，他避开了压力，对他来说这是一个不错的选择，但他并没有理解他自己背叛了对方。

妻　子：是你自己单独决定的。

丈　夫：看，在那种情况下，我真的没有感到任何内疚，因为我认为这只是……这样的事情随时会发生，你知道的。

妻　子：那是因为你让它发生了。它不是自己"发生"的。

她在让他面对他自行选择了这个行动方案的事实。

丈　夫：嗯，好吧，我觉得你没有看到整个过程，但我想说的是，我们站在那里等了大约20分钟……

妻　子：你只是……你只是说了那样也可以，尽管你成了受害者。

丈　夫：那……

妻　子：我的意思是，你只是接受了这件事。你让它发生了，你接受了它，所以你不能说"事情就那么发生了"，因为你接受了这件事，你就成了它的一部分。你让我自己去面对坏了的马桶，否则你就要应付一个歇斯底里的女人，而且她把自己的压力都归咎于你，对吧？

她终于说出了她被他摒除了自己的情绪的感受。

丈　夫：嗯，是的，但这不是唯一的原因。

| 信任的科学

开始防御，不妙。

妻　　子：所以这件事发展成这样是别人的错吗？

很好的对抗，很温柔。

丈　　夫：好吧，我们站在那儿等你，大概等了半小时吧。我们站在街上，等啊，等啊，等啊，太阳越来越大。帕特走了过来，他骑着自行车在路中央转圈，我们站在那里吹口哨……

他口齿不清地说着，想找借口。

妻　　子：是的，但那不是我们需要处理的主要情况。你需要处理的情况是当我出现时，你应该来帮我修理马桶，而我可以留下来。但是情况完全相反，你甚至没有和我……

丈　　夫：是，但我们只有一个……

妻　　子：……和我说话时，你甚至都没有看我。你甚至都不跟我打招呼，说一句"嗨"。你甚至没有"问"我你是否可以留下来，你本来可以这么做的。你只是假设，比如"真是不走运，你去修吧，我要留下来和大家一起玩"。

他不能这么容易地溜走。她需要相信当她需要他时，他会陪在她身边。

丈　　夫：嗯。

妻　　子：所以你甚至没有说一句"伙计们，等我一会儿"，然后过来帮我，这能碍着你什么事吗？只需要……

丈　　夫：我的朋友们不是女生。

用性别作为借口来摒除消极情绪。

妻　　子：……给我一点儿尊重，说："你自己能行吗？"你好像根本就不在意这些。我想说，我找了你20多分钟，当找到你时，你却一句话都没说。所以……

丈　　夫：是的，我们和女性不同，有点儿沉迷在游戏里了。

把朋友排在了第一位。

妻　　子：那又怎样？你能损失什么呢？难道你不觉得……不觉得那样更好吗？

丈　夫：是的，好吧，我道歉，我们太沉迷于游戏了。

很好的做法，很好的修复措施，最后终于承担了责任。

妻　子：但是，难道……我想说，停一下，告诉我，你觉不觉得问了我更好呢？

丈　夫：是的，但当时我没有想到这点，我的注意力都放在了我们的游戏上，我甚至没有……

妻　子：我认为你的做法很自私。

缺乏信任的第一个症状和核心就是归因于自私。

丈　夫：从广义上来看，是的。而且，我的意思是，球队的球员人数是偶数，如果我离开，整场比赛就没法打了，那也太自私了。所以两种都是自私，只能选一个。

他暂时还不是"我们"的一部分。在他心目中，他对朋友的忠诚和对妻子的忠诚是相等的。

妻　子：是的，但如果换作我，我就不会去。

这就是他俩的区别，很明显。

丈　夫：但你不是……我的意思是，这不一样。

妻　子：所以呢？

丈　夫：两队的人数是一样的，我在其中一队。

妻　子：所以呢？但是他们……我想说，也有人喊我加入啊。

丈　夫：是的。但我的意思是，当时我的好胜心被激起来了，然后……

妻　子：也许你本来应该……

丈　夫：我当时……正在参加比赛，并没有真正注意到，呃，除了我正在集中精力关注的事。

她就是这个意思。

妻　子：只关注自己。

丈　夫：是的，我感觉就像高中时在橄榄球队一样，只锁定自己必须做的事。

承担责任，很好。

妻　子：你喜欢我在滑雪场上的样子吗？

丈　夫：什么？

妻　子：你喜欢我在滑雪场上的样子吗？

丈　夫：不，不是，我承认……这是一个人的事，不是一种合作的模式。你知道，我们都会这样，所以……但是我们现在已经了解我们身处什么样的情境了，而且这种事很有可能再次发生。

他说的是信任的核心：是合作，而不是零和博弈。

妻　子：好吧，如果这种事再次发生，而你又接受了这些情况的话，我会非常生气的。

她下了最后通牒，他需要做出改变，这样她才能信任他。

丈　夫：下次我至少能知道我最好别那么做，或者我最好能"想到"你。

他开始理解了。

妻　子：或者，也许你应该停下来和我说句话。

丈　夫：好的，那样也很好。

妻　子：而且，要知道，问问我是否需要帮助是很好的。所以，这是一开始的一种协议，是一种分裂的行为，最后一切都扔给我，你什么都没说，没有道歉，就好像在说"那是你的错"，或者说"那很难，你知道的啊，我忙着玩呢"。……我想说，现在你很好奇我为什么不和你们一起玩，因为我好像被困在那里了，而你却在那里自己玩。

她需要继续讨论这一点，就像缝一个纽扣，多缝几针可以确保纽扣被钉牢。她需要知道，在她心烦意乱时，她可以相信他会陪在她身边。他们以后还会继续讨论到这一点。

丈　夫："Profigliano, profigliano"就好像你在周末找的那些借口，其中一半可能……

妻　子：所以呢？

丈　夫：……都不是真的。我感觉就像，"是的，好吧，老天，这看起来……听起来是相互的"。

妻　子：我不会再纠结了。灯亮了，我们结束这个话题吧。

丈　夫：是的。（悄声地）哦，太好了。

你可以看到，在日常对话讨论遗憾事件的小小瞬间，信任会经历测试、建立、被侵蚀的过程。我知道这些对话涉及的范围很广，内容详尽，需要高度集中注意力，才能敏感地察觉到冲突中时时刻刻出现的对信任和背叛的测试。这对夫妻也就他能否陪在她身边以及他们能否变成"我们"而不是"我"进行了很好的交谈。但在这个问题上，他们还有很长的路要走。他们对话的后面 2/3 部分很棘手。她试着表达一个观点，也几乎做到了，但也只是一次不具信任元素的争论。在他们建立信任的这个阶段，治疗师对他们是有所帮助的。

两对夫妻都在讨论他们需要做些什么才能在共同建立的生活的许多方面相互信任，并尽量减少背叛。这是大多数新婚夫妇的典型对话。治疗师意识到并且帮助这些夫妻意识到：他们基本的问题其实事关信任和背叛，对于这些夫妻而言是很有帮助的。临床治疗师也要知道调和是建立信任的机制。

信任破碎而未被修复的案例

与上述对话相比，我们现在要讨论的这对夫妻，他们之间的信任被丈夫最近的一次婚外情击得粉碎。尽管他们在牧师那里进行了某种咨询，但其中的问题并没有得到解决。夫妻双方都是 40 多岁。

妻　子：（悄声）道格？

丈　夫：好，开始吧。（吸气）是的，我猜，主题是嫉妒。呃……也许是性。我也不确定。

妻　子：是，主题是嫉妒。

丈　夫：主要是嫉妒。

妻　子：是的。

丈　夫：好的。呃……我感觉……只要……当我真正小心地做事时……你就会信任我，不会嫉妒。但是，如果，呃……（咂了咂嘴）呃……你看到……有个女人坐在我的车里，会发生什么呢？你的第一反应是什么，你会做什么？

他不是在探究这个问题，就是在戏弄她。

妻　子：为什么？有女人坐在你车里吗？

她心烦意乱的语气表明，她觉得他的玩笑根本不好笑。

丈　夫：（轻笑）呃，只是假设嘛。

她消除了疑虑。

妻　子：好吧，如果我看到乔安妮·费希尔在你的车里……

丈　夫：（咯咯笑）那一定是公务，她是做房地产的，对吧？

妻　子：……我会，我会……是的，我会认为那是公务。

现在，她似乎指的是在婚外情发生后建立起来的一些信任。她在肯定他们俩的关系。这就是"称赞"的修复。

丈　夫：哦，太棒了。你会……换句话说，这就是信任我的好处。

妻　子：我会的——是的，我会。

丈　夫：你，你会问我，当然了，我，我也感谢你问了我这件事。

妻　子：哦，你可能会告诉我的。

丈　夫：但是你会不会贸然下结论呢？

妻　子：不会，因为我信任你。

再一次，她指的是重新建立了信任的这一成就。

丈　夫：是的，看吧，我昨天给她打了电话。

妻　子：哦，是吗？

丈　夫：是的。

妻　子：为什么？

他如履薄冰。

丈　夫：（吸气）因为他们今晚在开会，呃，关于……呃，市议会关于共同车道的通过条例。一些建筑商会去参加，我不能去，因为我今晚得去上课。

妻　子：（紧张）你今晚要上什么课？

丈　夫：建筑史。

妻　子：（呼气）哦。

她打消了疑虑。

丈　夫：而且……

妻　子：（轻声笑）

丈　夫：……她需要……呃，而且，而且我拿到并看了一份新法令的复印件。还有那个……我今天早上把它放在邮箱里，然后你把它拿走了，我……

妻　子：哦。

丈　夫：……我把它放回去了。我发现它不见了，所以她肯定把文件拿走了。（吞口水）呃——不管怎样，我不会和她做生意的。

他积极地打消了她的疑虑，很好的修复尝试。

妻　子：真的吗？你对她是那种感觉吗？

丈　夫：是的。

妻　子：好的，很好，所以，我……没有理由看见你的车里会有个女人啊。

她在寻求更多的安心以及一个"我们很好"的修复。

丈　夫：是没有，但是，例如……

妻　子：……你和她一起开车走了。

丈　夫：……我的意思是，我只是……我只是说，呃……我认为嫉妒来自信任的缺乏。几乎是百分百，嫉妒就是那么来的。

妻　子：呃，以及害怕……

丈　夫：如果你信任……

妻　子：……一种真实的……

丈　夫：害怕，没错。

妻　子：害怕失去宝贵的东西。

丈　夫：对的，但是我向你解释过了……

妻　子：我知道。

丈　夫：……呃，我的家人是第一重要的……呃，在我生活中是排第一的，因此（吸气）你不必感到害怕。

再一次打消了她的疑虑，很好。

妻　子：我知道。

这个修复似乎很有效果。

丈　夫：我做出了这个决定，一个有意识的决定，3年前，这是不会改变的。我向你保证过，对吧？

妻　子：（吸气）并且我深信不疑？所以嫉妒就被摒除了。但是因为我的感受……

她表达了对他的承诺的感谢，但当她回顾这件事时，她曾经的怀疑也是真的。

丈　夫：好的，也许……

妻　子：……嫉妒的感受以前就有了。

她提到了他出轨珍妮的背叛给她带来的创伤。

丈　夫：呃，你看，这我就不同意了。我不同意。呃……你知道，我对这件事很不满，我再也没见过珍妮了。之后……

妻　子：是吗？

丈　夫：……再也没见过。

他在陈述一个事实，即他的承诺对他来说是一个巨大的代价。他如履薄冰。他想去见他以前的这个婚外情对象。

妻　子：你还想再见到她吗？

丈　夫：是的。我很讨厌你不够信任我。（吸气）这样她不能……你知道，呃，毕竟，我在遇到你之前就和她约会了。（吸气）我很讨厌你不够信任我，呃，因为，她，走过来，呃，和你见面……

现在他已经严重破坏了他们重新建立的信任。考虑到他对他们的关系重新做出了承诺，他显然有足够的信心能够突破他被允许做的事情的极限。

妻　子：（呼气）

丈　夫：……见了我们的孩子。

妻　子：（咂嘴）我现在很心烦。

她需要他的共情。这是一个沟通邀请。

丈　夫：就像……你看，就像……如果我没有看见……

他没有共情。

妻　子：这样又得到了什么呢？

丈　夫：就像我见不到唐·菲利普斯……或者，或者，呃，我以前的别的朋友。我只是想保持联系。

妻　子：不是的，前男友和前女友是不一样的。

她的心率现在很高。她陷入淹没状态了。

丈　夫：是有，呃，有……

妻　子：巨大的不同。

丈　夫：……不同。但我不是那个意思，我不能和以前认识的人保持联系吗？

妻　子：你为什么想和他们保持联系呢？

丈　夫：可以聊聊过去的事啊。

他忽略了她的感受。

妻　子：星期天你说过你没有理由那么做，这一切都结束了……

丈　夫：没有。

妻　子：……这件事已经解决了，做完了，结束了。

丈　夫：我，我这么说，是因为我知道……

妻　子：（深深呼气）

丈　夫：……你很嫉妒，我只能那么说。

嫉妒现在成了她的错。他现在处于在瓦解出轨后他们重建的信任的危险中。

妻　子：（咂嘴）所以，在你说了这话后，我应该信任你咯？

丈　夫：（咯咯笑，吞口水）如果你能信任我，这就不是什么难题了。

他在残忍地戏弄她。

妻　子：（咂嘴）我不明白……

丈　夫：这……

妻　子：……你见她又有什么好处呢？星期天之后你们又联系过吗？

丈　夫：没有，没有。

他可能跑题跑得太远了。

妻　子：我觉得我们需要做咨询。

丈　夫：嗯，我觉得也可以。

妻　子：是的，我们确实需要做咨询。

没错，他的确把状况搞得一团糟。

丈　夫：这是我们需要解决的问题。

妻　子：呃，呃，因为……

丈　夫：我的意思是，这不是……这不是个大……对我来说这不算大问题，但现在是大问题了，我很讨厌这件事。

他试图大事化小，但这个修复可能来得太晚了。

妻　子：（咂嘴）好的，我们需要做咨询。

丈　夫：你嫉妒心太强了，我都不能见老朋友。

妻　子：是前女友。

丈　夫：是我永远不能再联系她？

妻　子：但是你为什么想这么做呢？

丈　夫：（深深地吸气和呼气）为什么不能呢？

妻　子：你这么做有什么好处呢？

他能挽救这一切的唯一方法就是道歉、放弃并共情。

丈　夫：这就像在说，我们过去在艾奥瓦州认识的每一个人，我们在那里上学时。

妻　子：不，这是一个你心里对她还有留恋的人。

丈　夫：（呼气）留恋的问题……我告诉你，朱迪，对我来说，我已经说过家庭才是最重要的。所以很明显我不能……

他认为从逻辑上讲，他的新承诺应该允许他有巨大的自由。他真的搞砸了。

妻　子：（吸气）我看不出来……

丈　夫：……建立起……

妻　子：……为什么要和她做朋友？我觉得我没有理由和她做朋友。

丈　夫：听着，这不是要不要和她做朋友的问题。她搬去半岛了，就像约翰逊一家一样。因为距离远，我们和他们就不常见面了，而且我们也很忙……随便吧。

妻　子：（咂嘴）我们和约翰逊一家有很多共同点。我们和她有什么共同点呢？

丈　夫：但是我们……我们不常和他们联系。

妻　子：我和她有什么共同点？

丈　夫：你没有见过她，你怎么知道呢？

妻　子：我也没有理由要见她。

丈　夫：（吸气）好吧……

妻　子：她对我来说是个大威胁。

现在她再一次试着表达她的真实感受，想让他产生共情。突然展示自己的脆弱，需要很大的勇气。

丈　夫：一个很大的威胁？因为你认为我不会遵守我的承诺。

他又说回他的承诺声明，他的妻子应该接受他和前女友见面。

妻　子：（吸气）如果你真的像你说的那样重新做出了承诺，你就不会这样做。你不会……你会意识到我到底在说什么。

丈　夫：（轻声笑）也许，如果你说这对你不重要，那对我就更不重要了。

他的妻子不喜欢他的幽默。此外，他认为是她的反应使他在这个问题上喋喋不休。

299

妻　子：好吧，如果我说没关系，那我就撒谎了。我确实……

丈　夫：好的。

妻　子：……很在意这件事。

丈　夫：那你还是很嫉妒吗，而且你仍然不信任我。

他在继续责怪她。

妻　子：我是很嫉妒你想要再次见到她，这不是因为我不信任你。

丈　夫：（轻声笑）

再一次地，他的妻子不喜欢他的幽默。因此这不是有效的修复。

妻　子：如果，（吸气）如果你能，在星期天……

丈　夫：好吧，好吧，事情是这样的……你说你信任我，现在你又说你不信任我。

妻　子：（吸气）我本来以为你在星期天说的，丹，一切都结束了……终于结束了。

丈　夫：是……

妻　子：事情已经解决了。已经结束了。（吸气）

丈　夫：是这样的，因为我知道你很容易嫉妒。

妻　子：你对我撒谎了。

现在她的情绪升级了。于她而言，他的欺骗没有结束。她正在进攻。对于她来说，什么修复都没用了。

丈　夫：（咯咯笑）我没有对你撒谎。

幽默再次失败。

妻　子：你撒谎了，因为我说……

丈　夫：嘿。

妻　子："……那么就没有理由再和她见面了？"你说，"没错"，那又是什么意思呢？星期天？不，是星期一。

丈　夫：（模糊地）呃。

妻　子：我们星期一的时候再次谈过。（吸气）现在，星期三，你又想和她见面了。

他的修复尝试从此刻起将是徒劳的，他再次击碎了她的信任。

丈　　夫：我说过，这不是一个很迫切的需求。但是，我很讨厌不能和她保持联系。当你告诉别人"你永远不能做这件事"……

又成她的错了，他自己没有什么责任。

妻　　子：（吸气）你知道我为什么觉得这样不好吗？

丈　　夫：因为你不信任我，那就是（咯咯笑）原因。就是这样。如果你信任我，就不会……

妻　　子：因为我觉得你太软弱了。

蔑视，四骑士中危害最大的。

丈　　夫：……有这回事了。（咯咯笑）哦，你觉得我很软弱。（咯咯笑）

失败的幽默。

妻　　子：（咯咯笑）我认为你的肉体很脆弱。

她试图减少对他性格攻击的伤害。

丈　　夫：（吸气）

妻　　子：我不理解……

丈　　夫：是的。

妻　　子：……为什么要和她见面，对我们的婚姻有什么好处？这对我们的婚姻没好处。

基于理性的修复，应该是有效的。

丈　　夫：如果你这么想……那就是有好处的，这会成为你信任我的证据。从这个角度来看，它就对我们的婚姻有好处。

妻　　子：（轻轻地吸了吸鼻子）不，我不会那么做的，我没有理由那么做。

她继续使用理性的方法。

丈　　夫：嘿，要知道，如果你不信任你的孩子，比如戴维，如果你告诉他你不信任他，他更有可能这样做——你不希望他做错，而不是你信任他。

他是说，如果他出轨的话，那是她的错。

301

妻　子：（吸气）我信任戴维，但我想表达的是……

丈　夫：……你要向他表明你对他有信心。

妻　子：……你应该避免受到诱惑，更不能去寻找诱惑。你应该避免并抵抗诱惑。我也会这么对戴维说的。

丈　夫：是的，但是我们现在不是在处理，呃……一个青少年的问题。我们在应对一个成年人——我。

妻　子：是的。这适合所有人。你需要抵挡诱惑，而不是奔向它的怀抱。（吸气）你要抵抗它。

丈　夫：好的。这和……弗雷德不一样，他和我们住在一起。而我没有，我不是想要她和我们住在一起。我是想，（吸气）呃，可以和她说话。

妻　子：为什么？

丈　夫：因为，就像任何人都是……你生活中的一部分一样。（吸气）

妻　子：她不是我生活中的一部分。

丈　夫：喂……喂，我……

妻　子：她也不是我们生活中的一部分。

丈　夫：她是艾奥瓦州的一部分。你去过艾奥瓦州。你可能和她有……更多的……共同点……

他认为因为她们是校友，他的妻子可能会喜欢她。

妻　子：她不是我生活中的一部分。

丈　夫：……会有你想象不到的共同点。

妻　子：我们需要做咨询。也许就在这个研究所，也许萨利能帮助我们。

丈　夫：（咯咯笑）好吧。（暂停）但你没理解我的逻辑，显然。

妻　子：（深深地吸气和呼气）

丈　夫：那，嘿，不嫉妒很容易……不嫉妒……

妻　子：（咂嘴）我明白。

丈　夫：……是很简单的，没有威胁时你很容易信任我。

妻　子：（吸气）但是，丹？如果我想让你信任我，我就不会设立一个让你感受到威胁的场景。比如……

她说到点子上了。

丈　夫：什么叫有威胁？

妻　子：去挑战……

丈　夫：怎么会有威胁呢，呃，让她来我们家吗？

妻　子：呃，我们可以……我，呃，我不想让她……

丈　夫：然后见见我们的孩子吗？

妻　子：……来我们家，也不想让她见我们的孩子。

丈　夫：为什么？

妻　子：那是我们俩的孩子。（吸气）

丈　夫：为什么？

妻　子：我不想让她来。我不想让她成为我们生活的一部分。

丈　夫：因为你不信任我。

妻　子：（咂嘴）我不想……我反正不想（吸气）让她进入我的生活。（吸气）我不想让孩子们和她做朋友。我没有理由这么做。

丈　夫：嗯。

妻　子：（吸气）除非你想重演几年前的事情，（吸气）你让孩子们慢慢喜欢上她，然后……

丈　夫：（咯咯笑）

妻　子：……试着……

丈　夫：哦，天啊。

妻　子：……"再见，朱迪。"

丈　夫：不是。

妻　子："相比喜欢你，孩子们更喜欢她。"

丈　夫：不是的。

妻　子："这是你们的新妈妈。"

丈　夫：不可能，不会的。

妻　子：可你这么做过。

丈　夫：我知道，就是在那时我确定了这是不可能的。

妻　子：我本来应该相信你的，但你已经这么做过了。

丈　夫：那是不可能的。我知道的，那时候我就知道那是不可能的。

妻　子：是的，看吧，信任，这是你建立的基础。（呼气）你需要一份工作。你需要工作。你太闲了。

现在谈话升级了，变成了另外的问题。

丈　夫：（咯咯笑）我在工作。

又一次失败的幽默。

妻　子：现在你想要的比以往更多。性……

丈　夫："太闲了。"朱迪，你知道我今天做了什么吗？我去……

妻　子：你做了什么？

丈　夫：……看见了汤姆……看了在警察局旁边那个项目。那就是工作。

我将在第十章中讲述如何帮助这样的夫妻从背叛中疗愈。

第九章
CHAPTER NINE

背叛的动态

当我们相信不可信之人时，我们就会招致背叛，这是怎么回事？在生活的"信任博弈"中，我们看到了信任正确的人、犯信任上的错误、错信他人或者无法信任别人所带来的生死攸关的结果。本章将结合卡里尔·鲁斯布尔特生前的观点，详述我对信任、可信度和背叛的思考。背叛诞生于我们真实的或想象的对伴侣与其他关系的微小但不利的比较，或对我们与伴侣间关系的"嫌弃""怨恨"。通过区分滑动门时刻是在"背向"还是反抗对方，我们可以将不信任原子和背叛原子区分开来。本章还描述了大部分婚外情是如何发生的，欺骗性婚外情以外的12种背叛方式，以及女性如何利用消极情绪的影响力免受背叛的伤害。

表 9.1 展示了"信任博弈"的常用图解方法。我对表格做了些变动，这些条目代表着人们在决定是否要与某人建立忠诚关系时实际面临的关于信任和背叛的选择。我也对信任矩阵单元格中的条目做了改动，以显示每种选择潜在的收益和成本对人寿命的影响。表中有可靠的实证来源，也有根据少量的信息进行的猜测。这个博弈矩阵表明，这些是我们一生中要做出的最重要的选择，因为它们会影响我们的寿命。

表 9.1 信任博弈

	B可信	B不可信
A信任B，并与B结成忠诚关系	根据在健康、疾病康复、个人财富增加、幸福、长寿以及安全养育强壮的孩子方面取得的大量记录，收益为多15年的寿命；这些结果与高信任度的人群一样。	背叛带来的巨大代价——关系结束或者变成低信任关系存续。高β-交感神经系统被激活，高血压。目前我们只知道代价为少4~8年的寿命。
A不信任B，并决定不与B结成忠诚关系	终生孤独的巨大代价，包括α-交感神经系统的激活和高血压。代价为少10年的寿命。	洞察力：觉察到背叛的能力，并且忠诚于一个可信的人。

信任博弈中的这些条目是我们在生活中做出的最重要的社交选择的底线。这些数据表明，我们应该和一个可信的人一起进入一段关系。

我已经在前面提到，加州大学伯克利分校的莉萨·伯克曼和莱恩·赛姆对阿拉米达县的 9000 人进行的经典流行病学研究表明，亲密的友谊和保持婚姻关系能让人多活 10 年左右。如前文所述，洛伊丝·维尔布鲁根后来的研究表明，如果婚姻中的双方对彼此都很满意，这种效果的影响更大。在阿拉米达县的研究中，伯克曼和赛姆发现已婚并有知己的人在 6 年后的生存概率约为 0.8，而没有结婚或知己的人的生存概率是 0.5。即使不幸福的婚姻也会带来好处，尤其是对男性。这使得 30 岁成年人的预期寿命有着 15 年的差异。如果我的数据是正确的，它们将表明因信任不可信的人而产生的背叛风险没有终生孤独那么严重。

内科医生迪安·奥尼什的著作《爱与生存》总结了大量研究，并将稳定的充满信任的爱情关系与健康、疾病的快速康复、长寿以及心血管疾病、癌症、手术和其他疾病的存活率联系了起来。他写道："从根本上来说，爱和亲密关系会让我们生病，会让我们从疾病中恢复健康，会让我们伤心、快乐、痛苦或得到心灵的治愈。如果一种新药有同样的效果，那么几乎每个国家的医生都会向他们的患者推荐这种药物。"

琳达·韦特的书《婚姻案例》也记录了稳定、充满信任的爱情关系的好处。史蒂夫·诺克的著作《男人生活中的婚姻》则记录了婚姻对男人的巨大改变，包括财富的创造。因此，半个多世纪的社会流行病学研究已经很好地证实了信任关系的好处。

表 9.1 中关系背叛的代价评估来自 H. S. 弗里德曼的研究，他跟踪了斯坦福大学的一个纵向样本。原始样本来自路易斯·特曼，他是智商测试的发明者之一。特曼研究了几代天才儿童，收集了大量关于这些儿童及其家庭的信息。后来，弗里德曼及其同事查看了数据，以了解数据对这些儿童的寿命有何关系。结果他们发现，这些孩子的父母是否离婚是预测他们是否早逝的最佳因素。这些孩子平均少活了 4 年。他们长大后也更容易离婚，如果离婚，他们平均就会

少活 8 年。

研究表明，人类的孤独并不会随时间消失。我们可以争辩说孤独的人在某种程度上是不信任可信赖的人。孤独的人更排斥、更爱评判陌生人，甚至有点儿偏执，他们更有可能遭遇别人对他们的排斥和不公平对待。在核磁共振扫描时，当想到一个互动事件时，他们大脑中主导恐惧的部分就会亮起。尽管这方面的数据略微薄弱，但有证据显示孤独的人比不孤独的人会少活 10 年。

最初，我最不确定那些能准确发现他人不可信之处的人能获得什么。然而，山岸俊男的研究表明，这些人也同样信任人际关系。朱利安·罗特的人际信任量表显示，高信任度的人比低信任度的人具有更高的社会智力。J. D. 盖勒的研究表明，当没有理由怀疑时，高信任度的人会选择相信；但当有理由怀疑时他们就不再选择相信了。高信任度的人并不比低信任度的人更容易上当，而是恰恰相反。在山岸俊男的研究中，高信任度的人能够准确地判断谁会在囚徒困境的博弈中背叛或合作。事实上，山岸俊男认为："对于那些在有风险但可能有利可图的社交互动中能够熟练地发现不可信迹象的人，普遍采取不信任策略就不是一种很好的策略。"高信任度的人也比低信任度的人受教育程度更高。

我们对这些高信任度的人在总体上如何辨别不可信的人知之甚少，不知道这种内在的敏锐是如何形成的，但是我们可以做出一些有根据的猜测。

信任博弈的实验版本

研究者埃莉诺·奥斯特罗姆和詹姆斯·沃克总结了信任博弈实验版本中的结果。博弈中有两个人甲和乙，两人各有 10 美元。第一轮，甲可以把钱留下，或者把部分钱甚至所有钱都给匿名的乙。甲已知送给乙的钱将增值三倍。但是之后乙也面临同样的选择，他要么留下所有的钱，要么将部分或全部的钱送还给甲，并且知道送给甲的钱将增值三倍。如果要继续进行下一轮游戏，将钱送还既是利他的，也是部分利己的。

钱的交换可以进行一轮，也可以在同样的两个人中重复进行。在对一轮交换的研究中，研究者发现，作为甲的角色，32位受试中有30人都将钱送给了乙（平均每人给了5.36美元）。在作为乙的角色中，30位受试中有18人送还的钱超过1美元（平均4.66美元），11人送还了甲之前送给他的全部的钱。平均而言，信任别人比不信任得到的钱更多。

在这项研究的跨国版本中，我们发现，倾向于集体成果文化比倾向于个人成果文化的人给出去的钱更多，他们给家庭创造的财富也更多。后续研究也发现，在多于一轮的博弈中，信任显著减少，尽管我们对这个结果的效果不甚了解。

科学家也研究了边缘性人格障碍①的患者。这些患者在亲密关系中经历过波折，很难信任别人。他们往往会在理想化一个人和贬低一个人之间循环。与抑郁症患者或对照组相比，在5项一次性的交换中，充当甲的边缘性人格障碍患者送给乙的钱明显更少。在这个博弈的另一版本中，甲并没有把钱送给乙，而是投进了高风险的彩票中。在这个版本的博弈中，各组之间没有差别。因此，边缘性人格障碍患者只在乙是一个真人而不是笼统的别人时，才会选择不信任他人。

评估他人的可信度

如果我的数据是正确的，那么冒险信任别人很明智，了解不该信任谁也很明智。我们怎样去培养高信任度人群的这种技巧呢？我们大都希望能降低信任不可信之人的风险，我将这种能力称为"洞察力"。也许洞察力部分来自对背叛原因的分析。

我提出了评估他人可信度的5个标准：（1）诚实；（2）透明；（3）可靠；（4）道德；（5）结盟。

---

① 一种具有各种人格障碍类型的边缘性性质特点，以情绪不稳、人际关系波动和自我同一性混乱为主要表现的人格障碍。

诚实。诚实的标准意味着在你可以分辨的范围内，他不会欺骗你，不会背着你过另外一种生活，不会对你撒谎。

透明。透明度意味着他的生活对你来说是一本开放的书，他对你没有秘密。你了解他，他不会对你有所隐瞒。你可以告诉任何人他在生活中的主要性格特点，你了解他的朋友、亲戚和家人，以及他生活中的主要压力、他的人生目标和梦想。当你向这人寻求信息时，他很乐意提供信息。

可靠。可靠性意味着他会履行自己的承诺，而且你能够得到保证——指此人与他人进行的任何重大交易的详细信息，无论是财务方面的还是其他方面的。如果此人在可靠性上含糊不清，那么他就不值得被信任。

道德。道德意味着他有你认同的良好的道德标准，你有信心目睹此人对他人有公正和公平的一贯标准。

结盟。结盟意味着他完全站在你这边，也许还会和你一起对抗他人。真正地站在你这边意味着你有证据显示此人的行为并非出于自身利益，或者与别人结盟来与你对抗，而是将你真正的利益放在心上。根据我的经验，我对结盟还有一个判断。如果有人以"你只要相信我"来回应你某个特定的询问，那么这个人就自动变得不可信了。我总是想起电影《仲夏夜性喜剧》中的伍迪·艾伦，当深夜他要出去和另一个女人幽会时，他会用最真诚的表情对妻子说："你只要相信我。"所以你一定要存疑。

如果我们要发展了解谁可信，以及何时退出一段可能遭到背叛的关系的洞察力，我们也需要能够解读情景。因此，我想问：背叛的原子——我们能侦查到的最小单位到底是什么？

卡里尔·鲁斯布尔特遗留的观点

我曾在一次会议上听一个学者说，理论就像牙刷——每个人都想要一把牙刷，但没有人想用别人的牙刷。但我不这么认为。如果他人的想法有意义或得到了证实，或两者兼而有之，我就很乐意采用和赞美他人的想法。正如我的朋友丹尼尔·西格尔所说，我们需要基于实践的证据，也需要基于证据的实践。临床试验和直觉，以及实证研究能帮助我们理解非常复杂的现象。

特别是，在这一章和下一章中，我想使用已故的卡里尔·鲁斯布尔特留下来的惊人观点，并用它来建立一个关于人们如何做出承诺或制造背叛的理论，以及我们如何帮助夫妻治愈背叛带来的创伤。

"不利的 CL-ALT"是背叛的动力

蒂博特和凯利认为，在关系中的每一次行为互动中（请想象博弈矩阵中某个单元格），人们都有一个"比较水平"，以此来评估他们实际获得的回报与他们在替代关系（想象的或真实的关系）中可能获得的回报。蒂博特和凯利认为，如果人们估计他们在这段关系中实际得到的回报比他们可能在其他地方（尤其是最优的可替代选择）得到的回报更高，他们就有可能对这段关系做出承诺。这个比较水平被称为"替代选择的比较水平"（comparison level for alternatives, CL-ALT）。这个假设是，如果一个人的收益大于 CL-ALT，那么他就会做出承诺；否则，他就不会对这段关系做出承诺。

蒂博特和凯利从未提出过一种实际测量 CL-ALT 的方法，但鲁斯布尔特出色的承诺理论却曾成功地对它做出过测量。不幸的是，鲁斯布尔特于 2010 年去世，年仅 51 岁。这真是我们这个研究领域的一大损失。在对鲁斯布尔特的"承诺投入模型"进行了 30 年的系列研究后，我们发现，她认为对一段关系的"承诺"是一个渐进过程：一个人进行有利于这段关系的 CL-ALT，越来越依赖这段关系，并依靠这段关系来满足自己的核心需求，贬抑可替代关系；他对这段关系投入得越来越多，会考虑"维护关系"的想法，并意识到失去这段关系将会是一场灾难。

相反，不对一段关系做出"承诺"是一个人逐渐进行的不利于这段关系的

CL-ALT过程。他会越来越独立于这段关系，不依靠这段关系来满足他的核心需求，会理想化替代关系；他会对当前的关系投入越来越少，并且认为失去这段关系可能是一种解脱。

CL-ALT对当前关系是否有利决定着人们是否对关系做出承诺。另外，不利于当前关系的CL-ALT是背叛的动力——这样的想法也是说得通的。我们也可以认为有利于当前关系的CL-ALT是承诺的动力。CL-ALT要么提供了"这段关系对我来说是正确的"的安慰，要么带来了"哦，不，这段关系是错误的"的焦虑。事情从起点开始，然后创造出迅速发展的不同轨迹。这个假设是什么样的呢？简单来说，就是：理解背叛时所缺少的原料就是CL-ALT。

有什么证据能证明这个假设？

鲁斯布尔特认为建立承诺或产生背叛的过程适用于约会的关系，不利于这段关系的CL-ALT和低承诺度实际上能预测性不忠。尽管其他研究也探讨过不忠，但它们都是事后性研究，不是预测性研究。因此，鲁斯布尔特用投入模型对不忠的预测是理解背叛动态的一项重大成就。

珍惜与嫌弃，以及感谢与憎恨

鲁斯布尔特的投入模型描述了人们如何去重视伴侣的性格和这段关系，这会让他们对与伴侣发生的破坏性冲突的反应更小，并以一种建设性的行为来回应，从而减少面对冲突时的攻击、被动或退缩，他们还会贬抑两者关系之外的其他选择。

以我的经验来看，忠于自己感情的人即使不在一起也会想着这段感情和他们的伴侣，我称之为"珍惜"伴侣。我所说的"珍惜"是指人们即使在分开时也很爱他们的伴侣，并且保持着一种对伴侣的积极品质心存感谢的心态。

珍惜伴侣的人会在自己与其他可能的关系之间竖起一道大栅栏，这会使他们贬抑可能的替代关系，并避免越界，因为如果伴侣在场，越界就会让伴侣感到不安。实际上，伴侣即使不在场，也会出现在这个人的脑海中。这种珍惜的过程是主动的，它放大了人们对伴侣的积极品质及这段关系的感谢。鲁斯布尔特已经表明承诺会让人们为关系做出牺牲，并且贬抑可能的替代关系。因为"牺牲"（sacrifice）这个词是"神圣"（sacred）的词源，所以鲁斯布尔特的投入模型也可以被描述为"建立神圣的关系"。

珍惜和表达感谢就是为关系做出牺牲的一部分。在犹太人周五晚上的安息日仪式中，丈夫通常会为妻子唱一首名叫《埃舍特·夏伊尔》（也称为《英勇的女人》）的歌，来表达他很珍惜妻子。也有证据表明，那些某种程度上相信他们关系的"神圣"性的基督徒夫妇在冲突中更具建设性，他们的关系也更稳固。珍惜和感谢在一个人与其他潜在的纠缠之间竖起栅栏，避免能够引发与其他人互动、让伴侣感到不自在的情况，两人之间也就没有秘密了。

相反，鲁斯布尔特发现，当人们对当前关系进行不利比较，认为某些需求可以在其他地方得到更好的满足时，他们就会减少对当前关系的投入，随着时间的推移，他们会越来越不依赖这段关系来满足自己的需求。在这种情况下，承诺和依赖都得不到充分发展。我认为，此时人们就进入了"嫌弃"伴侣和这段关系的过程。嫌弃伴侣包括放大对伴侣以及这段关系负面性质的怨恨，嫌弃还会伴随着对伴侣的诋毁。嫌弃关系的人不再贬抑替代关系，而是将之理想化，他们不再在自己与其他潜在伴侣之间设立界限，如果伴侣在场，即便这样做会让伴侣感到心烦，他们也会如此行事。慢慢地，嫌弃会导致人们出于好玩或好胜心寻找其他人，这个过程与鲁斯布尔特对不忠的预测是一致的。嫌弃和怨恨会让人们与潜在关系之间的栅栏消失，会让他们与其他人进行互动，并使伴侣感到不安，两人间就这样产生了秘密。

即使是未明确说明的不利的 CL-ALT，也可能会对伴侣产生直接的二元影响，因为它们往往会允许人们跨越一些小界限。例如，如果某人看见他的伴侣和别人互动，看起来像在调情，那么即便是简单的行为，比如长时间地或深情地盯着潜在伴侣，也可能足以刺激这个人的不利于当前关系的 CL-ALT。这样不利的 CT-ALT 还可能具有传染性。

鲁斯布尔特已经表明，选择紧盯着有吸引力的潜在伴侣，从而减少依赖和承诺的内部过程，也与不安全依恋有关。因此，一方之前的不安全感可能会导致其对另一方的承诺产生怀疑，即使这种怀疑是没有根据的。此外，如果承诺保证没有被感受到，也可能会让关系中滋生欺骗，因为这些保证会被不利的 CL-ALT 的比较行为冲击。在滑动门时刻，当伴侣"背向"对方的情感沟通邀请时，这些不利的 CL-ALT 将尤其突出。

不信任原子和背叛原子

鲁斯布尔特的承诺模型与心理治疗师兼研究员苏珊·约翰逊的情绪聚焦夫妻治疗的观点尤其相关。约翰逊是我们这个研究领域内一位了不起的先锋。她向我们展示了如何在夫妻治疗中关注情绪，这与认知行为婚姻治疗领域形成了深刻而鲜明的对比。当需要时，她会帮助夫妻治疗她所谓的"依恋创伤"：一方非常需要另一方给予自己安慰时，对方却无法在感情上回应他的需求，需求非常强烈时发出的"寻求联结的关键沟通邀请"也被置之不理，让人孤独无力。我认为，当关键信任被侵蚀时，不信任原子就诞生了。

因此，"背叛原子"可能涉及"背向"或对抗，这些时刻也必然包括不利的 CL-ALT。这个迹象成功地融合了鲁斯布尔特的模型和约翰逊的模型，也融合了我和贾尼丝·德赖弗的沟通邀请和"面向"的想法。我认为，在这些时刻，"背向"或对抗的一方会认为另一种关系——真实的或想象的——肯定比现在的关系更好；另一方则会认为在另一段关系中"背向"或对抗将不复存在。例如，"背向"对方的那个人可能认为另一段关系要求较低，潜在伴侣可能更不"黏人"或不那么消极。沟通邀请被搁置的一方可能会认为在另一段关系中同样的情感沟通邀请将会得到"面向"的回应。

我也可以用一个例子来进行说明。我在治疗中遇到一对夫妻，他们在来找我之前已经见过了 5 位治疗师。在我给他们进行了 6 场治疗后，令人惊讶的是，他们当场宣布再也不做治疗了。我表达了抱歉，但因为这次治疗也要付费，我就问他们，能不能和我谈谈为什么我的治疗对他们不起作用。他们同意了。

他们有两个年幼的孩子。在聊天的时候我注意到，丈夫并没有完成很多父亲都要经历的从"我"到"我们"的转变。为了自己有独处的时间，他仍然竭力和妻子讨价还价，这样他就可以在冬天每周至少有两天时间和朋友一起去滑雪。他觉得他应该拥有这样的时间，即便妻子承担了过多的照顾孩子的任务。他争辩说，因为家里的钱主要是他挣的，所以和朋友一起滑雪的时间只是一种公平的交换。他的妻子很讨厌这种安排。

在最后一场治疗中，他说上周的一天晚上他和妻子去参加聚会，他全神贯注地和他刚刚在聚会上遇到的一位女士进行愉快的交谈。他的妻子叫他离开，因为她太累了。他不情愿地离开了，但他想的是他宁愿和那位女士在一起交谈，她比自己那疲倦易怒的妻子有趣多了。那晚他表达了他因为自己不再能够玩乐而烦心。他说他发现今晚那位女士比妻子更有吸引力，于是两人发生了争吵。在争吵中，他的妻子也认为自己和别人在一起会更开心，别人会更理解她一边照顾两个年幼的孩子一边工作挣钱的辛苦。这场争吵使他更确定他和聚会上认识的更积极的女士在一起会更开心。

双方都"背向"了彼此，同时伴随着不利的 CL-ALT，认为另一段关系会比这段关系更令人满意。我向他们表达了感谢，并告诉他们我弄明白了我的治疗对他们无效的原因——他们都没有在心里真正完全向对方做出承诺。每一次消极的互动都会引发离开这段关系的想法，因为"背向"彼此在他们脑海中被不利的 CL-ALT 合理化了。我告诉他们，承诺就像爱丽丝在仙境里做的事：她毫不犹豫地跟随那只白兔到了洞里。在往兔子洞里看时她没有在行动和怀疑之间犹豫不决：她纵身一跃，坠入仙境的奇幻与恐怖之中，那完完全全是她的旅程。我说，承诺意味着认定这个家庭是你的旅程，认定这里可以满足你的需求，无论好坏，你都在其中，都会为团队的利益做出牺牲。

鲁斯布尔特也许会说，这对夫妻处在对彼此不承诺的过程中。从我和利文森的数据来看，他们的"我们"程度很低，已经在距离和疏远的级联反应中走向离婚，已经开始过着平行的生活（参阅我的书《什么预示着离婚？》）。他们对彼此的承诺是有条件的，并且留有余地。他们经常进行不利的 CL-ALT，以证明他们的"背向"或对抗是合理的。几个月后，我打电话问他们是否已经分开了。他们说上次的治疗让他们震惊，现在他们谈论了很多关于如何对家庭做出承诺的话题。他们能够用到这些信息，让我很高兴。

信任和依恋理论

苏珊·约翰逊的情绪聚焦夫妻治疗理论的基础是依恋理论。母亲与孩子之间的依恋系统由英国精神病学家约翰·鲍尔比在第二次世界大战期间首次提出。鲍尔比注意到，在纳粹对伦敦的闪电战中，有 70 万儿童被撤离了伦敦。其中许多儿童尽管被安置在非常好的家庭中，但仍因与母亲分离而遭受了巨大痛苦。之后，灵长类动物学家哈里·哈洛用幼猴对这个依恋系统进行了实验研究。哈洛的经典研究推翻了这样一种精神分析：婴儿依恋母亲是因为他们从母亲的乳头获取乳汁。恒河猴幼崽总是更喜欢柔软的毛巾做成的母亲代替模型，而不是给它们喂奶但不提供触摸安慰的金属丝母亲代替模型。结果证明，依恋是婴儿学会控制自己的恐惧、有效与父母建立联系、探索语言以及对自己与他人交往的能力建立信心的基础。通过对安全型依恋中的行为元素进行研究，研究人员发现了情感可获得性和应答性的双重能力。

研究依恋的学者现在将鲍尔比的理论延伸到了成年人的关系中。苏珊·约翰逊认为要想和伴侣或爱人在一起有安全感，双方就要安全地相互依恋。用我的话来说，在一段关系中感到安全就是要在重要时刻"陪在彼此身边"，这些时刻就是在收到沟通邀请时决定"面向"对方的滑动门时刻。

从对依恋理论和依恋创伤的研究中，我总结出：信任被侵蚀的原子就是当一方需要理解、安慰或爱时，另一方情感上的不可获得和不应答（或称"背向"），即当一方需要另一方时，另一方没有"陪在他身边"。

背叛不仅仅来自信任的缺失

我认为，如果一方的"背向"和对抗伴随着不利的 CL-ALT，它将成为背叛的原子。将这个想法与我们对信任的研究结合起来，我认为：背叛的原子是在滑动门时刻，由于感情上的不可获得和不应答而"背向"沟通邀请的事件与不利的 CL-ALT 的结合。

背叛在低信任度的土壤中疯狂生长，但我认为低信任并不足以催生背叛，背叛的建立必须还要有不利的 CL-ALT。有利的 CL-ALT 是指接受伴侣长期以来的个性特征，包括令人讨厌的部分，尽管伴侣有这些特征，人们仍决定珍惜他们。有利的 CL-ALT 是珍惜伴侣的基础，这会建立信任和承诺，而不是背叛。因此，我得出了结论："背向"而不"陪伴"彼此，是不信任的原子，是对信任度的侵蚀。然而，如果"背向"同时还伴随着不利的 CL-ALT，那么那一刻就不会侵蚀信任，而是会产生背叛。

我之后会论述，背叛原子进一步恶化为背叛度量的一个令人惊讶的要素是冲突回避。"背向"和不利的 CL-ALT 足以酿成一次遗憾事件。如果这个事件后续被忽略了，那么之后可能会让人陷入淹没状态，这个事件就不太可能得到处理，其结果就是出现蔡格尼克效应。伴随着更多的不利的 CL-ALT，背叛度会进一步显著上升。

婚外情的发生：当低信任与背叛相结合

已故的心理学家雪莉·格拉斯毕生致力于帮助人们了解婚外情如何发生以及如何治愈个人所遭受的伤害。她写道，人们慢慢地允许自己跨越或大或小的界限，婚外情往往就这样发生了。例如，如果生活中出现了新生儿，那么他或她就很有可能得不到伴侣以往那么多的浪漫、亲密，甚至是赞美和欣赏。假设发生了一件无伤大雅的事，比如在工作中和异性愉快地聊天，一个人可能会想："我和我的伴侣好久没有像这样聊天了。"这就是一个"背向"伴侣的时刻，并且伴随着不利的 CL-ALT。

他甚至会想："我真的应该和我的伴侣谈谈。我应该说：'我上班时和别人聊得很愉快，我们之间好久没有像那样聊天了，我很担心。'"但是一个回避冲突的人会想："嗯，没什么大不了的。如果我在家提起这件事，我们一定会大吵一架，所以我还是不说了吧。本来什么也没发生啊。"为了避免冲突，为了保持和平与安静，一个秘密悄悄发芽了。鲁斯布尔特可能会补充说，这个秘密中还潜伏着一个不利的 CL-ALT，它侵蚀了依赖、承诺、对替代关系的贬抑以及现有关系中的牺牲。

我们一旦回避潜在的冲突，就有了一个秘密，不提起这件事而带来的欺骗行为也开始悄然发生。用格拉斯的话来说，就是一个人和伴侣之间已经竖起了一道"墙"。如果关系中的一个人不高兴，但他却和其他人而不是自己的伴侣聊这件事，那么第三个人就打开了一扇能看到这段关系的窗户。现在窗户和墙壁的位置被颠倒了，"健康关系之屋"就被这个秘密破坏了。在亲密关系中，有墙保护着关系不会受外人的伤害。两个人有一个窗口，他们可以一起看外面的世界，这样他们就一起创造了一段可信任的关系。但是在回避冲突的情况下，信任不太可能持续下去。回避冲突带来的平静与安宁会给人带来安慰，但代价是增加了情感距离。这种情感上的距离会增加关系中的孤独感，让我们更容易受到墙和窗位置颠倒的影响。

显然，大多数人认为，如果伴侣不知道这个秘密，它就不会造成任何伤害。但是，我们使用鲁斯布尔特的模型进行的分析表明，秘密造成的情感距离也会削弱一个人完完全全地爱对方的能力，因为它逆转了承诺的过程。我们到别处寻求安慰和支持，而这个秘密在编织一张复杂的网，它将损害我们自己的信任，而不是伴侣对我们关系的信任。用格拉斯的话来说，承重墙现在已经变成了纸一样薄的窗户，不会再屹立不倒了。

这个过程可能发生得非常缓慢，人们总是在不经意间越过自己和别人之间的界限，并对伴侣隐瞒这一点，表面上是为了通过回避不必要的冲突来"保护"伴侣，但在这个信任被侵蚀的过程中真正发生变化的是那个隐藏秘密的人。这个人爱伴侣的能力将受到损害，因为鲁斯布尔特所谓的承诺的过程已经停止，齿轮开始倒转。正是通过这种方式，人们慢慢地允许自己跨越界限，和别人谈论亲密的事情，向他们倾诉，直视另一个人的眼睛，短暂地碰触，然后更短暂地碰触，缠绵，亲吻，开始与另一个人成为"我们"，等等。人们可能开始只是避免分享引发冲突的信息，但他们慢慢地在自己周围编织了一张欺骗的网。

之后，人们也许会开始对伴侣撒谎，隐藏那些自己同其他人在感情上和性上真正发生的事。出轨就是从最开始的那个秘密演变而来的。这个秘密改变了人们，限制了他们爱伴侣的能力。小背叛带来的真正影响是背负秘密的人在他自己与伴侣之间竖起了一道墙，而在自己与陌生人之间建立了新的界限，他慢慢改变了。一堵墙在不经意间建立起来了，藏在墙背后的"出轨"就此展开。虽然目的是回避冲突，但对小事避而不谈，也不阻止这些小事的发生，让它们跨越边界，这就是很多出轨事件的根源。

格拉斯的分析展示了出轨是如何自然而然地发展出来的过程。出轨的人并不一定是怪物。在格拉斯的《不"仅仅是朋友"》一书中，她把婚外情从讲坛带到了社会心理学实验室中，在那里对出轨进行研究和分析，就像鲁斯布尔特在预测新关系中的婚外情时所做的那样。

因此，我认为背叛的原子在冲突回避中被强化并且被推动了（伴随着不利的 CL-ALT 的"背向"），这与格拉斯的分析是一致的。

什么决定了不利的 CL-ALT

更好地了解伴侣们对关系做出的有利的或不利的 CL-ALT 会很有用。我的实验室对西雅图 46 对低收入的已婚和未婚夫妻进行了研究，我们计算了双方在冲突讨论期间的评论变量、生理变量、转盘评分和博弈论变量，并且将这些因素和鲁斯布尔特对 CL-ALT 的测量结合了起来。

首先，CL-ALT 的有效性如何？我们的研究结果是，男性对关系的不利的 CL-ALT 与他对伴侣未来可能发生婚外情的可能性的评分明显高度相关；而女性的 CL-ALT 与她对他可能有婚外情的可能性的评分之间的相关性并不明显。男性不利的 CL-ALT 与同居呈显著正相关，与结婚则呈显著负相关。因此，男性 CL-ALT 的有效性在这项研究中得到了确定。

然而，有什么与 CL-ALT 相关的东西能帮助我们理解呢？借助我的数学模型（见第十一章），男性不利的 CL-ALT 评分与以下因素显著相关：（1）女性未受影响的更消极的起始值（在受他影响之前，她对话的消极情绪更多）；（2）女性更大的情绪惯性（之前的情绪状态对她影响很大，这限制了她能接受他的影响的程度）；（3）女性的消极情绪的影响力更小（她的消极情绪的产生和增强对他的行为改变影响不大）；（4）女性修复消极情绪的阈值更高（她要等到互动变得非常消极时才尝试修复）；（5）女性积极情绪减幅的阈值更高（他必须变得非常积极，他的积极情绪才会对她产生影响），以及积极情绪减幅的影响更小（她对他积极情绪的反应对他来说没有什么影响）。

因此，男性更低的 CL-ALT 评分与女性对话开始时更消极和冲突中情绪调节更少有关。女性更消极的起始值和冲突中消极情绪的影响力也与男性更低的 CL-ALT 评分显著相关。这与我之前关于女性权力在异性恋关系中重要性的分析一致。

男性更低的 CL-ALT 的评分也与他自己在冲突期间的主导行为显著相关，尽管矛盾的是他的主导行为与她对有利的 CL-ALT 更高的评分相关。男性对有利的 CL-ALT 更高的评分与他的高度认可（即他在冲突中对她的理解和共情）显著相关。

此外，基于心血管的交感神经系统的测量，女性在冲突讨论开始之前出现了生理唤醒，这与男性更低的 CL-ALT 评分显著相关。当她和一个做出了不利的 CL-ALT 判断的男士在一起时，她在冲突中更容易出现生理唤醒。

女性和男性更高的评分（收益）与男性更高的有利的 CL-ALT 评分显著相关。这种一致性令研究人员感到欣慰。此外，当他处在令人厌恶的状态时，她保持中立的频率越高，她的 CL-ALT 评分就越有利。鲁斯布尔特称之为"调和"——对伴侣的破坏性评价做出积极的回应——在她做出有利的 CL-ALT 判断时更有可能发生。

因此，这项研究实证验证了我之前关于 CL-ALT 的理论，也验证了背叛的动态理论，而且帮助我们理解了男性如何做出不利或有利的 CL-ALT。男性做出不利的 CL-ALT 的决定因素似乎是非常消极并且失调的冲突，尤其是由女性引发的冲突。

男性更容易做出不利的 CL-ALT 吗

哈佛大学教授罗伯特·魏斯在他经典著作《坚持到底》一书中对 100 位成功男士的人际关系进行了定性分析。他认为，这些男人与他们的妻子每年大约会发生两次严重的争吵。此外，他说道，在争吵后女性通常会说，尽管这是一次不愉快的经历，但它是富有建设性的，因为问题被提出来了。相比之下，大多数男人在同样的争吵后都认真考虑过要离开这段关系。与男性比女性更容易陷入淹没状态的发现相结合，冲突中的高水平的消极情绪可能会通过淹没状态让男性出现更多不利的 CL-ALT。然而，根据鲁斯布尔特的测量结果，在我对低收入夫妻的试点研究中，男性和女性在 CL-ALT 方面则没有显著差异。

已婚和同居的异性关系中的性启蒙研究表明，男性发起性行为的频率高于女性，结婚第一年的比例为75%∶25%，之后为60%∶40%。在我们对生完第一个孩子3年后的夫妻的研究中，平均而言，男性表示他们希望与妻子每周大约发生三次性关系；女性说她们想和丈夫每两周发生一次性关系，这个比例是6∶1。另一项研究很有戏剧性，它表明男性更容易接受随意的性行为。拥有平均吸引力的男性和女性一起走近异性陌生人，问他们是否愿意：（1）今晚和他们约会；（2）去他们的公寓；（3）和他们上床。绝大多数男性说他们愿意发生性关系，而没有一位被询问的女性说自己愿意。女性对发生性行为的要求比男性高得多。这个发现再次得到证实。一项研究报告称："男性更倾向于将性视为一种身体功能，像吃饭一样，而女性则倾向于将性视为一种情感上的东西，就像两个灵魂的交流。"伟大的喜剧演员比利·克里斯托曾经说过，女人做爱需要理由，而男人只需要一个地方。

很多书里都提过男人不愿对一段关系做出承诺的问题。在一个题为"男人和承诺到底是怎么回事"的主题演讲中，心理学家斯科特·斯坦利提出了这样一个假设：情感依恋可能足以让女性做出承诺，但不足以让男性做出承诺。他认为，对男性而言，承诺包含了一种她会成为他的婚姻伴侣的信念，她将成为他终身的伴侣，是他的"灵魂伴侣"，这意味着她会接受他本身，而不会试图去改变他。斯坦利认为，依恋足以让男性接受同居，但不足以让他们做出承诺。男人声称他们可以通过同居获得婚姻的许多好处，而没有风险（例如，经济损失或不想要孩子时却有了孩子）。这仍然是一个悬而未决的问题，但证据似乎能够验证男性与女性相比，会做出更多不利的CL-ALT。

背叛伴侣的方式

一段忠诚的浪漫关系是一份相互信任、相互尊重、相互保护和相互滋养的契约。性背叛只是背叛伴侣的一种方式，以下有12种背叛伴侣的方式。

- **违背承诺**。这里，承诺（即使是对一位伴侣做出的）实际上是一种有条件的承诺。一方或双方似乎都在等待更好的人出现，他们还没有真正确定这段关系就是他们的人生旅程。他们可能会盯着其他男人或女人，和他们调情，或以各种方式暗示自己仍是单身。他们对这段关系有所保留，并没有完全对伴侣做出承诺。这意味着他们的承诺有时会因争吵或因伴侣的疾病、要求而产生的情感距离而减少。他们的承诺会受到挑战，比如受到他们之间出现的问题、糟糕的时光、极大的压力、疾病、经济上的不安全等。当两人间出现不愉快时，他们会想要离开。根据菲利普·布鲁姆斯坦和佩珀·施瓦茨的"美国夫妻"研究，这种态度是1980年代初期美国同居夫妻的特征。
- **非正当的情感、浪漫或性**。与契约相反，这些人不会拒绝其他关系、调情（甚至性关系或秘密的情感依恋）或可能出现的其他类型的秘密联系（如经济上的）。在越界之前，他们不会在关系中讨论这些诱惑或联系。他们虽然可能会一致同意经常讨论潜在的可能性，但已经开始了和别人的调情，和别人的情感联络。他们可能会不经意地、秘密地允许自己跨越某些界限。
- **秘密、谎言和欺骗**。虽然伴侣们都认同诚实开放、不互相隐瞒的行事原则，但实际上他们却有秘密并欺骗了伴侣。这些谎言可能始于疏忽的谎言。这些背叛包括但不限于谎言、疏忽、违背诺言和言行不一致。
- **与他人联合起来反驳伴侣**。一方与朋友、亲戚等人联合起来，将另一方排除在外或者伤害另一方，如和朋友或兄弟姐妹说另一方的不好。
- **对伴侣不再感兴趣**。他们不再表达对伴侣的兴趣。他们对伴侣的想法、感受和内心世界可能不再展现出积极的兴趣。
- **不公平对待和不关心**。虽然他们原则上一致同意关系中的财务、资源和分工对双方都是公平的，但实际上违反了这一约定。它可能永远不会被提起，但两个人都知道。他们在照顾彼此方面违反了约定（例如，当一个人生病或有需求时却被对方抛弃），在需要情感安慰和理解时被抛弃。这属于彼此"陪在对方身边"的一个部分。

- **感情淡漠**。尽管伴侣已经一致同意用爱来对待彼此，但一方或双方对另一方变得冷漠、反应迟钝或冷淡。
- **缺乏性兴趣**。他们认为伴侣不再有吸引力，对伴侣失去了兴趣，不再想有身体上的亲密接触。
- **虐待**。他们通过精神或身体虐待来背叛对方。精神虐待包括：（1）社交孤立；（2）性胁迫；（3）极端嫉妒；（4）公开羞辱或贬低；（5）暴力威胁或其他引起对方恐惧的行为；（6）对财产、宠物或者儿童的伤害或威胁。身体虐待包括任何对方不想要的身体接触。
- **不尊重对方**。伴侣私下不会珍惜对方，不会赞美对方，也不会为对方的成就感到骄傲。相反，他们表现的是不尊重、嘲笑、讽刺等方式的优越感或诋毁。
- **不满足对方的需求**。正确的关系就是合法地相互依靠。伴侣违反了他们应该努力合作和诚实地满足彼此基本需求的原则，包括对伴侣的情感临场感知[①]、情感开放[②]、情感可获得性和对伴侣情感的回应。他们不想再在关系中牺牲自己的利益，不再将伴侣或家庭的需求置于自己的需求之上。
- **违背神圣的诺言和誓言**。伴侣会做出承诺，但不会遵守履行。最终，他们会许下自己从未打算遵守的承诺。

女性消极情绪影响力能否让她免遭背叛

社会生物学家已经注意到，性背叛的可能性是不对称的。很多研究一致发

---

① emotional presence，指感受到他人情绪和感受的能力。
② emotional openess，指与他人分享自身情绪和感受的能力。

现，男性的婚外情比女性更多，男人比女人更常想到性。尽管随着女性进入职场，她们可以遇到比邮递员更有趣的男性，这些性别差距已经缩小，但我们的研究发现，即使在第一个孩子出生 3 年后，男性也表示他们平均每周想要和妻子发生三次性关系，而他们的妻子们则希望这个频率是平均每两周一次。因此，比起男性相信女性，让女性相信男性的忠诚可能更难。由于消极情绪是修复的主要机制，因此女性能够以消极情绪影响她的男人可能更重要，而不是相反。

事实上，我发现，在冲突期间一个女人的消极情绪对丈夫的实际影响力，与她在这段关系中的安全感之间存在着很强的关联，这取决于背叛度量（见第十一章）。为了在一段关系中感到安全，即背叛的可能性很低，她实际上需要在发生冲突时用自己的消极情绪发挥强大的影响力。这意味着即使在冲突讨论期间，当她心烦意乱时，他也会做出回应并"陪在她身边"。在她的伴侣"背向"或反抗时，她会进行更多不利的 CL-ALT。她如果能表达出怀疑，就会对正在"背向"或反抗的他产生影响。与她没有能力表达消极情绪相比，这样可以更好地进行自我修复。

通过这种方式，我证明了女性在关系中消极情绪的影响力与她的安全感有着错综复杂的关系。我还发现，如果她有能力表达消极情绪，她会感觉到：（1）她的丈夫在冲突中没有只为他自己的利益考虑；（2）他的冲突具有合作性，而不是以她的损失来换取他的收益的零和博弈（以转盘评分斜率间的相关性来测算）；（3）婚姻中性别的刻板印象较少（根据布尔曼口述历史访谈编码评估）；（4）在安布尔·塔瓦雷斯的论文中，使用"背叛侦查器"，尤其使用"负面形容词清单"检测时发现，他的积极情绪比消极情绪更多。因此，女性表达消极情绪时的影响力是衡量她在一段关系中安全感的重要指标。

第十章

从背叛中痊愈

本章讨论以下问题：我们怎样从背叛中痊愈？什么样的原谅是愚蠢的，什么能最大化原谅的可能性，哪些策略能提高原谅的有效性？本章也介绍我们的"背叛侦查器"，它解释原谅的数学以及什么样的行为可以将原谅最大化。我用两个流程图提出一个理论，这两个流程图分别呈现背叛和不信任的级联反应以及忠诚和信任的级联反应。本章也讨论一些个人特质，不管是冲突侵蚀信任还是低信任造成冲突，当伤口无法及时愈合时，这些特质可能决定着对伴侣和关系做出不利比较的拒绝。本章还讨论色情成瘾和性成瘾方面的背叛问题。

对不可信的愚蠢的原谅

我们如果能有一个试金石来测试遭受背叛后能否再次选择信任对方，那就太好了。医生对一对夫妻进行测试，然后说："看起来不错。我认为你们能成功地在这段关系中重建信任，我这么认为的原因如下……"或者，医生说："不，我认为你们这时候不适合重建信任，我这么认为的原因如下……"这个测试可以被称为"不可信侦查器"。

我们也许已经发明了这种测试。结果证明，我们的信任度和背叛度与我以前的研究生安布尔·塔瓦雷斯在我们实验室完成的重要论文得出的测量结果显著相关。这些结果使我们可以创建一个"不可信侦查器"——那篇论文的主题就是如此。

安布尔的假设基于我在实验室里对94对夫妻的研究。我们让每对夫妻进行了两次冲突讨论，然后用四种干预中的一种在这两次冲突讨论之间进行干预。一个干预组被称为"表扬组"，每对夫妻需要从"夫妻60种正面特质清单"中选出3种特质，比如善良、慷慨、性感，然后一一解释为什么选择了这3种特质，并且要描述伴侣什么时候展现过这些特质。另一个干预组被称为"抱怨组"，每对夫妻需要从"夫妻60种负面性格清单"中选择3种"担忧的方面"，即伴侣的潜在负面性格，这些特质包括比如吝啬、固执、刻薄，然后一一解释为什么选择了这3种特质，并描述伴侣什么时候展现过这些负面性格。

在讨论中间20分钟的休息时间内，有两个对照组会阅读杂志。在对照组第一个15分钟的冲突讨论之后，工作人员会走进房间并告诉他们可以阅读杂志，同时研究人员为第二次讨论准备设备。研究人员告诉每对夫妻，如果有需要，他们可以互相交谈，但不要在此期间讨论他们有分歧的领域。每对夫妻在控制室会受到监控，如果他们开始谈论有分歧的问题，就会被打断谈话。在第一个对照组中，每对夫妻在第一次冲突讨论后立即回看转盘评分视频；第二个对照组的视频回看则被推迟到第二次冲突讨论之后。

实验组的每对夫妻则可以随意开始第二次冲突讨论，在每次干预中，他们要告诉伴侣自己选出的是对方的哪几个特质，并附上例子。首先开始说的人（诉说者）有10分钟的时间来告诉伴侣（倾听者）他选择了哪3个形容词，并给出例子。诉说者需要在这10分钟中进行主导，但是只要他们将形容词的重点放在倾听者身上，那么他们俩就都可以说话。这10分钟结束后，房间里会亮起绿灯，通知两个人交换诉说者和倾听者的角色，并重复这个10分钟的过程。

安布尔对他们实际如何进行这两种干预进行了编码。她使用了表扬和抱怨编码系统。编码人员并不知道这些夫妻的婚姻满意度得分。

在所有小组休息20分钟后，工作人员再次进入房间，提醒每对夫妻挑选在二次冲突讨论中需要讨论的问题，然后离开房间，让每对夫妻开始第二次冲突讨论，这次讨论也会被记录下来。安布尔发现结果与我们的预期相反，四组中的每个组第一次冲突讨论对第二次冲突讨论的影响都没有差异，但奇怪的是，虽然有许多表扬组的夫妻遵循了指示，但还有许多人将表扬变成了指责。他们会说："我很难想出你拥有的3个正面特质。相反，我选择了3个我希望你拥有的特质。"也有许多抱怨组的夫妻遵循了指示，但还有许多人却将抱怨的干预变成了一种积极的经历。他们会说："我很难想出你的3个负面性格，你没有什么负面性格。"他的伴侣可能会说："我知道我并不完美。请告诉我你的顾虑吧，我想听听看。"

然后她会说出自己的顾虑，但是说得很温柔，弱化了这些顾虑的重要性。

当安布尔检查夫妻们在两种干预中如何表现的编码时，他发现了一种明显的互动效果。在两种干预中产生消极情绪的夫妻在干预后的冲突中都展示出了低积极情绪和高消极情绪。另外，在两种干预中都产生了积极情绪的夫妻在干预后的冲突中表现出了更少的消极情绪和更多的积极情绪。冲突中预先干预的影响和婚姻满意度预测了一对夫妻将对他们遇到的干预措施做出何种应对。预测一对夫妻在这两种情况下的行为方式的另一指标是妻子的不可信度量。如果妻子潜在的不可信度很高，在两种干预中夫妻双方都会变得非常消极；如果双方的不可信度很低，在两种干预中他们都会变得很积极。

因此，我们注意到人们在这两种干预下的行为结果可以作为一种测试，评判这段关系是否仍然具有高信任度或不可信度。安布尔的论文通过诉说者和倾听者寻找的特质，评估了这些练习中不可信度的可能性。以下这些维度是安布尔在她的论文中对如何进行干预的编码基础。

- **倾听者不可信的可能性很大**。在这种情况下，倾听者不会保持眼神接触，不会使用正面的幽默，不会笑，不会给倾听者通常会给的回应（如"嗯嗯""嗯""啊"和点头），情绪很低落，不专心也不深情。
- **倾听者不可信的可能性很小**。在这种情况下，倾听者会保持眼神接触，使用正面的幽默，会笑，并给出倾听通常会给的回应，情绪很高昂，很专心也很深情。
- **诉说者不可信的可能性很大**。在这种情况下，诉说者会使用负面的逗弄，嘲笑性的幽默、讽刺，或嘲弄伴侣。诉说者可能会模仿伴侣说话的方式，尽管伴侣没有被逗笑，他都觉得此举很有趣。诉说者可能在言语上是消极的、侮辱性的，可能在描述伴侣的负面性格时使用了"你总是"或"你从不"（这是指责），或者将他们关系出现问题的原因归结于伴侣的负面性格。诉说者试着表现良好时，会显得很虚伪、含糊或勉强。诉说者可能很难举出代表伴侣正面特质的例子，却很容易举出伴侣负面性格的例子。

- **诉说者不可信的可能性很小。**在这种情况下，诉说者说话积极、深情，并通过尽量减少抱怨来缓和消极情绪。诉说者对人好时，会让人感觉很真诚。诉说者很容易举出非常具体的代表伴侣正面特质的例子，而很难给出负面性格的例子。诉说者对伴侣通常是深情和肯定的。

不可信侦查器

我推荐一个对持续的不可信的测试。在这项测试中，当伴侣们轮流描述对方的正面特质和负面性格时，我们会观察背叛者的行为。我喜欢这个测试的地方在于，它并不会明确地测算不可信的可能性。我们使用安布尔·塔瓦雷斯的编码维度作为指导，来考察背叛者在这两项活动中的行为。本章接下来将会讨论如何从背叛中疗愈，以帮助"通过"了这个测试并想要继续在一起的伴侣们从背叛中恢复。

很明显，这个测试只能用作一种指导，同时需要对不可信的真诚忏悔以及继续在一起的意愿，还需要被背叛的一方努力去原谅。我们对不可信及其动态，以及如何帮助夫妻从不可信中恢复过来的过程了解多少？在两个人的博弈中，在将"合作"最大化而不是"背叛"的情况下，博弈理论家对这个问题进行了很多思考。

原谅的数学

不信任状态的疗愈竟然可以用博弈论研究，这实在令人吃惊。请耐心看下去。这项工作由拉波波特首先开始，但幸运的是，在他 2007 年逝世后，这项工作仍在继续。

关于信任和不可信的最有名的数学博弈就是零和博弈中的囚徒困境。之前已经讲过，在囚徒困境博弈中两名囚犯被警方逮捕了；他们都是犯罪嫌疑人，但是警方没有足够的证据定罪，所以他们想要录口供。他们将两人分开录口供：如果囚犯 A 坦白，但囚犯 B 没有坦白，囚犯 A 就可以通过提供证据减刑，而囚犯 B 则会承担所有罪罚；如果两人都不坦白，则两人都遭受较小的刑罚；如果他们碰巧都坦白了，他们两人会得到不同的但可能更严厉的判决。下面的表10.1 就是这种囚徒困境博弈的收益矩阵。

表 10.1　囚徒困境矩阵

	B合作：不坦白	B背叛：坦白
A合作：不坦白	两人都被判1年（收益：-1）	A被判10年（-10），B不被判刑（0）
A背叛：坦白	A不被判刑（0），B被判10年（-10）	两人都被判8年（-8）

仔细观察这个矩阵，我们会发现，双方都被判刑，即两人都被判 8 年（-8，-8）是纳什均衡。这意味着双方都无法通过单独改变自己的策略来得到更好的结果。如果 A 往上移动一行，将其策略更改为合作，则他将被判 10 年。如果 B 往左移动一列，将他的策略改为合作，他也会被判 10 年。但是看起来，纳什均衡仍然是最不令人满意的结果。

两人都采取合作策略的单元格（-1，-1）就是冯·诺依曼-摩根斯坦均衡，两者得到的都是"最差中最好"的结果，即最小-最大均衡点。然而，在囚徒困境实际的一次性博弈中，参与者几乎从来不会选择冯·诺依曼-摩根斯坦均衡。研究已经表明，人们往往习惯性地认为背叛是最佳选择。这是关于人性的非常令人失望的结果。因此，囚徒困境博弈的主要问题是：我们如何最大限度地合作，以使各方都能获得最大利益（-1，-1）？

在本章中，就从背叛中疗愈的目的而言，反复进行囚徒困境博弈是最有趣的。在一段真实的关系中，我们可以让这种非零和博弈重复进行很多次：我们不断地选择和对方合作或背叛对方，以此来增加信任度或背叛度。罗伯特·阿克塞尔罗德对重复性的囚徒困境的研究是最具启发性的。表 10.2 就是他做出的囚徒困境博弈矩阵。

表 10.2　罗伯特·阿克塞尔罗德的重复性囚徒困境矩阵

	B合作：不坦白	B背叛：坦白
A合作：不坦白	两人都得到回报（+3）	A没有得到回报（0）"傻瓜的收益"，B得到回报（+5）"诱惑的奖励"
A背叛：坦白	A得到回报（+5）"诱惑的奖励"，B没有得到回报（0）"傻瓜的收益"	两人都被惩罚（+1）

阿克塞尔罗德通过使用计算机进行复杂的模拟来比较重复性囚徒困境博弈中的不同策略，发现阿纳托尔·拉波波特的"以牙还牙"策略在循环赛中是 14 种诱导合作的策略中最有效的。前文已经解释过，在这个策略中，参与者第一步都选择合作，之后别人选择什么他就会选择什么。因此，以牙还牙是一种基于互惠的策略。

阿克塞尔罗德的后续研究考察了重复性囚徒困境博弈中促使参与者最大限度合作的其他 5 种策略，包括：

- 不找麻烦：在 3 次相互合作后继续合作
- 能够承担被激怒：当对方突然背叛你时，你也可以背叛他
- 接受道歉：在对方道歉后继续合作
- 原谅：再次合作，但只在对方道歉后才这么做
- 接受多次背叛：只在相互背叛后才这么做

这些策略可能可以很好地帮助夫妻从背叛中恢复并最大限度建立后续合作。阿克塞尔罗德将这5种策略（或"规则"）与拉波波特成功的以牙还牙策略进行了比较。这些原则中大多数和以牙坏牙策略有着同样的作用，但效果没有超过以牙还牙策略。在阿克塞尔罗德进行的40次模拟中，只有11次表现出这些规则比以牙坏牙策略的作用更大。所以，尽管证据不足，但我们可以认为这些规则可以提高合作的可能性。

然而，阿克塞尔罗德研究策略的精彩之处在于，当这个系统中存在"噪声"时，他继续比较了这些策略。他所谓的"噪声"是允许人们有犯"错误"的可能性。他认为任何人都会做一些不可信的事，可能与我说的"遗憾事件"类似。阿克塞尔罗德提出的问题是，在重复性的囚徒困境博弈中，是否存在一种策略可以在信任或背叛系统发生"错误"或出现"噪声"的情况下，将合作的可能性最大化。

请记住，这种面对"噪声"的策略讨论仍处于囚徒困境博弈的背景下。阿克塞尔罗德意识到囚徒困境中过多的原谅可能会潜在地导致剥削。因此他设计了两个新策略。其中一个应对"噪声"或错误的策略被称作"慷慨"，在这个策略中一方选择合作，但其中10%的情况他选择不合作；另一个新策略更加复杂，叫作"悔悟"。悔悟有三种可能：（1）对自己的错误感到"悔悟"；（2）将不合作的人视作"错误"来让自己感到"满意"；（3）被错误"激怒"。在悔悟策略中存在着修复的可能性。

用计算机对好几"代"重复性的有"噪声"的囚徒困境进行复杂的模拟，并使用这四种策略进行实验，最初慷慨策略在诱发合作方面是最有效的，但最终发现，悔悟策略在面临错误时能够最有效地诱发合作。一方面，相比于指出对方的错误，悔悟策略在纠正自身错误方面效果更差……另一方面，当有"噪声"的环境被有效的规则主导时，悔悟非常有效。当"噪声"出现时，互惠原则仍然有效，但前提是互惠伴随着慷慨（当一方背叛另一方时双方仍有机会合作），或伴随着悔悟（一方背叛另一方后，另一方也以背叛来回应，双方继续合作）。

因此，面对两人信任或背叛系统中的"噪声"，阿克塞尔罗德对拉波波特的将合作最大化的以牙还牙策略做出了一些有用的修改。这些策略是：

- 拉波波特的以牙还牙：以合作开始，但之后对方做什么自己就做什么，对方合作自己也合作；对方不合作自己也不合作
- 不找麻烦：在互相合作后继续合作
- 能够承担被挑衅：对方突然背叛后不再合作
- 接受道歉：恢复合作后继续合作
- 原谅：合作，但只在恢复合作后进行
- 接受多次背叛：停止合作，但只在三轮相互背叛后
- 慷慨：至少允许在10%的情况下出现"错误"，继续合作
- 悔悟：自己背叛后通过合作恢复信任

这8条规则被证明在重复性的有"噪声"的囚徒困境博弈中能够让合作最大化。在面对错误时，它们甚至比拉波波特的以牙还牙策略更好，但并不会好太多。

规范和元规范的使用

尽管重复性的囚徒困境博弈非常有趣，但它只是一个博弈，或者说只是实际互动的模型。拉波波特的兴趣在于将其用在处理国际冲突上；阿克塞尔罗德则是为了普及囚徒困境博弈的使用，他建议社会通过惩罚背叛和奖励合作来建立规范。他认为惩罚要让背叛者承担高昂代价，也要让执行者承担一定代价。"元规范"的意思是"不仅要惩罚违反规范的人，也要惩罚不惩罚违反规范的人"。

我曾得到一个与密歇根立法机构的成员以及他们的伴侣共事的机会。这些立法者中有40%是女性。在一场封闭的保密会议上，我听到了这些立法者和他们的伴侣谈到"他们的工作人员与自己配偶的目标往往是相反的"。具体来说，

立法者的工作人员和立法者的家人的目标是相反的。立法者的配偶可能希望立法者经常待在家里，而工作人员却希望立法者花更多时间竞选或筹集资金。

有时候，工作人员会为男性立法者的不正当性关系招揽女性。约翰·肯尼迪担任美国总统时就是如此。经验丰富的立法者讲述了如何处理这些冲突的故事，方法是让他们的伴侣参与雇用员工，以确保忠诚的规范和元规范取代涉及家庭背叛的、引起冲突的规范。

规范和元规范社会执行合作的强制方法，即使面临背叛风险。这些观点不仅适用于一个团体或一个社会，也适用于想从背叛中恢复关系的夫妻。朋友、家人、同事，甚至治疗师，都会通过建立规范和元规范来帮助夫妻疗愈背叛带来的创伤。

和阿纳托尔·拉波波特一样，罗伯特·阿克塞尔罗德也对尽量减少冷战的紧张局势感兴趣。他知道，这些国家之间的合作一再受到边缘政策的伤害，因此需要进行国际核查（如通过审查提供核裁军的证据），这使得保密和欺骗情况减少，信息更加完善。

因此，从另一个角度，也可以考虑用元规范来达到疗愈背叛带来的创伤的目的——即再次的背叛将引发高昂的代价。例如，对于社交网络（如正统犹太裔的钻石商人网络）的实证研究，文森特·比斯肯斯总结道："不可信的人必须被驱逐或受到足够严厉的惩罚，让其他人认识到不可信的行为只在短期内有用。"如前文所述，钻石商们创造了一个高度信任的网络，这让人很惊奇。他们只用握手就能完成几百万美元的珠宝交易。在这种文化中，背叛的代价很大——背叛者会被这个社区完全驱逐。这让我们给促进合作、减少背叛的可能性加上了第 9 条规则：

- 后续背叛有高昂的代价：需要有一种共识，即后续的不可信行为将会付出严重的代价或发挥负面作用

为什么从背叛中恢复不容易：时间不会治愈伤口

所罗门·席梅尔在其发人深思的《时间不会治愈伤口》一书中批判地论述了原谅。世界上的主要宗教——犹太教、基督教、伊斯兰教和佛教——都呼吁原谅他人带来的伤害。原谅的概念最近在心理治疗文献中也很受欢迎。席梅尔提出了很多关于原谅的问题。他问道：原谅是否总是比不原谅更道德？什么时候要求的原谅是在责备受害者？什么时候悔恨或悔改会成为原谅的先决条件，"悔改"意味着什么？席梅尔在很多情境下探索了这些问题，从普通的人际关系到大屠杀等重大罪行，再到种族隔离后的南非。

所幸舒密尔提出问题并讨论问题，却没有得出最后的结论。在完美的塔木德①和苏格拉底风格中，他揭开了可能存在的关于侵犯、罪恶、邪恶和赎罪的假设的面纱。他让读者去得出自己的结论。例如，他研究了一个乱伦受害者的案例，并询问永远原谅施虐者是否符合受害者的最佳心理收益。他还询问了谁有权原谅伤害。在明尼苏达州的一座教堂中，一位牧师要求他的教堂会众花点儿时间原谅蒂莫西·麦克维，而这个人是炸毁俄克拉何马城联邦大楼的肇事者，在日托中心炸死了无辜的大人和儿童数十名。舒密尔对此事件的反应是，只有受害者有权原谅麦克维，而不是明尼苏达州的教堂会众。

雪莉·格拉斯对婚外情背叛的分析还着眼于被背叛者造成的创伤后应激障碍。一份契约因为出轨被破坏。异性恋关系中，在赞同一夫一妻制和性排他性，以及没有秘密或背叛的规范下，出轨会导致配偶质疑一切——甚至质疑这个人到底是谁、真正的婚姻契约是什么。遭受背叛的人的世界全然崩塌。被背叛的人回想了他们在一起的时光，那里存在着谎言和欺骗的隐藏状况。创伤后应激障碍的所有症状都出现在被背叛的人身上，包括睡眠障碍、闪回、抑郁、强迫

---

① 《塔木德》为公元前2世纪到公元5世纪间犹太教有关律法条例、传统习俗、祭祀礼仪的论著和注疏的汇集。

侵入性思维、情感麻木、不安全感、自我怀疑和广泛性焦虑症。怎样拯救这段关系？人们怎样疗愈背叛带来的创伤？他们怎样继续相互信任？他们可以怎样合作来重建信任？

席梅尔提出的这些问题远远超出了使用重复性囚徒困境博弈进行合作的数学基础。然而，阿克塞尔罗德的规则对于建立新合作可能仍然有用。

不应该原谅的情况及希望的曙光

有时候，原谅比继续前进的伤害更大：当受到很深的欺骗、背叛和罪恶时，原谅会对被背叛的人造成心理伤害。当人们从暴力犯罪、乱伦等形式的虐待中康复时，情况确实如此。有些伤口永远无法被理解，也永远无法去和解。

幸运的是，有研究表明，当双方都决定开始这趟旅程时，预测会对从背叛中恢复关系有帮助。北卡罗来纳大学的唐纳德·鲍科姆和加州大学洛杉矶分校的安迪·克里斯坦森进行的研究表明，尽管在得知婚外情的夫妻刚开始的关系满意度低于其他陷入困境的夫妻，但经过结构化治疗后，他们得到了相同的结果。恢复信任的道路并不平坦，但我们确实有理由怀有希望，而且在雪莉·格拉斯、唐纳德·鲍科姆和安迪·克里斯坦森的研究工作之前，我是不敢这么说的。

我认为，从背叛中恢复首先需要我们理解夫妻是如何产生背叛、不信任、忠诚和信任的。之后，我提出了下面这个理论。

背叛和不信任的级联反应理论

我们该如何总结出我们对背叛和不信任动态的了解呢？我们能否将其描述为一个有序的过程呢？我们可以使用这种知识来防止背叛发生吗？事实证明，有一个自然的渐进级联反应确实会导致背叛。一旦球朝着这个方向滚动，即使一个非常好的人努力想维持一段美好的关系，也最终会让这段关系在自己手上消失。理解背叛的过程会让最终背叛伴侣的人露出他们魔鬼的面目，但他们不是魔鬼，而是普通的、善意的人，他们被困在了自己都没意识到的事件的级联反应中。

夫妻们是怎样让背叛和不信任发生的呢？仅仅是因为忽视了对方吗？在某种程度上答案是肯定的，但过程却比忽视更为活跃。诚然，人们可以买到支付能力范围内最好的汽车，但如果这辆车放了10年都没有人去管它，它就可能会成为可怜的残骸。然而，在人际关系中，背叛的级联反应不仅涉及忽视。

让我们通过图10.1中所示的流程来总结关于创建以不信任和高背叛为特征的关系动态，以验证我们现在想法的正确性。这显然是渐进的过程，尽管我们对这些过程相当了解。

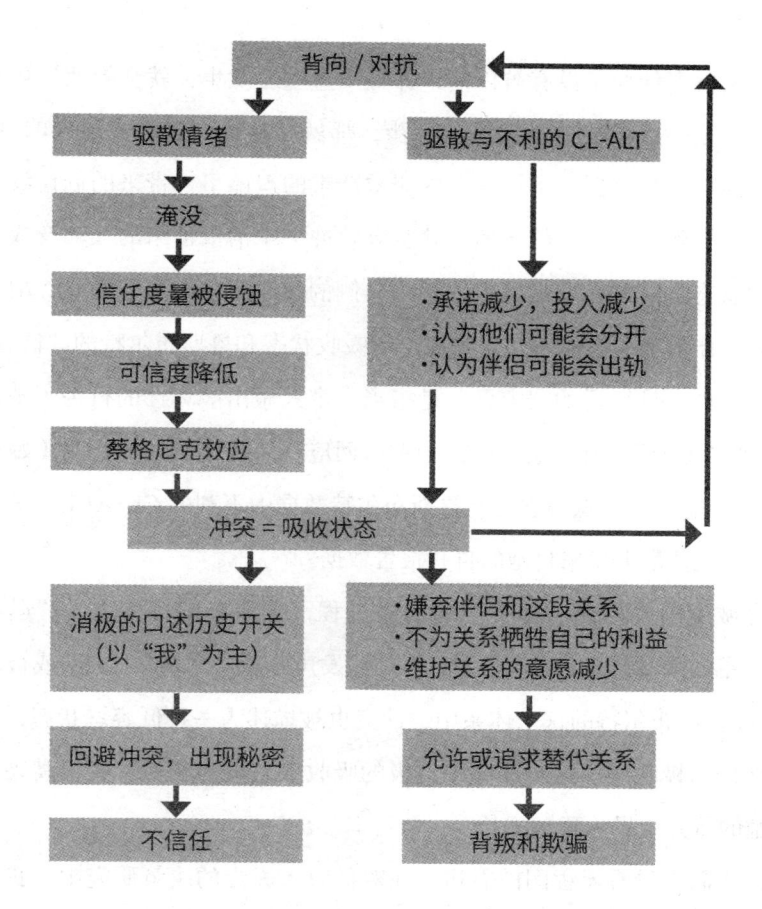

```
                    ┌──────────────┐
                    │  背向/对抗   │◄─────────────┐
                    └──────┬───────┘              │
              ┌────────────┴────────────┐         │
              ▼                         ▼         │
        ┌──────────┐          ┌──────────────────┐│
        │ 驱散情绪 │          │ 驱散与不利的CL-ALT││
        └────┬─────┘          └────────┬─────────┘│
             ▼                         │          │
        ┌──────────┐                   │          │
        │   淹没   │                   │          │
        └────┬─────┘                   │          │
             ▼                         ▼          │
        ┌──────────────┐      ┌────────────────────┐
        │ 信任度量被侵蚀│      │·承诺减少，投入减少 │
        └────┬─────────┘      │·认为他们可能会分开 │
             ▼                │·认为伴侣可能会出轨 │
        ┌──────────┐          └────────┬───────────┘
        │可信度降低│                   │
        └────┬─────┘                   │
             ▼                         │
        ┌────────────┐                 │
        │蔡格尼克效应│                 │
        └────┬───────┘                 │
             ▼                         │
        ┌──────────────────┐           │
        │ 冲突 = 吸收状态  │───────────┼──────────►
        └────┬─────────────┘           │
             ▼                         ▼
        ┌──────────────┐      ┌────────────────────┐
        │消极的口述历史开关│  │·嫌弃伴侣和这段关系 │
        │ (以"我"为主)  │    │·不为关系牺牲自己的利益│
        └────┬─────────┘      │·维护关系的意愿减少 │
             ▼                └────────┬───────────┘
        ┌────────────────┐             ▼
        │回避冲突，出现秘密│    ┌────────────────┐
        └────┬───────────┘      │允许或追求替代关系│
             ▼                  └────────┬───────┘
        ┌────────┐                       ▼
        │ 不信任 │              ┌────────────────┐
        └────────┘              │  背叛和欺骗    │
                                └────────────────┘
```

图 10.1 夫妻产生背叛或不信任的流程图

这个不信任和背叛的流程图以"背向"或对抗伴侣的情感联结沟通邀请开始。流程图的左边表示的是信任被侵蚀的后果的级联反应，该级联反应从仅仅以情绪摒除来"背向"伴侣开始，我在第六章已经讲过这个过程。

我们可以看出，在这样一个遗憾事件中，信任度会因为拒绝、不理会或否定消极情绪而受到侵蚀。这可能是苏珊·约翰逊依恋创伤理论的基础。

我之前提出，淹没状态是"背向"和情绪摒除的常见结果，并且经常伴随着弥漫性生理唤醒，随之不可信度会增加。两种度量因此发生了变化：我们对伴侣的信任度降低，也认为伴侣不再那么可信。根据博弈论的测算，两个度量并不相等。

这个遗憾事件如果没有被修复，并且一直重复发生，就会导致反刍和蔡格尼克效应，之后会发生非常关键的一步，那就是冲突。在许多这样的事件中，如果"背向"和情绪摒除事件或一些非常严重的遗憾事件带来的创伤没有被治愈，蔡格尼克效应和持续的低信任就会导致冲突中消极情绪的互动变成无法修复的吸收状态。这种状态足以引发图中右侧的级联反应，不利的 CL-ALT 开始影响人们对伴侣和关系的感知。我提出的吸收状态和鲁斯布尔特的"低容忍度"概念是相似的。她所说的"容忍"是指当一个人做出破坏性的行为（她称之为"忽视"或"退出"）时，他的伴侣会做出回应，采取建设性的行动（她称之为"发声"或"忠诚"）。低容忍度与鲁斯布尔特数据中不利的 CL-ALT 相关，在她的研究中，这些数据仅来自她的自我报告数据。

低忠诚度因此导致了冲突中的消极过程，鲁斯布尔特称之为"退出"或"忽视"（主动或被动的破坏性），而不是"发声"或"忠诚"（主动或被动的建设性）。在鲁斯布尔特的这个体系中，冲突也被描述为一种低容忍状态，是一种相互破坏的消极状态。这与冲突中消极的吸收状态极为相似。我很高兴我们的观察与她的研究结果一致。

现在我们来看看流程图的右边。在对低收入夫妻的决策研究中，我们将数据与鲁斯布尔特对 CL-ALT 的度量相结合，得出破坏性的吸收状态冲突与不利的 CL-ALT 增加有关。

我已经讨论过，蔡格尼克效应和冲突成为吸收状态，意味着打开了布尔曼口述历史访谈编码的消极开关。这一发现与鲁斯布尔特的数据一致，这些数据表明不利的 CL-ALT 代表了较低的"我们"含量。在研究中，她使用想法清单的方法测算了"我们"和"我"这两类词的使用比例。她的发现也与罗伯特·利文森的计数一致。在我们的纵向研究中，罗伯特·利文森在对中年和老年夫妻的口述历史访谈中使用了基于语言学的计算机分析冲突记录，对"我们"这类词进行了实际统计。她的发现也与斯坦利和马克曼的类似研究的发现一致。

在流程图的右边，伴随着不利的 CL-ALT 的"背向"引发了级联反应。在鲁斯布尔特的模型中，不利的 CL-ALT 与承诺减少有关，这涉及三个方面：（1）对关系的满意度下降；（2）对关系的投入减少；（3）对关系的相互"依赖"减少。鲁斯布尔特模型中的"依赖"是指对关系满足两人需求的信心减少。这是一种二元效应，因为一方的投入和承诺减少会对另一方的投入和承诺产生负面影响。

鲁斯布尔特表明低承诺会导致人们进一步贬低这段关系并理想化可能的替代关系，而高承诺会让人们贬抑这种替代关系。

在我们研究低收入夫妻的决策时，低承诺与认为夫妻将来会分开以及伴侣将来会出轨（性背叛）的信念显著相关。我认为，当这种低承诺的状态与冲突变成吸收状态（修复失败，冲突升级，伴随着生理唤醒）同时发生时，人们就会嫌弃而不再珍惜伴侣和这段关系，他们也就不会为关系做出牺牲，更不会发展出鲁斯布尔特称之为"维护关系"的认知。斯坦利、G. K. 罗兹和马克曼也描述过一个类似的过程。低承诺会让人们不再设立界限，他们会和别人调情或主动追求替代关系，这是一个会导致背叛（或潜在的欺骗）发生的过程。斯坦利和马克曼也描述了一个被称为低"限制"的类似过程。

假设：不信任会"激活"右侧背叛分支

假设这个流程图的两栏是相连的。

首先，随着不可信度的增加，不信任分支与不利的 CL-ALT 相关联。一旦人们认为自己的伴侣不可信，不利的 CL-ALT 就会加强。我们的决策研究从实证上验证了这种联系。

其次，冲突和男性不利的 CL-ALT 增加之间的联系。男性不利的 CL-ALT 增加是由回看双方冲突讨论录像转盘时评分更低、双方交感神经系统激活增加以及更多的男性主导（这增加了他的不利的 CL-ALT，而减少了她的不利的 CL-ALT）导致的。如果男性的认可度（理解和共情）很高，将减少他的不利的 CL-ALT。另外，更多的女性主导和女性愤怒也会增加女性不利的 CL-ALT。我们的决策研究验证了这些联系。

最后，在背叛分支和不信任分支之间，我们推测还有一个联系，即认为伴侣会出轨与"我们"元素含量很低之间的联系，属于布尔曼口述历史访谈编码的一个维度，鲁斯布尔特的数据支持了这一联系。在决策研究中，我们测量了夫妻对将来分开概率的感知和伴侣未来会出轨的概率，这两个概率与男性做出不利的 CL-ALT 和双方的低承诺显著相关。

在这个流程图中，我们猜想背叛和信任之间也存在联系。背叛一旦被确认，就肯定会导致不信任。但是，我认为未被揭露的欺骗也必然会侵蚀信任，因为背叛会削弱一个人完完全全爱伴侣的能力，即使未被发现的背叛也有这种影响，因为它改变了这个在偷偷背叛的人。

忠诚和信任的级联反应理论

我们现在来考虑一下正面的选择。正面流程图的重要性在于它代表着积极的级联反应。一旦积极情绪开始蔓延，这段关系自然就会引发建立忠诚、感谢和珍惜的过程。信任和忠诚流程图（图10.2）以"面向"情感联结沟通邀请开始。

流程图的左边展示了建立信任之后发生的一系列事件的级联反应，该级联反应是由伴随着情绪调和的"面向"引发的。我们可以看到，"面向"和调和伴侣情绪建立起了信任度。平静和未陷入淹没状态是常见的结果，不可信度也会下降。由于没有出现蔡格尼克效应，高信任度让冲突中针对消极情绪交流的修复措施起了作用，所以冲突没有变成淹没状态。

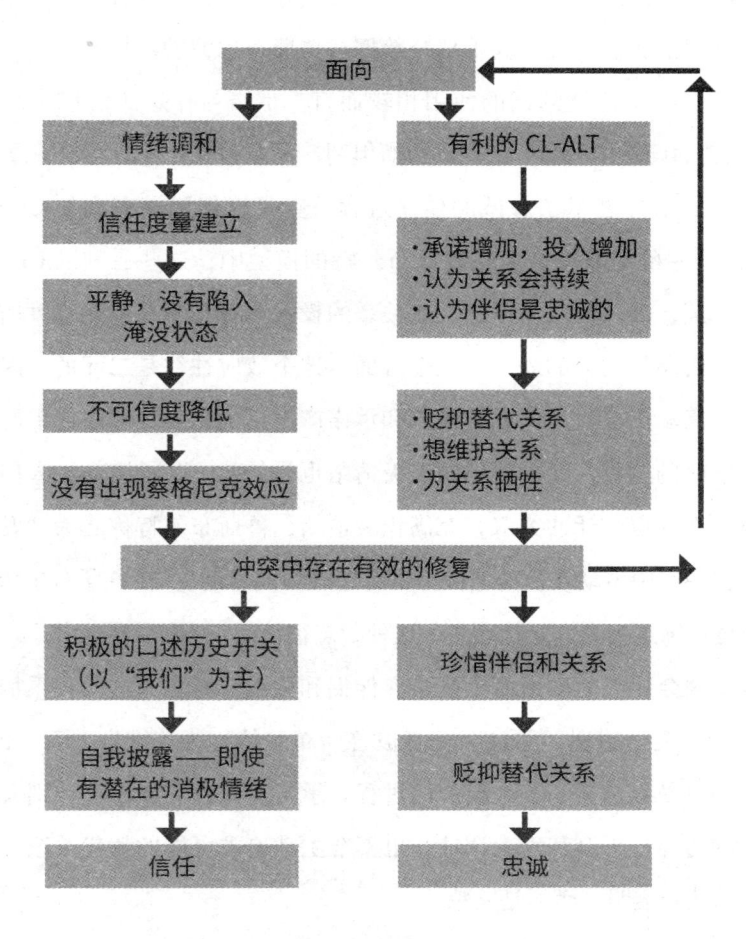

```
                        面向
                ┌────────┴────────┐
            情绪调和          有利的 CL-ALT
                ↓                ↓
           信任度量建立      ·承诺增加，投入增加
                ↓            ·认为关系会持续
           平静，没有陷入    ·认为伴侣是忠诚的
             淹没状态
                ↓                ↓
           不可信度降低      ·贬抑替代关系
                ↓            ·想维护关系
           没有出现蔡格        ·为关系牺牲
            尼克效应
                ↓                ↓
              冲突中存在有效的修复
                ↓                ↓
         积极的口述历史开关    珍惜伴侣和关系
          （以"我们"为主）         ↓
                ↓             贬抑替代关系
         自我披露——即使
         有潜在的消极情绪
                ↓                ↓
              信任              忠诚
```

图 10.2 夫妻建立忠诚和信任的流程图

我们的数据和鲁斯布尔特对 CL-ALT 的评估表明，在冲突中这种有效的修复和伴侣的低生理唤醒使有利的 CL-ALT 增加。有效的修复状态和鲁斯布尔特的容忍概念（当人们以建设性的行为来回应伴侣破坏性的行为，如"退出"和"忽视"）非常类似。在鲁斯布尔特数据中，容忍度与有利的 CL-ALT 有关。尽管鲁斯布尔特没有用观察法测量容忍度，但在逻辑上，容忍度似乎与冲突不变成吸收状态以及有效的修复措施相关。

没有出现蔡格尼克效应，冲突没有变成吸收状态，这就打开了布尔曼口述历史访谈编码的积极开关，其中部分数据与鲁斯布尔特的数据是一致的。她的数据表明与"我"之类的词的使用相较而言，承诺与在想法清单中高频使用"我们"之类的词是相关的。这一点与斯坦利、罗兹和马克曼的发现一致。

流程图的右边展示了忠诚的建立过程，它是以伴随着有利的 CL-ALT 的"面向"而开始的级联反应。在鲁斯布尔特的模型中，这些有利的 CL-ALT 与承诺增加有关，涉及满意度增加、对关系的投入增加和相互依赖程度增加（确信这段关系将满足两人的需求）三个方面。这个效应往往是二元的，因为一方的高投入和高承诺会对另一方的投入和承诺产生正面影响。感谢伴侣的正面特质是一个活跃的过程，减少伴侣的消极情绪也是如此。高承诺会让人们贬抑可能的替代关系，也会让冲突双方充满积极情绪，鲁斯布尔特称之为"发声"或"忠诚"（在冲突中主动或被动地做出富有建设性的举动）。在鲁斯布尔特的体系中，冲突也被描述为高容忍状态——这种状态很消极，不能带来回报。

我认为这会让人们珍惜而不是嫌弃伴侣和关系，愿意为这段关系牺牲，感觉到被珍惜并表达感谢，并且会拥有被鲁斯布尔特称为"维护关系"的认知。斯坦利和马克曼也描述了一个类似的过程。承诺会让人们在自己和别人之间建立起积极的边界，不会和别人调情，也不会主动追求可能的替代关系。这个过程会带来忠诚和透明，而不是欺骗。

忠诚和信任的流程图的两个分支以三种方式联系在一起。第一，冲突期间有效的修复与更多有利的 CL-ALT 联系在一起。第二，相信这段关系会持续下去以及伴侣是忠诚的,这些信念与更高频率的"我们"是相关的。第三,不可信度的降低与有利的 CL-ALT 增加相关。

这个流程图中存在从信任到忠诚的联系,与从背叛到不信任之间的联系是相反的。

消极互动与不利的 CL-ALT 的关系

目前为止,我们只谈到了与不利的 CL-ALT 相关的冲突中的吸收状态。然而,在夫妻决策研究中使用鲁斯布尔特的方法测量 CL-ALT 时,我们也让夫妻们参与了一项充满乐趣且不会引起冲突的任务。这个任务叫作"纸塔"任务。

我们给了受试夫妻们一盒材料,里面有报纸、绳子、剪刀、胶带、海报板、蜡笔、彩色玻璃纸等用作装饰的材料。我们让夫妻们在 20 分钟内做一个可以立起来的纸塔。我们会根据塔的高度、强度和美观度来评估他们的表现。这是一个很好的例子,以说明夫妻如何作为一个团队一起工作并享受乐趣,或者他们如何因没有团队意识而经历了一段糟糕的时光。我们使用 SPAFF 来对他们的行为进行了编码。事实证明,女性在这项任务中的抱怨和男性的防御都会让男性更倾向于做出不利的 CL-ALT。如果双方在任务中很少有任何情绪,感到缺乏乐趣和热情,可能就会让女性做出不利的 CL-ALT。从这些数据来看,我们似乎可以修改流程图,让有趣体验期间的潜在消极互动也与不利的 CL-ALT 相关。当然,我们尚未真正了解这种相关性因果关系的方向。

什么决定了"背向"

背叛或忠诚模式的产生始于在滑动门时刻做出的"背向"和摒除消极情绪的决定。但是,是什么决定了"背向"?研究表明,"背向"和反抗的决定在某种程度上受不同个体变量的影响。选择追求自身利益和保护自己而非寻求联结都是因为受到了低自尊的影响。

8项控制了风险和追求自身利益、自我保护而非寻求联结的目的强度的实验发现，对于高自尊的人来说，风险会引导他们寻求联结目标，让他们依赖这段关系；对于低自尊的人来说，风险会让他们寻求自我保护，避免依赖关系。在另一项研究中，当让他们感觉自己不如伴侣时（如感觉不如伴侣有吸引力），低自尊（而非高自尊）的新婚夫妇使用了另一种策略——他们试图增加伴侣对他们的依赖。

低自尊变量也很可能与一个人的依恋经历有关。有大量实证证明了这个观点，尽管低自尊和不安全型依恋经历这两种结构可能并不完全相同。例如，对儿童的研究发现，自尊这个变量有助于解释安全型依恋与他人对孩子社交能力的评价之间的关系。从临床角度来说，这意味着要想了解"背向"或情绪摒除与"面向"或调和的决定，探索每个人的依恋经历、个人自尊，以及当人们在某些方面感到不安全或不如伴侣时，他们用来增加伴侣依赖性的策略，可能会很有成效。个体变量这种略复杂的情况是我们目前必须处理的问题。

是冲突侵蚀了信任，还是低信任制造了冲突

在上述流程图中，我认为冲突的性质决定了有利或不利的CL-ALT是否会增加。一项创造性研究调查了174组，每组由5人组成的新工作团队，以研究是冲突侵蚀了信任，还是低信任会导致冲突。尽管他们没有区分冲突的性质（即冲突是一种吸收状态还是其中存在有效修复），但他们在统计模型中得出了结论：低信任会导致冲突，而不是冲突本身会导致低信任。这个结果非常有趣。也许在更牢固的关系中，信任和冲突之间的影响是双向的。一项研究确实发现有证据表明，关系存续的时间长度会调节信任，也会调节作为信任基础的信息。

如何让原谅的可能性最大化

卡里尔·鲁斯布尔特在她对电影《玫瑰战争》的深入分析中写道：

> 电影的推进揭示了芭芭拉和奥利弗的婚姻问题：奥利弗贬低芭芭拉的事业；芭芭拉在可怕的健康危机中忽视了奥利弗；两人彼此羞辱，对彼此的品位和习惯发动难以释怀的攻击。在他们的婚姻大决战中，两人被悬挂在走廊上方9米高处的枝形吊灯缠在一起。悬挂吊灯的机械装置倒塌了，两人与吊灯臂抱在一起，摔倒在坚硬的水磨石地板上。奥利弗奄奄一息，伸手触碰芭芭拉的肩膀，想要弥补过错并寻求她的原谅（也许，人们会认为，这是奥利弗的报应）……芭芭拉慢慢举起手时碰到了奥利弗的手，在奄奄一息的时候，把奥利弗的手从她身上甩开了。

在这段悲剧性的失败关系的背景下，鲁斯布尔特提出了最大化原谅的可能性的机制。

目前为止，原谅还停留在神学领域。然而，科学家们已经开始试图了解背叛和原谅是如何发生、如何被感知的，以及我们如何进行原谅。

在那一章中，鲁斯布尔特区分了个人内心的原谅（在自己内心）和人际间的原谅（对另一个人）。通常，"原谅"这个词涉及两个人，但区分两者也是有意义的。她写道："……没有人际原谅的个人内心原谅似乎有点儿空洞（背叛者的反应可能是'感谢你原谅我；但现在你为什么不原谅我？'）。鲁斯布尔特选择分析人际原谅而不是个人内心原谅的定义，她"将原谅定义为受害者恢复被背叛前行为的倾向——即放弃报复等破坏性互动模式的倾向，而以积极和建设性的方式对待背叛者"。当然，背叛者违反了背叛前关系的规范。鲁斯布尔特描述了努力重新谈判与和解如何改写成更广泛的关系契约，将背叛后报复的本能偏好转变为努力改变本能动机的过程，转而继续这段关系。在这种情况下，背叛可以被视作一个警钟而不是一段关系的结束。事实证明，承诺的过程促进了维护关系的动力，也增加了重新谈判的可能性。

对于以下的实用建议，即如何在背叛后建立的新关系契约中重新谈判与和解，可以将鲁斯布尔特对最大化原谅的可能性的分析融合进我的建立忠诚和信任的理论中。

从背叛和不信任中恢复的建议

大多数情况下，夫妻会建立一段新关系。他们需要怎么做呢？

首先，这段关系需要通过不可信侦查器，被背叛的一方需要决定是否重建关系。双方可能都会有很多矛盾和复杂的感觉，要重新建立关系，就必须做出决定并处理这些情绪。只要另外一段关系还存在，这一切就不可能发生。伴侣间需要建立新关系。在这种新关系中，背叛被忠诚取代，不信任被信任取代。这项工作分为三个阶段。

第一阶段：表达悔恨，建立透明度；理解、接受并开始原谅

1. 背叛者无防御性地倾听受伤的伴侣反复表达自己的感受。 背叛者需要倾听并理解受伤伴侣的感受，而不是为自己辩护。如果没有犯下极其严重的错误，背叛者很难做到这一点，他们会将导致背叛的原因归咎于受伤害的伴侣。但是，这种非防御状态是很重要的。因此，治疗师可能犯的最严重的错误就是让背叛者将出轨的责任推给伴侣，以便使治疗达到"平衡"。背叛不是一个平衡的过程，一方深深地伤害了另一方，因此，被背叛一方的感受必须得到非防御性的倾听，同时背叛者不能找借口。治疗师必须对提问进行引导，这样他们才能回避婚外情的细节（如关于性的明确细节），因为这些细节可能会引起被背叛一方

的反刍，给其带来创伤。同时，治疗师应该将提问限制在咨询室里。

2. 背叛者表达真诚的悔恨。背叛者需要表达真诚的悔恨，同时需要准备一些让背叛行为变得诚实和透明的引导性问题和答案，以消除背叛造成的创伤后应激反应。

3. 夫妻建立透明机制，验证并遵守"不找麻烦"的规则。被发现的背叛带来的结果之一是受伤害的人感觉自己不再了解伴侣了。透明机制可以帮助人们了解到伴侣是可以依赖的，以此来重建可信的爱情地图。

到这里，夫妻就可以开始运用阿克塞尔罗德的"不找麻烦"规则。两人都不希望这种重建信任的脆弱状态再被破坏，所以他们不会找麻烦，而是继续相互合作，打消对方的疑虑，并避免受伤的伴侣担惊受怕。受伤的一方也会合作，但前提是相互合作。合作始于对治愈的微弱的信念，需要完全的诚实、透明和尊重。这个阶段会非常痛苦。例如，在发生婚外情时，受伤的一方提出问题，另一方回答有关背叛的问题，以便双方都能明白导致背叛的原因。同时，治疗师需要确保问题和回答不会刺激受伤者进行强迫性反刍（例如询问与婚外情伴侣发生性关系的细节）。在此阶段持续建立信任的基础是对伴侣保持透明。双方一致同意遵守没有秘密和信守诺言的原则。在夫妻治疗中有人会对此原则感到不适，但若没有这个原则，关系中的信任问题就会永远存在。然而，诚实并不意味着对伴侣说令人痛苦和受伤的话。在建立信任时，策略和温柔仍然是很重要的。尊重和信任是相辅相成的，只有诚实才能让对方放下之前遭受的欺骗，开始重建信任，并帮助治愈受伤伴侣的创伤后应激障碍。此外，背叛者先前可用的"策略"自然受到了限制，因此在某种程度上可以通过检查和验证合作是否真实来重建信任。就像核裁军的国际核查一样，双方的策略都会受到限制，因此在更加诚实和透明的氛围中，检查背叛更容易。

4. 夫妻对"背叛过程"进行具体事件具体分析，并建立理解。这种理解需要对这段关系中背叛和不信任的发生过程进行历史回顾，对关系历史上特有的消极模式进行分析。这种理解对于扭转背叛和不信任状态至关重要。这就是阿克塞尔罗德的"慷慨和悔悟"原则的用武之地。夫妻需要了解背叛的"背景条件"是什么,以便开始使用阿克塞尔罗德的慷慨和悔悟策略。事实上,如前文所述,悔悟是慷慨的必要条件,但不是充分条件。真正的行为改变必须伴随着懊悔,这样受伤的一方才能慷慨原谅。

5. 夫妻需要处理他们主要的情感创伤。夫妻需要学习情绪处理技巧并能定期应用技巧。通过了解哪些因素会引发冲突回避、"背向"以及冲突和愤怒的升级——换言之,彼此长期的弱点——夫妻可以理解并接受导致背叛过程的条件,他们也需要明白背叛者决定回到伙伴身边的意义——为什么要做出这个决定,这意味着什么。

6. 夫妻建立拉波波特将合作最大化的原则,即"以牙还牙"。一旦夫妻决定从背叛中恢复,他们也决定了将合作最大化并且试着了解背叛的动态。他们实际上是以拉波波特的以牙还牙策略开始的,这是脆弱的合作的初始状态,但如果有任何新的证据表明伴侣可能背叛,他们则可以取消合作。事实证明,在重复性的囚徒困境博弈中(在无"噪声"的情况下),面对潜在的欺骗或背叛,以牙还牙的策略优于任何其他最大化合作的策略。将这个策略用在夫妻身上,是一种奇怪的黄金法则。在第一阶段他们是以最低限度的信任和合作而开始的。

7. 受伤的一方:(1)接受道歉;(2)开始原谅。对于阿克塞尔罗德的这两条规则,受伤的一方现在需要不断地看到真正的悔恨,但我们加入了改变行为的步骤。受到伤害的一方可能会开始接受道歉并在合作开始恢复后继续合作,并开始原谅——即继续合作,但只有在真正地恢复相互合作之后。在这种情况下,"原谅"只是指增强合作意愿,即使面对不确定性和可能的"错误"。在这个系统中,错误被阿克塞尔罗德称为"噪声"。从情感上来说,原谅有很大的意义。它意味着即使面对恐惧,以及伴随着背叛应激创伤的过度警惕,人们也愿意冒险再次在伴侣面前变得不堪一击。在第一阶段的治疗中,我们花了很多时间在接受道歉和原谅背叛这条规则上。

第二阶段：夫妻逆转关系中的背叛过程

1. 夫妻学习让冲突富有建设性，进行自我披露，而不是回避冲突或让冲突升级。 夫妻需要理解背叛的过程如何会让人开始回避冲突，让冲突成了吸收状态。夫妻需要利用戈特曼-拉波波特蓝图让冲突富有建设性，以替代他们以前的方法。这涉及逆转为了回避冲突而隐瞒的事情。夫妻需要学会表露和表达他们的需求，即使在最困难的时候。他们也必须表达他们对伴侣的真正需求，并开始进行自我披露。这意味着他们要理解自己的感受，表达自己的需求，即使这可能导致冲突，而使用戈特曼-拉波波特蓝图会让这个过程容易得多。有的人需要帮助才能知道自己的感受。夫妻可以让自我披露在每周一小时的"联盟"会议中形成一种惯例。

2. 夫妻达成互相满足需求的共识。 他们一致同意满足彼此需求是关系的一部分。

3. 夫妻一致同意在滑动门时刻面向沟通邀请。 他们需要理解在滑动门时刻面向沟通邀请的替代方案，不做不利的 CL-ALT。他们也需要理解和学习参与"面向"的过程——包括每个人怎样以自己的方式表达需求，以"接受"积极的"面向"。他们还需要让询问对方当前的想法和感受，或将"在感情上报到"形成一种惯例。

4. 夫妻培养出珍惜对方而不是嫌弃对方的持续性行为改变，以此逆转不利的 CL-ALT 想象。 背叛者需要表达真实而坚定的意图，将他的思维和行为转变为维护关系的思维和行为。双方都需要理解背叛者需要扭转导致背叛的过程，这个过程始于"背向"、对抗以及不利的 CL-ALT。他们需要将珍惜伴侣确立为他们生活中很重要的一部分。

5. 夫妻需要在关系中为了"神圣感"而建立规范和元规范。 珍惜彼此包括在关系中创造"神圣感"。如前所述，"神圣"一词源于古代宗教祭祀活动。在许多方面，为新关系创建新的基本规则需要个人的牺牲。我所谓的"创造神圣"

指的是让彼此之间有更多的浪漫。这意味着做出承诺珍惜伴侣，认为伴侣是独特的和不可替代的，让重要的人了解新关系的规范和元规范，使规范和元规范能够牢固确立。鲁斯布尔特、斯坦利和马克曼都发现，愿意为关系做出牺牲是承诺的必要条件。创造一种欣赏和尊重的文化可能对此有所助益。实际上，这意味着创建一种新的关系，即一种具有新的基本规则的关系。可以让与夫妻有关的人了解这些规范，将这些抽象的规范具体化。

第三阶段：夫妻开始建立信任和亲密信任

1. **夫妻学会进行亲密对话**。他们学习表达情感、提问、跟进、探索和共情的技能。他们一致同意定期对话，以每天回家重聚时的减压对话开始，然后建立一个共享意义系统（情感联结、共同目标和梦想）。减压对话的主题可以从《爱的艺术与科学》中的材料、DVD 中找到。

2. **夫妻双方增加对关系的投入和依赖性**。他们需要了解不利的 CL-ALT 的思维习惯如何导致对关系的投入和承诺减少。然后他们需要制订一个增加投入、牺牲，以及培养维护关系的思维方式的计划。

3. **夫妻需要为后续的背叛设定高昂代价**。为了让这一设定更有效，这些元规范可能需要包含公开讨论后续背叛的巨大代价，即需要了解后续的不可信将会给关系带来严重的代价或后果。在对夫妻们的治疗工作中，后续背叛的"高昂代价"就是萨尔瓦多·米纽庆所谓的为了伴侣的福利的"责任感"。这种责任感来自一种道德上的正义感、深度的共情以及不想成为深深伤害伴侣的人的心态。与"惩罚"的概念相比，我更能接受这种概念。然而，为后续背叛设置高昂代价仍然对防止未来背叛起到促进作用，这种想法有着数学基础。奥埃尔将此概念应用于人类社会组织的进化中。他表明，对于独行侠来说，合作可以带来进化，提供进化优势，但是为了应对"搭便车者"，即那些只享受合作的好处而不做出贡献的人，就需要一种新型的公民，即惩罚者。

4. 夫妻建立私密的性和亲密信任。这个过程从了解彼此在性事、爱和浪漫上的偏好开始，建立情感联结和增加对彼此的了解。这可能需要逆转非私密的性的过程（如色情）。对于很多夫妻而言，重建亲密感和私密的性可能是建立信任和忠诚的必经阶段。

这个过程绝非易事。实际上我认为，如果人们能够看到从背叛中恢复的这些步骤，他们可能会决定根本不去引发背叛级联反应。但是，很多人又确实背叛了对方，因此背叛过程并不是完全理性的。但我们仅有这个信息无济于事。正如罗宾·威廉斯曾经开玩笑说的一样："上帝给了男人阴茎和大脑，却没有给他们足够的血液，让这两者同时工作。"对于阴蒂来说，这可能也是正确的。

从背叛中痊愈的过程是高度情绪化的，它脆弱而温柔，需要大量的勇气，承受大量痛苦，需要双方达成很坚定的承诺。这并不是从背叛中恢复所需要的全部，但这个过程可以试图改变背叛后的状态，并找到背叛的根本原因。

在婚外情伴侣被放弃之前，或在受伤的伴侣同意尝试重建信任之前，可能会有一段矛盾的初始阶段。这可以帮助矛盾的伴侣了解到，大约只有 11% 的婚外情最终会发展成为背叛者和婚外情伴侣间的实际关系。而且，愤怒和伤害不会变成痛苦，痛苦是无法被安慰的。夫妻间需要有足够多的爱，重建新的奉献。另外，夫妻需要理解背叛本身，修复和改写关系契约；还需要建立使人安心的方法和检查合作力度的机制。相反，如果出现一系列后续错误或较小的背叛，合作最终会停止。

一旦理解并逆转了关系中导致背叛的力量，信任就可以通过以下方式重建：（1）用富有建设性的冲突管理取代冲突回避；（2）通过调和建立信任；（3）通过私密的性建立亲密感。

沃恩研究

佩姬·沃恩对 1000 多名配偶有外遇的人进行了一项具有里程碑意义的调查。

她的研究表明，人们在互联网上的私密交流可以用在难以研究的领域，以推动科学发展。调查显示，那些从婚外情中痊愈并继续维持关系的人是通过谈论婚外情并遵循与我描述的原则非常相似的原则来做到这一点的。我很荣幸能够帮助佩姬设计她的调查。

研究的结果形成了一本很重要的书，书名为《治疗师（及来访者）婚外情处理指南》。这本书对这项调查提供了非常具体的建议，也提供了关于婚外情的丰富信息，以及人们如何治愈婚外情带来的伤害过程。我很喜欢这本书。

我的妻子朱莉·施瓦茨·戈特曼博士在她编辑的名为《婚姻诊所：案例手册》一书中详细介绍了帮助发生了婚外情的夫妻的案例。

色情成瘾和性成瘾

现在，媒体上有很多关于色情和性成瘾的文章。术语"瘾"包括耐受和戒断双重标准。因此，使用色情制品或高强度的性活动不一定是瘾。但是很明显，色情的使用在增加。在很多情况下，色情内容并非用作夫妻性生活的色情刺激，有时反而会成为夫妻关系中背叛的根源。

互联网刺激了色情制品使用的增加。网络上有4亿页的色情内容，色情产业在全球范围内每年会创造970亿美元的收益，2003～2007年其销售额增加了70%。色情也随着时间的推移改变了其形式并不断升级，随着对女性施加越来越多的侮辱和暴力，色情不断地将内容推向极限。此外，从单纯的图片或视频开始，色情行业增加了偷窥网站、聊天室、电话性爱，以及提供了与附近的专业性工作者或业余爱好者进行实际联系的机会。色情制品的用户天真地以为他们使用互联网是匿名的，但事实并非如此。他们留下了可能会公开的信息痕迹，就像个人日记一样不可磨灭，并且对所有人都是开放的。

他们通常会看到什么呢？社会心理学家道夫·齐尔曼在《色情》一书中总结道，色情剧本里都是刚认识的人，彼此之间没有任何依恋或承诺，他们很快就会分开，再也不会见面。色情制品是关于没有人情味的、不浪漫的、没有感情的、随意的性行为。实际上，色情制品在性方面将人类物化了。

此外，习惯性和强迫性地使用色情制品即使不会成瘾，也会影响色情制品用户的内心世界，并对进行中的关系造成严重后果。通常，色情制品用户希望卧室里的性爱变得更像他们观看的色情内容——即非私密性和惯例性。色情制品用户希望伴侣表现出他们观看色情内容时达到高潮的那种崇拜想象。此外，色情制品中描绘的大多数幻想都涉及对女性的贬低和羞辱、纯粹为了满足男性对女性的控制，或者使用权力控制女性，包括暴力和攻击。这可能会给顺从的伴侣带来创伤性后果，让人疏远不顺从和感到恶心的伴侣，或者导致关系中的冲突升级。

即便不会造成创伤性后果，色情制品的使用也可能在总体上导致和伴侣真实性生活质量的逐渐下降。研究性成瘾的专家珍妮弗·施奈德博士提出，在有网络性成瘾的夫妻中，有 70% 的夫妻其中一方或双方会对性关系失去兴趣。

习惯性地使用色情制品会增加不利的 CL-ALT，并且会让人们贬低而不是珍惜伴侣。此外，因为所有的性高潮都会分泌催产素，色情活动期间的性高潮会导致与不是伴侣的图像产生联系，这些图像通常是理想化的其他女性或男性的形象。美国婚姻律师学会中有 2/3 的研究称，强迫性色情使用在超过 50% 的离婚案件中产生了重大影响。研究显示，男性被视觉色情制品吸引的可能性是女性的两倍。因此毫不奇怪，大多数（75%～85%）经常使用色情制品的是男性，18 岁以下的青少年已成为非常大的色情制品用户群体之一。

"色情陷阱"

在温迪·马尔茨和拉瑞·马尔茨的《跳出色情陷阱》一书中，他们提出，色情制品让人只需重复点击鼠标即可获得大量惊人的图像（无须耗时的准备工作，如对话或抚摸），提供了一种即时的性冲动，一种"马上就能得到"的生殖器刺激。他们声称，这些活动会诱发一种类似毒品作用的极度兴奋感，其中涉及"感觉良好"的化学物质和神经化学物质（如肾上腺素、内啡肽、多巴胺和血清素）的级联反应。他们声称，这些与性唤起相关的化学物质会导致人们对色情图片的渴望和关注，以及在它们缺失时引起的被剥夺感。它们让人产生的兴奋感就像在赌场中玩老虎机时不断获胜的感觉。玩家在寻找理想的色情伙伴、理想的形象。有些形象非常令人失望，但有些图像非常令人兴奋与惊讶，因此他们会继续寻找，这导致色情制品用户处于一种变比率强化模式[1]中，会对结束这种行为产生很强的抵抗力。

色情制品用户也不诚实，欺骗了伴侣。使用色情制品最终会创造一个在性爱价值上与亲密伴侣竞争的性爱对象，而不是在促进关系。马尔茨夫妇写道，人们看色情制品是在寻找"一个不真实的人，这个人可以在任何时间任何地点满足各种性需求，而不求任何回报"。还有一位男性作家认为："对于很多人来说，色情制品是亲密关系的替代品，隔绝了需要亲近和情感亲密的感觉。"使用色情制品可以避免在单身酒吧等典型的求爱环境与潜在伴侣真正相遇时可能发生的拒绝。色情制品的使用并不能消除孤独感和对真正社会联结的需求；事实上，色情制品的使用可能会使这些事情进展不顺，因为它没有培养与真人进行真正互动的技能。因此，单身的人使用色情制品可能会导致更严重的社会孤立。色情制品也可能导致人们对真正的伴侣做出不利的 CL-ALT。

一些色情网站节目的色情幻想会升级，这些升级可能会导致色情制品用户采取冒险和危险的行为。例如，据估计有 20%～25% 的色情网站有儿童色情内容。这类行为可能包括没有保护措施的性行为、暴露用户生殖器这样的非法行

---

[1] variable ratio schedule of reinforcement，指在有机体发出若干次正确反应之后，给予一次强化，且每次强化之间间隔的正确反应次数是不固定的。亦即有机体每获得一次强化所需要付出的正确反应数目是不断变化的。例如，最初儿童做 1 件好事被给予 1 次奖励，而后做了 2 件、5 件或 10 件好事之后再被给予奖励。研究表明，有机体经过变比率强化，反应速率较高，且反应不容易消退。

为，或者侵略性的掠夺行为，如猥亵或强奸。

马尔茨夫妇对个人提出了应对色情成瘾的四个步骤：（1）承认色情制品的使用给你造成了问题；（2）确认什么对你最重要；（3）直面你的恐惧；（4）为自己的恢复负责。他们还提出了6个基本行动步骤：（1）将你的色情问题告诉别人；（2）参加治疗计划；（3）创造一个无色情的环境；（4）建立24小时支持和问责制；（5）关注你的身心健康；（6）开始治疗你的性成瘾。对于夫妻，马尔茨夫妇建议采取两个步骤，一是原谅，二是建立我所谓的私密性行为。

走出性成瘾的旋涡

帕特里克·卡恩斯的著作《走出阴影》可能是理解和治疗性成瘾方面最具影响力的著作。卡恩斯曾治疗过高尔夫球运动员泰格·伍兹。他把重点放在性成瘾者的信仰体系上，将该系统描述为思维受损——思维受损包括合理化和否认。成瘾者会相信自己的谎言。在卡恩斯看来，性成瘾循环涉及：（1）走火入魔——所有的遭遇和想法都会通过性强迫的思维进行过滤加工；（2）惯例化——遵循着一种行为路径，使得性瘾越来越强；（3）强迫性性行为——进行最后阶段的性行为，并且无法停止或控制这种行为；（4）绝望——对改变感到无力和绝望。痴迷于性是整个循环的一部分。

卡恩斯描述了三个级别的性成瘾。一级性成瘾包括正常使用色情制品、自慰和召妓，可能涉及：有辱人格的强迫性自慰；强迫的关系、多次在情感变得亲密前结束关系、猎艳；在酒吧、街道和派对中寻求性刺激；观看色情制品、脱衣舞表演；以及匿名的随意性行为。一级性成瘾者认为自己与大多数人没有太大不同。二级性成瘾则会伤害他人并对其实施违法行为，如窥阴症和露阴症。露阴者经常会向正在开车的女性暴露自己的生殖器而造成车祸，因为他们完全被受害者迷住了。窥视者可能会去看脱衣舞俱乐部的内容或订阅在年轻女性居住地安装微型摄像头的色情网站。窥视者可能性发育不全，把求爱过程中排除亲密关系的一部分色情化了。综合起来，最后两个因素可能会导致不雅电话和放肆行为，例如在未经同意的情况下触碰他人。三级性成瘾会对受害者造成严重后果，成瘾者将面临严重的法律后果（例如乱伦、猥亵、猥亵儿童、暴力或强奸）。然而卡恩斯也写道："这个级别划分并不意味着一级性成瘾行为就不会摧毁他们的生活。"

卡恩斯认为性成瘾者最终会选定一个特定的"唤醒模板"，该模板成为性成瘾者迷恋和强迫的对象。卡恩斯也制订了一个治疗方案。

他认为性成瘾已经取代了性成瘾者生活中所有有意义的关系。这种秘密生活变得比成瘾者任何曾经珍视的事情——家庭、朋友、工作、道德、宗教和社区都重要。性成瘾者的信念系统需要改变——受损的思维、强迫性的行为和无法掌控的感觉。我并不提倡这个计划，但了解卡恩斯使用的治愈性成瘾的十二步模型可能会很有趣。他认为这样一组核心信念需要被替换：（1）我基本上是一个坏的、没有价值的人；（2）没人会爱我本来的样子；（3）如果依赖别人，我的需求永远不会得到满足；（4）性是我最重要的需求。在卡恩斯的治疗法中，有四种态度需要改变，它们组合起来缩写为 SAFE：S 代表性成瘾是秘密（secret）的；A 代表性成瘾被滥用（abusive）；F 代表性成瘾是一种逃避痛苦感受（feeling）、转移情绪的方式；E 代表性成瘾是没有（empty）承诺的关系。

第十一章
CHAPTER ELEVEN

关系的数学：
权力失衡、信任和背叛

当关系中的权力不对称时，信任还会存在吗？或者当权力不对称足以产生不信任和背叛的条件时，信任还会存在吗？我们正在经历一场几乎遍布全球的女性权益与经济、社会和政治权力的革命。权力不平衡会产生什么影响，这种失衡何时会导致灾难？权力的概念是什么，如何衡量权力？本章将使用亨利·庞加莱在19世纪发明的被称为"非线性动力学"和最近提出的"混沌理论"的数学概念来解决这些问题。本章是为非数学专业的人编写的，旨在说明数学思维对社会关系系统以及自我和伴侣影响过程的有用性。

很多研究信任的学者认为，在权力不对称的关系中，信任是无法建立的。例如，哈丁写道："信任一个对自己的前景有着巨大影响力的人存在着固有的问题……而且，在个人权力差异巨大的情况下，不信任是有害的。"哈丁也写道："巨大的权力差异会削弱代表他人行事的可信的动机。"这个结论在普遍意义上正确吗？我们怎样精确地定义和衡量"个人权力的差异"呢？

有许多方法可以描述和衡量关系与社会互动中的"权力"概念。卡尔弗雷德·布罗德里克的经典著作《理解家庭过程》对家庭权力的研究总结如下：

> 事实上，已有数百项关于家庭权力的研究，包括是谁在使用家庭权力，以及它的使用会牺牲谁的利益。这个问题很复杂且难以捉摸。因此，关于家庭权力的学术文献浩繁复杂，且常常相互矛盾……这些研究大多基于调查问卷，问卷向受访者提问，在他们家庭里是谁赢得了最具争议性问题的决定权。

这些调查问卷方法受到了很多批评。这本书中提出了一个特别重要的问题是，人们对自己实际行为的报告，尤其是事关权力这种很敏感的领域，可能在衡量实际权力方面并不可靠。

在以观察家庭权力为基础的研究中，布罗德里克指出，关于家庭中权力和支配的稳定模式的假设可能是有问题的。"大量基于这个前提的研究都没能产生一致的结果。这一系列研究的失败表明大多数研究人员采用的方法逻辑存在系统性缺陷。"例如，在观察自然环境中的家庭时，心理学家萨姆·武契尼奇用录音机录下了一个家庭的晚餐对话，并对其进行了研究。他选出了 200 个冲突案例，发现其中 2/3 的冲突都导致了对峙，孩子和父母都不屈从于对方的意见。另外 1/3 的案例中最常见的反应就是退缩，很少出现屈服和妥协的反应。

伊丽莎白·埃里斯的《互动中的男人和女人》一书对互动中的男性和女性进行了研究，得出的结论是："尽管研究表明，在最初没有领导的群体中，男性比女性更有可能成为领导者；但它也表明当团队长时间会面，参与者彼此熟悉以及团队任务需要利用女性更常获得的技能和专业知识时，性别并不能很好地预测支配地位和领导力。"谈话时间和由谁来领导在已婚伴侣间则更缺乏性别差异。

在对权力的分析中，我们希望能够将对权力的描述限定在一种互动中，也希望能确定权力会随情感而发生变化。

权力的数学

我自己的想法与先前关于权力的概念在两个方面存在不同之处：（1）和信任、可信度和背叛一样，我们在一次互动中研究权力的概念；（2）我们研究的是权力作为互动中积极情绪或消极情绪数量的函数的潜在差异。因此，每个人的权力是积极情绪或消极情绪的一个连续函数。权力的不对称很容易通过从一个人的权力函数中减去另一个人的权力函数来衡量。

我想说，不要惊慌，因为我将使用"数学"来精确描述关系中的权力。

过去，我一直在与数学生物学家詹姆斯·默里建立关系的数学模型，但我还不敢与临床医生等专业人士谈论这件事，部分原因是社会科学领域的很多人似乎都有数学恐惧症。

如前所述，我采用数学视角部分是因为电视剧《数字追凶》。这部电视剧讲述了两兄弟联手破案的故事，其中一个兄弟是美国联邦调查局调查员，另一个是数学教授。这部电视剧很厉害的一点是，里面用到的所有数学都是正确的——不是编造出来的。所以这部电视剧让我有勇气和你谈谈我和詹姆斯·默里如何将数学应用于夫妻研究。实际上，在我们2002年出版的《婚姻的数学》一书中，我们将数学应用到了同性恋关系以及异性恋夫妻的研究中，所以这种方法可以应用于普遍情况。

为何需要用数学理解关系中的权力失衡

我们需要数学，以此精确定义关系中的"权力"。如果没有数学提供的精确度，我们永远不会发现为什么男性主导对亲密关系中的信任和爱是不利的。

我们建立数学模型的主要动力之一是精确地观察夫妻之间权力不对称的含义。正如你将看到的一样，我们设立了两个等式，一个等式对应一方（比如丈夫），另一个等式对应另一方（比如妻子）。这两个等式也适用于我们研究的同性恋关系。我们将这两个等式联系在一起，以精确定义权力。所以，我想告诉你在使用精确的数学模型后发生了什么。我们发现的权力不平衡的相关因素是什么？

我们计算了两个数字：在积极情绪上丈夫拥有比妻子更多的权力，以及在消极情绪上丈夫拥有比妻子更多的权力（我们对同性恋关系做了同样的计算）。因此，在异性恋夫妻中，我们研究了丈夫在情感领域对妻子的支配权力的相关因素。在同性关系中，我们研究的是伴侣之间权力的不对称。我会对本章使用的术语给出定义。

下面是我们对权力的研究结果的抽样。为了保持你对本章的兴趣，请将其视为数学广告。

当男性在消极情绪上的权力比女性更大时，会出现以下现象：

- 婚姻中性别的刻板印象明显增多（根据布尔曼口述历史编码的测量）
- 她明显有更大的情绪惯性
- 他的修复措施的效果明显更差
- 当她处于消极情绪的稳态时，她的积极性较低
- 她的修复措施明显更有效
- 对于样本中的夫妻来说，从整体来看，除了她的修复措施的有效性增加，在消极情绪上他的权力更大似乎对夫妻来说是很消极的一件事

当男性在积极情绪上的权力比女性更多时，会出现以下现象：

- 明显出现了更多受影响的消极-消极的稳态
- 他在抑制积极情绪方面明显更有效
- 他明显有更大的情绪惯性
- 他积极情绪的稳态明显较少
- 他的最高分明显不那么理想，而她在抑制积极情绪方面的效果也明显较差
- 对于样本中的夫妻来说，从整体来看，他在积极情绪上拥有更多的权力似乎是非常消极的

我不指望你只根据这个样本的结果来理解这章的内容，但你会发现数学的使用带来了很多关于权力不对称的发现。

我打这个广告的唯一目的在于说明我们需要数学来理解权力和情绪在关系中如何发挥作用，以建立信任、避免背叛。

贝塔朗菲的一般系统论

从 1960 年代开始，一个被称为"一般系统论"的领域成为我们理解如何帮助夫妻和家庭的一场革命。这是第一次关注人在完整系统中的互动，而不仅仅是关注调查或一个人的性格变量，或者通过精神病理学来研究个人或家庭。现在我们简要回顾一下用一般系统论研究家庭方面的历史，这样我们便能发现在几十年前就已经开始在这个问题上利用数学了。

一般系统论的思维让治疗师得以首次在治疗时同时约见多人。令人惊讶的是，最初这种做法被认为是不道德的，因为它违反了保密原则。治疗师很害怕失去执照，一开始都是偷偷约见夫妻们。一般系统论思维也掀起了一场反抗被动治疗师的革命。在精神分析治疗的早期，治疗师是被动的（现在已经发生了改变）。

有了一般系统论后，治疗师瞬间变得主动起来。他们也开始看到整个互动系统（如整个家庭）出现在他们面前，便不再依赖单个人对自己生活的描述。他们能够立刻听到另一立场的声音，也可以看见在他们面前展开的互动活动。

系统疗法中的一切都与行为有关，在一次治疗中这种行为会在治疗师眼前发生改变。这种治疗带来的变化是巨大的，治疗师的个性也出现了，他们变成了一本本打开的书。这些都发生在 1950 年代和 1960 年代，我记得那时候成为家庭治疗师是很激动人心的一件事。

一般系统论给心理治疗同时带来了实践上和概念上的改变。数学是这场治疗变革的第一步，尽管我们没有看到数学的身影。数学在关系研究中的应用实际上是由一般系统论之父贝塔朗菲本人在这场革命中开启的。

贝塔朗菲的著作《一般系统论》试图在广泛的科学范围内根据生物和其他复杂组织单元间的互动来研究这些单元，试图为复杂系统提供一种整体性的方法。这项革命性的著作符合 1960 年代的总体时代精神，即社会变革、社会正义、公民权利、调节经济不平等、消除贫困、社区组织和政治变革等一系列变革。贝塔朗菲的研究在概念上也符合诺伯特·维纳的控制论①，后者在系统中引入了反馈和控制的概念。一般系统论也与香农和韦弗的研究相吻合，他们两个人认为消息包含"信息"，而这些"信息"实际上是可以量化的；它也与冯·诺依曼和摩根斯坦的博弈论，以及生理学家沃特·坎农的"内稳态"②概念相符合。"反馈"和消息中的"信息"为研究复杂的互动系统的新方法提供了基础。所以，这一时期出现了"系统思维"的汇合，很多想法直接来自数学家。

在心理学和治疗领域，贝塔朗菲的著作让所有这一切得以开始。它影响了格雷戈里·贝特森、唐·杰克逊、保罗·瓦兹拉威克、弗吉尼亚·萨提亚和萨尔瓦多·米纽庆等著名思想家，开始把家庭作为"系统"来研究。因此，这些想法催生了一种全新的治疗方法，即对相互作用的家庭系统进行治疗。当时我在威斯康星大学读研究生，这些作品读起来非常令人兴奋。

我们现在来看看这场变革背后沉默的数学。不幸的是，贝塔朗菲在他的《一般系统论》一书中所提到的数学，被社会科学领域的大多数人忽略了，他们只在其他方面受到了一些启发。因此，我的实验室中关于数学的应用只是回归贝塔朗菲最初的想法，我希望在本章结束时，你不仅不会被数学吓到，而且会认为数学真的很有用。我不是在开玩笑，请耐心看下去。

贝塔朗菲有一个梦想：有许多"单元"的复杂系统可以用一组随时间变化的值来表示。他用 Q_1、Q_2、Q_3……来描述这些"系统"的组成部分，并且将每个"Q 变量"想象成一个系统中的某个单元特定方面的指数。例如，Q_1 可以代表母亲的行为，Q_2 代表父亲的行为，Q_3 代表孩子的行为。我之前的一名研究生，艾莉森·夏皮罗，在一种称为"洛桑三元游戏"的范式中使用两架摄影机研究了父亲-母亲-婴儿的互动。其中，妈妈、爸爸和宝宝作为一个三元组，他们分别

---

① cybernetics，研究生命体、机器和组织的内部或彼此之间的控制和通信的科学。
② homeostasis，内稳态是身体内部能保持一定的动态平衡，即不管外部环境如何变化，一个生物体的体内环境都保持稳定。

两两一组进行玩耍。艾莉森对他们的互动进行了编码，所以 Q_s 在艾莉森的论文中非常具体又真实。

或者，Q_s 也可以作为测量一个人如何随时间而改变的某些相关特征的变量。例如，Q_1 可以代表单元时间内丈夫生气时面部表情的数量，Q_2 可以是他打断妻子的次数。数学并不在意 Q_s 具体代表什么。

考虑到 Q_s 随时间而改变是非常重要的，就像道琼斯工业平均指数一样。实际上，一开始 Q_s 应该是像道琼斯指数一样的定量变量，但是在贝塔朗菲的书中，他从未指明 Q_s 这个变量。但我很确定，他想过有一天，有人会指明这些变量是什么。所以，我会这样做。

贝塔朗菲认为可以用一组"常微分方程"来恰如其分地描述该系统。（再说一次，请不要害怕！继续看下去。）"微分方程"只表达了事物如何随时间变化。方程的左边（等号左边）是某个随时间变化的变量的变化率，数学家称之为"导数"。数学家会用以下的方式来将其表示出来：

方程 1：Q_1（如爸爸）随时间的变化率 = 所有的 Q_s 的某种函数（用 f_1 表示）

方程 2：Q_2（如妈妈）随时间的变化率 = 所有的 Q_s 的某种函数（用 f_2 表示）

方程 3：Q_3（如孩子）随时间的变化率 = 所有的 Q_s 的某种函数（用 f_3 表示）

Q_4、Q_5 等等以此类推。

方程左侧的项是时间的"导数"，即 Q_1、Q_2、Q_3 等定量值的变化率。

方程的左边，即导数，是数学家称为"微积分"变化语言的基础。牛顿和戈特弗里德·威廉·莱布尼茨在 17 世纪发明了微积分，并用微积分创造了牛顿一手发明的新的物理学——定量科学。微积分推动了科学的发展，因为数学语言使地球引力等问题变得精确，更易于处理。

方程的右边是"函数"（f_1、f_2 等），它们取决于 Q_s。"函数"是一个实数，当 Q_s 代表不同的数字时，函数的结果也随之改变。这些"函数"可以在图中画出来。贝塔朗菲认为这些函数，即 f_s，通常是非线性的（不是一条直线）。但是，贝塔朗菲害怕非线性函数，他甚至展示了一个表格，其中这些非线性方程被他归类为"不可能的"。他暗地里更喜欢 f 的线性形式，即一种非常流行的用线性逼近非线性函数的数学方法。直到今天，许多数学家都在使用这种方法。

然而，尽管贝塔朗菲是个很聪明的人，但他对方程的看法基本上是错误的。这些非线性系统并不是"不可能"的，贝塔朗菲只是不知道 19 世纪后半叶开始的大量数学工作而已。著名的法国数学家亨利·庞加莱在非线性微分方程、混沌和分形理论方面做了大量工作，直到 20 世纪 80 年代，随着詹姆斯·格雷克的著作《混沌》的出版，这项工作才为公众所熟知。

实际上，在过去几十年的科学领域，使用一组非线性差分或微分方程对复杂系统进行建模已有很大的成效，并涉及非常广泛的领域和现象，其中包括生物科学——它催生了一个被称为"数学生物学"的全新应用数学领域。

我的朋友詹姆斯·默里（他帮我们建立了关系的数学模型）从某种程度上来说是数学生物学之父。如今，世界上每个应用数学系都有一群数学生物学家，因此默里是一位极具影响力的科学家。

默里的思维很开阔，充满幽默与魅力。他可能是世界上唯一愿意为夫妻关系创建数学模型的人。他是华盛顿大学应用数学系的教授，这让我感到很幸运，因为我当时在这所大学的心理学系授课。那时候我刚好从我参加的读书俱乐部获得了他的《生物数学》一书。我那时正在学习非线性数学，想将其应用到我研究的数据中，但我不知道自己应该如何完成。我买了将近 50 本关于这个主题的数学书，但直到看了默里的书，我才明白应该如何去实现。

我很喜欢默里的书，书上写着他是牛津大学的教授，所以我给他寄了一封信，信被转寄到西雅图的华盛顿大学，然后有一天他给我打来电话。我只需要走到教师俱乐部，就能和这位世界上最能帮我忙的科学家见上一面，他会帮我建立一个数学模型，以解释我和罗伯特·利文森得到的研究结果。

演变成的"夫妻数学项目"成为默里应用数学系的一个话题，因为教授和学生们都无法相信有人会愚蠢到尝试为婚姻这样脆弱和模糊的事物创建数学模型。但在嘲笑我们的同时,他们也很好奇。他们甚至很高兴他们最初的反应是错误的。4 年后,我们终于成功地为婚姻和同性恋关系创建了一个数学模型,并在媒体上广泛发表和宣传。

2002 年出版的《婚姻的数学》一书总结了这项工作。婚姻的数学模型也成了默里的书《生物数学》第二版中的一章。我们仍在努力改进这个数学模型。一旦掌握了数学知识,我就开始理解了贝塔朗菲的思想在建立夫妻互动"动态"理论方面的重要性。

"动态"到底是什么

我们实际上是将一种相对古老的数学方法应用在了社交互动建模的新问题上,最终使用了非线性差分和微分方程的数学方法。这些方程以数学形式表达了夫妻在互动过程中随时间变化的机制——这是在心理学领域应用数学的新想法,因为在社会科学领域我们通常会在研究项目结束时使用统计学来分析数据,很少在项目开始时用数学来描述某种机制。

因此,我们开发的方程并不是我们在心理学等社会科学中所熟悉的常用的统计方法建模。

我们需要两个方程,伴侣双方每人一个方程。当我们开始研究婴儿和父母的游戏互动时,我们创立了三个方程,每人一个。这些方程的设计是为了表明互动如何随时间变化或发展的精确机制。这个方法在物理和生物科学上都取得了巨大的成功。

4 年曲折的建模经历

认识到这是一种定量方法,要求建模者能够根据某些理论以数学形式写下

第十一章 关系的数学：权力失衡、信任和背叛

因变量变化的原因，这一点很重要。所以，当默里和他的学生第一次和我坐下来讨论时，他们问我这个领域的理论是什么，他们想要直接写出函数 f_s。我告诉他们我没有任何头绪，我研究的领域还没有理论。

哎呀！在那一刻，我们的研究项目似乎是一潭死水。数学小组需要以某种方式来写下 f_s 代表的是什么。他们向我寻求这些答案，我愚蠢得几乎惊掉了下巴。

我用一个例子来解释他们在寻求什么吧。在捕食者追逐猎物的经典生物学问题中，数学家写下了一个方程，即种群的变化率是当前种群数量的某种函数。这些方程代表种群变化率随时间变化的精确形式，他们称之为"逻辑"函数，在捕食者-猎物的生物学方面具有良好的理论意义。生物学家观察得知，捕食者吃掉猎物后便可以饱腹，进而繁殖，数量一直增加，然后这些捕食者的数量就变得过多，它们会吃掉过多的猎物，所以猎物的数量大量减少。之后，一些捕食者就挨饿，死亡，这就给了猎物们喘息的机会，猎物的数量就会开始增加，因为它们不用担心有太多的捕食者。然后，因为食物再度变得充足，捕食者的数量又再次增加。因此，捕食者的数量和猎物的数量起起落落，就像交织在一起的网络。这是个多重循环的系统，在这个捕食者和猎物的系统中有一种连贯的稳定性。种群会随时间改变，但是整个过程是有规律的，否则两者都会灭绝。如果这个过程是不规律的，捕食者吃掉了太多猎物，猎物的繁殖速度不足以维持捕食者的生存，那么系统中的每个种群最终都会灭绝。这在自然界中很少发生。

在我们智人几十万年前来到地球之前，自然的发展是受到调节的，所以生物学家使用被称为"逻辑函数"的 f 函数写出了捕食者-猎物的方程。

这个捕食者-猎物方程激发了一些伟大的想法，其中有一个是生态环境的"承载量"。我很喜欢这个想法，因为我认为每对夫妻对消极情绪可能也有一个"承载量"。有的夫妻可以忍受更多的消极情绪，那些无法承受很多消极情绪的夫妻就成了冲突回避者。另外，有的人虐待对方或使用暴力，可能是因为他们承载

的消极情绪超过了他们的承载量。这个观点也适用于我们现在所说的"情景式"家庭暴力。在这种情况下，争论已然失控，在暴力行为中谁是肇事者谁是受害者并不明显，他们的角色是对称的，他们也不否认对伴侣进行了身体攻击。

从这些生物数学的例子中我可以看出，应用数学也许能让我们提出一些有趣的想法，以帮助我们理解关系。

如前文所述，描述变化的理想数学技术是微分方程，因为微分方程是随时间变化的方程。过去，这种方程通常是线性或很接近线性的非线性形式，并且往往能给出很好的结果。实际上，心理学中的大多数统计学分析用的都是线性模型。在微分方程领域，线性方程只能假设变化率遵循变量的一般直线函数，而不是曲线函数。

然而，我了解到线性模型通常是不稳定的，因此它们不能用于描述像家庭这样的复杂系统。我们认为大多数时候家庭的系统是高度稳定的，并且可能存在一些调节家庭系统的稳态机制。但是，当出现诸如背叛、暴力或离婚等灾难时，当信任突然破裂时，这些家庭系统也可能变得不稳定。

当参加默里的数学课程时，我了解到近年来人们的认识已经有了很大改变。大多数生命系统都很复杂，必须用非线性方程来描述，这一点已经变得很明显。令所有人感到惊讶的是，通过使用非线性方程，一些非常复杂的过程可以用很少的参数表示出来，这就是非线性方程的好处。科学家们喜欢用参数少的模型，因为它们更易于理解和估算。他们使用"简约"这个讨人喜欢的术语来描述参数很少并且可以描述复杂过程的系统，有时甚至使用"优雅"和"美丽"这样的词来描述。

物理学中的一个很好的例子是詹姆斯·克拉克·麦克斯韦在19世纪提出的一组革命性的方程，他用四个简短的、非常可爱的方程来表示电、磁和所有电磁能，甚至光。是的，数学家认为有些方程式很美，就像人们欣赏《蒙娜丽莎》一样。麦克斯韦的这些漂亮的方程统一了此前被视为非常不相干的电、磁和光场。如果没有这些方程，爱因斯坦就可能不会提出相对论。在他年轻时，他的研究生院没有教授麦克斯韦方程。它们太前沿了，爱因斯坦不得不自己学习。方程中有一个代表光速的"有趣"常数。爱因斯坦认为它们与牛顿方程不一致，他的想法是正确的。

非线性方程的缺点在于，与许多线性方程不同，非线性方程通常无法以封闭函数的数学形式求解。这让许多数学家感到沮丧，因为如果必须以数字或图形方式估计参数，他们就会觉得方程没有得到解决。因此，用于理解非线性方程的方法也被称为"定性"方法，它们通常依赖于视觉方法和图形。

然而，出于这个原因，就有了如"相空间①图"之类的数值和图形的解法。在相空间中，每个轴代表一位伴侣，例如，水平的 x 轴可能代表丈夫，而垂直的 y 轴可能代表妻子。他们所有的互动数据都将被绘制在这个二维"相空间"中。如果再加上婴儿与父母的互动随时间变化的数据，在"相空间"中可以绘制第三条轴来代表婴儿。这些非常直观的非线性数学建模方法非常吸引人，因为它们可以调动科学家或临床医生的直觉，在一个没有数学理论的领域进行研究。如果科学家对这个领域的数据很熟悉，非线性图像就可以表示一种一开始就用定性手段使用数学的理论构建方法。

这听起来可能很抽象，我来具体说明一下。我正在与一位名叫保罗·佩鲁索的心理治疗研究员合作。保罗也在使用数学模型研究一位治疗师与一位来访者的心理治疗过程。他和他的团队应用了一个叫作 MAT-LAB② 的软件。他们创建了自己的方程，方程中来访者和治疗师相互影响的形状与我和默里测试的夫妻的函数非常不一样。保罗开发了一个程序，他们可以在其中改变影响力函数，以查看哪些函数最适合特定的一对治疗师和来访者。保罗和他的团队正在致力

---

① 在数学与物理学中，是一个用以表示一种系统所有可能状态的空间，系统中每个可能的状态都有对应的相空间的点。
② MAT-LAB 是美国 MathWorks 公司出品的商业数学软件，用于数据分析、无线通信、深度学习、图像处理与计算机直觉、信号处理、量化金融与风险管理、机器人、控制系统等领域。

于将治疗师与来访者的关系变得具体、可衡量、数学化，这是心理治疗领域的首创举措。

回到夫妻关系这个领域，讲讲我遇到的故障。我必须思考出 f_s 代表着什么。当我和詹姆斯·默里开始建模时，我们无疑对此一无所知。由于没有理论，我们需要使用数学来建立一个数学上可操作的理论。值得庆幸的是，使用这些非线性微分方程的图解让我们得以讨论"定性"的数学建模。在定性数学建模中，我们搜寻了具有相似形状的相空间图的解决方案。因此，默里和他的团队需要教会我用他们的方法，这样我就可以使用图解，给出 f_s 合理的起点。一旦看到了这种图解方法，理解了他们需要什么，我就开始对 f_s 代表什么有了想法。

我们花了4年的时间，这期间我们每周见一次面，才找到了那个起点。现在我来详细描述一下默里的团队使用的数学建模方法。我意识到，在几乎所有关于夫妻互动的研究中，消极情绪比积极情绪更能预测这段关系的发展。因此，消极情感打败积极情感取得的"胜利"就是 f_s 代表意义的起点。我们将其称为"双线性模型"，因为我们会得到两条影响力函数的直线——一条表示消极情绪，斜率更大（影响更大）；另一条表示积极情绪，斜率较小。这算不上什么理论，但足以让我们开始。我们现在可以确定 f_s 代表的意义了。

稳 态

一旦能够写下夫妻互动的理论方程，我们就可以提出第一个数学问题："这个系统要得出什么值？"没有数学，我们就不能回答这个问题。为了回答这个问题，数学家定义了他们所谓的"稳态"。这是一种导数（贝塔朗菲方程左侧的变化率）为零的状态。这意味着我们要在系统处于稳定且没有变化的夫妻相空间中找到直线。一旦定义了 f_s 代表什么，我们就可以求解这些二维相空间中不变曲线（或三维相空间中不变曲面）的方程了。

数学家称这些曲线为方程的"零斜线"。它们是方程中 f 保持恒定不变时的线，即导数为零的线。伴侣双方每人都有一条零斜线。令人惊讶的是，在相空间中，这两条零斜线相交的点被称为方程的"稳态"。它们被称为"稳定"状态，因为它们是双方都不会发生变化时的交点。

稳态的稳定性

"稳定"于夫妻的系统而言意味着什么呢？数学家对此有一个确切的答案。在一般系统论中，这个有点儿模糊的概念被称为"稳态"，稳态既可以是稳定的，又可以是不稳定的。这个概念取自沃特·坎农的生理学。例如，37℃是人体的正常体温，因此这是一个内稳态点。从某种程度上来说，身体会调整生理状态，以维持体温和这个状态。

在数学中，这个有点儿模糊的概念被赋予了精确的定义。一方面，它意味着当你在稳态下稍微干扰这个系统时，它就会回到那个稳态。稳态就好像是一个吸引子，把系统拉回稳态，像橡胶带被拉紧再释放后会弹回去一样，也类似于磁铁吸引铁块。另一方面，如果稳态不稳定，那么如果你稍微干扰一下系统，这种稳态就会被破坏。

要理解稳定和不稳定状态，可以想象一个球被静置在 U 形山的底部（稳定的稳态）和球被静置在倒 U 形山的山顶（不稳定的稳态）。如果球在 U 形山底部受到轻微扰动，它会滚动一段时间，但最终会再次停留在 U 形底部。这就是稳定的稳态。然而，轻微扰动在倒 U 形山坡顶部的小球，就会让球不断滚下山坡，它只是暂时或不稳定地处于静止状态，大量的势能会让它移动，打破它不稳定的静止状态。一旦受到干扰，球是不会回到稳态的，就好像在驱赶稳定性，也像同极的磁铁相互排斥一样。

举个体重研究中的稳态的例子。在该领域，稳态被称为"设定点"。我们已经注意到，身体会以特定的体重作为设定点，以此调整新陈代谢，以保持体重的平衡。有趣的是，稳态的存在本身并不意味着系统会进行有用的调节。例如，在 2010 年，一位体重 450 多公斤的男子在 30 岁出头时去世了。人们不得不用起重机把这位不幸的男子从他的公寓里吊出来。很明显，这个 450 多公斤的设定点对他的健康是不利的，尽管他的身体保持着这个设定点。在一个家庭中，平衡的存在确实意味着系统会受到调节，但这并不意味着这个平衡的设定点是健康的。早期的一般系统理论家都很好地意识到了这一点。系统被调节并不意味着它的调节是有用的。在对夫妻关系的建模中，我们为夫妻定义了两个可能的设定点，一个是积极设定点，另一个是消极设定点。

我们构建的模型

数学建模的下一步就是描述该模型在接近每个稳态时的行为，以及模型随着参数的变化而变化的行为。我们希望模型能以定性的方式告诉我们系统在稳态附近应该如何行动。如果模型没有按我们预想的方式行动（考虑到我们尝试建模的现象），我们会通过改变理论函数的 f 来改变模型。

这个过程给我们提供了一种随着时间的推移根据实证建立理论的方法。第一步，我们会通过科学的洞见和直觉来确定建模的一个或多个现象。第二步，我们会写出建模方程。该模型是一种理论，或者说是产生数据的系统的简化表示。我说过，这个任务是很困难的，需要了解建模对象以及数学的知识。第三步，我们会找到这个模型的稳态——导数（变化率）为零的那些点。第四步，我们会判定这些稳态是稳定的还是不稳定的。第五步，我们会研究模型在稳态附近的定性行为。第六步，我们会研究模型在改变模型参数时的行为。第七步，我们会回到科学上来。我们查验这个模型是否完成了我们希望它去做的工作，如果没有，我们则修改模型。因此，数学为我们提供了一种构建理论并不断完善该理论的方法。

方　程

　　这个模型需要什么数据？之前已经解释过，在为夫妻互动建模时我们写下了两个方程，一个是丈夫的方程，一个是妻子的。我们先要确定需要什么数据。我们需要衡量我们认为的贝塔朗菲的 Q_s 中重要的东西。那么，我们的因变量是什么？在我和默里的团队见面前，我已经想出了它们代表着什么。当我和罗伯特·利文森开始着手研究时，我们实际上确立了三个因变量，三个候选的 Q_s。第一个候选 Q_s 是每轮讨论时的积极情绪减去消极情绪的因变量。

　　在早期的工作中，我们使用了一个称为 RCISS 的编码系统。第二个因变量是伴侣双方每人在回看录像带时的评分。第三个因变量是生理状态。我们测量了他们的心率，耳朵、非惯用手的血液流速，手部的皮肤电传导（测量对心理敏感的外分泌腺的出汗量——用于测谎），以及我们的"抖动测量仪"上的大肌肉活动。所有这些生理状态发生的时间都在视频的时间码中标注出来了，收集的数据如图 11.1 所示。在本章中我将仍使用行为时间序列，这是我们通过对观察数据进行加权后得出的序列结果。然后，我们根据 SPAFF 编码系统预测离婚的可能性，有效的预测指标的权重会增加。然后，我们对每 6 秒时间段的加权数据进行累积，为每 15 分钟（900 秒）的互动提供了 150 个数据点。

　　在《婚姻的数学》一书中，我们实际上对所有这三种数据源都进行了建模并分析了它们的相互关系。但在这里，我将主要分析录像带编码中的行为时间序列。

| 信任的科学

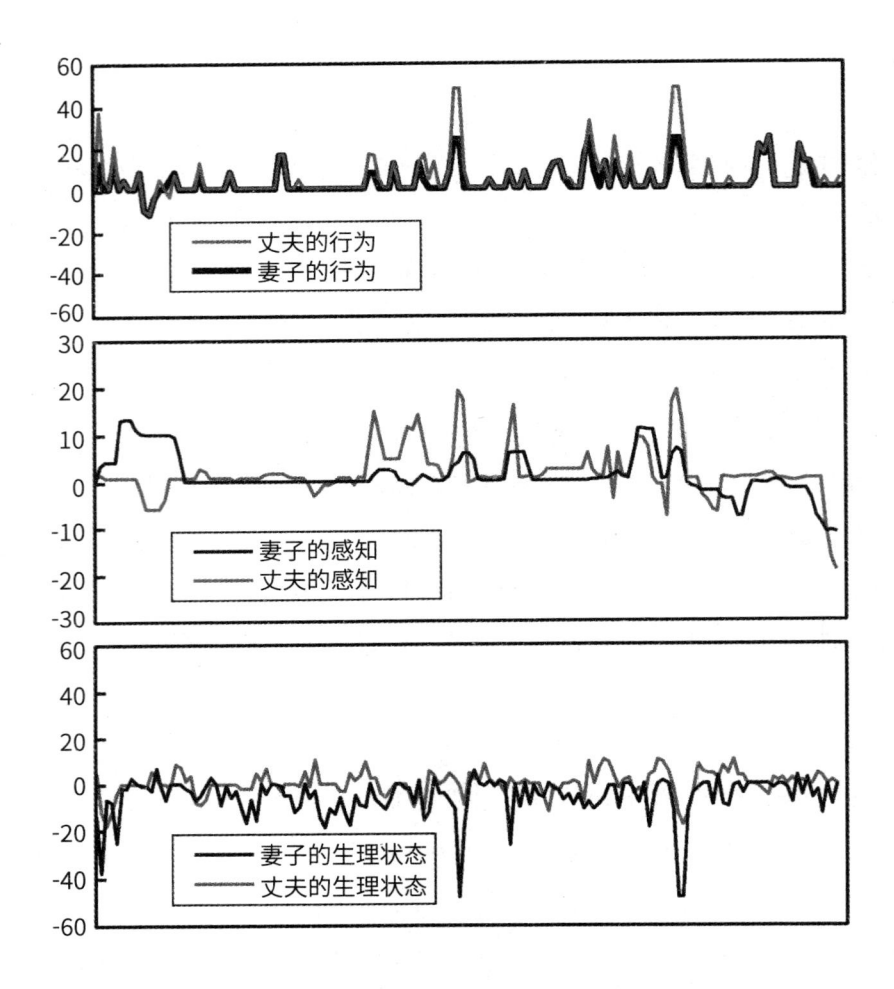

图 11.1　数学建模的基本数据

在这个阶段，我们仍然在讨论数据。有时候我们会累积行为数据，以便快速了解数据的走向。这让我第一次意识到积极行为和消极行为的相互作用的比率是一个关键的预测指标。在图 11.2 中的三组累积曲线（黑线代表妻子，灰线代表丈夫）中，我们发现幸福夫妻的累积曲线是向上走的；婚后 5.6 年左右离婚的不幸福夫妻的曲线通常会下降。后者的冲突会升级，其特征为"末日四骑士"

（指责、辩解、蔑视和竖起心墙）。第三组的夫妻是在婚姻后期离婚，他们的冲突并没有因"四骑士"而升级，但是在冲突中他们的积极情绪水平较低。

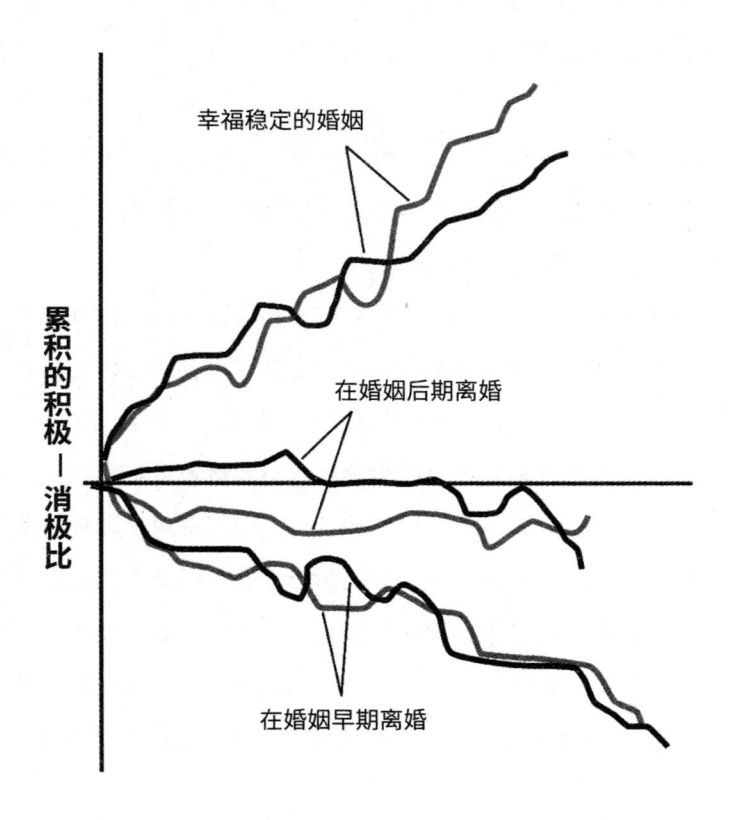

图 11.2 三对夫妻的积极情绪与消极情绪之比的互动图示

f_s 代表什么

现在让我们回到默里的团队一开始提出的基本问题。f_s 代表着什么？我大概知道我想要的是什么了。为了写下等号右边的方程，我知道我们需要考虑关系中的权力和社会影响。权力和影响力是将伴侣的两个方程联系在一起的纽带。如果我们只用妻子的时间序列写下她的方程，她的方程和她的伴侣的方程就不会联系在一起，那么无论如何我们都无法对社会影响力进行思考，也没办法对权力进行思考。若将方程联系起来，就会形成关于权力的理论陈述。我希望能够衡量关系中的权力不对称，因为这似乎是许多女性主义者声称的两性关系不幸福的根源，而其他人则认为关系中的主导结构会导致产生更少的冲突，让关系良好运转。

我们对同性恋的研究以及关于同性关系的文献都表明，平等问题是这些夫妻的主要问题。所以我希望我们的方程能够衡量权力和影响力，以及权力的不平衡，因此，必须把两个方程联系起来。

一个人如果在一段关系中的权力相对较小，就没有机会在这段关系中赢得尊重；没有尊重，亲密感和信任的质量就必然会受到损害。因此，直觉上我们会认为权力的不对称意味着信任的侵蚀以及背叛的发生。

我也认为，人们的性格和夫妻的历史需求也要被包含进方程中。方程的右边因此分成了两个部分：（1）自我影响的部分；（2）将两个方程联系起来的伴侣的影响部分。一个部分描述了人们如何影响自己，以及他们给互动带来了什么影响，这些影响很有可能来自双方的性格和他们在一起的经历。毕竟，我们只能窥见夫妻关系中一个很小的部分，也就是马尔科姆·格拉德威尔所说的"薄片分析"。因此，模型中包含了自我影响的部分，我们决定让这个部分以线性的方式呈现出来。

因此，模型的一部分是一条直线，它有两个项：第一个项是常数项，表示每个人为互动带来的善意（积极情绪或消极情绪）；第二个项代表着随着时间的推移，消极或积极情绪在一个人身上持续存在的程度（我们称之为"情绪惯性"）。最后这一部分花了我们4年的时间。詹姆斯·默里之前不喜欢这个想法，但我和他的学生朱利安·库克在默里休假的那一周添加了这个常数，这个常数使得模型和数据非常契合。默里回来时想要反对也迟了。情绪惯性评估了每个人的情绪状态随着时间推移呈指数下降之前会持续的时间。我们发现婚姻不幸福的夫妻与婚姻幸福的夫妻相比，存在两个不同之处：（1）更消极的常数项；

（2）更大的情绪惯性（尤其是妻子）。因此，模型中的自我部分为我们提供了很多信息。我们发现与幸福的夫妻相比，即使在影响过程开始之前，不幸福的夫妻在一开始也更消极，情绪调节也更少。

f 函数的第二部分也是最后一部分，是加进自我影响的部分，就是权力，代表着伴侣在任何时间点施加的影响。这个观点是这样的：我会受到我的感受的影响，这是 f 函数的第一部分；我也会受到伴侣的影响，这是 f 函数的第二部分，它将两个方程联系起来。我被我的伴侣的感受和表达影响了，这反过来会影响我的伴侣的行为，而这又会反过来会影响我。就像相对而立的两面镜子，我们在无尽的重复中映照在彼此的镜子里，但会出现一些扭曲。这就是这两个互相关联的方程所模拟的情景。

这种权力或者说影响力函数，可以用两条斜率不同的直线来描述。这就是一开始这个模型是非线性的原因。这两个斜率代表着是积极情绪或消极情绪的函数。其背后的理论是，在人际关系中，消极情绪造成的伤害比积极情绪带来的治愈力量更大。消极情绪会阻碍我们，让我们去思考如何避免这种小的冲击；积极情绪会促进你在做的事。在全世界的大多数语言中，表达消极情绪的词语都比表达积极情绪的词语多。相比积极因素，我们对消极因素的思考更多，因为它对我们的影响更大。在这个模型中，这一点在数学上反映为消极情绪的斜率比积极情绪的斜率更陡。如果情绪是消极的，那就意味着表示影响的线的斜率比积极情绪的斜率更陡（更强更有力）。我们需要两条线来描述这些影响力函数，所以我们称这个理论为社会影响的"双线性"模型。

这就是我能想出的所有"理论"，即便如此，我也花了 4 年时间才想出来。也许不能说它是一种理论，但是这是我能想出来的全部了。请注意，如果我们愿意，我们可以修改这个理论，但我们必须从某个地方开始。这个开始似乎与观察性研究的研究人员在世界各地收集的大量数据是一致的。

图 11.3 展示了这个相互交织的影响过程的双线性理论，或者可理解为在关系中人们相互施加影响的过程。纵轴代表丈夫对妻子的影响力，横轴显示了这

种影响力如何随着丈夫的情绪而变化。积极情绪的斜率比消极情绪的更小。

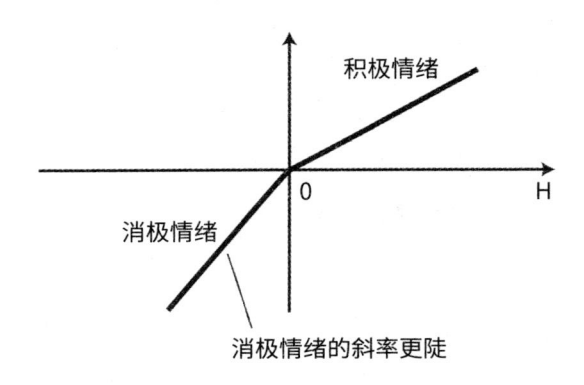

图 11.3　丈夫对妻子的影响

我最后还是感觉这个双线性模型让我很不自在,因为它令人沮丧。所以,我又做了一些改变,增加了一个"修复"项,这样该理论才更符合我的临床经验。我想看到的是,在消极情绪达到一定的阈值(即模型中的新参数)之后,夫妻之间可能会发挥一种修复的促进作用。这个促进作用的大小和发挥促进作用时的"阈值"就成了这个模型中两项有趣的参数。自19世纪起,心理学家就很喜欢阈值这个概念。我也在其中加入了一个"阻碍"项,它可以减少积极情绪,和修复不同,阻碍可能根本不是一件好事。

现在我们来看图。在相空间图中,我们可以画下我的新影响力函数的组成要素,并将它们拟合到真实数据中。在图 11.4 中我们只使用了从互动编码中得到的数据。这个图形代表加上了修复项和阻碍项的影响力函数。图中的点显示了我们如何将该曲线与数据拟合,并取得不同程度的成功。请注意,虚线表示在没有修复项或阻碍项的情况下斜线的走向。

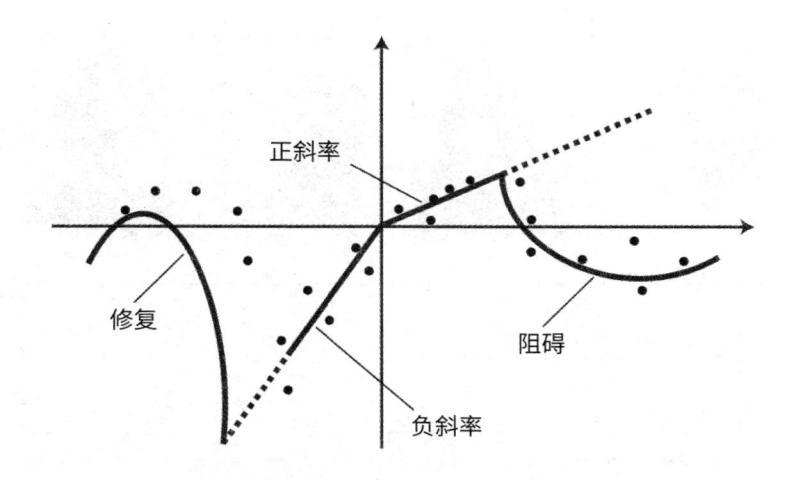

图 11.4 完整的影响力函数与数据的拟合

现在，这个模型于我而言在理论上就很完备了。当第一次应用这个新的影响力函数时，我们发现，在新婚夫妇样本中，结婚 6 年后离婚的夫妻的修复阈值比婚姻持续下去的夫妻更高。也就是说，那些没有离婚的夫妻，在互动变得很消极前就已经开始了修复过程。他们的修复效果也比离婚的夫妻要好，后者往往会等到互动变得非常消极才进行修复。阻碍项在区分稳定夫妇和离婚夫妇方面没有任何作用，但这些最初的结果证明了将修复项添加到影响力函数中是正确的。理论上，修复项对我很重要，当在模型中进行修复计算时，我们得到了一些非常有趣的结果。默里非常高兴。他说，如果一个模型能引导你提出新的问题，那么它就是一个好的模型。新的发现甚至会让它成为一个更好的模型。

相空间到底是什么

我们如果看一下图 11.5，就会看到我们通过编码创建的点图的时间序列。我给两个地方的数据配上了插图，一个地方是她很积极但他很消极，另一个地方是他们两个都很消极。

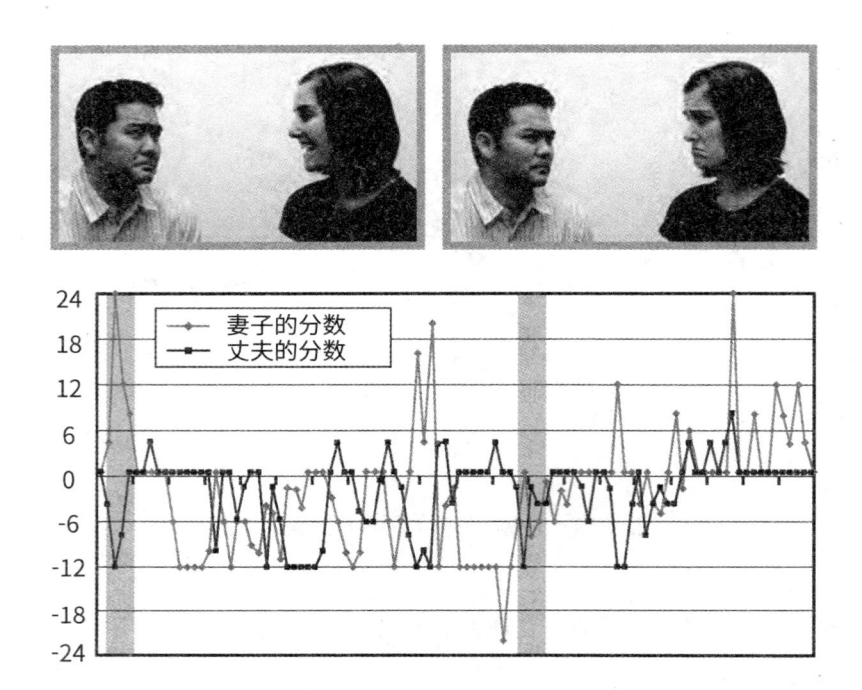

图 11.5 SPAFF 行为时间序列数据的图示

我们接下来需要理解什么是"相空间"。请回想一下，我们可以描述每个方程的"零斜线"状态，这些斜线代表他们都没有做出改变。

相空间中零斜线相交的地方是夫妻系统的稳态，我们首先来直观地了解一下相空间。

图 11.6 展示了相空间的四个象限。右边的女性是我的侄女凯瑟琳·施瓦茨，左边的男性是丹·吉本。在右上象限中两人都是积极的，在左下象限中两人都是消极的。左上和右下两人的情绪不匹配，一个人是积极的，另一个人是消极的。

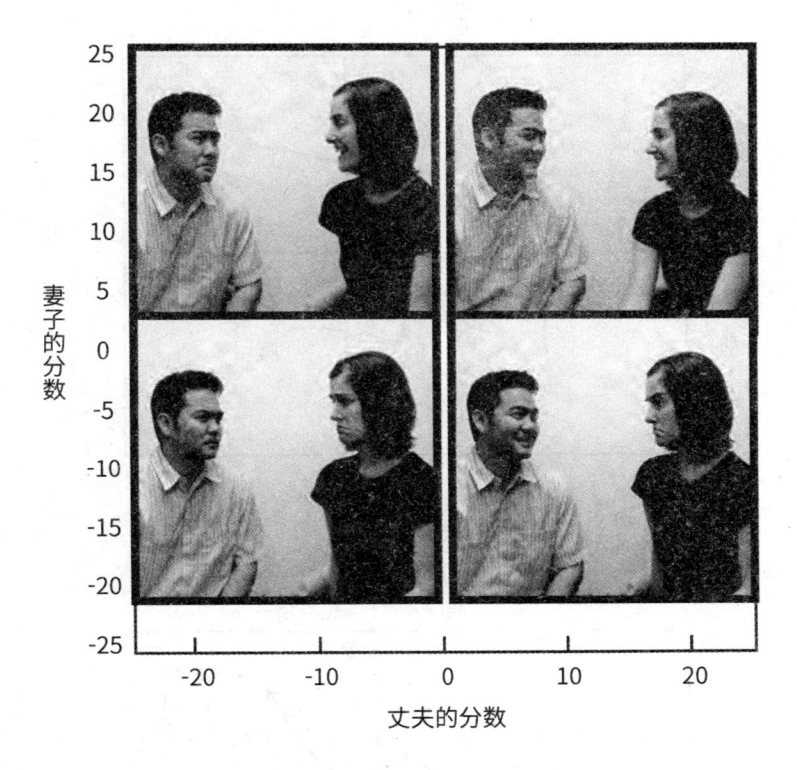

图 11.6　相空间的四象限图示

当在相空间中绘制数据时，我们在寻找一种稳定的稳态。图 11.7 描绘了数据逐渐趋于消极稳定的稳态的样子。在图 11.8 中，我们看到了双线性模型的常见构造，即两种稳态的情况，一种是消极稳态，另一种是积极稳态。

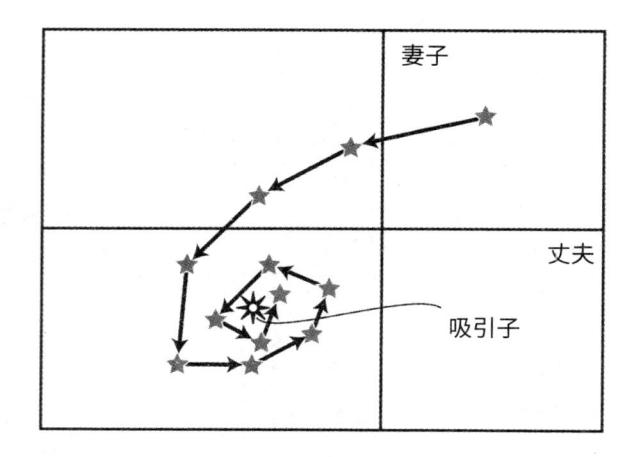

图 11.7 相空间中朝消极吸引子的运动轨迹

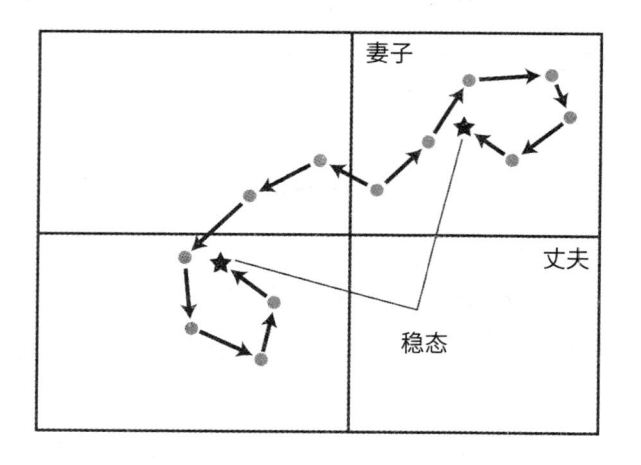

图 11.8 在相空间中通常有两个稳态

我们将稳定稳态称为"吸引子",所有的夫妻互动都会被吸引至这个点。在双线性模型中有两个稳态,如图 11.8 所示。

图 11.9 展示了正正象限(兔子在海滩上快乐度假)和负负象限(兔子被暴风雨淋湿)之间的巨大差异。这个图表明,在相空间的右上(正正)象限有一

个稳定的稳态是很好的状况，而在相空间左下（负负）象限有一个稳定的稳态就不那么好了。

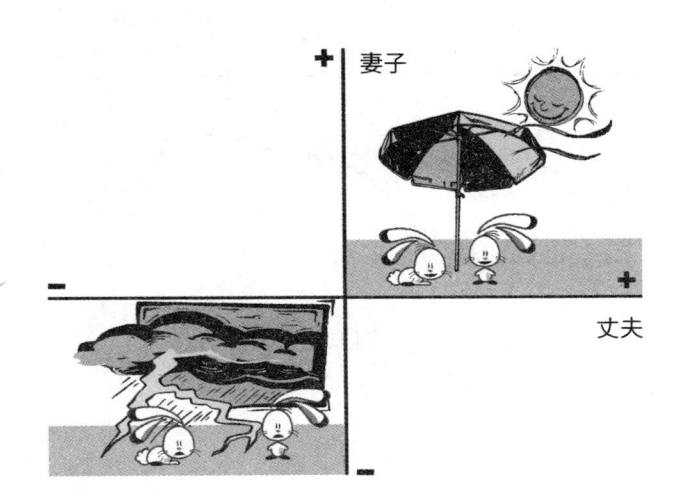

图11.9　分别用海滩上的兔子和暴风雨中的兔子来说明正正象限和负负象限

设计这些图是为了说明什么是相空间。然而，稳态真正的数学定义来自零斜线的相交点。在有修复项和阻碍项的情况下，零斜线和其交点可能会变得非常复杂，稳态可能多达5个。稳态在稳定（吸引子）和不稳定（排斥子）之间变换。回顾一下，零斜线是相空间中伴侣双方各自的方程不发生变化时的曲线。零斜线相交的地方是夫妻的受影响稳态，我们可以从数学上推导出零斜线的确切形状。结果证明它们就是被拉伸和平移了一点儿后的影响力函数。

丈夫和妻子的零斜线画出来后有点儿像彼此的镜像，这件事很令人困惑，我们花了很长时间才习惯。这是因为丈夫和妻子每条零斜线都分别指向自己的轴。零斜线相交的点是受影响的夫妻系统的稳态。图11.10中的S指的是"稳定"的稳态，U代表着不稳定的稳态。朱利安·库克证明了稳定稳态和不稳定稳态的交替，如图所示。

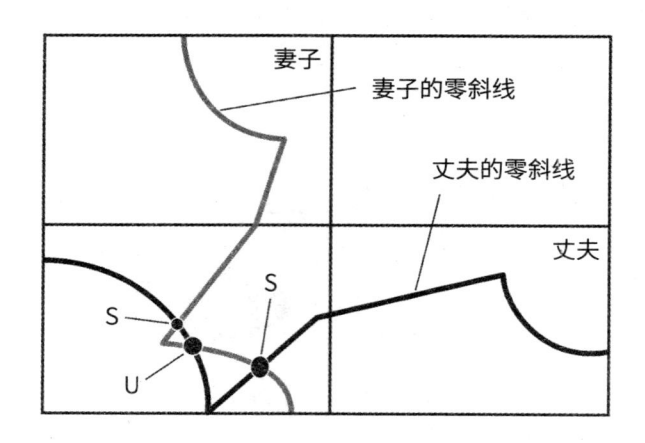

图 11.10　稳定稳态和不稳定稳态

夫妻的"力场"

一旦我们在相空间中写下了两个方程，它们就不仅仅是定义每个零斜线的交点了。实际上，相空间中的每个点不仅有由方程确定的值，而且还有矢量，矢量有大小和方向。就像铁屑倒在放于磁铁顶部的一张纸上一样，矢量定义了在相空间中推动夫妻相互作用的力线。这些力线在稳态状态下尤其重要。注意，在图 11.11 中，力场线排斥在不稳定吸引子区域周围的相互作用，并将其拉向稳定吸引子区域中的吸引子。

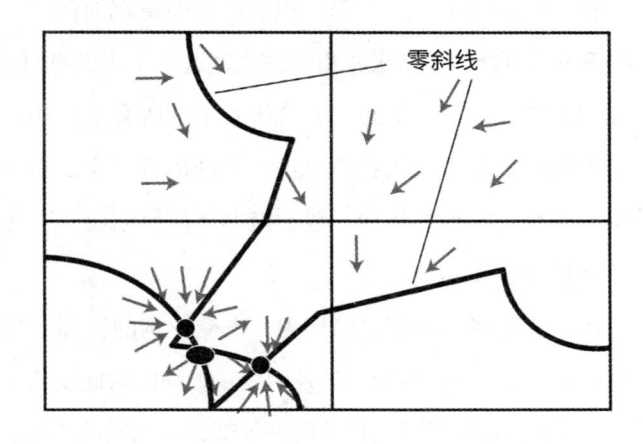

图 11.11　相空间中的矢量场

我们实际上可以通过"雅可比方法"①来计算每个稳态周围的吸引力或排斥力。

我们为什么要关注矢量场？因为现在方程可以解释夫妻的行为，而不仅仅是为夫妻的行为建模。这些方程定义了推动夫妻对话的力场。"力场"一词并不出自科幻小说（"愿原力与你同在！"），而是直接来自数学这种真正的科学。

当然，我们需要保持怀疑。但是没关系，因为展示出矢量空间的一大优点是我们可以通过改变模型参数来模拟夫妻的互动。也就是说，我们可以提前对如何改变夫妻做出决定，让他们的互动看起来更像一段幸福和稳定的关系。我们可以通过操纵数学模型的参数并查看结果来做到这一点。然后，我们可以猜想实现这些结果的最小治疗干预。在数学模型出现之前，这些是无法进行模拟的。数学模型非常适合进行模拟和实验。现在我们的目标是：改变相互作用，让模型为我们提供不同类型的矢量空间。我们想要什么？我们可能想要未受影响的稳态变得更积极，可能希望减少情绪惯性，可能希望受影响的稳态比未受

---

① 把拉格朗日-查皮特方法推广到求 n 个自变量一阶非线性方程的全积分的方法。

影响的稳态更积极，可能希望有一个受到积极影响的稳定的稳态，可能希望影响模式之间更加平等，可能希望消极吸引子的强度远小于积极吸引子的强度。

事实上，我们的研究表明，我们以上希望发生的所有事情都会发生。数学模型给我们带来的最大好处是它为我们提供了一种语言，我们用这种语言来表达我们在夫妻治疗中想要实现的目标。数学模型还使得创建一种理解和解释夫妻相互作用的理论成为可能。

总而言之，数学通过将每个变量区别为"未受影响的"和"受到影响的"，帮助我们理解独立于相互作用的变量，以及因变量如何随时间变化。我们将 f_s 分解成能成功预测关系稳定性或最终结束的机制等部分。我们的"相互作用"理论将会为我们提供力和力场，用以解释为什么夫妻会以这种特定的方式来互动。

我们的数学方程是一种理论，因为我们已经确定了影响力函数的形状。基于权力形状（影响力函数）理论，我们从数学中得到的矢量力场解释了夫妻的动态。

请注意，确定方程的"定性"和理论部分在于确定影响力函数的数学形式。这里的影响力函数被用来描述夫妻相互作用中直接影响对方的部分。影响力函数的数学形式可以用图来表示，x 轴表示一方因变量值（交替发言时积极情绪减去消极情绪的值）的范围，y 轴表示另一方随后行为这个因变量在每轮交替发言时的平均值。后面这一点很重要，数学解释了非数学社会科学所不熟悉的社会影响力概念：影响力函数代表整个相互作用过程的平均值。

权力的参数

在两个区域中，双线性影响力函数的斜率是影响力函数双线性形式的重要参数。这两个斜率测量了每个人的积极情绪或消极情绪对伴侣的影响力。在双线性模型中，我们可以得到每个人对对方的权力或影响力两个参数。这两个参数通过衡量每个人在积极情绪和消极情绪区域斜率的差异，来评估权力的不对称。

模型中的其他参数

根据现有的关于婚姻相互作用的研究，我们决定纳入情绪惯性（积极的或消极的）这个参数，即每个人在一段时间内保持相同状态的倾向。情绪惯性越大，人就越有可能在更长的时间里保持不变的状态。它是对情绪调节的测量：情绪惯性越大，情绪调节越少。在婚姻相互作用的研究中，人们一致发现，与幸福的夫妻相比，不幸福的夫妻会有更多消极的回应。这一发现不仅在美国成立，在全世界都是成立的。令人惊讶的是，与幸福的夫妻相比，不幸福的夫妻也可能更倾向于积极回应。总结来说，在令人沮丧的婚姻和家庭互动中通常有更多的时间联系和时间结构。这是杰伊·黑利在 1960 年代关于问题家庭的经典发现。对这个发现的另一种表述是，在运转良好的家庭系统中，每种行为会包含更多的信息。这个系统也更为灵活，因为它的时间限制更少。情绪惯性较大的人也不太容易受伴侣的影响。情绪惯性来自人类行为的自相关性[①]。

在 4 年的工作后，我们加入的另一个参数是一个常数项。这个常数代表对话的初始值——从某种程度上来说，它是伴侣共同经历的结果。在知道初始值和两个人的情绪惯性（解方程得出的）后，我们得到了代表夫妻未受影响的稳态的参数，即当他们的伴侣没有影响他们时（影响力函数为零时），他们的积极情绪减去消极情绪的平均水平。我们认为这种情况最有可能发生在中立情绪或两人积极情绪或消极情绪相等的时候。我们认为这个参数是每个人在受到伴侣影响之前就有的。显然，这个未受影响的设定点可能是夫妻互动经历的函数。常数项也可能是每个人的个人特征的函数，例如乐观或悲观的倾向。我们曾经使用朱利安·库克发明的方法分两步估算过未受影响的部分。现在根据埃伦·哈梅克的估算方法，我们可以一步推导出这些未受影响的参数以及影响力函数。

推导出的另一个参数是相互作用的受影响稳态，它是在影响过程开始后系

---

① 指时间序列中某一时刻的值和另一时刻的值的相关性。

统的稳态。一种理解受影响的设定点的方法是将它看成两组得分（每一方一组得分）的序列，如果理论模型确切地描述了时间序列，得分序列就会无限重复；如果这个稳态是稳定的，得分序列就会随时间推移接近该设定点。从广义上讲，设定点代表理论模型帮每一方预测的平均分数。我们还认为检查受影响和未受影响的设定点之间的差异可能会很有趣。我们估计，在稳定和幸福的婚姻中，受影响的设定点会比未受影响的设定点更积极；也就是说，我们提出了一个问题：夫妻的相互作用是将个人拉向更积极还是更消极的方向？这是我们的模型中额外派生出来的参数。

对变化的模拟和真实力场

前文提到过，根据詹姆斯·默里的观点，一个好的模型会引导我们发现有趣的问题。它会改变我们对正在研究的现象的看法，让我们想想这个数学模型如何从概念上改变我们对关系的理解。如前文所述，数学的一个重要贡献在于让这个模型仅通过改变参数值就使我们得以想象出一对夫妻可能出现的样子。想象一下，如果你可以让一对来访夫妻了解这些方程，并模拟改变相互作用的某些关键参数后的情景，他们的关系会如何发展？我们了解到，即便不改变系统中相互影响这个基本原则，我们也可以对夫妻产生巨大影响。

事实上，当我们开始研究（时间1）时，最终变得幸福而稳定、最终关系变得不幸福和不稳定的夫妻，以及最终离婚的夫妻，他们的矢量空间都是什么样的？事实证明，这三组夫妻的矢量空间非常不同，甚至在研究的开始，它们就是不同的，结果如图11.12所示。

最终幸福又稳定的夫妻在时间1时的相空间力场中只有一个积极的稳定吸引子。这个力场中的力促使他们在冲突中取得积极的结果。无论他们在相空间的哪个位置开始互动，力最终都会将他们移动到相空间中一个积极的位置。那些最终在一起但是不幸福的夫妻，在时间1时的力场上只有一个消极的稳定吸引子。这个力场上的力驱使他们在冲突中产生了消极的结果。无论他们在相空间的哪个位置开始互动，无论一开始他们多积极，很不幸，力最终都会将他们移动到相空间中一个消极的位置。那些最终离婚的夫妻，在时间 1 时的力场上有三个消极吸引子，其中两个是稳定的，一个是不稳定的。力场上的力驱使他们的冲突产生各种复杂的消极结果。无论他们在相空间的哪个位置开始互动，无论一开始他们都多积极，很不幸，力最终都会驱使他们移动到相空间中三个消极点中的一个位置。因此，力场不仅可以预测这些关系的长期结果，而且还可以对其进行解释。这是一个巨大的理论进步。

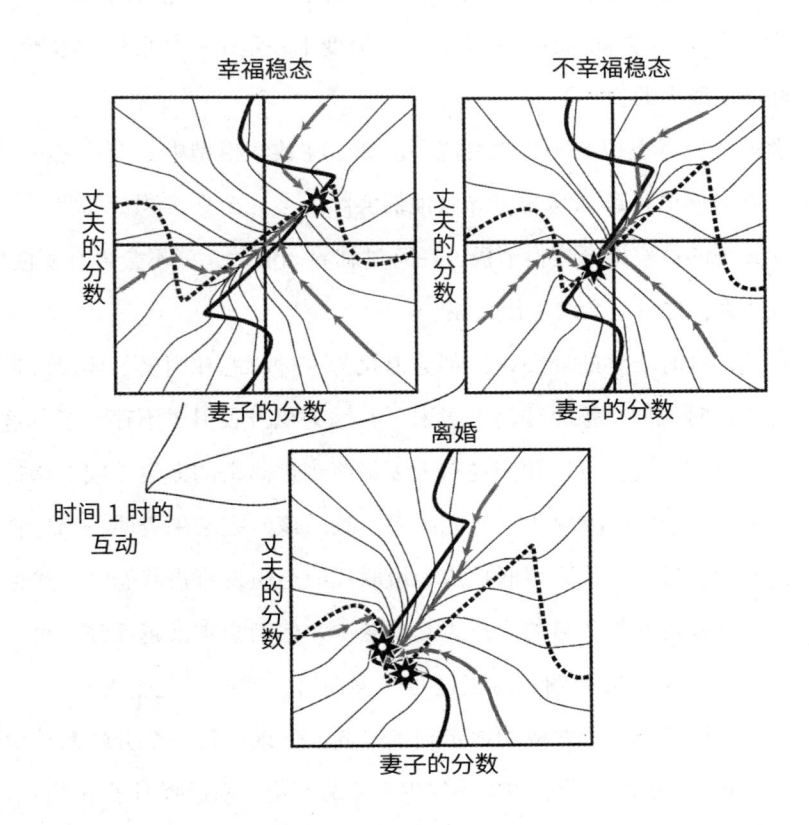

图 11.12　三组夫妻的矢量流程图，以初始的（时间 1 时）互动为基础

我们很担心夫妻的积极情绪会随着时间减退，这样夫妻就会遇到麻烦。我们想要看到更为"系统化"和持续的变化，也想减少夫妻双方的情绪惯性，让他们的影响力函数变得不同，这样他们就有更多的缓冲，防止失去我们努力创造的积极稳态。

突变

有时候夫妻会突然改变，他们可能会突然变得更好，但更常见的是突然变得更糟。在参数缓慢变化，然后阈值（无论好坏）发生变化后的突然改变被数学家称为"突变"（如前所述，在数学中，突变不一定是一件可怕的事情，这只是它在标准用语中的含义）。

数学模型使得模拟突变成为可能。例如，在数学模型中，夫妻之间的互动可能会随着时间的推移而恶化，导致他们实际上会完全失去积极的吸引子。他们的未受影响的稳态逐渐变得消极，在跨过临界阈值后，就不会再有积极稳态。这意味着什么？之后又会发生什么呢？

答案是，这时夫妻的冲突讨论都会退化为一种厌恶和消极的体验，这似乎令人费解。这时他们总被驱往消极吸引子，因为积极吸引子不存在了。这是真正意义上的突变，我们可以预测这对夫妻最终难逃离婚的命运（或者保持稳定的痛苦状态）。这与我 1994 年的研究结果一致。该研究结果表明，当这种情况发生时，夫妻会进入一系列级联反应，级联反应会引发淹没状态、弥漫性生理唤醒，他们会各自安排各自的生活，互动减少，他们会越来越孤独，也会越来越容易受到其他关系的影响。对于这对夫妻而言，这些变化令人费解。过去，他们经受住了许多压力，并成功地走到了一起。但现在每一个分歧都让他们趋向消极吸引子，这是因为他们的关系发生了质的变化：积极吸引子不再存在。

这种突变可以解释接受夫妻治疗成功后问题还可能复发的原因。在这个过程中，夫妻通常认为他们只是在适应生活中不断增加的压力，习惯了彼此见面越来越少，经历着更多的争吵，但他们又完全在期待情况的最终好转。然而，有时这种逐渐的变化容易让他们失去积极稳定的稳态，在这种情况下，我们可以预测关系中真正的突变。这个渐进的变化会突然改变婚姻，之后这段关系会发生质的变化。

这个模型预测了关系在这些条件下的突变，也预测了一种叫作"滞后"的现象，这意味着这种事态可能是可逆的。然而，临床经验表明，如果时间跨度很长，当这种关系被忽视的时间足够长时，这种可逆性可能就不再存在了。例如，一项研究报告指出，夫妻在发现严重的婚姻问题后，为婚姻寻求专业帮助的平均等待时间约为6年。迟迟不为不健康的关系寻求帮助是该研究领域的一大谜团。这很可能与另一个未解之谜有关，那就是夫妻治疗中的复发问题。一些非常优秀的学者争辩说，夫妻治疗的复发率非常高（治疗结束后1年内高达30%～50%），这导致整个婚姻治疗行业处在危机中。与这些结论一致，对心理治疗消费者的研究表明，婚姻治疗在心理治疗消费者中的得分是最低的。婚姻治疗可能在某种程度上陷入了僵局，因为它并没有过程模型的基础。过程模型来自对夫妻真实行为的前瞻性纵向研究，而这些研究可以预测他们的婚姻将以幸福的稳态、不幸福的稳态结束，还是以离婚告终。

在寻求帮助上耽误了很长一段时间后，提出积极的滞后旅程（回到积极的吸引子存在的时候）的可能性比提出消极的滞后旅程更小，这是有道理的。此外，一些关键的生活转变可能会让事情变得不太可能回到更积极的方向。在向父母的身份转变时这点尤其真实。离婚有一半发生在结婚的前7年中，很大一部分压力都来自为人父母的压力。在生命历程中，婚姻还有其他易受损害的转折点。跨国婚姻满意度的最低点是在第一个孩子年满14岁的时候，尽管我们还不太理解这个现象。退休也是这样一个微妙的转折点。如果这些推测属实，那么我们必须更改模型，以囊括这些不对称的现象。

对于夫妻关系来说，似乎确实存在类似于热力学第二定律[①]的东西，这意味着除非提供能量来使关系保持活力、运转良好，否则关系就会分崩离析。在西方文明史上的这个时候，婚姻似乎更有可能破裂而不是持续。因此，这个模型的滞后性假设可能最终是错误的。然而，我们对长期型初婚的研究描绘了一幅更为乐观的图景，有些婚姻会随着年龄的增长而变得成熟，并且会变得越来越好。

还应指出的是，该模型的设计旨在获得一段仅 15 分钟的互动参数，扩展该模型的一个有效方法是尝试对两段连续的互动进行建模，其中第二段互动的参数受第一段互动的影响。关于该模型中的突变，很有趣的一点是它往往与我们的大多数经验一致，我们观察到许多婚姻突然破裂，通常是在成功忍受了一段时间的高压力之后发生的。

建模的意义

这个数学模型的一个有趣含义在于，即使最好的婚姻也有可能同时存在积极和消极的稳态。这意味着，从初始值来看，这对夫妻有时也会被吸引到非常消极的互动中。在稳定而令人满意的婚姻中，这种情况可能不常发生，但是模型预测这种情况是会发生的。如果消极稳态（或"吸引子"）的强度远小于积极稳态的强度，则在某种程度上，这些事件发生的可能性就会最小。

家庭中通常至少有两个稳态设定点，一个比另一个更积极的这种家庭稳态旧概念必须修改了。这个概念可能对结束丹·怀尔所说的家庭系统治疗的"对抗性"方法大有帮助。在这里，治疗师勇敢地与巨大的困难做斗争，因为家庭稳态中的互动模式是功能失调的。然而，如果有两个稳态设定点，一个更积极，另一个更消极，那么治疗师可以和家庭联合起来，让他们更长时间地处在更积极的稳态设定点。

[①] 热力学的四条基本定律之一，表述的是热力学过程的不可逆性。

这个拥有两个稳态设定点的理论模型的另一种意义是，消极稳态在一段关系中可能具备积极的作用，因此治疗师不应该敌视消极稳态。在一段关系中，出于各种各样的原因，消极情绪可能是有用的。比如，在任何真实的亲密关系中，完整的所有情绪才是我们的宝藏（在更严肃和更随意的关系中情绪会受到控制）。首先，我们如果删除自己作为智人遗留下来的全部情感库中的某些情绪，那么我们就不会那么亲密了，只拥有积极情绪的关系实际上可能是一个活生生的地狱。其次，消极情绪也可以剔除在关系中不起作用的行为，随着时间的推移不断对关系进行微调，这样伴侣双方会相处得越来越融洽。再次，在长期关系中，消极情绪可能起到对求爱行为不断更新的作用。吵架后双方感情距离会变远，需要再次求爱才能拉近。

这个模型仅仅通过将因变量拆解为分量和参数就已经取得了很大的成绩，为描述互相作用创造了一种新的理论语言。我们现在可以从理论上来讨论这种预测机制，而不是只拥有一个预测婚姻纵向进程的变量。我们可以得出结论，与幸福稳定的婚姻相比，最终走向离婚的婚姻有以下特点：

- 情绪惯性更大
- 即使在受影响之前，未受影响的设定点都更消极
- 当互动开始时，夫妻开始相互影响，使对方变得更消极而不是更积极
- 随着时间推移，这些消极的互动继续进行并成为这段婚姻的特点，夫妻会突然失去积极稳态

这个模型还提出了一种可能的关系中情绪和权力的整合：权力或影响被定义为一方的情绪对另一方紧随其后产生的情绪造成的影响。这个概念从一开始就一直困扰着整个领域。

权力和情绪的整合也表明了权力概念的复杂程度更高。谁在关系中权力更大可能是关于情绪水平及其积极/消极程度的函数。例如，在一段关系中，妻子

可能只在极端情绪上比丈夫权力更大，而丈夫可能只在温和的积极情绪上权力更大。我们也可能发现最终离婚的夫妻与幸福稳定的夫妻的影响力函数形状是不同的。

因此，与以往的一般系统论不同，数学模型不再停留于隐喻的层面，它催生了一种新的关于变化机制的理论语言。在婚姻研究领域，在模型成功构建之前，我们还没有这样的语言。这个模型提供了关于设定点理论的语言，其中一些数值或参数可以在婚姻互动中被调节和被保护，它同时也提供了一种精确变化的机制。该模型本身就表明可以使用干预措施来让变量发生变化。简而言之，模型指明了某种方向，它帮助我们提出了问题，让我们去思考哪些参数可能是相关的以及为何会相关。为什么一对夫妻可能以消极的未受影响的设定点开始互动？为什么他们相互影响后变得更消极了，这样的相互影响是怎样的？

该模型的贡献之一在于其提供的理论语言和数学工具。它带给我们一种前所未有的思考婚姻互动的方式。我们在生物学和心理学方面的经验告诉我们，任何能够实现这些目标的模型都可能是有用的。该模型还让我们看到了它自身的不足。这是一个非常冷酷的模型。一对夫妻在相空间中开始的相互作用通常会决定其关系的结局。那么建立一个有修复措施的模型有意义吗？大多数情况下，模型中的修复部分在区分幸福和不幸福的夫妻方面并不是很重要。不幸的是，当检查互动数据时，我们发现消极地开始互动的夫妻中只有4%能够显著扭转互动，使其最终变得更积极而不是消极！因此，尽管巨大的修复是罕见的，但我们认为模型中应该包含修复项。另外，夫妻之间的修复互动在一定程度上会有所不同。也许在更有效的夫妻治疗中，这个修复项会得到加强。

我们通过该模型发现了我们从未想过的新内容。我们发现了不同类型的婚姻具有不同类型的影响力函数，而且离婚只能通过影响力函数形状的不匹配来预测。朱利安·库克还表明影响力和情绪惯性之间存在最佳平衡。库克对婚姻模型稳态稳定性的分析表明，为了使稳态稳定，每个人应该对伴侣产生影响的程度与每个人未受影响的行为的情绪惯性水平之间存在辩证关系。当受影响水平和情绪惯性水平更低时，他们往往会更稳定。换句话说，一段婚姻中夫妻如果相互影响的水平很高，那么为了（比如）稳定积极稳态，就需要更低水平的情绪惯性。

我们和詹姆斯·默里及其学生一起进行的工作为人际关系的研究打下了数学的理论基础。我们才刚刚开始探索这种数学的效用，并且进行了近侧改变实验。在通过近侧改变实验进行了3年的试点测试后，我和妻子开始在《读者文摘》杂志上每月写一篇专栏文章。每个月会有一对夫妻来到我们的实验室，我们对他们进行评估（使用我们设计的预先干预对话），并进行对话上的干预，且为干预后的对话建立了数学模型，以对其做出评估。在撰写本文时，我们已成功与10对夫妻合作。这些实验正在慢慢建立一个我们称之为"近侧关系改变"干预的资料库和技术方法，而干预的设计只是为了让两次冲突对话中的第二次不像第一次那样出现功能障碍。

用数学研究人类社交关系并不是一个新的梦想，我们所做的工作让人想起艾萨克·阿西莫夫的"基地"经典科幻系列小说。在那个系列的小说中，一位名叫哈里·谢顿的数学家创建了一组方程，用来预测整个人类物种的未来，这是一个他称之为"心理历史"的新研究分支。之后，另一位数学家为"微观社会历史"创建了一组被认为更难完成的新方程，能对较小社会单位的命运做出准确预测。我认为这正和我们的关系互动数学建模的事业相同。每对夫妻只有两个方程式，并带有一些一般原则。最棒的是，这个使用数学的事业不再是科幻小说，它成了科学。

女性消极情绪的力量能让她免遭背叛吗

最后，关于婚姻中的信任、背叛和权力不对称，这个数学模型告诉了我们什么？考虑到女性在恋爱关系中的平等权力似乎是全世界女性主义者的主要目标之一，而且考虑到在许多国家，男性的更大权力可能会让女性遭受更多的家庭暴力，关系中的这一方面是值得研究的。这是我写下本章的驱动力，也是一开始研究关系的数学的动力。

当他比她在消极情绪上拥有更大的权力。 当出现权力不对称，且是消极情绪的权力时，会有如下结果：（1）在口述历史访谈中会发现婚姻中存在更多的性别刻板对象，丈夫和妻子的角色更加传统；（2）在冲突中她的情绪惯性明显更大；（3）在冲突中他的情绪惯性明显更大；（4）他们受影响的稳态不太积极；（5）他的最大分数明显不太理想；（6）她减弱消极情绪的效果明显更差；（7）他的修复效果明显更差；（8）当出现稳定的受影响的稳态时，她明显不太积极；（9）明显有更多的消极-消极影响的稳态；（10）令人惊讶的是，她在修复方面的效果明显更好。因此，除了最后一种结果，丈夫比妻子在消极情绪上拥有更大权力会产生严重的负面后果。

她的权力，与他无关。 既然消极情绪是修复的一个主要机制，那么她的绝对权力指数（而非相对权力指数）也可能很重要。这里我不是在研究权力的不对称，而只是研究她的绝对权力。也就是说，我研究的是她通过表达她的消极情绪来影响伴侣的能力可能是很重要的。因此，我们要问的问题是，她在消极情绪上的影响力（她的影响力函数在消极情绪范围内的斜率）与背叛度有关吗？事实上，它与背叛度值有着显著负相关（$r = -0.54$，$p<0.001$）的关系。

她在消极情绪上的绝对权力还与其他事情有关联吗？我发现就她在消极情绪上的权力而言：（1）在冲突中，她的丈夫更有可能关注她的利益（妻子的信任度高）；（2）冲突时明显更倾向于合作，而不是零和博弈（丈夫的背叛度低）；（3）根据塔瓦雷斯的不可信侦查器，当他们在做负面形容词清单练习时，他明显会选更多正面的形容词。

我们可以从这些分析中得出结论，不信任和背叛更可能发生在丈夫比妻子拥有更多权力的婚姻中，尤其是在消极情绪上的权力，而在这种婚姻中，妻子没有太多的权力用自己的消极情绪影响丈夫。

EPILOGUE 结　语

在经历了信任、可信度、背叛和权力的旅程之后，还剩下什么呢？这里有14条收获。

- 我证明了信任度量、可信度量和背叛度量可以在任何使用利文森-戈特曼范式的互动中进行有效可靠的测量，并且博弈论可以应用于亲密关系的研究。
- 我展示了理性的博弈论假设适用于中性-中性和积极-积极的冲突互动，但不适用于消极-消极的冲突互动。
- 我发现了这点是真实的，是因为消极-消极互动对不幸福的夫妻来说会成为一种吸收状态——他们很容易进入，但难以退出。
- 我表明了吸收状态是一种淹没状态和低信任的状态。
- 我证明了高信任有一种独特的生理反应，包括较慢的血流速度，以及位于基准线的交感神经系统对心脏的驱动的降低。
- 在我们对老年夫妇20年的纵向研究中，我发现零和背叛度量能预测丈夫的早逝。

- 我提供的数据显示了健康关系之屋理论的预测是可以得到支持的。
- 我提供的数据显示了夫妻如何在三种情况下能利用情绪调和建立信任。
- 我展示了一项随机临床试验的数据，该试验表明，可以使用基于健康关系之屋理论提供的练习和信息来建立信任。
- 我将调和的观点扩展应用到在爱情关系中的性、浪漫和激情方面的亲密信任上。
- 我呈现了在冲突中关于修复动态的新工作，以及修复的能力对于建立信任和从不可避免的遗憾事件中获得治愈的重要性。
- 我提出了一种背叛动态和忠诚动态的理论，这将我们的工作与卡里尔·鲁斯布尔特及其同事在相互依赖理论方面的工作结合了起来。
- 利用我们的临床工作，我展示了一个治愈背叛的三阶段模型。
- 使用非线性数学，我证明了伴侣间权力的不平衡会严重损害关系中的信任。

显然，我们正致力于在一种互动中研究信任、可信度、背叛和权力。从这里开始，我们可以准确地继续观察任何一种持久关系中所包含的这些重要的方面，并了解我们如何避免背叛。假如我们失败了，则可以帮助我们治愈背叛带来的伤害。

APPENDIX 附 录

在任何互动中计算信任度量（第二章）

从数学上讲，从恶意-恶意到中立-中立单元格的转变是我的信任度量的第一部分：

她的信任度量的第一部分是：$(W_{22}-W_{11})/(W_{1-}-W_{2-})$；这个比率衡量了她的收益作为他行为改变的函数从恶意-恶意互动到中立-中立互动的变化程度。

她的信任度量的第二部分是：$(W_{33}-W_{11})/(W_{1-}-W_{3-})$；这个比率衡量了她的收益作为他行为改变的函数从恶意-恶意互动到善意-善意互动的变化程度。

于他而言，信任度量的第一部分是：$(H_{22}-H_{11})/(H_{-1}-H_{-2})$；这个比率衡量了他的收益作为她行为改变的函数从恶意-恶意互动到中立-中立互动的变化程度。

他的信任度量的第二部分是：$(H_{33}-H_{11})/(H_{-1}-H_{-3})$；这个比率衡量了他的收益作为她行为改变的函数从恶意-恶意互动到善意-善意互动的变化程度。

为了简化问题，我们将每个伴侣的这两个比率相乘，以获得定义信任度量的最终结果的估计：

她对他的信任 = $[(W_{22}-W_{11})/(W_{1-}-W_{2-})]\times[(W_{33}-W_{11})/(W_{1-}-W_{3-})]$

他对她的信任 = $[(H_{22}-H_{11})/(H_{-1}-H_{-2})]\times[(H_{33}-H_{11})/(H_{-1}-H_{-3})]$

信任度量因此就是两个比率相乘的结果。比率在计算中经常会出现问题，因为它们可能会除以零，就无法得到数据。

在任何互动中的不可信（背叛的可能性）度量：如何计算（第三章）

我分两步来完成这个计算。就博弈论矩阵而言：第一，对他来说，我们可以衡量她在实际行为中改变到何种程度能将她从恶意-恶意单元格的收益中移到中立-中立的收益更高的单元格中来；第二，对他来说，我们也可以衡量她在实际行为中改变到何种程度能将她从消极-消极单元格的收益中移到积极-积极收益更高的单元格中来。这就像两个跳步，来评估他在多大程度上可以指望她为了自己的利益而改变她的行为。我们也会为她做同样的计算。

因此，我们再次为每位伴侣得到两个数据，每个步骤得出一个数据。然后我们将这两个数据相乘得到由两部分组成的不可信度量和背叛的可能性的值，这两部分可以使夫妻两人脱离恶意-恶意的互动。从数学上看，从恶意-恶意到中立-中立的跳跃是一个比率：

对她而言，不可信度量的第一部分是：$(W_{22}-W_{11})/(W_{-1}-W_{-2})$

她的不可信度量的第二部分是：$(W_{33}-W_{11})/(W_{-1}-W_{-3})$

他的不可信度量的第一部分是：$(H_{22}-H_{11})/(H_{1-}-H_{2-})$

他的不可信度量的第二部分是：$(H_{33}-H_{11})/(H_{1-}-H_{3-})$

我们将每个伴侣的这两个部分相乘，得到最终结果。不可信度量为：

她的不可信度量 $=[(W_{22}-W_{11})/(W_{-1}-W_{-2})]\times[(W_{33}-W_{11})/(W_{-1}-W_{-3})]$

他的不可信度量 $=[(H_{22}-H_{11})/(H_{1-}-H_{2-})]\times[(H_{33}-H_{11})/(H_{1-}-H_{3-})]$

ACKNOWLEDGMENTS　致　谢

在过去四五十年中，我几乎所有的工作都是通过和我最好的朋友罗伯特·W. 利文森奇迹般的长期合作才得以完成的。他也是我的伴郎。没有任何事能比得上友谊和爱的祝福，这种深厚的情谊多年来一直滋养着、丰富着我们的生活。在学习和谈笑间，我和罗伯特都享受到了这种深刻而持久的友谊所带来的馈赠。我的每场演讲都要感谢罗伯特的贡献。然而，这本书并没有经过罗伯特仔细而具洞察力的眼睛的检验，所以如果书中有任何错误，我愿承担所有责任。

我想感谢我的好朋友拉斐尔·利西察，他在读过本书的草稿后对我坦言相告。多年来，拉斐尔一直带给我智慧和建议，也是一位出色的旅伴。我们一起思考我们的世界如何陷入了这样的混乱，以及我们可以如何应对这些混乱。我也想要感谢休·约翰逊和丹·怀尔这两位在夫妻治疗领域的亲密的同事和朋友，他们都读过这本书的初稿，给了我极其宝贵的反馈和支持。他们都是了不起的思考者和老师，我一直在从他们的智慧和他们对夫妻关系真相的不懈探索中学习。如果不和他们讨论，不向他们学习，我不知道自己到底要做什么。

我还要感谢这些年来与我最亲爱的同事们的重要交流，他们是史蒂夫·阿舍、卡罗琳·考恩、菲利普·考恩、保罗·埃克曼、琼·戈德史密斯、梅维斯·赫瑟林顿、苏珊·约翰逊、詹姆斯·默里、比尔·平索夫、罗斯·帕克、斯蒂芬·波格斯、埃德·特罗尼克、丹·怀尔和杰夫·蔡格。

我还需要感谢我才华横溢的学生们、实验室工作人员和同事们这些年所做的工作，是他们成就了本书。他们是朱莉娅·巴布科克、盖伊·博登曼、雷奈·布雷德利、金·布尔曼、西比尔·卡雷尔、吉姆·科恩、朱莉安·库克、贾尼丝·德赖弗、莎伦·芬蒂曼、丹·弗兰德、比尔·格里芬、卡萝尔·胡文、迪尔克·雅格、瓦妮莎·卡亨-约翰逊、尼尔·雅各布森、林恩·卡茨、伊齐亚尔·卢萨拉加、塔拉·马蒂斯塔、霍华德·马克曼、金·麦科伊、南恩英、克利夫·诺塔里乌斯、珍妮弗·帕克赫斯特、雷吉娜·拉什、乔安妮·吴·肖特、凯瑟琳·斯旺森、克里斯廷·斯旺森、安布尔·塔瓦雷斯和丹·吉本。这是一段漫长而伟大的旅程，我感谢他们的辛勤工作和创造力，我真的很幸运。

我还想感谢我妻子朱莉·施瓦茨·戈特曼博士，她是我工作和生活的终身合作者。实际上我最终拥有了一段良好的关系，而不仅仅是研究这些关系。值得庆幸的是，在帮助夫妻们和培训临床医生的集体工作后，我们已经很难回忆起到底是谁做了什么。她的坚强、直觉、想象力和敏锐的智力都丰富了我们的研究，我很珍惜她。

我们和好友兼同事埃塔娜·库诺夫斯基成立的戈特曼研究所，是持续支持我们的研究的重要源泉。埃塔娜多年来一直是研究所的脊髓和大脑，她曾多次帮助我们摆脱困境。每当在一个演讲或研讨会上发言的时候，我都不禁想，有埃塔娜的帮助，我是多么幸运。什么样的教授如此幸运，能拥有一个充满活力的公司和一群热情、勤奋的员工们来支持他的工作呢？我想要感谢以下工作人员孜孜不倦的工作态度和奉献精神，他们是卓娅·班、海梅·布雷德利、克里斯季·孔唐、李·卡尔弗韦尔、贝琳达·格雷、阿莉·格雷罗、凯尔·莫里森、贝弗利·帕内尔、米歇尔·普莱克特凯特·拉姆斯堡、安·斯克兰顿、卡萝尔·斯奈德、斯泰西·沃克、辛西娅·威廉斯和琳达·赖特。

我们的治疗师们也给我们带来了理解和鼓舞。我想向"戈特曼认证治疗师"和同事们致谢，他们是莉萨·贝克-威尔逊、克里斯蒂娜·崔、组柏、康妮·福伊茨、肯·弗里蒙特-史密斯、马西娅·戈麦斯、安迪·格林多费尔、芭芭拉·约翰斯通、鲍勃·纳瓦拉、戴夫·彭纳、迈克尔·雷迪格尔、特鲁迪·萨基、露丝·萨克斯、莫琳·索耶、约翰·斯莱特里、奥莱亚·史密斯·卡兰德、特里·斯特伦伯格、劳伦斯·斯托亚诺夫斯基、米拉拜·瓦贝、达伦·威尔克、帕特·沃西、琳达·沃里斯和雷·瓦林斯基。

我还要感谢我稳定的研究资金来源——美国国家精神卫生研究所的资助，以及为期 20 年的研究职业科学家奖、柯林基金会、塔拉瑞斯研究所、Mathematica 软件以及联邦儿童和家庭管理局的支持。

研究是一项花费高昂而进展缓慢的事业，是这些朋友和赞助者使我们的研究成为可能。

这么多人的贡献使这样的努力成为可能，而所有这些贡献中最大的是我们勇敢的研究对象，他们自愿为发展科学和帮助他人贡献出自己的力量。我将永远对他们心存感激。

约翰·M. 戈特曼
于华盛顿州虎鲸岛鹿港

图书在版编目（CIP）数据

信任的科学 /（美）约翰·M.戈特曼著；王庆诗译 . —
成都：天地出版社，2024.4
ISBN 978-7-5455-8080-8

Ⅰ.①信… Ⅱ.①约… ②王… Ⅲ.①心理学-通俗
读物 Ⅳ.① B84-49

中国国家版本馆 CIP 数据核字（2023）第 247797 号

The Science of Trust: Emotional Attunement for Couples
Copyright © 2011 by John M. Gottman
Simplified Chinese Edition Copyright ©2024 by East Babel (Beiiing) Culture Media Co. Ltd
All rights reserved.

未经出版者书面许可，不得以任何方式抄袭、复制或节录本书中的任何部分。

著作权登记号　图进字：21-23-305

XINREN DE KEXUE

信任的科学

出 品 人	杨　政
作　者	[美]约翰·M.戈特曼
译　者	王庆诗
责任编辑	孟令爽
责任校对	张月静
封面设计	今亮后声
内文排版	胡凤翼
责任印制	王学锋

出版发行	天地出版社
	（成都市锦江区三色路 238 号　邮政编码：610023）
	（北京市方庄芳群园 3 区 3 号　邮政编码：100078）
网　　址	http://www.tiandiph.com
电子邮箱	tianditg@163.com
经　　销	新华文轩出版传媒股份有限公司
印　　刷	天津画中画印刷有限公司
版　　次	2024 年 4 月第 1 版
印　　次	2024 年 4 月第 1 次印刷
开　　本	710mm×1000mm　1/16
印　　张	26.25
字　　数	436 千字
定　　价	88.00 元
书　　号	ISBN 978-7-5455-8080-8

版权所有◆违者必究

咨询电话：（028）86361282（总编室）
购书热线：（010）67693207（营销中心）

如有印装错误，请与本社联系调换。